基础教育教学成果如何培育

上册 实践指南

费伦猛 李柯柯 文艺 编著

中山大学出版社
SUN YAT-SEN UNIVERSITY PRESS
·广州·

版权所有　翻印必究

图书在版编目（CIP）数据

基础教育教学成果如何培育/费伦猛，李柯柯，文艺编著. -- 广州：中山大学出版社，2025.4. -- ISBN 978-7-306-08390-6

Ⅰ. G632.0

中国国家版本馆 CIP 数据核字第 2025CJ2371 号

JICHU JIAOYU JIAOXUE CHENGGUO RUHE PEIYU

| 出 版 人：王天琪
| 策划编辑：李　文　刘　丽
| 责任编辑：刘　丽　周擎晴
| 封面设计：林绵华
| 责任校对：马萌萌　廖翠舒
| 责任技编：靳晓虹
| 出版发行：中山大学出版社
| 电　　话：编辑部 020-84110776，84113349，84111997，84110779，84110283
　　　　　　发行部 020-84111998，84111981，84111160
| 地　　址：广州市新港西路 135 号
| 邮　　编：510275　　传　　真：020-84036565
| 网　　址：http://www.zsup.com.cn　E-mail：zdcbs@mail.sysu.edu.cn
| 印 刷 者：广州一龙印刷有限公司
| 规　　格：787mm×1092mm　1/16　34.25 印张　488 千字
| 版次印次：2025 年 4 月第 1 版　2025 年 4 月第 1 次印刷
| 定　　价：120.00 元（上下册）

如发现本书因印装质量影响阅读，请与出版社发行部联系调换

导　　语

建设教育强国，基点在基础教育。

"如何提高基础教育质量"和"如何培养出具有竞争力的学生"等问题将"教学成果"这一要素推到幕前，基础教育国家级教学成果奖的出现更是将"教学成果"的重要性推到了一个新高度。

国家级基础教育教学成果奖是由教育部组织评选的基础教育领域最高级别的业务奖项，代表着各级教育教学改革与实践成果的最高水平，该奖项不仅仅是衡量区域、学校基础教育教学质量的主要标尺之一，更是反映我国当下基础教育改革的前沿趋势以及优化途径的结晶，同时也是基础教育高质量发展规划的重要参考。自2014年起，我国每4年进行一次基础教育国家级教学成果奖的评审，至今已举办了3届，共评选出1439项优秀教学成果。

国务院发布的《教学成果奖励条例》中指出，"教学成果"是指反映教育教学规律，具有独创性、新颖性、实用性，对提高教学水平和教育质量、实现培养目标产生明显效果的教育教学方案。由此可见，教学成果不是一份教学设计，不是一个精品课例，不是一篇学术论文，不是一部著作，不是一份研究报告，不是一项教学竞赛，也不是一项科研课题研究成果，但这些形式的成果都是对方案的支持，教学成果的培育和提炼与之密切相关。本书从教学成果理解偏差和实践误区出发，针对教学成果奖的申报与提炼，围绕"基础教育教学成果如何培育"这一核心时代命题，基于作者对区域、学校优秀教学成果培育的长期指导与实践，来凸显教学成果其"育人方案"的本质属性。

本书分为上下册：《基础教育教学成果如何培育·上册：实践指南》，《基础教育教学成果如何培育·下册：案例观察100》。

本书《基础教育教学成果如何培育·上册：实践指南》，共分4章，回答以下4个问题：①什么是教学成果？②什么是"好"的教学成果？③教学成果如何培育？④教学成果如何凝练？第一章介绍了基础教育教学成果的法规要义、历史由来，明确教学成果生发的主体、涵盖的内容和表征的形式，再对教学成果与其相关概念进行辨析，以此来明确教学成果的内涵。第二章总结归纳出优秀教学成果的四大典型特征，即"突出育人导向""注重解决问题""推进理论创新"以及"经过实践检验"，并依次介绍其价值意蕴、具体指标以及实践要义，明确一项好的教学成果的评价标准。第三章遵循教育教学方案的构思、形成和应用的过程，按照培育教学成果需要经过的三大环节，即"理解透""做得好"和"用得广"，阐述一项教学成果产生和发展的逻辑链。第四章直击教学成果凝练的难点，根据申报教学成果奖的六大步骤："读懂文件""精研文本""淬炼名称""深描报告""细磨申报书""研制佐证材料"，依次阐述每个步骤的注意事项和操作要义，并以真实的案例进行解读，为教学成果的凝练提供"手把手"的实操指导。

本书《基础教育教学成果如何培育·下册：案例观察100》，我们从3届1439项获奖优秀教学成果中精选100个案例，内容涵盖课程、教学、教育评价、资源建设、教师发展、教研方式、德育、综合改革、学前教育、特殊教育等方面，以此作为我国基础教育教学成果的典型代表，以求"见一叶而知深秋，窥一斑而见全豹"。每一个案例均从"成果概述、形成过程观察、成果产出效益观察、应用推广观察"4个维度进行剖析，呈现出每一个案例的整体概貌。与此同时，每一个案例均精选出"进一步观察的资源包"，资源包数量上严选出3项，内容为足以支撑成果的代表作，且形式多样，包括论文、著作、学术公众号、成长故事……以期为读者深入"解剖"

本成果提供指引。

值得一提的是，本书对2022年省级推荐的1797项成果和获得国家级奖的570项成果，分别进行了实证分析，并将分析报告作为附录。附录1"基础教育高质量发展的关键议题及教学改革基本趋向"，是以31个省（自治区、直辖市）教育厅（教委）、新疆生产建设兵团教育局、香港特别行政区和澳门特别行政区教育管理部门推荐的共1797项成果为研究对象，通过地区分布来进行内容分析，并基于江苏、北京和广东3个典型区域的对比研究，发掘其中的优秀教学成果培育经验，总结现阶段我国基础教育的研究重点与改革发展方向，探讨基础教育改革的内在逻辑。附录2"实践导向的基础教育教学成果培育核心要素与实施建议"，是以2022年基础教育国家级教学成果奖570项获奖项目为主要研究对象，通过可视化分析、内容分析、案例分析以及与2014年、2018年的获奖情况对比进行3届教学成果奖变化趋势分析，探究各地区的获奖情况、研究领域分布以及奖项内容，并总结了我国基础教育的研究热点、基础教育改革的前沿趋势以及优化途径，探究了实践导向的基础教育教学成果培育的基本态势、核心要素与实施策略，有助于把握教学成果培育的前沿趋势和发展路向，实现教学成果的精准培育与科学指导。

本书是"走进课堂做研究"系列著作之一，本书得以成文，有赖于广州市教育科研团队的长期探索，有赖于全国基础教育教学成果培育先行者的参与及其提供的可借鉴的案例……我们期待并相信，这本书既是奉献给基础教育管理者、教科研人员的学习参考书，也是广大一线校长（园长）、教师理解、培育和申报教学成果的一份普适性、全方位的实用操作手册。

本书中难免存在瑕疵，祈请读者指正，期待与读者进一步交流。

目　　录

第一章　什么是教学成果 …………………………………………… 1
 一、从教学成果奖说起 …………………………………………… 4
  （一）教学成果奖的法规要义 ………………………………… 4
  （二）教学成果奖的溯源与历史价值 ………………………… 6
  （三）教学成果奖的重大现实意义 …………………………… 8
 二、教学成果是什么 …………………………………………… 10
  （一）教学成果生发的主体 …………………………………… 10
  （二）教学成果涵盖的内容 …………………………………… 13
  （三）教学成果的表征形式 …………………………………… 17
 三、教学成果不是什么 ………………………………………… 20
  （一）教学成果的理解偏差 …………………………………… 21
  （二）教学成果与教育科研成果的相互关联 ………………… 22

第二章　什么是"好"的教学成果 ………………………………… 27
 一、突出育人导向 ……………………………………………… 30
  （一）育人导向突出是教学成果的首要原则 ………………… 30
  （二）育人"三向"：核心素养、创新人才、因材施教 ……… 31
  （三）"突出育人导向"的实践要义 …………………………… 34

二、注重解决问题 ·· 36
（一）解决实际教育问题是教学成果的现实旨归 ·············· 36
（二）问题"三性"：真实性、普遍性与深刻性 ·················· 38
（三）"注重问题解决"的实践要义 ·································· 39

三、推进理论创新 ·· 41
（一）推进理论创新是教学成果的价值追求 ····················· 41
（二）理论"三新"：创见性、创新性和创生性 ··················· 43
（三）"推进理论创新"的实践要义 ·································· 45

四、经过实践检验 ·· 49
（一）经过实践检验是教学成果的发展根基 ····················· 49
（二）实践"三要"：周期长、成效好、生命力强 ··············· 51
（三）"经过实践检验"的实践要义 ·································· 52

第三章　教学成果培育的逻辑链 ··· 55
一、理解透：实践误区与学理阐释 ·· 58
（一）教学成果培育的实践误区 ······································· 58
（二）教学成果培育的学理阐释 ······································· 60

二、做得好：选树原则与实施方略 ·· 63
（一）教学成果培育的选树原则 ······································· 63
（二）教学成果培育的实施方略 ······································· 66

三、用得广：现实困境与发展进路 ·· 70
（一）教学成果推广应用的现实困境 ································ 71
（二）教学成果推广应用的发展进路 ································ 74

第四章　教学成果凝练的实操要义 …… 79

一、读懂文件：锚准教学成果申报的航向"标" …… 82
- （一）宏观把握：明确申报的选题方向 …… 82
- （二）微观操作：了解申报的具体要求 …… 84

二、精研文本：叠联教学成果材料的结构"网" …… 87
- （一）3份文本的内容和要素 …… 87
- （二）3份文本的相互关联 …… 88
- （三）3份文本的撰写思路 …… 90

三、淬炼名称：定好教学成果的核心"点" …… 92
- （一）好的名称：教学成果之"魂" …… 92
- （二）名称的要点：高度、深度、亮度的结合 …… 94
- （三）名称的拟定：结构和写法 …… 96
- （四）名称的修改：千锤百炼 …… 99

四、深描报告：串好教学成果的故事"线" …… 101
- （一）问题如何提出 …… 101
- （二）解决问题的过程与方法怎么呈现 …… 104
- （三）成果的主要内容是什么 …… 109
- （四）效果与反思看什么 …… 113

五、细磨申报书：造好教学成果的基本"面" …… 116
- （一）成果类别怎么选 …… 116
- （二）成果简介如何写 …… 120
- （三）成果应用及效果怎么呈现 …… 126
- （四）成果持有人及其贡献怎么排 …… 129

六、研制佐证材料：筑好成果循证的多面"体" …… 130
- （一）材料如何挑选 …… 130

（二）目录怎样呈现 …………………………………………… 131
　　（三）视频怎么制作 …………………………………………… 136
　　（四）其他支撑材料何以理解 ………………………………… 137

余论　未来教学成果培育的五大研究趋向 ……………………… 139
　一、开展基础理论研究 …………………………………………… 142
　二、丰富教学成果奖研究 ………………………………………… 142
　三、加强应用效果研究 …………………………………………… 143
　四、重视典型案例研究 …………………………………………… 144
　五、全面推动比较研究 …………………………………………… 145

附录 …………………………………………………………………… 147
　1. 基础教育高质量发展的关键议题及教学改革趋向
　　　——基于 2022 年国家级教学成果奖 1797 项推荐项目的实证分析
　　　………………………………………………………………… 149
　2. 实践导向的基础教育教学成果培育核心要素与实施建议
　　　——基于 2022 年国家级教学成果奖 570 项获奖项目的实证分析
　　　………………………………………………………………… 173

第一章 什么是教学成果

不等同于教育科研成果，基础教育教学成果指的是反映教育教学规律，具有独创性、新颖性、实用性，对提高教学水平和教育质量、实现培养目标产生明显效果的教育教学方案。该方案经过至少 2 年的教育教学实践检验。

第一章 什么是教学成果

自十四大以来,我国将教育摆在优先发展的战略地位,基础教育作为教育的先导,稳步发展。随着科教兴国战略和人才强国战略的实施与推进,新时代对基础教育提出了新的要求——在普及基础教育的基础上以高质量发展为核心任务。2019年,中共中央、国务院在《中国教育现代化2035》中强调,要实现教育的现代化,需充分发挥基层特别是各级各类学校的积极性和创造性,鼓励大胆探索、积极改革创新。将优质的教育教学方案进行推广并本地化,必然会加速基础教育改革优化的进程,实现基础教育的高质量发展。自2014年起,我国每4年进行一次国家级教学成果奖的评审,目的就是鼓励一线教师和科研工作者从事教育教学研究,让各地区经验共享,互相学习,提升教学水平与教育质量,形成可落地推广的教育教学改革方案。基础教育国家级教学成果奖不仅代表着教育改革和教学成果培育的方向,更能够反映当下我国基础教育改革的前沿趋势以及优化途径,是基础教育高质量发展规划的重要参考。

一、从教学成果奖说起

基础教育国家级教学成果奖,是根据国务院签发的《教学成果奖励条例》(简称《条例》),由教育部组织评选的基础教育领域最高级别的业务奖项。由于《条例》阐明了教学成果奖的法规要义,因此我们将从《条例》框架开始,对教学成果奖进行介绍。

(一)教学成果奖的法规要义

1994年3月国务院签发《条例》,该条例共16条,包括以下11个方面的重点信息①:

(1) 目的。奖励取得教学成果的集体和个人,鼓励教育工作者从事教育教学研究,提高教学水平和教育质量。

(2) 内涵。是指反映教育教学规律,具有独创性、新颖性、实用性,对提高教学水平和教育质量、实现培养目标产生明显效果的教育教学方案。

(3) 申报对象。各级各类学校、学术团体和其他社会组织、教师及其他个人。

(4) 评审级别。分为省(部)级和国家级,其中,国家级奖励等级分为特等奖、一等奖和二等奖。

(5) 申请基本要求。国内首创的、经过2年以上教育教学实践检验的、在全国产生一定影响的成果。

(6) 国家级奖励的评审和授予部门。特等奖须报国务院批准,其他2

---

① 国务院:《教学成果奖励条例》,见 https://flk.npc.gov.cn/detail2.html?ZmY4MDgwODE2ZjNjYmIzYzAxNmY0MTJmMTBlNjFiOTE。

（7）国家级奖励的申报和评审程序。由申报人向其所在的省级教育行政部门或者国务院有关部门教育管理机构提出申请，由受理申请的教育行政部门或者教育管理机构向国家教育委员会推荐。

（8）国家级奖励的评审周期。每 4 年评审一次。

（9）省级奖励的评审规定。由各省级人民政府、国务院有关部门参照本条例规定。

（10）省级奖金来源。属于省、自治区、直辖市人民政府批准授予的，从地方预算安排的事业费中支付；属于国务院有关部门批准授予的，从其事业费中支付。

（11）教学成果奖的使用。教学成果奖的奖金归项目获奖者所有，奖项作为评定职称、晋级增薪的一项重要依据。

《条例》的颁发，标志着国家级教学成果奖励制度的正式出台。从《条例》的内容可知，教学成果奖具有明显的教学研究和教学实践的双重属性，本质上是一种教育教学方案，有国家级和省（部）级 2 个级别。基于《条例》，我国共开展了 2014 年、2018 年、2022 年 3 届评奖活动，在基础教育领域和社会各界产生了重大影响，在推动基础教育高质量发展中发挥着引领作用。

研读心得

（二）教学成果奖的溯源与历史价值

教学成果奖设立的初心在于引导广大教育工作者坚守三尺讲台、潜心教书育人、回归教育本质，加强普通高等学校本科教学。

1988年4月，中华人民共和国国家教育委员会（简称"国家教委"，现更名为"中华人民共和国教育部"）发布《关于加强普通高等学校本科教育工作的意见》，该文件决定"建立教学优秀奖励制度"。1988年7月，时任国家教委主任李铁映同志把安定团结列为教育改革的前提，并指出"学校安定也好，不安定也好，很重要的因素是教师"。设立教学优秀奖，希望能引导教师将精力用于教学，改善教师的地位和待遇，安定教师，关心学生，进而消除当时存在于学校的不重视本科教学的各类不安定因素。

1989年末，国家教委作出奖励全国普通高等学校优秀教学成果的决定："以后每4年进行一次，逐步形成科学的教学评价奖励制度。"同年组织开展了首届教学成果奖评选活动，采用获奖指标等额推荐的审核认定方式，共评选出获奖成果433项，其中特等奖52项，优秀奖381项。1990年1月17日，在人民大会堂召开了首届全国普通高等学校优秀教学成果奖励大会，江泽民、李鹏、王震、李铁映和严济慈、钱伟长院士等出席大会并向获奖代表颁奖，李鹏总理做了题为"重视教育、重视教学、重视教师"的重要讲话。

我们不难看出，在政策酝酿前期，奖励称谓是"教学优秀奖"，后期正式使用的称谓是"教学成果奖"。"教学"后面加了"成果"二字，抓住了学校教师、教学这些本源性问题，将重点置于人才培养质量的提升上。该奖项的设立增强了各级党政领导重视教学、重视教师的自觉性，进一步树立了教学在教育中的核心地位，肯定了教师潜心乐教的精神，提升了教师的教学热情，"积极研究改进教学工作的好风尚"，是一项"意义重大、影响深远的重要的制度建设"［关于报批《高等学校优秀教学成果奖励条例》的请示

（教高〔1991〕20号附件，李鹏批示）]。

教学成果奖是一项面向整个教育的整体性、激励性的顶层制度设计。基于首届教学成果奖评选活动，根据李鹏总理讲话精神，国家教委形成了《高等学校优秀教学成果奖励条例（草案）》。1992年6月，国家教委出台了第二届教学成果奖的评选通知、办法和实施细则。第二届评选活动采用差额评选方式，各地高校共推荐了473项教学成果，获奖368项，获奖率约为77.8%。南开大学陈省身教授主持的《首创开放型的高层次数学人才培养基地》获荣誉奖，这是国家教学成果奖唯一一次设立荣誉奖。1993年9月8日，在人民大会堂召开了奖励大会，时任党和国家最高领导人出席大会并讲话。此后，作为一项奖励制度，高等教育教学成果奖每4年评选一次，从未间断，一直至今。

基础教育教学成果奖共评选了3届。首届基础教育教学成果奖始于2014年。根据国务院《教学成果奖励条例》，广东、北京、浙江等地区，率先对基础教育教学成果评选活动进行了实践探索，并建立了省（部）级奖励制度。2013年12月，教育部印发《关于开展2014年国家级教学成果奖评审工作的通知》（教师〔2013〕14号），首次规定"2014年国家级教学成果奖包括基础教育、职业教育、高等教育3个大类"，自此，基础教育教学成果奖评选正式启动。在首届基础教育教学成果评选活动中，共收到1305项省级推荐项目，最终获奖417项。江苏省南通师范学校第二附属小学李吉林申报的《情境教育实践探索与理论研究》、北京市十一学校申报的《普通高中育人模式创新及学校转型的实践研究》2项成果被评为国家级教学成果特等奖。

2018年国家级基础教育教学成果奖评选活动中共收到省（部）级推荐项目1382项，香港、澳门也首次组织申报。该届共产生452项获奖项目，其中特等奖2项，一等奖50项，二等奖400项。上海市教育委员会教学研究室申报的《走向世界的中国数学教育——义务教育阶段数学课程改革的上海经验》、重庆市巴蜀小学校申报的《基于学科育人功能的课程综合化实施与评价》2 项成果被评为国家级教学成果特等奖。

2022 年国家级基础教育教学成果奖的评选共获推荐项目 1797 项，获奖 570 项，其中特等奖 2 项，一等奖 70 项，二等奖 498 项。上海市黄浦区卢湾一中心小学吴蓉瑾等申报的《数智技术与情感教育双驱动的小学育人模式实践探索》、江苏省南京市浦口区行知小学杨瑞清等申报的《大情怀育人：扎根乡村 40 年的行知教育实验》2 项成果被评为国家级教学成果特等奖。

经过 3 届基础教育教学成果奖评选的组织和实施，目前基础教育教学成果的评选已经进入周期性、常态化、制度化的发展阶段，将发挥越来越重要的作用。

研读心得

（三）教学成果奖的重大现实意义

教学成果奖是区域、学校育人质量的重要表征。

基础教育国家级教学成果奖是国务院确定的国家级奖励，每4年评审一次，是迄今为止我国教育领域中唯一一项由国务院设立并由教育部组织实施的国家级教学奖励。此奖项与国家科技"三大奖"（国家自然科学奖、国家技术发明奖、国家科技进步奖）比肩而立，为我国教育教学领域的最高荣誉，是教育领域意义最重大、影响最深远的国家级奖项。获奖项目都是广大教育工作者坚守三尺讲台、潜心教书育人取得的创新性成果，充分体现了近年来广大教育工作者在立德树人、教书育人、严谨笃学、教学改革等方面所取得的进展和成绩；获奖成果代表着各级教育教学改革与育人实践的最高水平；获奖情况也在一定程度上反映出某一领域、区域、学校的教育质量。

基础教育质量关乎一个民族一个国家的核心竞争力，以教学成果奖为指向的各级各类教学成果，是代表本区域教育质量的典型案例，是促进区域、学校高质量发展的行动方案。在全国开展教学成果奖励活动是加快建设教育强国、落实立德树人根本任务的重要举措，是对学校人才培养工作和教育教学改革成果的检阅和展示。为此，各省人民政府及时制定或者修改有关奖励办法，例如《广东省教育教学成果奖励办法》，于2021年7月9日由广东省人民政府令第286号公布，自2021年10月1日起施行；《湖北省人民政府关于修改〈湖北省教学成果奖励办法〉的决定》于2022年9月26日由省人民政府第162次常务会议审议通过，自公布之日起施行。我国各级政府将基础教育教学成果纳入奖励范围，旨在全面提高人才培养质量，加快建设高质量教育体系，更好发挥教育在社会主义现代化建设中的基础性、先导性、全局性作用。

研读心得

二、教学成果是什么

《条例》第二条规定：本条例所称教学成果，是指反映教育教学规律，具有独创性、新颖性、实用性，对提高教学水平和教育质量、实现培养目标产生明显效果的教育教学方案。简而言之，教学成果就是教育教学方案。结合基础教育的特点和时代发展的要求，要更好地理解什么是基础教育教学成果，需明确以下几个方面内容。

（一）教学成果生发的主体

基础教育教学成果奖励范围包括学前教育、义务教育、普通高中教育等阶段、各领域所取得的教学成果。

凡按国家有关规定批准设立的中小学（含幼儿园、特殊教育学校），以及学术团体、研究机构和其他社会组织、教师及其他个人，均可申报基础教育国家级教学成果奖。

（1）**成果申报者分为单位和个人 2 种情况**。单位申报基础教育国家级教学成果奖，其成果应体现单位意志，方案设计、论证、研究、实施与总结等过程均应由单位派人主持，并以单位为主提供物质和技术条件保障。个人申报基础教育国家级教学成果奖（人数控制在 6 人以内），其成果的方案设计、论证、研究、实施和总结的全过程均应由成果持有者主持、直接参加，成果申报人做出主要贡献。

（2）**教育行政部门申报有限定**。各级教育行政部门不作为国家级教学成果奖的申报单位，确实对成果做出重大贡献的有关行政机关工作人员，可以个人名义申报。

（3）**退休人员可以申报**。退休人员申报基础教育国家级教学成果奖的，其本人必须一直从事基础教育教学改革实践探索，至申报时没有间断，其成果仍在教育教学中发挥示范引领作用。

（4）**联合申报受鼓励**。教学成果由 2 个以上单位或个人共同完成的，可以联合申报。完成单位或个人跨地区、跨部门的，应向成果持有单位或持有人所在地省级教育行政部门提出申报。

（5）**一线学校教师是主力军**。各省级教育行政部门推荐申报基础教育国家级教学成果奖的名额中，由一线教师（指成果第一持有人，含中小学校长、幼儿园园长，不含教研员）主持和中小学、幼儿园主持完成的成果应不少于推荐总数的 70%，获奖成果也不少于总数的 70%。2022 年，在获奖的 570 项成果中，一线成果占 71.22%，其中中小学、幼儿园的获奖成果占 69.82%，一线学校和教科研单位联合申报的获奖成果占 1.40%；教科研单位及教育行政部门的获奖成果占 17.02%，高校占 11.75%（表 1.1）。2 项特等奖成果均为中小学一线成果。

表 1.1 2022 年各不同性质单位参评成果获奖情况①

单位性质	申报数量	获奖成果数量	特等奖	一等奖	二等奖	获奖率（%）	获奖成果占比（%）
中小学、幼儿园	1252	398	2	34	362	31.79	69.82
教科研单位及教育行政部门	332	97	0	25	72	29.22	17.02
高等学校	183	67	0	10	57	36.61	11.75
一线学校和教科研单位联合申报	29	8	0	1	7	27.59	1.40
合计	1796	570	2	70	498	31.74	100

研读心得

---

① 中国基础教育：《2022 年基础教育国家级教学成果奖评审结果分析》，见 https://mp.weixin.qq.com/s/naXwZyz7w5AmcF8KW7rG8w。

（二）教学成果涵盖的内容

基础教育国家级教学成果要反映我国基础教育教学改革与实践探索的重要成果，根据《2022年基础教育国家级教学成果奖评审工作安排》，教学成果的内容包括课程、教学、评价、资源建设、教师发展等方面，可以是综合性的，也可以在某些方面有所侧重。

按照新时代要求，我们承接该分类，并补充人才培养、思政教育和课后服务3类专项（表1.2）。人才培养一直是基础教育关注的核心议题，人才培养模式和培养理念随着时代的发展不断完善，当下基础教育需以立德树人为根本任务，秉持德育为先、能力为重、全面发展的教育理念，以人才培养为目标，为人力资源强国的建成做好基础工作。思政教育需贯穿教育教学的各个方面，从基础教育抓起，加强学生对马克思主义中国化的理解、对党的领导与社会主义制度的信心，致力于将学生培养成为社会主义的接班人。课后服务则是一个新的议题，《国家中长期教育改革和发展规划纲要（2010—2020年）》中提出，学校要把减负落实到教育教学各个环节，给学生留下了解社会、深入思考、动手实践、健身娱乐的时间，通过对学生课业的减负来推动素质教育的发展。但由于当时的教育评价体系以应试为主，加上培训机构的迅猛发展，学生的压力没有得到很好的缓解。2021年，中共中央办公厅、国务院办公厅印发《关于进一步减轻义务教育阶段学生的作业负担和校外培训负担的意见》，明确强调要减轻义务教育阶段学生过重的作业负担和校外培训负担。学生的课余时间如何能够得到有效的利用且不落入变相加负的困境，成为基础教育亟须关注与研究的问题。

表 1.2 2020 年国家级基础教育教学成果奖各类别成果内容及关键词

分类名称	内容	关键词
课程	课程改革、课程开发、课程实施、课程评价、课程育人等方面	国家课程、地方课程、学校课程、校本课程、课程群、课程体系
教学	包括教学理念、教学改革、教学/学习方式、教学组织形式、学科教学、学科核心素养、教学质量等方面	课堂、互动、教学模式、教学研究、实验教学
教育评价	包括教学评价体系、综合素质评价、高考评价体系、办学质量监测等方面	质量监测、过程性评价、增值性评价、区域综合评价、学生发展指导、表现性评价、学业述评、教学评一体化
资源建设	包括教学资源、教材资源、实验资源、数字化资源、信息科技应用、教育教学装备应用等方面	数字化教材使用、信息化资源建设、学习资源
教师发展	包括教师专业发展、教师培训、教师培养、教师专业能力等方面	区域教研、校本研修、教师专业素养、教师专业发展标准、教师成长系统
人才培养（专项）	包括育人理念、素质教育、五育融合、拔尖人才、思维培养、文化传承等方面	育人、创新、美育、德育、劳动教育、体育、素养、阅读、志愿、探究、深度学习、科学、思维、教育、培育、批判性思维、创造性思维、专家型思维、家校社协同育人
思政教育（专项）	包括思政课程、马克思主义学习、社会主义核心价值观等方面	学生行为规范、课程思政、大中小德育一体化
课后服务（专项）	包括课后辅导、课后服务、作业设计等方面	双减、减负、课后辅导、课后服务、作业、课业、教师减负、校外机构治理

表 1.2 展示了 8 个类别的教学成果的内容及本书所使用的分类关键词，值得注意的是，由于部分教学成果会涉及多个方面，例如北京市推荐项目

《指向高阶思维培养的高中化学创造性探究教学实践与研究》，既涉及教学方面的实践与研究，又涉及高阶思维的人才培养，因此该成果可同时归于教学和人才培养。若某一项教学成果被分到该类，则代表该教学成果的研究涉及该领域，同一教学成果因其研究领域的交叉，可被分到多个类别。

将各类别进行可视化分析，如图1.1所示，横轴代表各个类别，纵轴是成果数，可以看出，涉及人才培养的教学成果明显多于其他类别。教学类和课程类的排名分别为第二和第三，成果数均达350项以上。由此可见，人才培养依然是教育教学改革中的核心议题，同时，人才培养的模式和理念与其他研究领域结合形成的交叉研究也是现阶段基础教育中需要关注的重要问题。教学与课程的改革和优化是两大传统改革方向，是教育教学改革的着力点。其他类别的成果数相对较少，相比课程与教学来说，教育评价、资源建设、教师发展、思政教育和课后服务是随着时代发展逐步提出的新话题，后续研究也需进一步精进。尤其是课后服务，"双减"政策实施年限不长，因此该研究领域的成果缺乏足够的时间来进行实践检验，形成了较大的缺口，是未来研究与实践的重点方向。

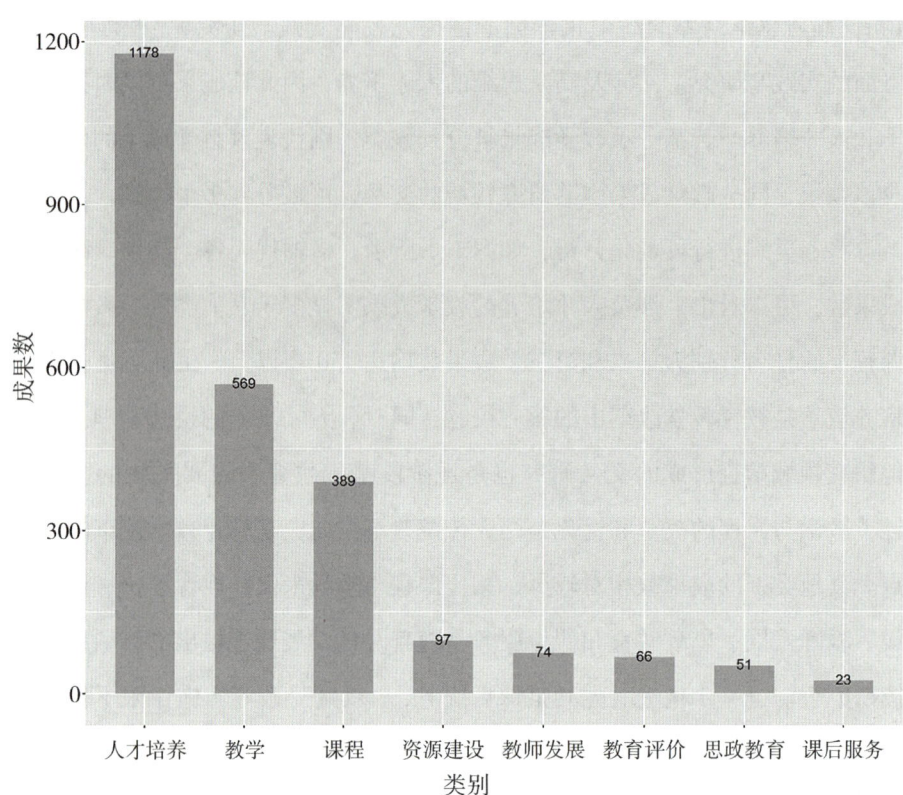

图 1.1 2022 年基础教育国家级教学成果奖推荐项目研究领域分布

研读心得

（三）教学成果的表征形式

1994年国务院颁发的《教学成果奖励条例》规定教学成果的呈现形式是教育教学方案，同时规定该方案须经过至少2年的教育教学实践检验。

什么是方案？这是基础教育教学成果申报过程中经常被追问的问题。百度百科的解释为"方案是从目的、要求、方式、方法、进度等都部署具体、周密，并有很强可操作性的计划"。《辞海》说"方案是进行工作的具体计划或对某一问题制定的规划"，即方案是工作或行动的计划。柳夕浪认为，方案具有如下特征：①有明确的现实问题或任务导向；②有一定的计划性、系统性，经过多方面调研、科学设计和反复论证；③有充分的实践检验做基础，主要用学生发展等方面的情况来说明方案是否有效，在哪些方面有效，有多大效果；④有相应的文本，主要是关于方案基本内容和实践检验情况的报告；⑤有可推广性，可供他人在实践中学习借鉴，能发挥一定的示范辐射作用，不同于单纯的个人教学艺术。对于教学成果，可以在奖励暂行办法中不使用"方案"这一提法，但"方案"所注重的实践导向及相关基本要求乃是教学成果奖必须坚持的。[①]

此外，各省人民政府、教育行政部门在组织教学成果培育、提炼、遴选和推荐过程中，对成果形式进一步进行了界定并逐步丰富完善。

2021年7月，广东省人民政府印发《广东省教育教学成果奖励办法》（广东省人民政府令第286号），规定"本办法所称教育教学成果，是指反映新时代教育教学规律，在深入研究和解决为谁教、教什么、教给谁、怎样教等重要问题基础上，形成的对于提高教学水平和人才培养质量具有明显效

[①] 柳夕浪：《教学成果这样培育》，教育科学出版社2019年版，第160—161页。

果的教学改革方案和实践成果"①。广东省在具体规定中，保留了"教育教学方案"，并将教育教学方案聚焦到"教学改革方案"，以引导广东省的教育工作者积极探索新时代教育教学方法，不断深化教学改革。同时，增加"实践成果"表述，并将"教学改革方案"与"实践成果"视为同等重要，强调教学成果的可操作性、可推广应用性，克服研究与实践"两张皮"的问题。

2021年9月，浙江省人民政府办公厅颁布印发修订后的《浙江省教学成果奖励办法》（浙政办发〔2021〕54号），规定"本办法所称教学成果，是指反映教育教学规律，代表教育教学改革理论创新与实践探索的重要成果，能够对提高教学水平和教育质量、实现人才培养目标产生明显效果和示范作用"②。浙江省在具体规定中，直接指向教学成果，不谈"方案"，并对教学成果进行界定，强调理论与实践相结合的双重特征。

2022年10月，湖北省人民政府印发《关于修改〈湖北省教学成果奖励办法〉的决定》（鄂政令〔2022〕424号），规定"本办法所称教学成果，是指反映教育教学规律，具有独创性、新颖性、实用性，对提高教学水平和教育质量，实现先进的教育理念和培养目标产生明显效果的教育教学方案和教学改革研究与实践成果"③。湖北省在具体规定中，将"教育教学方案""教学改革研究""实践成果"相链接，明确了教学改革研究在教学成果形成过程中的重要作用，并在该管理办法第六条增加一款，作为第二款，即

---

① 广东省人民政府：《广东省教育教学成果奖励办法》，见 http://www.gd.gov.cn/xxts/content/post_3439236.html。
② 浙江省人民政府办公厅：《浙江省教学成果奖励办法》，见 http://www.zjzcj.com/news/52872。
③ 湖北省司法厅立法一处：《湖北省教学成果奖励办法（修订草案送审稿）》，见 http://sft.hubei.gov.cn/zfxxgk/fdzdgknr/qtzdgknr/jcygk/202207/t20220711_4214348.shtml。

"县级以上人民政府教育行政部门应当做好教育教学实践课题规划、调研、评估、论证等工作,科学严谨选择教学实践课题",以此明确教育科研管理部门在帮助申报人科学选题、做好教学成果和科研课题贯通方面的职责,从而鼓励广大教育工作者积极开展教育教学研究,推广运用先进的教学研究成果,深化教学改革,提高教学水平和教育质量。

2023年4月,江苏省人民政府印发修订后的《江苏省教学成果奖励办法》(苏政办规〔2023〕4号),规定"本办法所称教学成果,是指经过教育教学实践证明,具有实用性、创新性、示范性,对提高教学质量、实现育人目标产生明显效果的教育教学改革成果,包括课程、教学、评价、资源建设、教师发展等,主要形式包括实施方案、研究报告、课程资源、论文著作等"[①]。江苏省在具体规定中,直接明确了教学成果的4种主要形式,便于一线教师操作,利于成果培育与提炼,值得借鉴。

需要强调的是,国务院颁布的《教学成果奖励条例》是各级政府实施此项奖励的上位法规,下位的"实施办法""评审标准"等,对"教学成果"的理解都不能离开上位法规的界定另起炉灶。该条例中的"教学成果"是指"反映教育教学规律,具有独创性、新颖性、实用性,对提高教学水平和教育质量、实现培养目标产生明显效果的教育教学方案"。这一界定包含4个要点:独创、新颖、实用和"方案"。

经过近20年来认知的发展和各地实践的积累,当前对此处的"方案"所形成的共识是:有目的、有计划、有组织、成系统并对"提高教学水平和教育质量、实现培养目标"产生明显效果的教学活动表征文本。其中,"教学活动"并不限于课堂教学或新课改,"明显效果"要求须用持续"2

---

① 江苏省人民政府办公厅:《省政府办公厅关于印发江苏省教学成果奖励办法的通知》,见http://www.jiangsu.gov.cn/art/2023/4/10/art_46144_10857727.html。

年以上"的实践来证明。

例如,华东师范大学崔允漷的《国家课程改革背景下学校课程发展模式的建构与实践》成果,就围绕着国家课程改革背景下学校课程发展模式,提出了3份方案文本:一是按学段编制学校课程整体规划方案,二是按学期或模块编制课程纲要,三是按单元或课时编写学历案。这样就从学校课程实施方案入手,形成了从研读课标和教材,到编制学期课程纲要,再到编写新教学方案的一套专业规范,促进了教—学—评一致,贡献了解决"学校课程发展模式"这一课程改革核心问题的系统方案。[①]

研读心得

三、教学成果不是什么

教学成果不是一份教学设计,不是一个精品课例,不是一篇学术论文,

[①] 崔允漷:《学校课程发展"中国模式"的建构与实践》,载《全球教育展望》2019年第10期,第73-84页。

不是一部著作，不是一份研究报告，不是一项教学竞赛，也不一定是一项科研课题研究成果。尽管部分省市依据国家《教学成果奖励条例》在本省市的基础教育领域开展了省市级教学成果奖的评审，但由于国家没有通过教学成果奖励的实施进一步对该条例做出解释，各地在开展过程中存在着各种各样的理解偏差，做法上也有出入。

（一）教学成果的理解偏差

（1）认为教学成果是指以学科课堂教学为核心的成果。这种理解将教学成果窄化为纯粹的"教学"的成果，排除了课程、评价、教师专业发展等其他类别的成果以及旨在培养学生健康成长的非学科教学类的教育活动。

（2）认为教学成果是指以新课改推行为核心的成果。这种理解重视新课改，试图排除一切与新课改关联较少的教育实践活动，因此窄化了教学成果的功能和内涵。

（3）认为既然是政府大奖，那教学成果就一定要有完整的研究方法过程和系统的理论阐释体系。这样就将教学成果当成了科研活动的理解，排除了大部分一线教师就本职教学工作进行长期创造和革新的实践成果。

此外，还有给"教学成果"加入自己理解的做法等。例如，将奖项名称改为"教育教学成果奖"，以求能纳入所有"教育"的成果，不一而足。

正是由于对教学成果的内涵、表征形式等的理解存在偏差，未能正确把握教学成果的基本定位，在组织实施时就容易弄错重点，导致效果不好。

研读心得

（二）教学成果与教育科研成果的相互关联

由于新时代一线教师越来越多地从事教育科研活动、开展课题研究，因此教学成果与教育科研课题成果之间的关联越来越引人关注。如何区分教学成果与教育科研成果也是广大一线教师在申报教学成果时最大的困惑。

（1）教学成果与教育科研课题成果各有侧重。根据上文，我们可以归纳出教学成果具有如下特点。从内涵上说，教学成果是反映教育教学规律，具有独创性、新颖性、实用性，对提高教学水平和教育质量、实现培养目标产生明显效果的教育教学方案；从目的上说，教学成果奖的设立旨在鼓励广大教师牢记为党育人、为国育才的初心使命，坚定理想信念、陶冶道德情操、涵养扎实学识、勤修仁爱之心，积极探索新时代教育教学方法，不断提升教书育人本领，为培养德智体美劳全面发展的社会主义建设者和接班人作出新的更大贡献；从具体要求上说，教学成果必须围绕解决基础教育教学过程中的实际问题，创造性地提出科学的思路、方法和措施，并经过实践检验，对于实现培养目标、提高教学水平和教育质量效果显著。这表明教学成果具有鲜明的实践导向特征并且要求经过 2 年以上的实践检验。

与之不同的是，基础教育科研成果是指教育科研人员对某一教育科研课题进行研究，通过观察、调查、实验、行动研究和思维等一系列研究活动，获得具有一定学术意义或实用价值的创造性结果，其基本表现形式为论文、科研报告、实验报告等。从目的上说，教育科研成果重在引导教育改革，因此更加注重学生的身心健康发展，引导学校和教师更加关注教育教学活动的实践革新，引导专业研究人员深入教学一线研究和解决中国教育的实际问题，引导教育理论研究从理论思辨转向实证分析。从特征上说，教育科研成果需要有明确的理论建构，并注重运用理论来指导实践，需要密切跟踪国内外学术发展和学科建设前沿动态，着力推进学科体系、学术体系、话语体系创新，具有较高的理论价值和学术价值。同时，也需要严格采用科学的研究方法，根据需要开展理论、思辨与应用研究。科研成果可以有初步的改革实践，但对于实践检验的时限等没有明确的硬性要求。两者的区分可详见表 1.3。

表 1.3 教学成果与教育科研成果的内在关联与学理辨析

	教学成果（项目）	教育科研成果
内涵	教学成果是反映教育教学规律，具有独创性、新颖性、实用性，对提高教学水平和教育质量、实现培养目标产生明显效果的教育教学方案。成果的基本问题表征为"方案"	教育科研成果是指教育科研人员对某一教育科研课题进行研究，通过观察、调查、实验、行动研究和思维等一系列研究活动，获得具有一定学术意义或实用价值的创造性结果
价值定位	其根本目的在于"激励"和"共享"。教学成果在奖励"人"与奖励"物"上高度一致，强调教育科研与教学工作相融合，指向教学实践，回到育人原点	其根本目的在于研究和发现，旨在丰富所涉及的教育领域的知识和理论，并为新的研究过程提供新的观点、新的材料

续表

	教学成果（项目）	教育科研成果
奖项级别	国家级教学成果奖是在教育教学领域的最高奖项，与国家自然科学奖、国家科技进步奖、国家技术进步奖并列	设有全国教育科学研究成果奖（教育部）、哲学社会科学成果奖等，不冠以"国家级"
理论建构	特等奖教学成果应在教育教学理论上有建树（相对成熟并得到公认）；一等奖教学成果应提出自己的理论或发展和完善已有理论；二等奖要求在实践上有所突破	需要有明确的理论建构或者注重运用理论来指导实践，正常来说，创新理论或者理论运用的要求比教学成果高些
实践要求	聚焦于实践，至少2年的实践检验	具备初步的改革实践，甚至不要求实践检验
选题范畴	包括课程、教学、评价、资源建设、教师发展等方面，侧重教育教学中的重点、难点问题	需要密切跟踪国内外学术发展和学科建设前沿动态，着力推进学科体系、学术体系、话语体系创新，具有较高的理论价值和学术价值。可参考发布的《课题指南》确定选题
关键词及核心概念（理念）	核心概念需要具有通识性、普遍性、规律性，是解决教育中的一类事件，别人一看就明白大概的意思，"一看就懂"。例如"提升中小学作业设计质量的实践""创建基于课程标准的区域教学改进体系""基于项目式学习的课程构建与实施"等	核心概念通常是一个学术概念，不一定取得了广泛的共识。例如"小学生阅读力培养的研究与实践"，作为课题可以对"阅读力"进行界定，开展研究，但作为教学成果来说，"阅读力"并不是"一看就懂"的概念，其成果难以推广应用
研究方式与方法	侧重实践研究，不包括纯理论研究、思辨研究。研究方法上既包括科学研究方法中的实证类研究方法，也包括诸如行政推动、实践改进等工作方法	从研究目的来看，包括理论、思辨和实证研究；从数据类型来看，包括定量研究和定性研究；从数据收集方法来看，包括问卷调查法、访谈法、观察法、专家咨询法（德尔菲法）等

续表

	教学成果（项目）	教育科研成果
形成过程	教学成果的规划设计与自主生成，两者常常相互促进（集大成的成果）	以规划设计为主，从选题、申报书填写开始（单项成果可能是论文著作）
成果载体	作为教育教学方案，不同的成果有不同形式的载体。例如，课程建设成果的主要载体是课程纲要、实施方案、课表、活动手册等；教学改革成果的重要载体是教学指南、课型、教学策略、教学范式、教学模式等；教学评价成果的重要载体是学业质量标准、学科素养模型、经过信度效度检验的测评方案及工具等；教育资源建设成果的重要载体是实践基地、学具教具、电子平台、教材、学材、教辅资料等	论文、著作、研究报告、决策咨询报告等
成果呈现形式	主要是成果报告，即关于教育教学方案主要内容及形成与检验过程的报告，同时辅以论文、案例、视频等佐证材料	著作、论文、工具书、教材等。不宜公开出版和发表，但已被决策、管理部门采用的咨询报告等研究成果
表述语调	完成时，强调已完成的成果	完成时、现在时和将来时，要具有解释或科研引领功能

（2）教学成果和教育科研成果之间也存在着密切关联，二者之间也可以相互转换。首先从功能定位上说，教学成果是某个单位或个人多年开展教学研究的核心成果，而科研成果是其教学成果的佐证和支撑。教育教学方案要成为教学成果，真正可推广、可复制和可应用，就需要产出一系列的学术论文、著作、教学设计、精品课例等作为支撑。因此，教学成果需要有很多科研成果作为佐证材料，以说明成果的理论创新与实践意义。其次从产品形式上说，教学成果是一种集大成性的成果，而科研成果通常是单项的成果，

如单项课题、一部著作、几篇论文等。科研课题成果在不断产出的过程中，若是不断发展深化，符合教学成果特征并经过实践检验的，也可能转化为教学成果。

因此，教学成果与科研成果之间虽存在着显著差异，但也高度相关。切不可将教学成果等同于科研成果，也不能脱离科研成果来谈教学成果。

第二章 什么是"好"的教学成果

一项好的教学成果，应该是突出育人导向、注重问题解决、推进理论创新、注重实践检验4项典型特征的完美结合。每个特征都可以从价值意蕴、判断标准以及实践要义3个维度进行分析，以实现教学成果理想与现实的统一、理论与实践的价值兼备。

第二章 什么是"好"的教学成果

什么样的教学成果才称得上是"好"的教学成果?"好"在汉语中有"使人满意的""善、美、优"之义,是人们最常使用的通俗度量点。用"好"来修饰"教学成果",反映出教学质量达到了一个人们公认或研究者预期的理想水平,得到了教师、学生、家长以及社会的广泛认可。从2014、2018、2022年三届教学成果奖获奖成果来看,国家级基础教育教学成果奖作为突出的教学实践成果,对教学产生了积极作用,在一定程度上可以认为是"好"的教学成果的典型代表,可在实践层面为"好"的教学成果的实现提供蓝本。在《2022年基础教育国家级教学成果奖评审工作安排》(简称《工作安排》)中,明确提出了四大成果要求:突出育人导向、注重解决问题、推进理论创新、经过实践检验(图2.1),这对于思考在基础教育中"什么样的教学成果才是好的教学成果"甚至是"什么样的教学才是好的教学"这类问题具有极其重要的理论价值与现实意义。通过对《工作安排》提出的4个维度的要求进行分析,可深入剖析"好"的教学成果的价值意蕴、判断标准以及实践要义,从而实现理想与现实的统一、理论与实践的价值兼备。

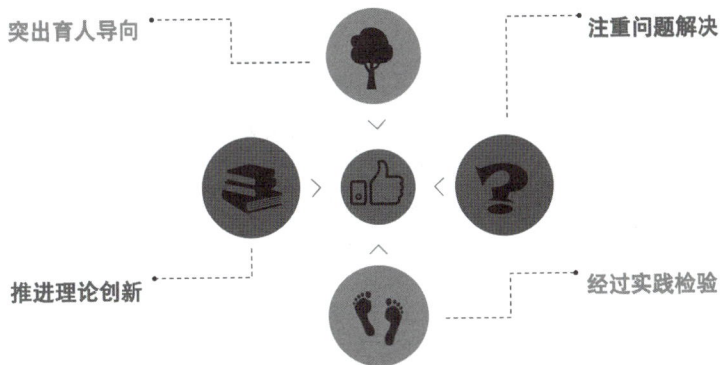

图2.1 教学成果的四大检验标准

一、突出育人导向

（一）育人导向突出是教学成果的首要原则

基础教育教学成果奖强调突出育人导向，这是"好"的教学成果的首要指标、底线。在推荐评审过程中，发现有育人导向偏差的问题，可一票否决。正如《工作安排》所指出的：基础教育教学成果必须符合党的教育方针、政策，坚持正确政治方向，体现立德树人的根本任务和时代精神，遵循学生身心发展和教育教学规律，着力发展素质教育，促进学生德智体美劳全面发展。

从《工作安排》可知，"突出育人导向"主要有以下 3 层含义。

(1) 符合党和国家的教育方针、政策。教学成果必须符合党的教育方针、政策，坚持正确的政治方向和育人导向，为党育人、为国育才，体现立德树人的根本任务和时代精神，例如从德育渗透到课程思政、小初高思政课一体化、学生社会责任感培育、拔尖人才早期培养体系、扎根乡村的大情怀育人等成果，既凸显了党的教育方针、政策的方向性和引领性，又坚守了为党育人、为国育才的初心使命。

(2) 遵循学生身心发展的教育规律。教学成果必须遵循学生身心发展和教育教学规律，促进学生德智体美劳全面发展，从获奖成果的核心理念，如"学习即研究""创意手指游戏""体脑双优""每个孩子都是金子""人人有才，人人成材""每个人都是重要的，每个人都有自己的骄傲"等可以看出，教学成果强调教育要面向每一个学生，尊重每一个学生的存在。教学成果育人导向的目标是追求人的发展，促进每一个学生的全面发展。

(3) 落实新课改的育人要求。2017 年，教育部颁布《普通高中课程方案和语文等学科课程标准》；2022年，教育部颁布《义务教育课程方案和课程标准》，标志着课程改革进入深化阶段。在此特殊阶段，国家亟须一批教学成果来实现教育概念的创生和教育理念的落地，凸显实践的智慧。"学科核心素养如何落地""数智技术与情感教育双驱动""以美融通五育"等成果，均凸显了一线教师教育实践改革的创新。

研读心得

（二）育人"三向"：核心素养、创新人才、因材施教

不同的时代有不同的特征，也有不同的育人要求。综合已经发布的教育政策和主流的教育思想，可以发现当前以及未来一段时间的教学成果主要强调3种育人成效方向：①以核心素养为导向培养"三有"人才；②以提升创新力为方向培养现代化人才；③以因材施教为路向培养特色化人才。

（1）以核心素养培育为导向培养"三有"时代新人。党的十九大报告指出："青年一代有理想、有本领、有担当，国家就有前途，民族就有希

望。"为了落实这一时代要求,《义务教育课程方案(2022年版)》以习近平新时代中国特色社会主义思想为指导,结合义务教育性质与义务教育课程定位,从"有理想、有本领、有担当"3个方面建构义务教育培养目标。这3个方面贯彻了学生发展核心素养的研究成果,分别从正确的价值观念、关键能力、必备品格3个角度,刻画了义务教育阶段毕业生的集体形象,充分体现了党和国家对培养担当民族复兴大任时代新人的新要求,让"核心素养"落地。素养导向的培养目标,则以学生在真实情境中做出某种行为的能力或素质为发展方向,让义务教育培养目标"目中有人",真正实现课程的育人价值。[①] 在此背景下,很多基础教育单位都将"立德树人"或"核心素养"作为核心问题来申报教学成果。例如,北京师范大学教育学部毛亚庆领衔的《立德树人目标导向下促进学生社会情感能力发展的理论与实践十年探索》、山东省枣庄市实验小学于伟利《"幸福+"教育:小学立德树人的校本化探索》、嘉兴市第一中学卢明《落实学科核心素养:单元学历案设计与教学的探索》、江苏省扬州中学薛义荣《基于核心素养的高中统整课程实践探索》等,着力培养既有高尚的道德情操又有扎实的科学文化素质、既有中华文化底蕴又具有国际视野的新时代国家栋梁,培养堪当民族复兴重任的时代新人。

(2) **以提升创新力为方向培养现代化人才**。教育现代化是当前教育的一个发展方向。《国家中长期教育改革与发展规划纲要(2010—2020年)》中,提出"到2020年,基本实现教育现代化"这一战略目标。经过近十年的建设和发展,2019年2月,我国在《中国教育现代化2035》中明确提出

---

① 崔允漷、郭华、吕立杰等:《义务教育课程改革的目标、标准与实践向度(笔谈)——《义务教育课程方案和课程标准(2022年版)》解读》,载《现代教育管理》2022年第9期,第6-19页。

"到2035年，总体实现教育现代化，迈入教育强国行列，推动我国成为学习大国、人力资源强国和人才强国"。2021年3月，我国在"十四五"教育规划目标中进一步提出"加快建设高质量教育体系"的发展目标，这也是实现教育现代化道路上的必经之路。教育现代化意味着对传统教育的超越，其核心是培养出具有创新创造精神、适应参与国际经济竞争和综合国力竞争的高素质人才，最终实现人的现代化。深圳市南山实验教育集团邓玉琳《做小课题、写小论文、当"小院士"——语文教师主导下的小学跨学科教学实践》、深圳中学朱华伟《普通高中拔尖创新人才早期培养的课程改革实践》、沈阳市沈河区文化路小学王丽《小学生创造力浸润式培养模式的三十年》等便体现了以培养创新力为方向的育人理念。

(3) 以因材施教为路向培养特色化人才。2020年10月，中共中央、国务院印发了《深化新时代教育评价改革总体方案》，要求"树立科学成才观念。坚持以德为先、能力为重、全面发展，坚持面向人人、因材施教、知行合一，坚决改变用分数给学生贴标签的做法，创新德智体美劳过程性评价办法，完善综合素质评价体系"。该文件拉开了我国人才评价和教育评价深度改革的序幕。对于学校教育而言意味着需要发生2个转向：①在教师教学方面，从每个孩子的不同特征出发，进行适应"每一个孩子"的教学方式的变革；②在课程建设方面，增加课程的丰富性和选择性，增加课程门类，为学生发展提供更多选择的机会。例如，上海市静安区安庆幼儿园《指向个性化教育支持的幼儿发展评价研究》、上海市实验学校徐红《尊重学生个性潜能差异的学与教的变革——30年的持续跟踪研究与实践》、浙江省杭州市天长小学楼朝辉《一个模子不适合所有学生：小学差异教学的实践研究》、潍坊新纪元学校周远生《因材施教：基于大数据的高中差异化教学体系建构与实践》等就具有极强的特色化育人特色。

总之，在新课程的背景下，育人导向突出已成为教学成果评选的首要要求，其判断依据有以下 3 种：①是否以核心素养为导向培养"三有"时代新人；②是否以提升创新力为方向培养现代化人才；③是否以因材施教为路向培养特色化人才。这 3 条标准可以帮助中小学校判断自身的教学成果是否符合时代发展需要和国家教育政策思想，从而满足"育人导向突出"的要求。

研读心得

（三）"突出育人导向"的实践要义

那么，如何才能突出教学成果的育人导向？具体而言有以下 3 点实践操作要义：①在成果名称中突出育人导向；②在"问题提出"方面提出育人需要；③在"效果与反思"方面凸显育人成效。

(1) 成果名称需要凸显育人导向。成果名称是教学成果之"魂"，集中体现了成果的内容和核心理念。因此，好的名称需要凸显育人导向，体现成果的高度。《大情怀育人：扎根乡村 40 年的行知教育实验》《培育文化自信：立足广州的粤港澳大湾区全学科阅读教育的创新实践》《成志教育：小学立德树人的校本实践》《给孩子一个完整的劳动经历："五一协同"劳动教育实践范式的市域探索》《素养如何落地：项目化学习育人的上海创新与实践》等标题，就鲜明地体现了突出的育人导向。

(2) "问题提出"需要围绕"育人"的核心。"问题提出"是一线教育工作者在实践中遇到的困难或挑战，由于教育工作始终以"育人"为根本归宿，因此问题提出最终也需要以"育人"为最终落脚点。例如，尽管新课程改革倡导的"自主、合作、探究"等学习方式得到一线教师的高度认同与积极实践，但是在教育教学实践中，部分学校依然存在"填鸭式、灌输式、刷题式学习"的问题，导致学生兴趣不高、动力不足、负担沉重。为解决上述问题，谢家湾学校历经18年的实践探索，建构了学习方式的新内涵，经历全方位、全流程的"五位一体"学习方式系统变革，形成了学校高质量育人的有效路径，促进了学生全面而个性地发展。[①] 通过直面一线教育中的育人问题，突出教学成果的育人导向。

(3) 在"效果与反思"方面需要凸显育人成效。教学成果"是否有用"的核心指向在于是否能够解决育人问题。很多申报者会在成果申报材料中呈现论文、专著以及奖项信息，这本身是没有问题的，但是要注意，由于教学成果奖评选的是教学成果而非科研成果，因此重点要放在育人成效上。例如，一项围绕学生"自觉力"发展的德育课程成果，在面向全体学生基础上，列举了以下数据：近五年来学校全体学生体现"自觉力"关键指标要素与5年前变化对比；学生在各类德育评比中获得国家级一等奖5人次，省市级一等奖87人次。学生获全国"最美中学生""中国好少年""五好小公民"等荣誉称号，在"少年传承中华传统美德""新时代好少年读书

[①] 刘希娅：《学习方式系统变革的学校实践探索——基于谢家湾学校的研究》，载《中国教育学刊》2022年第11期，第97–102页。

活动"等活动中获全国一等奖。这些数据说明了该课程的德育成果丰硕。

> **研读心得**
>
> _____
> _____
> _____
> _____
> _____
> _____
> _____
> _____

二、注重解决问题

（一）解决实际教育问题是教学成果的现实旨归

基础教育教学成果奖应该以教育教学实践中的具体问题为靶向，能切中实际的教学需要，服务于现实教育问题的解决。正如《工作安排》中所提到的：基础教育教学成果必须围绕解决当前基础教育教学过程中的实际问题和面临的未来挑战，创造性提出科学的思路、方法和措施，对于实现培养目标、提高教学水平和教育质量效果显著，产生了广泛而积极的影响。

根据《工作安排》，基础教育教学成果必须是教育教学的实践成果，是围绕解决当前基础教育教学过程中的实际问题，结合科学理论形成教育教学改革的思路和方法，能指导实践改进、经过一线教育教学实践检验并取得良好成效的成果。因此，教学成果需要立足于基础教育的热点难点问题，尤其是实践中"急难愁盼"问题的突破，总结提炼出一套对教育教学质量提升效果明显的具体成果，例如学校课程体系、教学内容方法或教育评价模型等。基于问题的教学成果现实旨归，包括 2 个方面：一方面，没有好的问题，成果就不具备良好的现实指向，难以形成独特的核心产品，也就难以对成果进行合理有效的验证；另一方面，教学成果产生于教育教学实践问题，其主要内容直接反映对具体的教育教学实践问题，提出具体的、有证据支撑的问题解决方案或者改进措施，并回到新的实践中得到充分检验，方可体现其可复制性、可推广应用性，彰显其理论意义和实践价值。

由此可见，教学成果奖中的"注重问题解决"，需要针对基础教育教学过程中的实际问题和未来挑战，提出科学的思路、方法和措施。只有这样，才能对提高教学水平和教育质量、促进学生全面发展和健康成长产生显著的实际效果。

研读心得

（二）问题"三性"：真实性、普遍性与深刻性

基础教育教学成果必须围绕解决当前基础教育教学过程中的实际问题。学校和教师在工作中每天都会遇到很多问题，似乎许多问题都是"老大难"的问题。那么，这些问题是否都适合作为教学成果要解决的问题？答案是否定的。教学成果的"问题"源于教育实践中的问题，但又高于教育实践中的问题，需要具有真实性、普遍性和深刻性。

（1）教学成果的问题需要具有真实性。这意味着教学成果的问题：①源于一线教学的需要；②是一个实践问题，而非理论问题；③是教育工作者在教育教学实践中亲身经历的问题，而非"看见"或"听见"的问题。

（2）教学成果的问题需要具有普遍性。这意味着教学成果的问题：①是一线学校或教师都深有同感的；②是长期需要解决却未能解决的；③是一个需要多方协作的系统性问题，而非一校一师可以解决的个别性问题。

（3）教学成果的问题需要具有深刻性。这意味着教学成果的问题：①目前缺少一个广受认可的解决方案，解决起来有较大难度；②解决起来需要有理论的助力，能体现理论与实践的有效结合；③解决以后能产生良好的效果，并且问题的解决长期有效。

在此基础上，不同等级教学成果奖项在"问题的解决"方面的要求不同。特等奖成果应创造性地提出问题解决的系列方案，有效破解系统性难题或普遍性"顽瘴痼疾"，对实现培养目标有突出贡献；一等奖成果应提出有较高价值的解决方案，在一定程度上破解系统性问题或在某些领域有创造性突破，对实现培养目标产生重大成效；二等奖成果应提出有效的解决方案，在一定程度上解决重点难点问题，对实现培育目标产生显著成效。

> 研读心得

(三)"注重问题解决"的实践要义

为了体现教学成果"注重问题解决",需要注重以下 3 个实践要义。

(1) 以问题为核心,将问题解决作为成果的出发点和立足点。例如,"五色"劳动教育实施谱系、做数学、整本书阅读、单元学历案、问题化学习 20 年、项目化学习育人、增值评价体系、教育帮扶共同体、"服务中成长"、协同育人、培养未来科学家的小学课程创新、人工智能课程体系、网络研修共同体建设、教育数字化支撑大规模因材施教等,这些成果充分体现了教学成果必须是教育教学实践成果,围绕解决当前基础教育教学过程中的实际问题,结合科学理论形成教育教学改革的思路和方法,并指导实践改进,是经过中小学、幼儿园教育教学实践检验取得实践成效的成果。

(2) 以问题为主线,根据问题解决的过程划分成果形成的阶段。每一个教学成果需解决一个核心问题,在提出这个核心问题后,还需要进行问题解构,即将问题分解成不同的子问题,子问题之间需要有逻辑,可以是并列的，也可以是递进的，共同服务于核心问题的解决。再基于此确定解决问题的过程和方法，保证方法具有针对性和规范性；将这些每个子问题解决的具体做法进行全面的提炼，用简练的语言表述出来，同时，将已解决的每个子问题过程以小标题的形式来呈现，确定成果形成的不同的阶段，最终归纳提炼出解决本成果核心问题的方法、途径、策略、机制、经验等。

（3）以问题为标准，将问题解决的效果作为判断成果成效的主要依据。教学成果的核心目的在于育人，因此需要呈现的是与成果主题直接相关的育人效果，回应成果要解决的主要问题。同时，提供多方面的证据支撑，综合定量评价和定性评价，围绕现实价值和长远价值，结合校内受益、校外影响、专家评价、同行评价、舆论反应、会议、主题报告、发言、交流、论文、网站访问量等多方面来说明问题解决的效果。

可见，教学成果的"问题"，可以按照将日常生活中遇到的问题（problem），上升到具有一定理性思考的议题（issue），再寻求相关的解决方案（solution）的思路，使一项教学成果缘起于问题需要，服务于问题解决，又落脚于问题成效。因此，教学成果的形成需要找准成果背后的问题靶向，以"问题"来贯穿始终。

研读心得

三、推进理论创新

（一）推进理论创新是教学成果的价值追求

一项优秀教学成果的产生，还有赖于先进理论的指导，同时需要推进理论的创新。正如《工作安排》所言：特等奖教学成果应在教育教学理论上有建树，在教学改革实践中取得重大突破和重大影响；一等奖教学成果应提出自己的理论见解或发展完善已有理论，在教学改革实践中取得较大突破和较大影响；二等奖教学成果应在教学改革实践的某一方面有所突破，在教学改革实践中取得一定影响。

具体而言，推进理论创新有以下 3 种层级意蕴。

(1) 教学成果建立了某一理论流派，并且在教育改革实践中取得了重大突破。例如，华东师范大学李政涛的教学成果《"生命·实践"教育学视域下学科教学育人价值的深度开发与实践转化》，针对学科教学育人价值意识缺失、认识窄化、落实空乏和理论薄弱等瓶颈难题，创造性地提出了引领学科教学育人价值研究的理论系统，包括：①在基本概念上，形成对于"育人价值""课型"等内涵的学派式理解；②在分析框架上，建立融通校内外且类结构化的理论框架；③在核心主张上，强调开发的理念依据及"深度"特性。[①] 基于此，实现了理论的高度创新，充分发挥了学科教学的育人价值。

(2) 教学成果丰富或完善了某一理论体系，并且在实践中取得较大突破和较大影响。例如，上海市静安区教育学院附属学校张人利的教学成果

[①] 李政涛、叶澜、吴亚萍等：《理论与实践双向建构，充分发挥学科教学育人价值》，载《上海教育》2023 年第 10 期，第 16 – 17 页。

《后"茶馆式"教学——"轻负担、高质量"的十年研究实践》，以"最近发展区"作为理论支撑，提出"按学生'最佳发展期'设课，创学生'最近发展区'施教"的理念，并重新阐释了"最近发展区"的理论，即：①课堂教学应该追求学生"最近发展区"的"区域"最大化；②不同的教学水平会影响学生"最近发展区"的大小以及质量；③注重学习的过程与方法，关注"最近发展区"的后续发展。① 在该成果中，维果茨基的"最近发展区"是后"茶馆式"教学的理论支撑，而后"茶馆式"教学则是"最近发展区"的具体教学实践，丰富和完善了"最近发展区"的理论。

（3）教学成果对现有的理论提供了新的案例，并且在实践中有一定影响。例如，2022年特等奖成果《大情怀育人：扎根乡村40年的行知教育实验》，通过40年持续探索实践，结合乡村学校的特点，推动了党的教育方针落实。学校认真贯彻落实国家乡村振兴战略，推动建立以城带乡、整体推进、城乡一体、均衡发展的义务教育发展机制，为农村教育质量提升做出贡献。例如，江苏省南京市浦口区行知小学40年的实践，对行知教育理论提供了新的案例，让陶行知教育思想在新时代重新绽放光彩。

研读心得

---

① 张人利：《后"茶馆式"教学的"最近发展区"阐释》，载《上海教育科研》2011年第4期，第36－38页。

（二）理论"三新"：创见性、创新性和创生性

那么，可以从哪几个方面考量理论的创新？具体有以下 3 种检验的标准。

(1) 成果思想的"创见性"。所谓"创见性"，意味着教学成果的思想需要是创新的。尽管教育学作为人文学科，很难提出全新的观点，但是好的教学成果，其理论上一定是有建树的，能体现出较明显的观点创新。例如，《"生命·实践"教育学视域下学科教学育人价值的深度开发与实践转化》针对学科教学育人价值意识缺失、认识窄化、落实空乏和理论薄弱等瓶颈难题，建立融通校内外且类结构化的理论框架，创造性地探索出一条学科教学变革之路和义务教育教学质量提升之路。具体而言，在校内围绕学科教学育人价值开发本身，形成"三重结构"：第一层是所有学科教学的共通育人价值，第二层是不同学科教学的特殊育人价值，第三层是学科教学内部某些具体知识的独特育人价值。聚焦育人价值实践转化的观念更新形成学科教学育人价值的教学价值观、教学过程观和教学评价观；基于学科育人价值的教学转化过程，建构从"教结构"到"用结构"的长程两段式过程框架。同时，探索学科教学育人价值实践转化的载体，形成多学科多维度的单元类结构、课型类结构分析框架。在学校教育外部，把学科教学育人价值的研究，放在教育与社会、教育与自然、教育与技术的多元背景之下，链接校内外的多重理论视角和理论资源，建立了校内校外结合的理论分析框架。

(2) 成果方法的创新性。教学成果需要具有一定的方法与实践创新，或面对长期以来难以解决的"旧"问题提出新方法，或面对产生的"新"问题提出新方案。例如，2017 年 7 月，国务院发布《新一代人工智能发展规划》（简称《规划》），确立了新一代人工智能发展"三步走"战略目标。《规划》提出，要在中小学阶段设置人工智能相关课程，推动人工智能领域

一级学科化,把高端人才的队伍建设作为人工智能发展的重中之重,完善人工智能教育体系,将人工智能上升到国家战略层面。但是,当前人工智能课程未能依据学生的认知发展规律打通不同学段间的阶段性区隔,缺乏有效贯通小初高的纵向一体化设计,且通常是作为单一学科,未能充分发挥其天然融合其他学科的特点与优势。为此,北京市第十八中学的教学成果《中小学一体化人工智能课程体系构建与实践研究》,以学生核心素养培养为根本,开展了中小学一体化人工智能课程体系构建与实践,结合不同学段学生的认知发展规律,构建了一套分层、适切、贯穿、渐进的小初高一体化课程体系,探索了一条人工智能课程建设的新路径。①

(3) 成果产品的"创生性"。所谓"创生",即成果本身是有发展和创造空间的,可以不断迭代、发展和创生。例如,华东师范大学崔允漷教授提出的"学历案",作为对传统教案的传承创新,以其深刻的育人本位、鲜明的问题导向、高度的理论贡献和卓越的实践效果,前后五次获得国家级教学成果奖,获奖情况分别如下:2018年,崔允漷《国家课程改革背景下学校课程发展模式的建构与实践》获国家级一等奖,南京市第一中学尤小平的《指向深度学习的学历案实践探索》获国家级二等奖;2022年,嘉兴市第一中学卢明的《落实学科核心素养:单元学历案设计与教学的探索》获国家级一等奖,成都市温江区教育科学研究培训中心王毓舜的《落实课标、学为中心:高质量实施国家课程的区域课堂变革实践》获国家级二等奖,郑州回民中学李玉国的《为学会而教:以学习系统重构改进教学效果的八年实践》获国家级二等奖。由此可见,一项好的教学成果,具有发展创造的巨大空间,能够在应用检验的过程中迭代创生。

---

① 郑剑春:《中小学一体化人工智能课程体系构建与实践研究——北京市第十八中学人工智能课程十年探索》,载《基础教育论坛》2021年第24期,第32-37页。

不过，值得注意的是，教学成果不鼓励为理论创新而盲目提出新概念、新名词，严格防止重形式而不重内涵、过度理论包装等现象。

研读心得

（三）"推进理论创新"的实践要义

基于此，教学成果必须以建立有效的教育理论为目标，具体要注意以下2个方面问题。

（1）理论的应用与完善。教学成果的形成过程，离不开通过教育科研方式打造的一项教育教学方案。没有理论的指导和理性的概括，教学成果便会沦为工作体会，难以成为真正的成果。因此，教学成果的培育，本质上是一种源于教学、服务教学，带有科研性质的教学研究与实践活动，需要理论的介入。要注意根据实践需要，引入恰当理论，并注重运用以下2种理论：①描述性理论（即学习理论），通常描述学习如何发生；②处方性理论（即教学理论），通常指明达成某种结果需要采取的行动，提供教学需要包含的特征。① 解释"为什么"时，可以寻找学习理论；解释"怎么做"时，则需要求助于教学理论。通过教育理论的支撑解决实践问题，同时，通过教育实践的应用进一步完善教育理论。

<u>（2）理论模型的建构与应用。</u>教学成果本身是对提高教学水平和教育质量、实现培养目标产生明显效果的教育教学方案，因此，模型的建立是非常必要的。模型是指为了某一目的对真实世界及其活动进行的概念抽象与描述，是对从所研究的问题抽象出的概念进行的有机组合。② 具体而言，需要结合实践进行理论思考，将与教学成果相关的信息抽取出来后，借助一定的形式（如图形、表格、文字等）将其重点描述出来，以此形成模型。建模可以有两种思路，即基于实体的建模和基于过程的建模。③ 基于实体的建模强调揭示出教学成果的不同属性，确定对象之间的层次关系。而基于过程的建模则强调教育教学的过程，将教学活动细化为一个个相关的问题，以解决问题的思路来建立模型。

例如，2022 年获得全国一等奖的《做数学：义务教育学科育人的创新实践》，从中国优秀文化传统出发，借鉴现代教育教学理论，以"知行结合"为认识论基础，以"知识建构"为学习论基础，以"做中学"为教学论基础，围绕学科育人目标，奠定了"做数学"的完整理论基础，形成了"做数学"的理论体系，如图 2.2 所示。④

---

① 史密斯、雷根：《教学设计（第三版）》，华东师范大学出版社 2008 年版，第 34 页。
② 郭齐胜、杨秀月、王杏林等：《系统建模》，国防工业出版社 2006 年版，第 5 页。
③ 曹晓东、王杏林、樊延平：《概念建模（第 2 版）》，国防工业出版社 2013 年版，第 21－22 页。
④ 中国教育学会：《"做数学"：为学科育人探索新路径》，见 https://mp.weixin.qq.com/s/2w62303FdTSEjB75D-PvTQ。

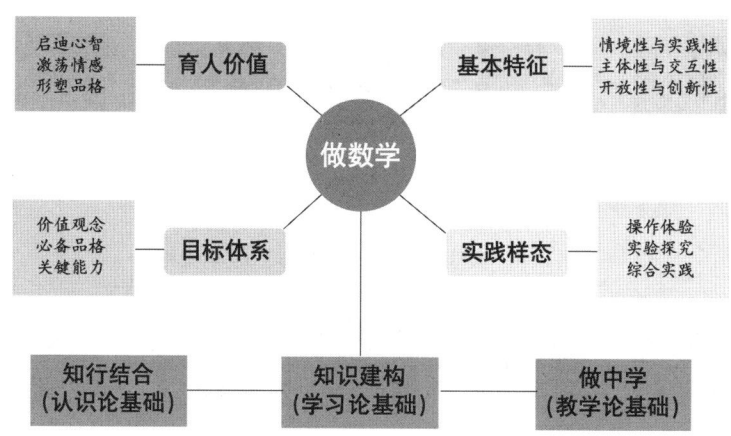

图 2.2 《做数学：义务教育学科育人的创新实践》理论体系

经过实践探索，《做数学：义务教育学科育人的创新实践》成果项目组提炼出操作体验、实验探究、综合实践 3 种"做数学"实践样态，并分别建构了相应的教学模型。3 种模型操作要素不同，指向也不同：操作体验型"做数学"是通过操作、观察、感悟、理解等活动，获得感性认识，提高学习兴趣，激发求知欲的活动；实验探究型"做数学"是学生经历探索过程，自主发现数学结论、探索数学规律、寻找证明方法的活动；综合实践型"做数学"是以实际问题为载体，学生自主参与并综合运用有关知识和方法解决问题、积累活动经验的活动。3 类"做数学"的操作流程分别如图 2.3 至图 2.5 所示。

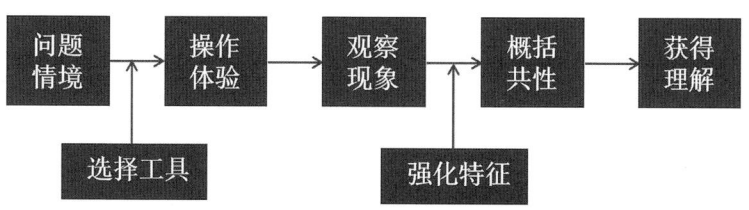

图 2.3 操作体验型"做数学"教学流程

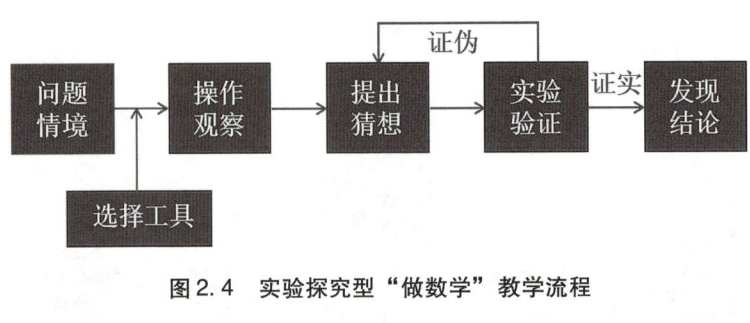

图 2.4　实验探究型"做数学"教学流程

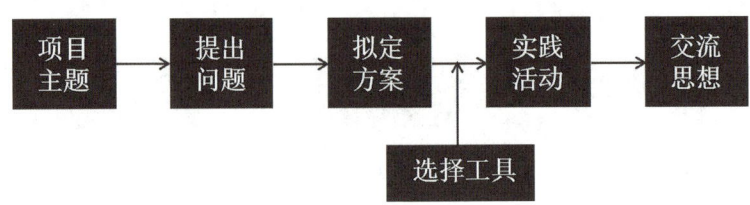

图 2.5　综合实践型"做数学"教学流程

可见，理论有利于教学成果的成型与呈现，在教学成果的凝练上起到至关重要的作用。当然，再次强调的是，不能为理论创新而盲目提出新概念、新名词，不能过度进行理论包装。

研读心得

四、经过实践检验

（一）经过实践检验是教学成果的发展根基

教学成果需要理论提供指导，但不是光有理论就能绘成"理想图纸"，还需要有长期、深入的实践根基，才能产生真正有利于实践的教学"产品"。正如《工作安排》所说的：经过实践检验，基础教育教学成果必须在理论研究的基础上，使问题在实践中得到有效破解，特等奖和一等奖教学成果应经过不少于4年的实践检验，二等奖教学成果应经过不少于2年的实践检验。

教学成果源于教学实践，也成于教学实践，其目的是提高教育教学的水平和质量，所以需要经过实践的检验。从2022年全国基础教育教学成果获奖名单来看，申报成果中研发、实践检验时间在6至10年的比例最高，占51.9%，获奖占比也最高，为48.1%；获奖成果数量排名第二、第三的分别为实践检验周期11至15年和16至19年的成果；研发实践周期在20年以上的成果申报数虽然比较少，仅占5.07%，但是获奖数较多，占比为9.73%；而短周期成果，如5年以下的申报成果占15.48%，获奖占比仅为5.97%。[①] 由此可见，获奖成果往往需要经历厚积薄发的过程，不是靠短期速成、"现炒现卖"就能取得成就的，成果的获奖情况与其研发的周期之间呈一定程度的正相关关系。表2.1呈现了2022年基础教育教学成果奖的一些获奖项目，它们都是经历了长期教育改革实践并取得良好成效的典范。

---

① 引自王湛在中国教育学会第三十一次学术年会上的主旨报告，载《未来教育家》，见 https://www.sohu.com/a/288338887_126862。

表 2.1　部分获奖成果研发周期一览表

年份	获奖成果	所获奖项
2022	大情怀育人：扎根乡村 40 年的行知教育实验	特等奖
2022	从德育渗透到课程思政：某市中小学学科育人三十年研究与实践	一等奖
2022	融城市精神·育时代新人：小学生品格教育的 25 年实践	一等奖
2022	问题化学习 20 年：学与教的变革	一等奖
2022	从薄弱到优质：24 年落实国家课程的创造性实践与研究	一等奖
2022	"班级育人" 60 年	一等奖
2022	自然天放·尽性成德：幼儿园绿色课程 25 年创生实践	一等奖
2022	中小学卓越教师成长支持系统的十六年创新实践与探索	一等奖
2022	中学生研学旅行"XX 模式"37 年探索与实践	二等奖
2022	普通高中"立身修心"劳动教育教学体系 60 年构建与实践	二等奖
2022	为"未来教育家"奠基：教育家型教师培养的某市探索（2008—2022）	二等奖

研读心得

（二）实践"三要"：周期长、成效好、生命力强

所有获奖的成果至今仍在教育教学中发挥示范引领作用，具有较强的推广应用价值。其中：特等奖成果应经过不少于 4 年的实践检验，在全国范围内产生重大影响；一等奖成果应经过不少于 4 年的实践检验，在全国或省（区、市）域内产生较大影响；二等奖成果应经过不少于 2 年的实践检验，在全国或省（区、市）域内产生一定影响。一项好的教学成果在实践方面通常需要满足以下要求。

（1）周期长。尽管《工作安排》要求，特等奖和一等奖的实践检验时间不少于 4 年，二等奖不少于 2 年，但根据表 2.1 可知，很多取得好成绩的获奖成果的研发过程远远超过了规定的年限。其中，20 年、30 年甚至 60 年的不在少数。

（2）成效好。教学成果要有自己独特的实践模型，也要有跨省市、跨区域的学校应用案例，以证明项目成果的可复制性和可推广性。对教学成果的效果描述，不能笼统地描述其实践效果有多好，更不能言过其实和弄虚作假，而是要有强有力的证据支持。可以通过纵向和横向对比来说明教学成果的发展变化，例如教学成果实施前后的对比，或者通过与其他未实施教学成果的单位之间的比较，来说明成果的实践效果如何。可以通过学校的课程纲要和课程表，教师的教案和教学反思，学生的获奖、作品和表现等多种形式的证据，来说明学生得到了怎样的提升、教师得到了怎样的发展、学校的课程发生了怎样的变化，这样才具有强大的说服力。

（3）生命力强。一项好的教学成果并不是一开始就是完美的，而是在长期的教育教学实践中不断发展和完善、不断"生长"，最终形成科学的问题解决方案。一项好的教学成果通常解决的是教学中"一类"问题，例如如何组织开展问题化学习，如何进行尝试教学，如何传承优秀传统文化等，

这些"一类"问题的解决过程或者解决的方法，常常可为同类的学校、同类的地域，解决"同类"的问题提供参考，体现教学成果的可复制、可推广性，也呈现出教学成果自身的生命张力。

研读心得

（三）"经过实践检验"的实践要义

为了实现上述标准，"经过实践检验"需要注意如下 3 个实践要义。

（1）尽可能凸显实践检验的时长。例如，青岛市即墨区第二十八中学作为 1993 年被评为"全国学雷锋先进集体"的学校，其教学成果《雷锋课堂：和谐互助德智融合育人模式 29 年的研究与实践》把雷锋精神带进课堂，把乐于助人、刻苦钻研等优秀品质引入到教学中，通过同桌二人"师傅""学友"角色划分，"随科选座"机制、一体化评价等措施，形成了独特的"和谐互助"价值追求，增强了学生对雷锋精神的文化认同。再如，沈阳市第一所"雷锋学校"三十八中学多年来深入研究和真正把握雷锋精神的精髓，并把它融入学校管理的各个方面，坚持把学雷锋活动与对学生开展理想信念教育、爱国主义教育、民族精神教育、社会主义荣辱观教育等相结合,把学雷锋活动与学风建设、学生道德建设、社会实践活动、校园文化建设相结合,不断提高学生的综合素质,不断提高教职工的业务能力和水平,形成优秀的教学成果《37 年雷锋精神治校育人的研究与实践》,赋予了雷锋精神新的时代内涵。[①] 两所学校以"雷锋精神育人"为主要内涵,分别进行了长达 29 年、37 年的实践探索,并取得了丰硕的成果。

(2) 通过多种手段凸显实践检验的效果。例如,上海市杨浦区控江二村小学自 1978 年就开始对劳动人民子女开展科技教育,在上海教育界产生巨大影响。但这一成果给人留下的大都是模糊的印象,缺乏完整的、清晰的证据(包括数据)支持。针对这一情况,学校项目组分头行动,从最近 5 年的资料开始分时间段向前追溯,凡是需要数据说明的,都想办法获得精确数字,查实一段,厘清一段。例如,为了明确该校学生小发明、小创造获得国家实用新型专利证书的有多少,项目组特派专人到上海知识产权局进行了 3 天搜寻。在扫描复印专利名单后,逐项核对这些专利的拥有者在发明专利时是否在本小学就读期内。最终明确,自 2004 年以来控江二村小学共有 361 位同学获得 502 项发明专利,并获得国家发明专利证书。再如,通过数据搜集,明确该校学生参加全国各种科技大赛获奖 490 项,其中 19 位学生获"中国科学院小院士",7 位获"上海科学院小院士"称号。[②] 这些经得起检查的数据,证明了该成果在实践中取得了很好的效果。

---

① 陈璐:《用雷锋精神治校育人——沈阳市第一所"雷锋学校"第三十八中学》,载《刊授党校》2009 年第 2 期,第 1,65-66 页。

② 苏忱:《想入围基础教育教学成果奖?这 3 点一定要注意!》,载《中国教师报》2022 年 9 月 19 日。

(3) **通过前后对比来凸显实践检验的效果**。《数智技术与情感教育双驱动的小学育人模式实践探索》,持续 12 年坚持开展数智技术与情感教育双驱动的育人模式探索实践,运用最新的数智技术,通过情感教育与数智技术双驱动,通过人技结合解决新时代小学育人模式转型难题。学校经过长达 12 年的持续实践研究,在教育信息化发展出现"只见技术不见人",重技术、轻育人,重设备、轻应用,重建设、轻效果等现象时,通过这"三重三轻"的对比,总结出始终将"育人为本"作为教育信息化发展的标杆,让技术应用有了育人导向。又如,在数据采集上进行横向对比,以前只关心分数,而现在将应用范围拓展至育人全过程,覆盖知识、能力、行为、心理、情感等各方面,通过学生书写停顿、压感等笔迹数据来综合、多维地对学生的学习过程进行分析和干预。再如,在技术设备的使用上进行前后转变对比,从原来的平板到手写板再到"云笔",从原来的摄像机到人体热感应设备,从原来的直接数据到加密数据等,用什么技术,怎么组合使用技术设备,都服从于教育初心和育人效果。成果紧抓教育根本、创新引领发展,为教育信息化发展树起了"育人为本"的标杆。

第三章 教学成果培育的逻辑链

　　教学成果的培育应遵循教育教学方案的构思与形成、实践与检验和推广与应用的基本规程，以"理解透—做得好—用得广"为逻辑链，厘清成果培育的现实困境、实践误区、选树原则、实施方略、发展进路等系列问题，呈现一项教学成果创生的完整过程。

第三章 教学成果培育的逻辑链

教育是国之大计，党之大计。以习近平同志为核心的党中央深刻洞悉全球发展大势和世界教育发展格局，准确把握中国特色社会主义教育发展的新特点、新趋势，把优先发展教育事业作为推动党和国家各项事业发展的重要先手棋，作出了"建设教育强国是中华民族伟大复兴的基础工程"这一重要论断。[①] 基础教育作为其中的重要组成部分，一直受到各界的热切关注。"如何提高基础教育质量""如何培养出具有竞争力的学生"等问题的出现，将"教学成果"这一要素推到了幕前。基础教育国家级教学成果奖的出现更是将"教学成果"的重要性推到了一个新高度，"如何培育教学成果"由此成为基础教育研究的热点。由于教学成果是指反映教育教学规律，具有独创性、新颖性、实用性，对提高教学水平和教育质量、实现培养目标产生明显效果的教育教学方案。现遵循教育教学方案的构思、形成和应用的过程，以"理解透—做得好—用得广"为逻辑链（图3.1），对基础教育教学成果培育过程中的系列问题进行讨论，以此来明确一项好的教学成果是如何产生的。

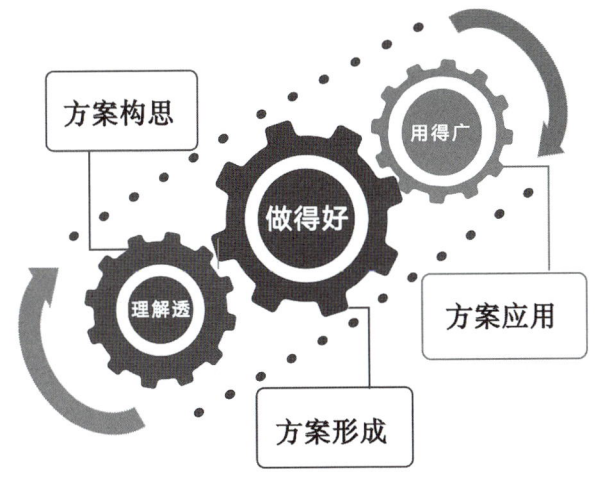

图3.1 教学成果培育的逻辑链

---

① 刘琳琳：《习近平关于教育公平重要论述研究》，内蒙古大学2021年。

一、理解透：实践误区与学理阐释

理论指导实践，培育出基础教育教学成果的第一步就要对"教学成果"这一概念进行准确把握。在教学成果"理解透"这一层面，需要重点关注实践误区和学理辨析两方面内容。

（一）教学成果培育的实践误区

要明确教学成果的概念，首先要知道关于教学成果的培育存在哪些误区。

（1）**简化原有内涵，将成果等同于材料**。就目前的现状而言，很多教师对教学成果的认识存在一定的偏差，认为只要将论文、专著进行堆砌，形成规模效益就是教学成果，其实这是将教学成果等同于教育科研成果汇编；还有一部分教师认为教学成果就是在教学实践过程中对公开课、教学过程的总结，因此罗列出一大堆教案、开课证书等，其实这只是教学工作的梳理总结。[1]

（2）**轻视实践积累，存在急功近利心理**。教学成果奖申报过程中常常存在3个误区：①很多项目时间周期不够，并没有形成教学成果，而按教学成果来申报；②不少教师不注意平时的实践积累，申报时，临时查阅资料拼凑成申报材料；③有的学校领导至今还认为教学成果的形成是靠笔杆子而不是靠实践。[2] 正是由于目标定位模糊，使得很多人并未选择真正价值大、实

---

[1] 江合佩：《教学成果的凝练与表达》，载《福建教育》2021年第32期，第24–26页。

[2] 刘正华：《基础教育国家级教学成果奖及其培育》，载《湖南教育·A版》2019年第1期，第45–47页。

效强的教学成果培育项目，而是以冲击省级和国家级教学成果奖为重要导向，注重"面子工程""凑材料、补数据"，提炼组合"打包"教学成果来申报项目的现象与问题较为突出。[1]

（3）**培育提炼不足，无法深挖现象规律**。对中小学校和教师进行抽样调查，发现普遍存在3个问题：①教学成果的培育和提炼往往停留在实践活动、工作流程、经验梳理的浅表层面，而未能深入探究其理论指导实践的本质；②教学成果的培育和提炼缺乏纵向、横向的数据调研及对比分析，实践成效不足以证明教学成果的科学性、实效性；③教学成果的培育和提炼通常局限在本校或本地的实践，而缺乏更为广泛的应用推广及相关的适用性论证。[2]

研读心得

---

[1] 朱飞、黄英杰：《教学成果内涵特质与培育机理探析》，载《继续教育研究》2021年第6期，第137–142页。

[2] 林洁：《中小学教学成果的培育与提炼研究》，载《广西教育》2023年第1期，第14–18页。

（二）教学成果培育的学理阐释

（1）目前，最为主流的释义是《教学成果奖励条例》中的界定，即教学成果是指反映教育教学规律，具有独创性、新颖性、实用性，对提高教学水平和教育质量、实现培养目标产生明显效果的教育教学方案。① 这个概念一直沿用至今，广泛适用于基础教育、高等教育等领域，且其外延不断与时俱进。2014 年，基础教育国家级教学成果奖评审中首次提出：基础教育国家级教学成果的内容包括课程、教学、评价、资源建设等方面，可以是综合性的，也可以在某些方面有所侧重。② 2018 年，教学成果的外延又增加了"立德树人""未来挑战"的要求。③ 2022 年新增了"教师专业发展"。可以看出，"教学成果"的内涵不断丰富，仅仅把理解停留在政策纸面上是远远不足的，需要广泛归纳各方观点。

（2）官方释义认为"教学成果"是一种"教育教学方案"，并要具备独创性、新颖性等特点。对此专家学者也从不同角度进行了概念阐释，朱飞认为"从基本内涵上看，教学成果既是在教学改革与发展中取得的成就，也是教育事业前进与人才培养发展成效的集中体现；从基本类型上看，成果重在服务和引领教学，而不是简单重复性、常规性教学业绩成效的展现；从政策导向上看，教学成果是一个有目的、有计划、有步骤、有效果的研究与实践方案体系，已成为指导各级各类学校教学成果评选、教学研究与实践活

---

① 中华人民共和国国务院：《教学成果奖励条例》，见 http://www.moe.gov.cn/s78/A02/zfsleft/s5911/moe_620/tnull_1382.html。

② 杜侦、罗晨：《首届基础教育国家级教学成果奖分布特征分析》，载《上海教育科研》2017 年第 1 期，第 28–33 页。

③ 李生华、林冬青：《例谈教学成果申报中的文本提炼与表达》，载《基础教育参考》2020 年第 11 期，第 11–14 页。

动的行动指南;从形成历程上看,教学成果是在日常教学与管理、教学改革与发展、教学研究与实践中产出的方案,经历了选题论证、研究设计、实践探索、成果形成、总结凝练、推广应用、持续改进等不同阶段,并最终反哺应用于教学实践活动;从基本特质上看,教学成果以应对各种教学问题为基本导向,注重创新教学理念、内容与方式,加强教学系统性体系建设,以增强教学实际效果为最终目的,是教学活动价值创造与实践应用的统一体"。① 这一解释将教学成果与科研成果、教学实践、教学总结等概念进行了区分。江合佩进行了更通俗化的表述,提出"教学成果是教育科研和教学工作的最大交集,在培育环节,要聚焦于解决教育实际问题,不能将其窄化为撰写教育科研论文的过程;要力求调动一线教师的主动性和积极性,不能将其窄化为少数专家的个人行为;要致力于持续不断、异彩纷呈的实践探索,不能将其窄化为轰轰烈烈的几次教研活动"。②

(3) 还有学者从成果评价的角度出发,通过构建指标体系来加深对"教学成果"的理解。杨贤科借助于先进性(10%)、科学性(25%)、应用性(30%)、实效性(35%)4个一级指标与方向性、规律性等10个二级指标来反映成果的本质属性和价值定位。③ 魏海丽划分出"思想性""前沿性""独特性"和"辐射性"4个维度,相对应地设立核心价值理念、前沿性、教学情境、辐射性等4个一级指标,以及培养目标、研究焦点等11个

---

① 朱飞、黄英杰:《教学成果内涵特质与培育机理探析》,载《继续教育研究》2021年第6期,第137-142页。
② 江合佩:《教学成果的凝练与表达》,载《福建教育》2021年第32期,第24-26页。
③ 杨贤科、王真东:《新时代基础教育教学成果评价指标体系的构建》,载《教育与教学研究》2023年第37卷第8期,第120-128页。

二级指标。① 黄积才则提出了"方向性、针对性、整体性、复合性、独特性、新颖性、操作性、实效性、持续性、影响性等十项特征"。② 虽然指标数量各异，但在评价内容上具有高度重叠性，突出强调基础教育教学成果的实践性本质和应用价值。

概括而言，"教学成果"是问题解决的方案，这一方案具有独创性、新颖性和实用性。其中，对"方案"的理解最易出现偏差。目前，对此处的"方案"所形成的共识是：有目的、有计划、有组织、成系统并取得了对提高教学水平和教育质量、实现培养目标产生明显效果的教学活动。要明晰的是，"教学活动"并不限于课堂教学或新课改；"明显效果"，要求须用持续"两年以上"实践来证明。③

研读心得

---

① 魏海丽：《什么是"好"教学——基于基础教育国家级教学成果奖的研究》，载《当代教育与文化》2019年第11卷第6期，第74-81页。
② 黄积才：《教学成果的孵化、培育与价值呈现——从国家级教学成果奖的成果形成与奖项申报说起》，载《中小学管理》2019年第6期，第28-30页。
③ 文微：《"教学成果奖"的多重现实含义》，载《教育科学研究》2012年第10期，第1页。

二、做得好：选树原则与实施方略

实践反哺实践，培育教学成果的关键是"做得好"，而"做得好"，又需要关注教学成果的选树以及培育2个方面。

（一）教学成果培育的选树原则

（1）方向正确。选择的项目必须符合教育教学规律与学生身心发展规律，并在全面贯彻教育方针，落实立德树人根本任务，培养德智体美劳全面发展的社会主义建设者与接班人上具有一定的理论建树，让教学成果培育成为落实立德树人根本任务的重要方式、有效路径和可靠载体。[1] 由此而知，教学成果培育应跟随国家意志，精读相关文件，理解文件精神，争拿政策红利，不要自创体例，自说自话。[2]

（2）选题精准。教学成果所要解决的是现实教学中的真问题。[3] 通俗地说，就是在基础教育教学发展过程中客观存在的不利于学生健康成长的未解矛盾。[4] 不可忽视的是，随着教学的物质、制度、文化基础等方面的跨越式前进，教学日益成为一个复杂的系统。教学活动不只是课堂教学中的教学行为，教师专业发展、学生学习变革、教育信息化以及教育教学综合改革等多

---

[1] 王毓珣、申丽凤：《基于实证的两届基础教育国家级教学成果奖比较研究》，载《教育理论与实践》2020年第40卷第23期，第46-50页。

[2] 黄积才：《教学成果培育的学理呈现与事理安排》，载《教学与管理》2020年第19期，第18-20页。

[3] 柳夕浪：《试析基础教育教学成果的内涵与特征》，载《中国教育学刊》2013年第5期，第12-17页。

[4] 王毓珣、申丽凤：《基于实证的两届基础教育国家级教学成果奖比较研究》，载《教育理论与实践》2020年第40卷第23期，第46-50页。

方面共同构成了复杂的"大教学"①，要能够从更宽广的视野中找寻研究问题，而非局限于狭隘的教学定义。因此，除去教育改革发展要求、课程建设与教学改革等传统选题主题，还提倡对已有成果的深化拓展，强调在已经获得国家级教学成果奖项目基础上进行拓展、深化，选择研究题目。② 考虑并选取主题后，还要特别注重创新性，这是教学成果的重要价值体现，多位获奖者在访谈中也提到这一关键点。例如，陈小平提到4个方面的创新：理念创新、路径创新、方法创新、内容创新。③ 梁小玲提到其成果内容有6个方面创新：创新体验活动方式、创新体验式作文的操作模式、创新体验式作文的理念、创新观察的方法、创新作文的评价制度、创新作文的可发展性与可延续性。④ 这些对创新的论述虽然值得商酌，但成果需要一定的创新要素是不容忽视的事实。

(3) **方案科学**。选题之后面临解题，要进行系统性的高位思考，设计出结构化的智慧方案，而从思想与方法维度看，要进行基于批判的反思，基于联结的建构，基于长程的拓进。⑤ 有学者对成果方案形成的3项基础性的过程特征进行了描述，即方案的实践性、成果的可验证性、成果的可释性，特别强调系统化的学理解释，而非主观臆测。⑥ 充分考虑科学之余，也要兼

---

① 肖龙、涂艳国：《基础教育教学改革的推进现状与逻辑主旨——基于第二届国家级教学成果奖的分析》，载《教育理论与实践》2019年第39卷第8期，第47－50页。

② 雷守学：《陕西省基础教育国家级教学成果获奖情况分析及孵化工作意见》，载《陕西教育（综合版）》2019年第Z2期，第46－50页。

③ 黄日暖：《让研究成就教育实践的低成本高效能——广东省教育教学成果一等奖获得者陈小平访谈录》，载《广东教育（综合版）》2020年第6期，第14－15页。

④ 黄日暖：《让基层教育科研充满实用的创意——广东省教育教学成果一等奖获得者梁小玲访谈录》，载《广东教育（综合版）》2020年第7期，第16－17页。

⑤ 蒋保华：《追求有灵魂的卓越——国家级教学成果奖之南京基础教育透视》，载《江苏教育》2021年第10期，第31－36页。

⑥ 陈洪义：《以实践为特征的教学成果培育与凝练路径》，载《中小学教师培训》2021年第8期，第18－22页。

顾地方特色，尤其是在推进人才培养模式改革、更新教学方式方法、提高教育质量等方面，要看是否具有突出成绩和显著特色，在省内甚至国内是否具有一定影响。总之，基础教育工作者要自觉把中国特色社会主义理论体系贯穿教学成果培育全过程，转化为坚定的政治信念、清醒的理论自觉和科学的思维方法，坚持以科研课题（项目）为抓手，善于借助高校和教研科研单位力量，做好基于教学成果的原始创新、集成创新和引进消化吸收再创新，在实践基础上提出具有独创性、新颖性、实用性的教育主张。①

（4）**优选优育**。要设置获培门槛，推行遴选优育，深入挖掘和全面总结教师在教育教学实践中形成的优势和特色，采取存量推选与增量自主相结合的形式，遴选部分基础扎实、个性鲜明的教学成果进行重点培育，持续跟进。② 将资源集中投入到优质项目中，通过有力扶持来提高成功概率，可以在很大程度上避免"大水漫灌式"投入造成的资源浪费。例如，在对天津市基础教育教学成果培育的分析中，研究者建议遵循理论意义、实践价值、实际效果、专业影响四大标准，以及理论创新、问题突破、实践检验、影响范围四大判据，坚持培育一批、准备一批、酝酿一批的原则，争取优中选优，把最能代表区域水平、国内领先的项目选择出来；再就是必须根据每个项目的具体情况，成立培育专家组，制订个性化培育方案，不断提升项目的学术含量与理论水平，提高其实践应用价值。③

值得一提的是，由于大多数一线教师的总结提炼能力及宣传推广能力有

---

① 贾毅、江宏、向帮华：《省级基础教育教学成果奖信息透视及内涵探析——基于18个省的数据分析》，载《教育学术月刊》2022年第12期，第81-87页。
② 黄积才：《教学成果培育的学理呈现与事理安排》，载《教学与管理》2020年第19期，第18-20页。
③ 王毓珣、申丽凤：《试析教学成果培养路径——以天津市两届基础教育教学成果奖为样本》，载《现代中小学教育》2021年第37卷第12期，第8-14页。

限，不少优秀成果难以被发掘。在选育过程中，可以优先关注这些未获奖但具有较高价值、较大潜力的成果，设置成专门的教改项目，对此类教学成果予以培育。① 然后，将已获奖的成果与正培育的成果结对子，形成帮扶与连带机制，积极推动新一批优秀教学成果的产生，并以此发掘和培育当地教育教学典型经验，通过成果的推广、实施与应用推动当地教育教学改革与发展。②

研读心得

（二）教学成果培育的实施方略

培育教学成果关键是要"做得好"。苏忱提出了"做"的八要素：明确的研究领域范畴、确定的改革探索重点内容、符合规律的科学方法、一定时

---

① 宋乃庆、范涌峰：《2018 年基础教育国家级教学成果奖评审结果探析——基于数据分析》，载《人民教育》2019 年第 Z1 期，第 22－26 页。

② 雷婕、周永孝、李红艳等：《成都市基础教育教学改革现状的分析与思考——基于 2021 年成都市教学成果奖分析》，载《教育科学论坛》2022 年第 7 期，第 58－62 页。

间长度的教改探索与教学实践、清晰的探索过程和工作阶段、有说服力的可靠真实的数据与材料、解决的问题既体现国家意志和共同需求又有自身探索的独特经验、值得借鉴模仿的经验。[1] 培育教学成果"如何做"可从以下 5 个方面实施。

(1) **协作攻关**。在基础教育教学改革与研究中，中小学是实践主体，但其在科学研究能力上总体水平不高；高校是研究主体，但其往往与基础教育教学实践结合不足；而教科研机构是基础教育理论与实践的桥梁。三者在基础教育教学改革与研究上各有其优劣势，只有取长补短、相互协作，才能取得更多突破和创新。[2] 因此，中小学及幼儿园基础教育的一线人员最好与科研院所、高等院校的专家协同攻关，这种协同还可以联合不同省域的校际进行，不同主体共同研究基础教育教学改革中的热点、难点问题，从而形成有影响力的教学成果，以提高研究成果的普适性与影响力。2018 年、2022 年基础教育国家级教学成果奖评选的一个重要特点就是统筹资源、协同创新，即中小学与高等学校协同合作，许多高校专家学者积极参与研究，共同探索我国基础教育教学改革路径与实践。[3]

(2) **推动落地**。必须承认的是，在教学相关人员开展教育教学研究的过程中，有些人并不完全是为了改进教育教学质量水平，而是出于满足教学科研考核要求，争取研究经费，为职称职务晋升做准备等目的，这种功利性的价值取向致使教育教学研究活动与实践问题解决联系不紧密或相脱离，使

---

[1] 苏忱：《基础教育教学成果的价值追求、成果要素和归纳表达》，载《上海教育》2022 年第 27 期，第 48－49 页。

[2] 宋乃庆、范涌峰：《2018 年基础教育国家级教学成果奖评审结果探析——基于数据分析》，载《人民教育》2019 年第 Z1 期，第 22－26 页。

[3] 中国教育学会：《为国优选，为国聚才——2018 年基础教育国家级教学成果奖综述》，见 http://www.souhu.com/a/290946949_372464。

得研究成果对教学改革与教学水平提升低效化或无效性。① 因此，破解"理论联系实际"这一长期以来困扰基础教育教学的难题是首要之务，在新形势下，关于这一问题有种种新的提法。柳夕浪提出要探索建立一些"理论联系实际"的典型课程形态、新的中小学生实践学习方式、丰富多样的实践基地以及必要的保障机制，还特别阐述了农科实践基地群与城市学校的社会资源，为问题的解决提供了一种思路。②

（3）依托课改。通过分析发现，获得国家教学成果奖的项目大多与课程改革关系紧密，国家教学成果奖中的很多成果都是在基础教育推进新一轮课程改革当中播种、耕耘、收获。③ 例如，上海市在基础教育领域2018年获得特等奖，2022年获得一等奖12项、二等奖28项，这些教学成果大都和上海市多次课程改革的过程紧密相连。从1988年上海启动课程改革以来，上海市的学校始终坚持"以学生发展为本"的基本理念，从人文素养的熏陶到综合能力的培养，通过多种方式为学生探寻个性化发展道路，不断将上海的基础教育推向新的发展水平。④

（4）实践验证。实践主要体现在培育时间和成果检验2个方面。一方面，一项基础教育教学改革项目从启动到完成并取得良好的效果往往需要比较长的时间，需要几年、十几年甚至几十年的坚持不懈，其中还可能存在一些阻碍、波折乃至暂时的失败。从2014年、2018年获奖成果形成的期限来

---

① 朱飞、黄英杰：《教学成果内涵特质与培育机理探析》，载《继续教育研究》2021年第6期，第137－142页。

② 柳夕浪：《理论如何与实际相联系——首届基础教育国家级教学成果奖评析之二》，载《人民教育》2014年第20期，第29－32页。

③ 王湛：《推广优秀教学成果 推进基础教育改革发展——第二届基础教育国家级教学成果评奖综述与优秀教学成果推广工作建议》，载《未来教育家》2019年第7期，第8－10页。

④ 陈之腾：《教学"开花结果"滋润学生发展 上海基础教育获36项国家级教学成果奖》，载《上海教育》2015年第21期，第7页。

看，一般都在 5 年以上，大部分在 10 年左右，得到各级评委高度肯定的获奖成果主要在 10～15 年之间。① 而 2022 年基础教育国家级教学成果奖省级推荐项目中，持续超过 10 年的实践项目有 205 项，超过 30 年的有 21 项。② 另一方面，教学成果来源于教学实践、根植于教学实践、服务于教学实践，因此，必须还要在实践中得到检验。③ 通过相关文本解读和比较后发现，基础教育教学优秀成果在价值引导上的特点是"高度关注成果价值在教学过程中的直接体现"。④ 那实践如何验证成果呢？评价的价值在此凸显而出。评价改革要将重要的课程目标、教学要求变得可测评，还要研究如何对学生的核心素养进行定性或定量的分析，确保目标、行动与评判内在的一致性，而这正是一些国家级教学成果奖关注的重点。⑤

（5）**行政支持**。教学成果培育项目实践的影响因素众多，包括经济发展水平、教育理念、研究氛围、行政支持等，在此，我们将重点讨论行政支持。这与政府职能有关，在资源调度、氛围营造、统筹规划等方面，政府及其职能部门具有不可替代的地位。张有林建议"区域教育主管部门可成立教育教学改革与发展指导中心，专职负责规划、指导和推动区域教育教学改革，根据区域发展定位、办学特色以及人才培养目标要求等要素，将区域教

---

① 王湛：《推广优秀教学成果 推进基础教育改革发展——第二届基础教育国家级教学成果评奖综述与优秀教学成果推广工作建议》，载《未来教育家》2019 年第 7 期，第 8－10 页。

② 费伦猛：《基础教育高质量发展的关键议题及教学改革基本趋向——基于 2022 年基础教育国家级教学成果奖推荐项目的实证分析》，载《教育导刊》2023 年第 7 期，第 26－38 页。

③ 邓若锋、郭耿阳、屈冬林：《培育体育教学成果的要点》，载《中国学校体育》2019 年第 9 期，第 47－48 页。

④ 苏忱：《基础教育教学成果的价值追求、成果要素和归纳表达》，载《上海教育》2022 年第 27 期，第 48－49 页。

⑤ 柳夕浪：《教学评价的有效突破——首届基础教育国家级教学成果奖评析之五》，载《人民教育》2014 年第 23 期，第 32－35 期。

育教学改革与培育教育教学成果结合起来，全面推进，兼顾突出重点，集中人力、物力、财力等优势资源支持重点培育项目"。① 在这方面，山东省的做法值得借鉴，与 2014 年相比，山东省 2018 年的基础教育教学成果奖数量有很大提升（增加 21 项），其主要原因是山东省出台了一系列政策与措施，实施基础教育教学成果奖专项培育项目。② 2022 年山东省仍然保持高位，共获奖 46 项，其中一等奖 3 项。

研读心得

三、用得广：现实困境与发展进路

应用推广作为基础教育教学成果培育的关键环节得到了特别关注，经过

---

① 张有林、郑淑清：《启示与策略：从获奖项目看区域教育教学成果的培育与推广》，载《辽宁教育》2021 年第 18 期，第 77-82 页。

② 李孝诚、张亚明、张森：《两届国家级数学教育教学成果奖的特征分析与启示》，载《淮北师范大学学报（自然科学版）》2022 年第 43 卷第 2 期，第 81-86 页。

反复萃取的教学成果脱离了具体教育教学情境，被高度抽象和浓缩，如何再交付给实验学校和实验教师用于真实情境并改进教学？教学成果在推广应用的过程中，存在哪些现实困境，又有哪些发展进路？接下来将进行解析。

（一）教学成果推广应用的现实困境

推广应用是教学成果培育的重要环节。首先，每一项教学成果都是在当地活生生的教育实践以及地方文化中经过持续研究而逐步形成的，具有一定的"地方"特性，因而其他地方在运用时不可盲目照搬，需要进行"本土化"的适宜性试验；其次，教学成果作为一项教育教学方案，或多或少地存在这样或那样的不足，可能处于发展或有待完善的状态，尤其是一项有重大影响的教学成果往往需要长时间的反复实验研究，在"再试验—再研究—再应用"中实现对现有的超越，最终达到稳定的状态。① 因此，成果的推广应用与教学研究、教育实践同等重要。

但是，教学成果的推广应用也并非易事。根据当前的实践情况，教学成果的推广应用过程主要存在如下三大问题。

（1）**主体意识不强**。推广应用优秀教学成果，不是强制性的行政任务，需要自主性的供需对接，需要充分调动广大基层学校和各级教育行政、科研、教学、督导人员的行动热情，形成步调统一的行动方案，使各级各方履职尽责、自觉跟进，形成强大的工作合力。② 可以看出，在应用推广这一过程中存在着诸多主体，在实践中极易出现"断链"等问题，导致走形、变样的状态。调查发现，有的教学成果，教育局或教科所从上而下全力推进，

---

① 田景正、柯依萍、彭冰鑫：《学前教育国家级教学成果奖探析》，载《当代教育理论与实践》2020年第12卷第2期，第8-14页。
② 杨爱魁：《全域推广应用优秀教学成果的实践策略》，载《中国教育学刊》2022年第S1期，第108-110页。

但开头热热闹闹,中间有些走样,最后回到原样;有的教学成果,是领导层研究产生的,缺少坚实的群众基础,看起来很"高大上",但教师却并不买账,往往上面怎么要求,下面就怎么做,主体意识不强;有的教学成果,专家指导很到位,但指导者一走,教师立马回到"原生态",最后的结果是顶层设计和理论还不错,实践的效果却很差。① 李明隆也指出"教学成果的推广,只说服领导来推行是不够的,还需要说服教师来参与"。②

(2) 实际行动不足。 调研发现,不少学校对教学成果的重视多停留于口头表面上的认同,属于形式上的感性认同,并未转化为实际的行动,缺少完善的教学成果培育计划与实施方案。③ 宋乃庆通过对基础教育优秀教学成果推广应用示范区申报的评审材料,以及国内各地区尤其是西南、西北五省市基础教育教学成果推广应用示范区申报的情况调查发现,不少学校对于成果推广应用的认识不到位,行动不到位。④ 可以看出,从管理层到执行层对教学成果应用推广的态度是决定成效的关键因素,但就现状而言,推广行动不到位的问题较为显著。

(3) 推广效果不佳。 应用推广范围作为衡量教学成果价值的重要指标,并未得到和教学研究同样的重视,在实践中出现了"虚宣传""弱宣传"等问题。部分学校推崇的教学成果在形成过程中所运用的方法科学化水平不高,研究成果停留于简单的研究报告或较低水平的期刊文章,导致教学成果

---

① 李明隆:《培训课程:教学成果推广的核心载体》,载《四川教育》2019 年第 Z4 期,第 46 – 47 页。

② 李明隆:《培训课程:教学成果推广的核心载体》,载《四川教育》2019 年第 Z4 期,第 46 – 47 页。

③ 朱飞、黄英杰:《教学成果内涵特质与培育机理探析》,载《继续教育研究》2021 年第 6 期,第 137 – 142 页。

④ 宋乃庆:《关于基础教育国家级优秀教学成果推广应用的思考》,载《未来教育家》2020 年第 9 期,第 13 – 15 页。

实践应用与推广效果的信度和效果有待进一步核验。①

因此，要想促进更多优秀教学成果涌现、助力更高教育质量的出现，就需要解决上述困境，协调各主体之间的利益，统筹全局资源，提升主体意识，提升合作质量，加强实际行动，优化推广效果。值得注意的是，在已有的成果推广应用中，加强对成果的"二次研究"，可以促使教学成果推广应用与教学研究相互融合，共生共长。一方面在常态教研、教学中，以已有的成果形成样例，为实现"新的成果"的转化提供可能，从而赋予教学成果以"生命"；另一方面以推广应用为抓手，把任务当作使命，促进教师专业发展，赋予教学研究以"活力"，使得教师尝到推广应用的甜头，从而更有兴致投入到教学成果培育中，形成良性循环。②

研读心得

---

① 朱飞、黄英杰：《教学成果内涵特质与培育机理探析》，载《继续教育研究》2021年第6期，第137–142页。

② 王海平、董鹏：《做好优秀教学研究成果的推广应用与教学研究同等重要》，载《中国教育学刊》2022年第S1期，第44–47页。

(二) 教学成果推广应用的发展进路

为了解决上述问题,教学成果的培育有以下的发展进路。

(1) 提高思想认识。优秀的教育教学成果持有人,要有国家意识,有担当责任,甚至有时还要有一点牺牲精神,主动把优秀成果推广到本省、本市同类学校,推广到本区域,推广到农村,推广到西部,使其不断地落地、开花和结果,与这些地方的学校、教师和学生共同分享"成果的盛宴"。[①] 对于推广工作的重视体现在部署安排上,应积极为处于弱势地位的成果应用争取政策支持。杨银付认为应将其纳入乡村振兴计划,结合重点工作开展宣传推广。[②]

(2) 加强专业内容凝练。优秀教学成果推广应用的重要前提和基础是要充分展示其教育理念、教学方式和关键举措,要以问题为导向,深入挖掘、凝练优秀成果在实践中的基本规律、创新精神和应用价值,从而形成全方位、立体化的公众认知。[③] 一方面,持有方需进一步对成果进行凝练与优化、具体化与形象化;另一方面,应用方也要基于本校或本区文化实际进行成果引渡与改造。[④] 具体而言,建议进一步加强理论成果、隐性成果以及实践成果的后续提炼与应用指导,拓展教学成果实践验证的深度和广度,实现

---

① 钟秉林:《让成果在一线土壤中落地、开花、结果》,载《未来教育家》2019年第7期,第11-12页。
② 杨银付:《将优秀教学成果转化为教育生产力》,载《中国教育学刊》2022年第S1期,第3-6页。
③ 吕玉刚:《扎实推广应用优秀教学成果 全面提升基础教育质量》,载《中国教育学刊》2019年第12期,第5页。
④ 杨爱魁:《全域推广应用优秀教学成果的实践策略》,载《中国教育学刊》2022年第S1期,第108-110页。

教学成果在实践中的进一步完善和迭代更新。① 在这一过程中，专家参与是成果凝练的重要保障力，有条件的学校可以采取与高校合作的形式。② 从更高站位出发，凝聚专家和广大教师的力量，从成果个案中提炼普遍的教育教学规律，要努力将校本经验上升到地方经验，将地方经验提升为国家经验。③

(3) 建立健全推广机制。机制的完善是一项相对而言比较复杂的系统性任务，涉及多个方面，也产生了许多具体措施，如专题研讨、团队引领等。要形成有效的推广机制，需从评价督导机制、激励约束机制、成果持有者和使用者间的互动机制入手，提升成果应用本土化。④ 在诸多方案和机制建议中特别值得学习的有以下 3 种：①钟秉林强调的共享机制，他认为"国家级教学成果奖评选表彰的意义不仅仅在于提炼总结教育教学科研实践工作经验，更为重要的是在于形成基础教育优秀成果的共享机制，充分发挥获奖成果对全面深化教育领域综合改革，创新人才培养机制的示范引领辐射作用，让更多的地区和学校共享优质教育资源和优秀成果，进而形成'科研兴教''科研兴校'的良好氛围"。⑤ ②马宏基于生态学理论基础，首先是构建起"一体化生发机制、实效型推广应用机制、联通态影响机制"三

---

① 林洁：《中小学教学成果的培育与提炼研究》，载《广西教育》2023 年第 1 期，第 14 – 18 页。
② 刘大伟：《以成果凝练推进基础教育改革》，载《湖北教育（政务宣传）》2020 年第 12 期，第 1 页。
③ 钟秉林：《让成果在一线土壤中落地、开花、结果》，载《未来教育家》2019 年第 7 期，第 11 – 12 页。
④ 宋乃庆：《关于基础教育国家级优秀教学成果推广应用的思考》，载《未来教育家》2020 年第 9 期，第 13 – 15 页。
⑤ 钟秉林：《让成果在一线土壤中落地、开花、结果》，载《未来教育家》2019 年第 7 期，第 11 – 12 页。

位一体的成果推广应用结构体系，做到推广有料、有法、有光①；其次是重视协同作用，秉持"共同体"的理念，把管理方、组织方、推广方和应用方看作学习共同体和成长共同体，目标一致、同向而行，不断完善协同创新机制，深入开展推广工作，成效显著。② ③单道华运用知识管理理论审视成果推广应用工作，通过厘清知识管理目标、构建知识管理体系、优化知识链管理等举措，推进成果"学—用—创"行动，促进成果知识的活化、价值变现、知识创新。③

（4）打造推广应用典型案例。优秀的教学成果推广应用也做得优秀，例如，中小学数学"情境—问题"教学团队采取了"专题培训，课例研讨""基地访学，调研取经""牵手推广成果" 3 种推广方式。其中，最具特色的当属"牵手推广"，其分别在福州市鼓楼区和酒泉市组建推广团队，由成果持有方的贵州师范大学数学科学学院组织大学教授、一线名师组成的专家团队引领，有计划地提升成果推广效果，形成"三教"引领、"情境—问题"教学促进学生"长见识、悟道理"实践模式。④ 再如，上海市静安区在优秀教学成果推广应用过程中，坚持引领与服务的成果推广定位，明确有效性和长效性相结合的成果推广思路，构建驱动与转化相结合的成果推广应用机制，形成了个性化的实施方案、可视化的成果载体、深度化的互动模式，

---

① 马宏、李永强、郭娅娟等：《生态学理论下高质量教学成果推广应用的实践与研究——以重庆市巴蜀小学校"学科＋"教学成果推广应用为例》，载《中国教育学刊》2022 年第 S1 期，第 16 – 19 页。

② 杨银付：《将优秀教学成果转化为教育生产力》，载《中国教育学刊》2022 年第 S1 期，第 3 – 6 页。

③ 单道华、王飞：《知识管理视角下教学成果推广应用的思考与实践——以南京市国家级优秀教学成果推广应用为例》，载《中国教育学刊》2022 年第 S1 期，第 85 – 88 页。

④ 吕传汉、严虹、杨孝斌：《中小学数学"情境－问题"教学 30 年实践探索与理论建构》，载《中国教育学刊》2022 年第 S1 期，第 51 – 54 页。

全面推动优秀成果的转化落地，促进区域教育生态的整体优化与高质量发展。① 巴蜀小学依托"1+1+N"项目，即以巴蜀小学为基点，通过扶持一所学校，带动周边 N 个学校，影响 N 片区域，进而让成果辐射一片和带动一方，具体推广采用了驻点支教、巴蜀访学、现场交流等方式。②

(5) 关注"人"的要素。李明隆认为"教学成果推广的实质是广大教师学习、理解和消化成果理论与技术的过程，所以推广的关键是要解决教师的认同、理解和是否愿意学习的问题，成果完成人要开发推广的学习课程与课程方案，以便学习者能准确全面地掌握成果的基本思想和技术"。③ 为此，首先需要聚焦拟推广成果及本地实际研制的总体规划，为基层学校及教师有效参与提供行动计划与实践指南；其次还需要培训当地承担推广工作的骨干团队，培训内容包括对成果的学习、对自身教学的反思、改进教学的行动与经验总结，以此不断引导他们借鉴成果的理念与方法改进自身教学，并从中获得成就感。④ 可以看出，对"人"的关注在于要激发基层创新活力，避免出现简单移植的问题，强调对成果的再理解、再加工和再生产。

(6) 重视"示范区、基地校"建设。成果推广首先面临的问题是如何把点上的经验转化为更大范围、更高水平的实践。从宏观的角度观察，可以基于某项成果，在教育行政部门的指导下，遴选一批优秀教学成果作为推广应用示范区（校），依据学情、教情的实际需要选择适合本地的具体项目，

---

① 佚名：《优化与再生：优秀教学成果推广区域路径与策略》，载《中国教育学刊》2022 年第 S1 期，第 81-84、88 页。

② 徐忠毅、彭丽君：《以项目方式助教学成果推广》，载《中国教育学刊》2019 年第 12 期，第 101 页。

③ 李明隆：《培训课程：教学成果推广的核心载体》，载《四川教育》2019 年第 Z4 期，第 46-47 页。

④ 张铁道：《优秀教学成果如何辐射更广范围》，载《小学教学（数学版）》2021 年第 12 期，第 42 页。

形成详细的推广应用计划，"在先行先试、积累经验的基础上，逐步扩大推广应用范围"。① 此种思路强调推广应用示范区（校）要准确把握优秀教学成果的理论前瞻性和实践建设性，坚持目标引领、问题导向、改革驱动，在具体工作中切实解决好方向、路径和动力问题，确保优秀教学成果落地生根。② 例如，教育部针对 2014 年、2018 年部分优秀成果，组织遴选教学成果推广应用示范区，帮助成果持有方与示范区建立有效对接机制，强化"线上+线下"常态化沟通交流，在课题研究、课程建设、师资队伍、项目管理等方面实现共建、共享、共进。③ 通榆县作为基础教育国家级优秀教学成果推广应用示范区，结合县情，依托"互联网+宣传"，创新研究并探索出了"五三九一"的推广模式，来加大成果推广应用力度，在这一过程中，探索出了适合通榆教育的本土化成果，打造出了一批教育科研先进学校和一批科研骨干教师。④ 再如，江苏等省，遴选部分优秀省级教学成果，建设省级 X 成果（成果名称）研究所等机构，认定教学成果推广应用基地校，实现优秀教学成果本土化的再发展，建立成果推广应用"落地"的保障机制，创建成果推广应用推进的团队，开展成果推广应用的研修活动，在推动成果与本地教育的融合和协同等方面进行了有益的探索。⑤

---

① 吕玉刚：《扎实推广应用优秀教学成果 全面提升基础教育质量》，载《中国教育学刊》2019 年第 12 期，第 5 页。

② 杨爱魁：《全域推广应用优秀教学成果的实践策略》，载《中国教育学刊》2022 年第 S1 期，第 108－110 页。

③ 钱丽欣：《推动教学成果转化应用 助力基础教育高质量发展——基础教育国家级优秀教学成果推广应用工作纪实》，载《人民教育》2022 年第 8 期，第 47－49 页。

④ 刁恩波、郭洪策、王丽：《精准施策深作耕，成果之芽吐芳容——吉林省通榆县基础教育国家级优秀教学成果推广应用初探》，载《未来教育家》2021 年第 11 期，第 25－26 页。

⑤ 安军、汪海军、宋秋颖：《边疆城市推广应用基础教育国家级优秀教学成果奖的探索实践——以基础教育国家级优秀教学成果推广应用示范区黑龙江省鸡西市为例》，载《中国教育学刊》2022 年第 S1 期，第 77－80 页。

第四章 教学成果凝练的实操要义

荣获国家、省、市教学成果奖是教学成果培育的标识性事件,是对各级政府、教育行政部门和学校的人才培养和教育教学改革的检阅及展示。在申报教学成果奖的过程中,申报者需强化教学成果的凝练,明确成果凝练的重点难点,按照"读懂文件""精研文本""淬炼名称""深描报告""细磨申报书""研制佐证材料"六大关键环节,基于真实的案例理解每个环节的注意事项和操作要义,形成高质量的教育教学方案。

第四章
教学成果凝练的实操要义

　　党的二十大报告提出，要坚持为党育人、为国育才，办好人民满意的教育，同时明确提出要加快教育强国建设，到2035年建成教育强国的目标。作为全面建成教育强国的战略先导，高质量的基础教育成为我国教育未来发展的目标。高质量发展基础教育，要求凝练形成高质量的教学成果。高质量教学成果的产生，离不开一线教育工作者长期不断的努力。然而，我国的一线教育工作者，虽在长期的教育教学实践中积累了丰硕的成果和宝贵的经验，但在教学成果的凝练上却面临着种种问题，常常陷入"想法很多，不会写""故事很长，不会说""素材很多，不会选"等困境当中，缺乏切实可靠可行的方法指导。

　　因此，本章聚焦于"教学成果如何凝练"这一问题，围绕教学成果奖申报的关键环节，从解读申报的政策文件开始，到厘清申报材料之间的关联，到确定教学成果之"魂"，拟写一个高度、深度、亮度兼具的标题，再到成果报告、申报书的撰写和佐证材料的准备，依次介绍每个环节需要解决的关键问题和具体做法，为一线教育工作者提供切实可行的操作指南，从而帮助一线教育工作者攻坚克难，总结、凝练和提升多年来积累的课程教学改革经验，打造教学成果方案，与更多的学校和教师分享自身的经验和做法，为基础教育的高质量发展做出贡献。

一、读懂文件：锚准教学成果申报的航向"标"

申报教学成果的第一步就是要解读政策文本，了解选题方向和申报要求，明确成果申报的航向"标"。这里包括宏观和微观 2 个层面。从宏观上来说，需要解读国家的教育政策，明确申报的方向；从微观上来说，需要解读教学成果奖的通知等文件，了解申报的具体要求。

（一）宏观把握：明确申报的选题方向

教学成果的首要要求是符合国家的教育方针和政策，体现时代精神和素质教育的核心理念。每个时期的教育都是当时政治、经济、文化等因素综合的产物，深受当时的教育政策影响。因此，教学成果需要具有时代性和引领性，突出政策导向。

那么，如何才能突出成果的政策导向？在申报时，学校和老师需要在已经初步探索的成果基础上，根据教学成果的核心特色，理解国家教育文件精神，并从教育政策文本中提炼一套话语体系作为切入口，来体现和提升成果的育人价值。可以通过下列 3 种渠道来寻找政策切入口：①党中央、国务院、教育部发布的相关教育政策以及政策解读；②各级各类社会科学规划、教育科学规划课题指南；③最新的课程方案和各学科课程标准。根据上述文件，可以明晰国家的政策导向，了解当前的战略重点，从而把握教学成果的政策导向（表 4.1）。

例如，党的十八大报告提出，把立德树人作为教育的根本任务。落实立德树人根本任务，需要认真贯彻党的教育方针，坚持改革创新，坚持育人为本，统筹各种教育资源，协同努力。例如，思政德育课程建设成为教育的重点，《小初高思政课一体化"四段三维式"教学改革探索与实践》《"服务中成长"协同育人的创新实践》《从德育渗透到课程思政：某市中小学学科育人三十年研究与实践》等成果均获全国一等奖，体现了国家对思想德育课程建设的重视。2020年10月，中共中央、国务院印发了《深化新时代教育评价改革总体方案》，要求"树立科学成才观念。坚持以德为先、能力为重、全面发展，坚持面向人人、因材施教、知行合一，坚决改变用分数给学生贴标签的做法，创新德智体美劳过程性评价办法，完善综合素质评价体系"，拉开了我国人才评价和教育评价深度改革的序幕。例如，上海市电化教育馆的《综合素质评价促进育人方式改革的上海探索与实践》就体现出极强的政策导向性。

表4.1　与基础教育教学成果奖密切相关的政策文件

发布时间	政策文件	获奖成果
2014年	党的十八大报告	小初高思政课一体化"四段三维式"教学改革探索与实践； "服务中成长"协同育人的创新实践
2017年	《新一代人工智能发展规划》	中小学一体化人工智能课程体系构建与实践研究； 基于人工智能+学习空间的育人方式变革及实践
2020年	《深化新时代教育评价改革总体方案》	综合素质评价促进育人方式改革的上海探索与实践； 区域构建普通中学教育质量增值评价体系的实践探索
2019年	《关于新时代推进普通高中育人方式改革的指导意见》	基于学校高质量育人的学习方式系统变革实践； 普通高中"三高协同"育人方式创新
2017年	《普通高中课程方案》《普通高中各学科课程标准》	素养如何落地：项目化学习育人的上海创新与实践； 落实学科核心素养：单元学历案设计与教学的探索； 基于课程标准的初、高中化学项目学习课程教材资源建设及应用研究

续表

发布时间	政策文件	获奖成果
2022年	《义务教育课程方案》《义务教育各学科课程标准》	小学语文素养表现型教学的实践探索；素养导向的初中学科实践性学习活动的设计与实施；指向素养发展的高中化学核心概念教学实践

可见，要想突出教学成果的政策导向，就需要从教育政策文本中寻找切入口，以此来体现和提升成果的育人价值，使选题符合党的教育方针、政策，坚持正确政治方向，体现立德树人的根本任务和时代要求。

研读心得

（二）微观操作：了解申报的具体要求

从操作层面来看，教学成果的申报需要重点关注以下3份文件：一是国家教学成果奖评审的工作安排；二是各级各地教学成果奖的遴选通知；三是教学成果奖的申报材料及其填报要求。

（1）按照"以终为始"的原则，申报一项教学成果奖需要了解其评审要求，从结果倒推，明确需要打造一项什么样的教学成果奖。对于很多申报团队和个人来说，申报最终是为了冲击国家级教学成果奖。《2022年基础教育国家级教学成果奖评审工作安排》明确提出了四大成果要求：突出育人导向、注重解决问题、推进理论创新、经过实践检验，为教学成果奖的评审定了调。在第二章中，我们已经逐条进行了解读。概括言之，一项好的教学成果，需要以国家的政策文件为导向、以实际的教育问题为靶向、以推进教育理论为目标、以长期教育实践为根基，实现理想与现实的统一、理论与实践的价值兼备，才能在评审中脱颖而出，获得评审专家的青睐。

（2）申报教学成果奖还需仔细阅读各级各地的遴选通知，明确成果申报的流程和要求。①要注意各地的遴选办法和申报要求，例如个人、单位和成果由2个以上单位或个人共同完成的情况如何处理？对于成果主持人分别有什么要求？本地域重点申请的选题领域有哪些？等等，以便提前做好准备。②要注意各地、各区、各校的申报限额。例如，《广州市教育局关于开展2023年市优秀教学成果遴选工作的通知》就采用"基数指标＋奖励指标"的方式，以单位教师基数为主要参考，以往届国家级、省级成果奖的获奖数为参考确定分配指标，同时规定同一单位最多不超过3项推荐成果。申报人需考虑这一因素，尽量与同一单位其他申报成果之间进行区分，以提升推荐出线的可能。③要注意申报流程、方式和时间节点，按照规定，按时、高质、足量地提交成果。

（3）申报教学成果奖一定要好好了解申报材料的构成及其要求，按照规范提交材料。通常而言，申报一项教学成果奖需要提交3份材料：一份申报表、一份成果报告和一份佐证（含支撑）材料。根据填报说明，这3份材料还有一些数量、字数和形式的限制，具体如表4.2所示。学校和教师可以依据此表，明确3份申报文本的基本规范。

表 4.2 2022 年教学成果奖 3 份申报文本的形式要求

文本名称	内容	要求
成果报告	问题的提出	8000 字以内
	解决问题的过程与方法	
	成果的主要内容	
	效果与反思	
申报表	成果名称	应准确、简明地反映出成果的主要内容和特征，字数（含符号）不超过 35 个
	关键词	3～5 个
	成果概要	500 字以内
	解决的主要问题、解决问题的过程与方法	800 字以内
	成果创新点	500 字以内
	成果应用及效果	本单位实践检验情况（800 字以内）、3 个以内实践检验单位情况（每个单位 400 字以内）
	成果曾获奖励情况	限 3 项
	成果持有者情况	主持人（单位）基本情况及主要贡献，其他成果持有人（单位）
佐证材料	教学成果的视频材料	视频必须为 MP4 格式，时长不超过 20 分钟，大小不超过 500 MB（以高清格式 720P 为准）
	关于实践过程及效果的佐证材料	关于实践过程及效果的佐证材料、获奖证书复印件等，需加盖成果持有者所在单位公章
	支撑成果的其他文字材料	如调研报告、课例案例等，总字数不超过 1 万字，注意不要与成果报告、视频介绍、佐证材料重复

> 研读心得

二、精研文本：叠联教学成果材料的结构"网"

从上文可知，教学成果的申报需要准备申报表、成果报告和佐证材料3份文本。这3份文本之间既有高度的相关性，又各自有所侧重，形成申报材料结构"网"。接下来将介绍这3份文本的内容和构成要素，再明确三者之间的关联，最后说明准备3份文本的要求和注意事项。

（一）3份文本的内容和要素

首先来看这3份申报文本包括哪些部分，每一部分又有哪些内容。

（1）申报表。申报表是教学成果申请、推荐、评审、批准的主要依据，包括以下内容：①成果概要，是对成果内容的概述（500字内）；②解决的主要问题（800字内），即教学成果要解决的实际教育教学问题；③解决问题的过程与方法（500字内），即教学成果产生和发展的过程；④成果创新点（500 字内）和成果应用及效果（800 字内），即教学成果取得的理论、实践、方法创新以及应用效果。

（2）成果报告。需反映成果的主要内容和实践探索（包括检验）过程，包括：①问题的提出，需阐明针对什么问题进行改革与实践探索，以及为什么进行这一改革与实践探索；②解决问题的过程与方法，需说明怎样进行改革与实践探索的；③成果的主要内容，需说明经过实践检验后形成的问题解决方案（主要观点、实践模型等）；④效果与反思，需说明成果取得了怎样的实践效果，还有哪些不足以及有哪些需要进一步探索的问题等。

（3）佐证材料。需要：①关于成果主要内容的视频介绍；②关于实践过程及效果的佐证材料、获奖证书复印件；③其他支撑材料。其中，文字材料总数不超过 1 万字，课件、软件、视频等总容量不超过 500 MB。

> **研读心得**
>
> _____
> _____
> _____
> _____
> _____
> _____
> _____
> _____

（二）3 份文本的相互关联

（1）3 份文本是高度相关的，尤其是申报表和成果报告，在内容上高度关联。申报表中的"成果概要"对应成果报告中的"成果的主要内容",主要解决"是什么"的问题;申报表中的"解决的主要问题"主要对应成果报告中的"问题的提出",主要解决"为什么"的问题;申报表中的"解决问题的过程与方法"对应成果报告中的"解决问题的过程与方法",主要解决"怎么做"的问题;申报表中的"成果创新点和成果应用及效果"对应成果报告中的"效果与反思",主要解决"结果如何"的问题(表4.3)。而佐证材料则是申报表、成果报告的证明,起辅助和支撑的作用。

表4.3 申报表、成果报告和佐证材料的对应关系

回应问题	申报表	成果报告	佐证材料
是什么	成果概要	成果的主要内容	申报表、成果报告内容的相关证明
为什么	解决的主要问题	问题的提出	
怎么做	解决问题的过程与方法	解决问题的过程与方法	
结果如何	成果创新点和成果应用及效果	效果与反思	

(2)3份材料又各有侧重,受到不同的限制和要求。①从重要性的角度来说,最重要的是申报表,其次是成果报告,这两份材料集中展示了教学成果的核心理念和精髓,是评审最主要的依据,而佐证材料则是在此基础上的支撑材料。②从限制和要求来说,申报表受到限制最大,无论是内容还是字数,都有严明的要求;成果报告次之,只是规定了撰写要点,并未对其内部的构成部分作出要求;佐证材料的规定就更为宽泛了,只是限定了总体字数和容量,并未对其内容进行要求。申报人可根据需要自行制作佐证材料。

(3)我们可以明确3份材料各自的定位和功能。申报表侧重于对成果的简要概述,需要在规定的篇幅内精确点题,让评审专家能在第一时间了解成果的主要内容,形成关于成果的判断。成果报告是对多年的教学实践进行

的全面描述,需要有严谨的逻辑关系、强大的理论支撑和清晰的时间线索,是对申报表中内容进行的扩充,能更加全面地呈现教学成果的主要内容。而佐证材料则是申报表和成果报告的支撑材料,侧重于成果的事实证据,用于强化专家对成果的认知与采信。

可见,3份材料既具有内在一致性,又需要前后呼应,各有侧重。

研读心得

(三) 3份文本的撰写思路

尽管专家在评审时通常是先看申报表,再看成果报告,最后看佐证材料。但在准备时,通常是先有成果报告,再有申报表,最后才有佐证材料。因此,可以按照如下的顺序准备申报材料。

(1) 准备成果报告。成果报告以问题为核心,从问题的提出、解决问题的过程与方法、成果的主要内容、效果与反思等4个方面,形成一个有机的整体。因此,成果报告的撰写就是在讲一个解决问题的故事,其关键就在于将故事讲完整,形成一条引人入胜的故事线。

(2) 需要提炼形成申报表。申报表的撰写需要明确成果名称、拟定关键词、选择申报类别、撰写成果概要、写明解决的主要问题以及解决问题的过程与方法、确定成果创新点和成果应用及效果、介绍成果曾获奖励情况以及成果持有者等情况。可以发现，申报表比成果报告在内容提炼方面有更高的要求，不仅需要介绍这项教学成果，还需要将这项成果与其他同期成果以及申报者过去取得的成果进行对比，以表格的形式展现教学成果的基本面，让成果的重点和亮点更"突出"。

(3) 基于成果报告和申报表，思考需要准备哪些佐证材料。各部分材料构成一个"多面体"，从多个角度和层面为成果提供证据支持，让教学成果更"可信"。

而无论是申报表、成果报告还是佐证材料，其根本作用都在于以不同的形式来论证成果的标题，说明标题的观点是真实可信的。因此，成果标题是教学成果之"眼"，即成果的关键所在（图4.1）。在申报教学成果之初，需要思考成果标题，明确申报的核心，在申报过程中要不断进行打磨，并依次准备不同的申报材料。

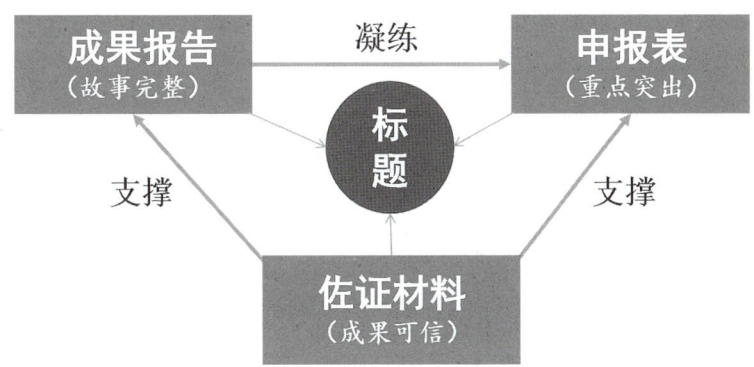

图4.1　3份申报材料之间的关联

> 研读心得

三、淬炼名称：定好教学成果的核心"点"

（一）好的名称：教学成果之"魂"

名称是教学成果的"核心"。因此，一个好的名称对于一项教学成果来说至关重要。一个好的名称应该能体现教学成果的核心理念，是教学成果之"魂"。

作为教学成果之"魂"，成果标题不仅要体现高度凝练的核心理念，还需要有深刻亮眼的表达效果。这样的标题，应该兼具政策的高度、理论的深度，以及表达的亮度，让人感觉回味无穷。例如，2022 年获得特等奖的《大情怀育人：扎根乡村 40 年的行知教育实验》，就以"扎根乡村"表现了乡村教育长期艰苦卓绝的特征，并且以"大情怀育人"凸显其育人情怀。整个标题格局远大，意蕴悠扬。《成就"活教师"：陈鹤琴活教育思想引领下幼儿园青年教师成长的创新实践》项目，同样将陈鹤琴"活"教育的思想进行了精准的概括，且生动形象地传达了对于幼儿园青年教师的期待。《给孩子一个完整的劳动经历："五一协同"劳动教育实践范式的市域探索》切合了当前劳动教育的热点，"完整的劳动经历"综合体现了当前"全人教育""体验式教学"等多种教育理念，凸显了劳动教育的核心价值。表4.4中的成果标题都具有作为教学成果之"魂"的表达效果，可供申报者参考。

表4.4 作为教学成果之"魂"的获奖成果名称示例

年份	获奖成果名称	奖项
2014	从这里走向世界——小学国际理解教育的"福山梦"	一等奖
2018	走向世界的中国数学教育——义务教育阶段数学课程改革的上海经验	特等奖
2018	重构校园生活：普通高中大美育课程体系建构	一等奖
2018	共绘成长地图：幼儿"经历学习"的理念与实践	一等奖
2018	一个模子不适合所有学生：小学差异教学的实践研究	一等奖
2022	大情怀育人：扎根乡村40年的行知教育实验	特等奖
2022	为未来做准备——上海市青少年科学创新实践工作站的改革探索	一等奖
2022	从薄弱到优质：24年落实国家课程的创造性实践与研究	一等奖
2022	给孩子一个完整的劳动经历："五一协同"劳动教育实践范式的市域探索	一等奖
2022	以美融通五育：一体化育人体系的实践探索	一等奖
2022	拓展生命"长宽高"——中小学生命教育课程建设20年实践探索	一等奖
2022	与儿童共生：农村幼儿园自然教育课程体系构建与实践	一等奖
2022	美美与共：普通高中五维美育课程体系建设的毓文实践	二等奖
2022	一根绳的理想——普通学校"以体育人"创新实践路径的十年探索	二等奖

续表

年份	获奖成果名称	奖项
2022	让每位学生都"有戏"——初中戏剧教育"五育"内涵的挖掘与延伸	二等奖
2022	奔跑天地间——乡村幼儿园自然生活教育的深度实践	二等奖
2022	培养活泼泼的儿童：幼儿园"乐教育"30年探索与实践	二等奖

研读心得

（二）名称的要点：高度、深度、亮度的结合

教学成果的标题需要是高度、深度、亮度的结合，既要凸显育人价值，又要具有研究和探讨的必要性，还要亮点突出、特色鲜明。

（1）**好的成果标题要有高度，以育人为导向。**这里的育人价值主要体现在成果所坚持的政策导向当中，即从标题就应该看出成果的育人价值，明确教学成果在坚守为党育人、为国育才的初心使命，遵循学生身心发展和教育教学规律，落实新课程改革要求，着力发展素质教育，促进学生德智体美

劳全面发展等方面做出的贡献。例如，2018年荣获全国特等奖的《基于学科育人功能的课程综合化实施与评价》，就以"学科育人"为抓手，凸显成果的价值。2018年获一等奖的教学成果《成志教育：小学立德树人的校本实践》，就以"立德树人"为导向，落实国家的育人目标。

(2) **好的成果标题要有深度，是一个值得探讨的问题**。学校和教师每天都会遇到很多问题，但不是每个问题都值得成为教学成果要解决的问题。教学成果的"问题"既要源于教育实践中的问题，但又高于一般的教育实践问题，需要具有真实性、典型性和深刻性。具体而言，需要从以下3个方面对问题进行考量，以实现对问题的筛选与提炼：①我在日常教学实践中，遇到了什么问题？问题需要源于一线教学的需要，从而保证问题的"真实性"。②这一问题是仅我所有还是普遍存在的？问题需要代表广大教育工作者共同的心声，从而保证问题的"典型性"。③这一问题是已经解决还是尚未解决的？该问题需要体现一定的思维含量，且目前缺乏可行的方案，以此来体现问题的"深刻性"。例如，上海市教育科学研究院夏雪梅的教学成果《素养如何落地：项目化学习育人的上海创新与实践》，就是以当前困扰一线教师的"素养落地"问题为出发点，将"项目化学习"作为其解决方案来体现教学成果的实践价值。

(3) **成果标题要有亮度，让人眼前一亮又能凸显特色**。一方面，成果的标题要鲜明，能够充分并恰当地反映或概括成果的全貌，展现一个清晰的成果形象；另一方面，成果标题还需要亮点突出，独具特色，凸显成果的区域特征、学校特征、教学特征以及周期特征。例如，2018年获全国特等奖的《走向世界的中国数学教育——义务教育阶段数学课程改革的上海经验》，以上海市为例，对受到世界关注的中国数学课程改革经验进行总结。该标题既有极高的价值和站位，又有浓郁的上海地方特征，能够一下抓住读者的眼球，引起读者的兴趣。同时，这样的标题会形成很好的"品牌效应",在成果后期的推广阶段起到重要的宣传作用。

除了上述原则,成果标题的拟定还需要注意以下3个原则:①题目需要适宜,不能过大或过小,也不能过于简单或者过于繁杂。不能超过35个字,也不能有歧义和语病。②题目必须与教学成果的内容紧密结合,突出成果最核心的特征。切忌将一些时髦的名词热词全都用上,但最后的成果却没有体现这些方面。③题目需要凸显实践关怀,不可以"……的研究"来作为标题。"探索""实践""行动""实施"等是教学成果标题中经常出现的高频词汇。

研读心得

(三)名称的拟定:结构和写法

在明确"好"的名称标准后,接下来需要探讨具体应该如何拟写名称。成果名称的表达遵循着一定的规律,主要有以下3种基本形式(表4.5)。

(1) 主谓结构表达式。即"主语+成果内容+教育行动"的表述方式,直接说明成果的内容。例如:《普通高中推行学长制的实践探究》《小学语文课内海量阅读教学的实践研究》《初中生科学探究能力评估工具的研发与实践》《地方音乐课程资源开发与应用的策略体系》。这种标题的优点是简单明了，让人一看就知道成果做了什么，问题解决的要素清晰。

（2）**偏正结构表达式**。即"背景/目的/理论+成果内容"的表达方式，对成果加以修饰和限制。例如：《以纸为媒培养小学生创意素养的实践研究》《雏形教学法在初中物理教学中的应用研究》《基于叶圣陶"教为不教"理论的课堂转型实践探索》《新时代生活式教学理论与实践——从生活即教育到生活式教学》。这种名称的优点是能体现成果的特色，通过在标题中交代成果的产生背景、形成目的、运用理论，突出成果的理论价值和实践价值。

（3）**同位结构表达式**。即"关键词+补充说明"的表达方式，点明成果的核心内容。很多申报者都会用一个醒目的关键词，来为教学成果打造一块"金字招牌"。例如，2014年获全国一等奖的《后"茶馆式"教学——走向"轻负担、高质量"的实践研究》，是基于教育家段力佩先生提出的"茶馆式教学"，进一步提出"后'茶馆式'教学"，并将其解释为"走向'轻负担、高质量'的实践研究"，既具有鲜明的特色，又能让读者知晓其内涵，给人留下深刻印象。

表4.5 获奖成果名称的结构和示例

结构	获奖成果名称示例
主谓结构	普通高中推行学长制的实践探究
	小学语文课内海量阅读教学的实践研究
	初中生科学探究能力评估工具的研发与实践
偏正结构	以纸为媒培养小学生创意素养的实践研究
	雏形教学法在初中物理教学中的应用研究
	基于叶圣陶"教为不教"理论的课堂转型实践探索

续表

结构	获奖成果名称示例
同位结构	后"茶馆式"教学——走向"轻负担、高质量"的实践研究
	小主人教育：一体化课程与教学改革探索30年
	"翱翔计划"：人才培养方式创新的北京模式

在此基础上，根据需要突出成果关键词，可以将成果关键词分为以下几种不同的变式（表4.6）。

(1) 内容式的关键词表达。例如，成果产生的具体方案、产品、模型："模型·策略·支架：小学研学旅行'学科融合'研究""梳理·探究·训练：西部农村高中新课程课堂思维导图""读·行·写·评：小学语文过程性习作课程建构与实施""激趣·善诱·体验·反思：小学科学深度探究式学习的研究与实践""'四式三法'：小学美术教学新范式及学科迁移的常态实施"。

(2) 特征式的关键词表达。例如："精准活实：高中数学教学减负增效的县中方案""乡土化、项目化、常态化：一所山村小学的综合实践活动课""县域幼儿园教育实践整体推进机制研究——基于'安吉游戏'模式的探索"。

(3) 效果式的关键词表达。例如："从德育渗透到课程思政：某市中小学学科育人30年研究与实践""从薄弱到优质：24年落实国家课程的创造性实践与研究""从学科教学到学科育人：普通高中生活实践场域构建与实施""从知识到素养：普通高中课堂教学深度变革路径探索"。

表 4.6　成果名称的关键词和示例

关键词	名称示例
内容式关键词	模型·策略·支架：小学研学旅行"学科融合"研究
	梳理·探究·训练：西部农村高中新课程课堂思维导图
	读·行·写·评：小学语文过程性习作课程建构与实施
特征式关键词	精准活实：高中数学教学减负增效的县中方案
	乡土化、项目化、常态化：一所山村小学的综合实践活动课
	县域幼儿园教育实践整体推进机制研究——基于"安吉游戏"模式的探索
效果式关键词	从德育渗透到课程思政：某市中小学学科育人30年研究与实践
	从薄弱到优质：24年落实国家课程的创造性实践与研究
	从学科教学到学科育人：普通高中生活实践场域构建与实施

研读心得

（四）名称的修改：千锤百炼

成果标题的拟定并非一件易事。很多项目组都是经过反复推敲、千锤百炼后，最终才得到了一个好的标题。下面将通过几个例子，体现成果标题修改的要点和方法。

华东师范大学崔允漷教授团队的教学成果《国家课程改革背景下学校课程发展模式的构建与实践》，原来的题目为《中小学学校课程发展模式研究》。为了提升成果的站位，项目组在题目中增加了"国家课程改革"的背景，以此来凸显该成果对于推进国家课程改革的重要价值。最终，该成果获得了 2018 年全国一等奖。

浙江师范大学周跃良教授团队的教学成果，原以《标准化、协同化、智能化：高质量师范生培养的"浙江经验"》为题，获得浙江省一等奖。在申报全国基础教育教学成果奖时，项目组将题目改成《标准引领、机制重塑、数字赋能：高质量师范生培养的探索与实践》，使成果不再仅仅是"浙江经验"，而是可以在全国推广的实践模式，最终获得了 2022 年全国一等奖。

上海市教育委员会教学研究室申报的教学成果，也曾经过多番修改。最初参加上海市初评时，题目为《改革义务教育教学综合评价办法》；在参加上海市复评后，题目修改为《中小学生学业质量绿色指标综合评价》；在申报国家级初稿教学成果奖时，题目拟定为《中小学生学业质量综合评价研究与实践》；在申报国家级教学成果奖终稿时，题目定为《中小学生学业质量综合评价——从 PISA 研究到"绿色指标"实践》。最终，该教学成果奖获得了 2014 年全国二等奖。

由此可见，成果标题的拟定需要经过千锤百炼。在逐层申报的过程中，申报人需要根据申报的等级，不断提炼教学成果的核心理念，提升教学成果的品质，使其达到高度、深度和亮度的完美结合。

> 研读心得

四、深描报告：串好教学成果的故事"线"

成果报告是教学成果的主要材料之一，需要对成果的主要内容及其探索过程进行归纳、梳理、浓缩，将其加工成符合教学成果申报要求的书面材料。这一过程常常采用人文社会科学研究与创作的方法——深描，即对教学成果形成背后的"故事"进行详尽的描述，呈现成果形成过程中关键事件的细节，还原真相，深入阐释，让读者身临其境。这一过程也是教学成果提炼的重要过程。

成果报告是对教学成果提炼后呈现的文本，需要明确问题的提出、解决问题的过程与方法、成果的主要内容、效果与反思四大板块的内容。四者构成一个有机联系的整体，前后需要具备高度一致性。

（一）问题如何提出

问题的提出是一项教学成果产生的原因，主要包括开展本成果研究的现实动因、力图研究与解决的主要问题。具体而言，问题的提出需要经历以下3个过程：发现问题、界定核心问题以及解构问题。

(1) 申报人需要在一线的教学实践中发现问题。教学成果的"问题"一定是一个教育实践中真实存在的问题。因此，申报人要根据自己的教育实践经历，找出在工作中遇到的困难或挑战，并围绕解决当前基础教育教学过程中的实际问题，结合科学理论形成教育教学改革的思路和方法，最终形成能指导实践改进、经过一线教育教学实践检验并取得良好成效的成果。要让读者感觉问题是真实并且普遍存在的，体现教学成果的意义和价值。

(2) 申报人需要在发现的问题中界定核心问题。学校和教师每天在工作中都会遇到很多问题，每个问题似乎都是"老大难"的，都需要加以解决，但并不是每个问题都适合作为教学成果。因此，需要对问题进行进一步的筛选和提炼，针对一线教育教学中普遍存在的问题，自下而上地分析该问题在这个学校和这个地区的表现是什么，再深入挖掘其症结在哪里，背后的指向又是什么，以此来阐明该教学成果是针对什么问题进行的改革与探索，以及为什么要进行这项改革与探索。

(3) 申报人需要解构问题。即将问题分解成不同的子问题，子问题之间需要有逻辑，可以是并列的，也可以是递进的，共同服务于核心问题的解决。可以从3个层面来分解问题，一是国家政策和社会发展层面，二是区域教育层面，三是结合学校自身实际层面，阐明改革和实践探索这个项目具体需要解决什么问题，揭示解决这项问题的重要意义与价值，从而寻找切入点、突破点和生长点。

例如，北京市海淀区教师进修学校《基于课程标准的区域教学改进体系》成果，面对课改形势下的重重问题，涉及政府、教育行政部门、教科研机构、学校、教师等系统要素，凝练出1个主问题和4个子问题，聚焦国家课程标准，立足区域，指向教学体系改进，获得国家教学成果一等奖。

主问题：国家课程标准如何有效落实到学科教师每一节课堂教学中，从而真正体现课堂教学中的学科育人价值？基于主问题，呈现出以下 4 个子问题。

子问题 1。校长说："我会经常听课，我发现在同一时段，听同一学科，同一年级老师的课，他们教学的起点和落点不太一样，尤其是在课堂教学目标的达成上存在较大的差异。"

子问题 2。教研员说："老师们参加区教研活动都感觉很有用，可是在自己课堂上却无法表现出来，我们该如何指导不同学校的教师改进教学呢？"

子问题 3。老师说："我怎么才能知道学生学到什么程度了呢？学好的标准又是什么呢？总是强调基于课程标准的教学，但是课标我们确实看不太懂，也不知道该教到什么水平。"

子问题 4。学生说："那么多知识点，记住了也不会用，也不知道将来有什么用。"

4 个子问题并列，全部指向课堂的教学目标不够清晰、不同教师教学起落点不同、教研指导教学时缺乏证据、学生学业达成情况不明确。针对教研员、学校、师生面临的这些真问题，海淀区教师进修学校的教研员牵头组成各学科教研共同体，历经 7 年的研究、实验，研制出 23 本学业标准，开发出 34 套学业评价工具，撰写 263 份反馈报告，发表论文 40 多篇，优化了学业质量评价，促进了课堂教学改进，赋予了"海淀教研"新内涵。

综上，教学成果的申报需要先明确一个核心问题，并通过将核心问题分解成不同的子问题，形成问题解决的路线图，从而串好教学成果的故事线。

研读心得

（二）解决问题的过程与方法怎么呈现

在成果报告中，解决问题的过程和方法即针对提出的问题，项目组采取了哪些行动？是如何进行研究和实践的？这部分主要是对前面内容的延展，应体现出详细的实践探索过程以及整体策略和路径选择。要让读者感觉到内容是扎实的，过程是规范的，结果是科学的。

由于问题的解决不是一蹴而就的，因此，教学成果的申报人要学会对问题进行分解，并基于此确定解决问题的过程和方法，保证方法的有针对性和规范性；同时要将这些具体的做法进行全面的提炼，形成解决问题的办法、途径、策略、机制、经验，并用简练的语言表述出来，以小标题的形式来呈现，确定不同的阶段。解决的问题要具体明确，与构建的成果内容和阐述解决过程相互呼应，以此来体现教学成果和效果在不断解决问题的过程中得到发展和提升。通过各阶段的标志性事件以及具体的实践过程，例如在不同阶段分别解决了哪些重要问题，分别开展了哪些实践、形成了哪些产品等，从而以"形成问题→问题结构→理念与主张→载体→方法→成果"这样的主线，形成环环相扣、步步深入的故事线索。

具体而言，成果报告中"解决问题的过程与方法"可以有以下 3 种撰写与提炼思路。

(1) 以教学成果培育的逻辑为线索，呈现教学成果从初步构建，到成熟优化，再到应用推广的过程。例如，《提升审美素养的高中音乐立体化资源开发与课程实施新样态》是广东广雅中学宋曼蕾及其研究团队长达 22 年的研究成果。该成果历经了"成果形成期""实践发展期"和"成果优化期"3 个关键时期。①成果形成期（1999—2004 年），研究者主要从事的是自主学习方式与高中音乐课程教材资源的开发与研究；②实践发展期（2004—2017 年），研究者主要进行的是基于自主学习的高中音乐课程资源的应用与二次开发工作；③成果优化期（2017—2021 年），研究者致力于基于自主学习的高中音乐课程资源的应用与拓展。为了解决问题，研究者主要采用行动研究法开展研究，同时也重视诸如文献分析法、案例分析法、问卷调查法、访谈法、经验总结法等研究方法的运用（图 4.2）。[①]

[①] 参见 2022 年国家级基础教育教学成果奖获奖材料《提升审美素养的高中音乐立体化资源开发与课程实施新样态》。

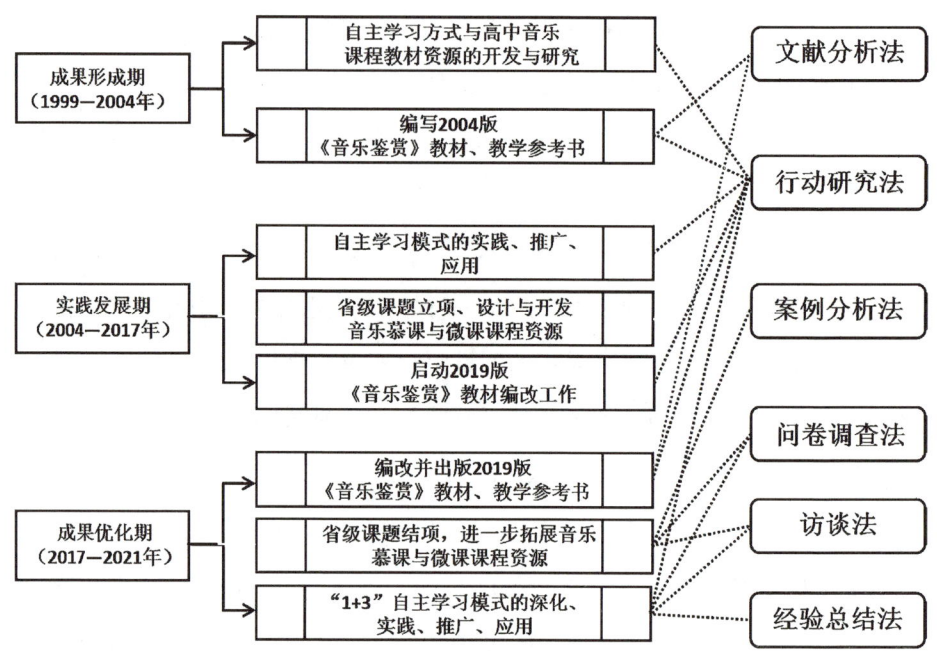

图 4.2 《提升审美素养的高中音乐立体化资源开发与课程实施新样态》解决问题的过程与方法

（2）**以教学成果的内容为线索，依次展现教学成果各构成部分产生和发展的历史演进。** 例如，广州市越秀区东风东路小学团队，针对已有学习空间研究在视角、内容和育人效果等方面的局限，以探索"如何重构和创新应用'AI+'学习空间，培养学生核心素养和促进教育创新"为关键问题，在其教学成果《基于人工智能+学习空间的育人方式变革及实践》的研制过程中，分别经历了"顶层设计—建设空间—搭建课堂—应用模式—成果推广"5 个阶段（图 4.3）。在"顶层设计"阶段，主要是明确核心问题，建立人工智能与学习空间双协同的教学改革研究机制，提出重构空间三维路径；在"建设空间"阶段，主要是融合"大课堂"理念、智能技术和脑科学研究等多领域，打造三类学习空间；在"搭建课堂"阶段，主要是依托"AI+"建设学习空间，构建了涵盖全学段、多学科、全要素的三大课堂体系;在"应用模式"阶段,主要是形成创新育人模式的教学生态链;在"成果推广"阶段,主要是凝练科学研究与教学实践成果,向同类学校推广优秀经验,实现成果效应的大范围辐射。①

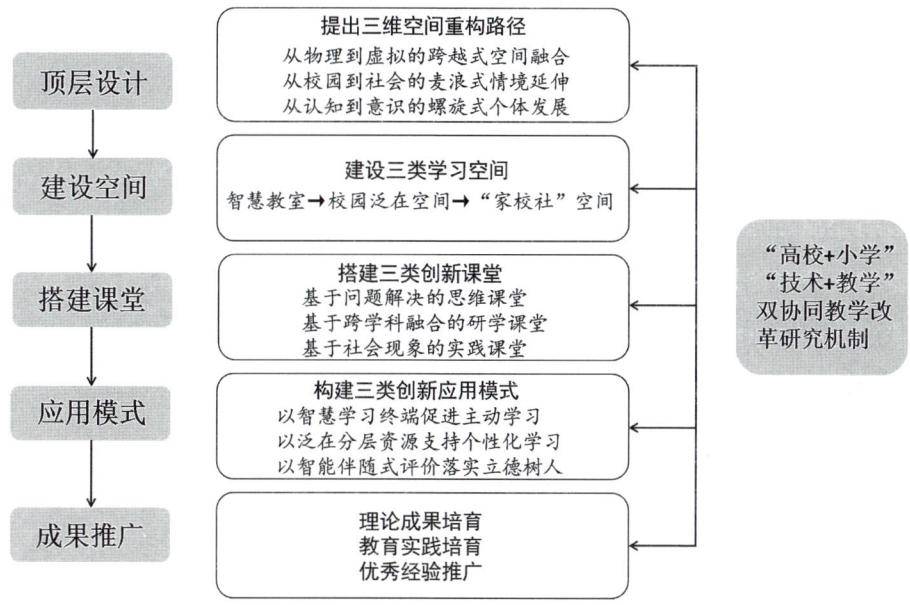

图4.3 《基于人工智能+学习空间的育人方式变革及实践》解决问题的过程与方法

(3)以成果的应用和推广为线索,依次经历了教学成果小范围试点,到大面积探索,再到普及型实施的过程。例如,广州大学附属中学的教学成果《大国防教育:G中学立德树人实践的新样式》开始于2012年,主要针对当前我国中学生表现出国防意识淡薄、价值观不够明确、品格不够健全、身心素质较弱、精气神不佳等症候,构建了大国防教育课程。该项目主要经历了以下3个阶段:① 2012—2015年,广州大学附属中学成立全国第一个

---

① 参见2022年国家级基础教育教学成果奖获奖材料《基于人工智能+学习空间的育人方式变革及实践》。

高中国防班，开始探索以国防实体班为载体的新时代中学国防教育新样式。②2015—2017年，广州大学附属中学立足新时代国防教育新的内涵和使命，以五育发展为目标，构建大国防教育课程框架。③2017—2020年，大国防教育在全集团开展，并进一步扩展至全国各省，发挥辐射引领作用（图4.4）。①

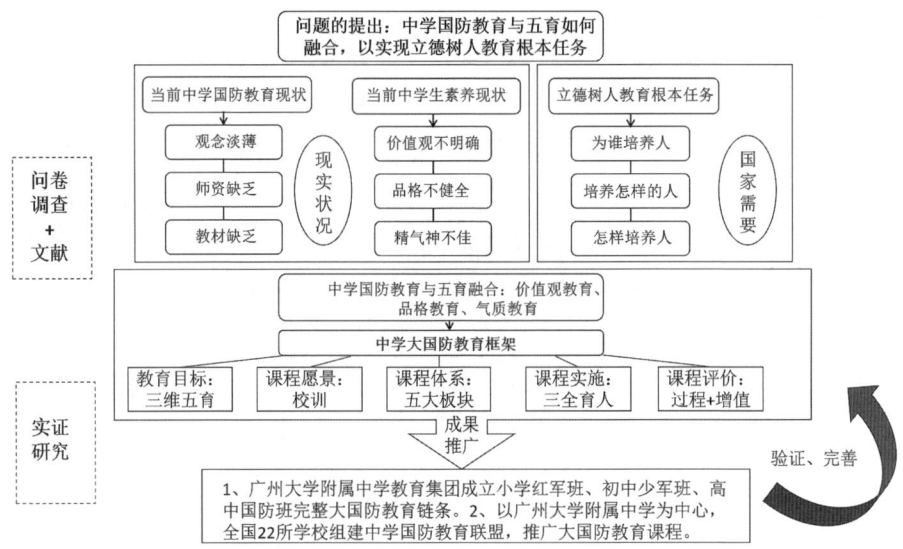

图 4.4 《大国防教育：G 中学立德树人实践的新样式》解决问题的过程与方法

可见，成果报告中的"解决问题的过程与方法"，一定要注意问题的分解和方法的匹配。可以以教学成果本身发展的逻辑为线索，呈现教学成果从初步构建，到成熟优化，再到应用推广的过程；也可以以教学成果的内容为线索，剖析教学成果各构成要素的产生和发展的历史演进；还可以以教学成果的应用推广过程为线索，呈现教学成果从小范围试点，到大面积探索，再

---

① 参见2022年国家级基础教育教学成果奖获奖材料《大国防教育：G中学立德树人实践的新样式》。

到普及实施的过程。

研读心得

（三）成果的主要内容是什么

"成果的主要内容"是成果报告的核心。为了解决实践中的具体问题，项目组通常需要基于扎实的学理依据，凝练形成核心产品。在理论的指导下，对教育实践进行探索和思考，将与教学成果相关的信息抽取出来后，借助一定的形式（如图形、表格、文字等）将其重点描述出来。从已获奖的项目来看，成果内容通常有以下4种形式的撰写与提炼方法。

（1）提炼重要的学理主张，通常是3～5条代表性观点。例如，《"生命·实践"教育学视域下学科教学育人价值的深度开发与实践转化》成果由"生命·实践"教育学创始人和持续领导者叶澜先生及团队核心成员完成，研究团队坚持20年以"生命·实践"教育学为视域，针对教学育人价值意识缺失、认识窄化、落实空乏和理论薄弱等问题，围绕教学育人价值提升，开发系统的实践方案，走出一条基于学科教学育人价值开发和转化的中国道路。项目在实践方案、理论体系 2 个方面有所突破：①贡献学科育人价值转化的实践方案。团队开发育人价值转化的教学实践策略与工具，创设生态区推进范式，培育高质量新型教师队伍，生成相应合作机制。②创建学科育人价值开发的理论体系。成果形成"育人价值"等概念的新理解，建立学派理论范式，主张育人价值深度开发，深到价值观与思维方式转型、类结构性教学过程、校内外多元多维融通中。①

(2) 提炼可操作可推广的实践模型，通常是一套有步骤、有要素的实施方案。 例如，《幼儿园高质量大型户外建构游戏的实践探索》项目组，面对当前幼儿教育中存在的"家庭、社会期待错位，'小学化'教育倾向严重""游戏实践模式缺失，幼儿片面发展"以及"教师专业素养缺陷，幼儿主体地位失落"的三大问题，经过 12 年的实践探索，构建了基于幼儿全面发展的游戏模式（图 4.5）。该游戏模式以"游戏中的学习"为中心，强调幼儿在户外建构游戏中体验学习的重要性，同时全力防止"小学化"倾向，关注幼儿五大领域全面协调发展。在游戏目标方面，注重幼儿全面发展、学习品质提升、促进幼儿深度学习，先明确总目标，再分别明确 3～4 岁、4～5 岁和 5～6 岁的具体目标；在游戏内容方面，关注年龄适应性、兴趣适宜性和发展适宜性，每学期各班老师都与幼儿共同发现、探索和建构游戏，由此建立了丰富的大型户外建构游戏资源库；在游戏组织上，借鉴高瞻课程模式和体验学习模式，逐步形成了"大型户外建构游戏组织模式"，包括计划环节、游戏环节、回顾反思环节；在游戏评价方面，分别进行幼儿发展评价、游戏环境评价和教师专业发展评价，确定评价目标，编制了《幼儿一般自我效能感量表》和《幼儿学习品质量表》等多种评价工具。

---

① 参见 2022 年国家级基础教育教学成果奖获奖材料《"生命·实践"教育学视域下学科教学育人价值的深度开发与实践转化》。

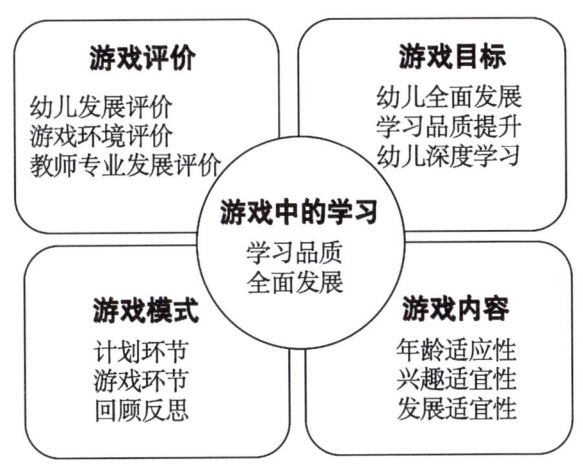

图 4.5 大型户外建构游戏实践模式

(3) 提炼问题解决策略，通常是解决某一问题的具体方法体系。例如，《过快乐的语文生活：小学语文读写结合策略的实践探索》项目组，针对当前小学语文教学中学生的自主学习意识增强、文本的阅读量增加、拓展阅读的途径更宽，但是学生们的习作水平却没有得到整体的提高，甚至出现了严重的两极分化的现象，提出了小学语文读写结合的 6 条总策略：补白想象策略、写法迁移策略、内化重组策略、同类对比策略、摘录积累策略以及情感升华策略。除此之外，还提出了针对不同文章体裁的 10 条读写结合的具体策略，包括：①人物类记叙文读写结合策略研究；②叙事类记叙文读写结合策略研究；③写景类记叙文读写结合策略研究；④状物类记叙文读写结合策略研究；⑤说明文读写结合策略研究；⑥散文读写结合策略研究；⑦童话读写结合策略研究；⑧寓言读写结合策略研究；⑨神话传说读写结合策略研究；⑩诗词和文言文读写结合策略研究。[①]

[①] 参见 2022 年国家级基础教育教学成果奖获奖材料《过快乐的语文生活：小学语文读写结合策略的实践探索》。

(4) 提炼支持系统，通常是推进教育教学改革的资源库、素材库。例如，《提升审美素养的高中音乐立体化资源开发与课程实施新样态》项目组，为了解决传统的高中音乐教材主要围绕知识体系和教师"教"的角度而设置，学生自主学习的学材难度较大，途径也相对单一的问题，开发出一套既是"教材"又是"学材"的教学用书，并开发出与之相配套的系列资源材料，包括：①基于自主学习的高中《音乐鉴赏》模块教材资源；②与教材配套的自主学习课程资源；③"1+3"自主学习应用模式，其中"1"是指教材，"3"包括"配套音频""微课"和"慕课"。在主教材为本的指引下，学生可以利用3种教学资源应对不同的学习场景开展自主学习，这创新了音乐课堂教学的方式，使"以教为主"转变为"以学为主"成为可能。

综上，为了解决实践中的具体问题，项目组需要基于扎实的学理依据，形成本研究的核心产品。既可以是3～5条具有代表性的主张或观点，也可以是可推广的实践模型或实施模式，还可以是针对某一问题的方法或策略，或者是推进课程改革和实施的综合性课程资源。总之，成果的内容和形式可以是多种多样的，只要是符合理论规律、有助于解决实践问题的教学成果，都是好的成果。

研读心得

（四）效果与反思看什么

成果的"效果与反思"即提出的教学成果在长期的教育实践中取得了怎样的效果，发挥出怎样的作用，还有哪些不够完善的地方。通过总结分析，明确成果的实践效果和不足之处，增强成果的说服力。

就成果效果而言，需要包括以下3个方面。

（1）要凸显成果的育人成效。①教学成果的核心目的在于育人，因此需要呈现的是与成果主题直接相关的效果，回应成果要解决的主要问题。很多申报者会在获奖材料中堆砌很多奖项，罗列出大量专著的出版、论文的刊发等。但是，成果奖评选的不是科研成果而是教学成果，表彰的也不是先进个人而是优秀成果，因此侧重点应该始终放在教育和教学上，包括对学生的改变，学校的教学、师资队伍建设等方面的效果。②注意处理好点与面的相互关系。很多获奖者会在申报文件中大篇幅地提到一部分学生的获奖和荣誉，但基础教育教学成果的辐射应该是全方位的，因此受益对象首先应该是全体学生，而不仅仅是学生代表。总体来说，首先要从育人目标到育人方式，再从学生的变化、课程的变化、教法的变化、教师的变化、评价的变化等进行延展，分层次呈现对学生、教师、学校的不同影响，最终回归到成果对育人质量提升的影响上。

（2）要提供多方面的证据支撑。成果的应用和效果需要控制在800字内，对成果的应用、推广情况及预期应用前景进行阐述，或就成果在国内外公开发行的书刊中的评价及引用情况进行阐述；既有定性的评价，有事实来加强论证效果，又要有定量的分析，用数字来增强信服力度；既有现实价值，也有预期长远价值。成果支撑材料可以从以下9个方面进行准备：①成果课题支撑情况；②成果论文发表情况；③成果著作、教材等出版情况；④成果获奖情况；⑤公开课、学术会议发言情况；⑥决策参考或者采纳情况；⑦成果实践检验情况；⑧媒体宣传报道情况；⑨其他（专业建设、基地或行业标准研发等）。

(3) 要凸显成果的社会反响。一般来说，研究成果引起的社会反响越大，相对而言获奖等次越高。这就要求：①注意收集研究成果的收录、转载、引用、评价、获奖等引证材料；②注意考虑研究成果被采用和推广的实际情况，研究成果能转化为实际应用的指导理论，对提升申报成果获奖等次起重要作用。

例如，《培育文化自信：立足G市的粤港澳大湾区全学科阅读教育的创新实践》项目组，就很好地实现了上述3个方面的结合。该成果旨在通过设计基于阅读的课堂教学系列路径，形成先读后教、读教协同、课后拓展、读中反馈的教学模式。①该成果凸显了育人成效。根据《广州市小学生阅读状况白皮书》调研，经过全学科阅读教育模式的培养，学生基于阅读的学习能力不断提升，学生的文化认同感、文化自信心不断增强。②该成果提供了多方面的证据支撑：一是试点校学生阅读兴趣显著提高，非常喜欢阅读的人数以及达到教育部标准（每天阅读30分钟以上）的人数占比均提高超过10个百分点；二是学生阅读好书并增强文化自信的情况有所提升，有超过50%的学生阅读目的明确，有更多的学生阅读符合国家和社会期望以及有益于自身发展的有意义书籍；三是项目有力促成了良好阅读生态的形成，认为阅读有益的学生试点校比非试点校高出4个百分点，试点校对阅读的重视程度比非试点校高出近17%，试点校能指导孩子阅读方法的家长数量比非试点校高出5%，藏书量大于50册的家庭试点校比非试点校高出14%。③该成果引发了强烈的社会反响。成果不仅得到"共和国勋章"获得者钟南山院士、全国政协副秘书长朱永新教授的充分肯定，也得到《人民日报》、《光明日报》、《中国教育报》、《南方日报》、《长江日报》、《羊城晚报》、《广州日报》、广东珠江电视频道、广州电视台等新闻媒体的100多篇跟踪报道。通过大量的数据和广泛的媒体宣传，充分说明了该成果的实践效果显著，大大增强了该成果的说服力。①

<u>在反思方面，需要关注的是教学成果当前的不足以及接下来有待提升的地方</u>。一般而言，可以从以下方面进行反思：①当前的研究已经搭建了整体的支架，但在某些方面的探索还不够深入，接下来可以继续深化；②当前已经进行了较大范围的实践，但应用的范围还可以更广，因此接下来可以继续拓宽；③当前已经应用了一些先进的技术手段，但由于新的技术还在不断产生，因此可以利用更新的手段。总之，坚持的原则是当前已经取得了不错的效果，接下来还可以做得更好。

例如，《以综合评价1+3s模式牵引县域学前教育高质量发展的实践与创新》项目组，经过10多年的实践与探索，通过应用综合评价，使得区域学前教育质量取得了跨越式的发展，但在一些方面仍有待提升：①虽然整体上实现了行政性外部评价与园所自评自省结合，但在完善与增强幼儿园内部质量评价与改善体系，减少对行政性评价的依赖方面还有待提升；②虽然目前评价种子教师与试点幼儿园已经获得了较大的提升与发展，但评价队伍与园所自评自省的试点仍需扩大辐射面与覆盖面；③虽然目前已经建立了较为完善的评价系统，但仍可以完善大数据动态监测、科学分析与系统应用，让评价结果更加可视化、动态化。② 这就体现了上述3方面的反思策略。

可见，在效果与反思方面，需要客观公正看待教学成果的贡献和不足。通过多种来源、多种形式、多种视角的证据说明教学成果的优势，增强成果的说服力；并在此基础上，围绕某些具体的点提出进一步深化的展望，让这

---

① 参见2022年国家级基础教育教学成果奖获奖材料《培育文化自信：立足G市的粤港澳大湾区全学科阅读教育的创新实践》。

② 参见2022年国家级基础教育教学成果奖获奖材料《以综合评价1+3s模式牵引县域学前教育高质量发展的实践与创新》。

项教学成果成为一项"瑕不掩瑜"的教育教学方案。

> **研读心得**

五、细磨申报书：造好教学成果的基本"面"

如果说撰写成果报告是对教学成果的初步提炼，那么填写《教学成果奖申报表》就是对成果报告进行二次提炼。《教学成果奖申报表》是教学成果申请、推荐、评审、批准的主要依据，因此是教学成果的脸面。申报表限定在2600字内，分别是成果概要（500字内）、解决的主要问题以及解决问题的过程与做法（800字内）、成果创新点（500字内）以及成果应用及效果（800字内），因此对凝练的要求特别高。在填写时，要精雕细琢，应抓住重点、分清层次，用简练、概括的语言进行准确而全面的论述。

（一）成果类别怎么选

在签署"成果持有者承诺书"后，申报人需要对成果类别进行选择，即根据成果所应用的学段、所属的领域、申报的主体情况，在申报表中对"所属基础教育阶段、领域""所属改革与实践探索领域""所属学科或具体的实践探索领域"以及"成果申报者类别"做出选择。

（1）成果申报人可根据成果使用的学段，选择其所属的基础教育阶段。在《基础教育国家级教学成果奖申报表》中，总共有学前教育、小学教育、初中教育、普通高中教育和特殊教育5个学段。申报人可根据成果实际应用的学段，做出恰当的选择。

（2）成果申报人需要根据成果的主要内容，精心选择其所属学科或具体的实践探索领域。《基础教育国家级教学成果奖申报表》中，划分出含中小学综合改革、中小学教学研究以及各学科教学在内的50个学科和实践探索领域。特别强调的是，一旦选中某种类别，在撰写申报表、成果报告时，需根据所选类别进行强化。如果选择了"中小学综合改革"类别，那就在成果报告中涉及课程、教学、评价与管理等方面的综合改革，而不是某一个方面的改进，例如《培育文化自信：立足G市的粤港澳大湾区全学科阅读教育的创新实践》，就是以培育文化自信为旨归，以全学科阅读教育为途径，以智能化阅读平台为载体形成了全方位的育人市域样本与湾区行动。如果选择了"中小学教学方法"类别，那就要提出课堂教学具体的策略和方法，而不仅仅是课堂学习资源的开发，例如《新课程背景下的小学语文读写结合策略研究》，就提出了新课程背景下小学语文读写结合的六大策略。如果涉及具体的学科，那就要在成果中凸显学科特色，例如《基于自主学习的高中音乐课程资源的开发与应用》，就针对音乐课程的特色，开发出包括配套音频、微课和慕课3种音乐教学资源，并将其灵活应用于不同的学习场景中，创新了高中音乐教学的方式，拓展了音乐学习途径，以丰富的音乐资源让高中生随时学习音乐成为可能。

（3）作为一项奖项，成果类别的选择还需要考虑不同类别的获奖概率。

有研究者将《基础教育国家级教学成果奖申报表》的 50 个学科领域进一步划分为 25 个学科类别。以 2022 年为例，各类成果中，获奖率最高的是技术教育，为 55.56%；获奖率在 40%～50% 的学科类别有生物教育、历史教育和艺术教育；获奖率低于 30% 的学科类别有教师专业发展、外语教育、家校社协同育人、教学管理、中小学教育技术、化学教育和其他（表 4.7）。由此可知，相较于传统的教育教学成果，技术赋能的教学成果获奖的概率更高；相较于一般化的课程与教学改革，学科类的成果获奖的概率更大。申报者可以参考这一情况，对成果类别进行选择。

表 4.7 各学科参评成果获奖情况[①]

学科	参评成果数	获奖成果数	获奖率（%）
技术教育	9	5	55.56
生物教育	19	9	47.37
历史教育（含历史与社会教育）	12	5	41.67
艺术教育（含音乐、美术）	45	18	40.00
科学教育（含普通高中科技教育和工程教育）	33	12	36.36
中小学综合改革（课程、教学、评价与管理等方面综合改革）	233	84	36.05
地理教育	25	9	36.00
劳动教育	39	13	33.33
物理教育	30	10	33.33

---

① 中国基础教育：《2022 年基础教育国家级教学成果奖评审结果分析》，见 https://mp.weixin.qq.com/s/naXwZyz7w5AmcF8KW7rG8w。

续表

学科	参评成果数	获奖成果数	获奖率（%）
语文教育	142	46	32.39
学前教育	176	57	32.39
德育（含思政教育）	135	43	31.85
体育与健康教育	41	13	31.71
特殊教育	58	18	31.03
教育评价	55	17	30.91
数学教育	78	24	30.77
课程	150	46	30.67
综合实践活动（含考察探究、社会服务、设计制作、职业体验等）	40	12	30.00
教师专业发展	67	20	29.85
外语教育	41	12	29.27
家校社协同育人	21	6	28.57
教学管理	202	55	27.23
中小学教育技术（含中小学数字教育资源建设与应用、线上教学组织与实施、线上线下融合教学等）	56	15	26.79
化学教育	31	8	25.81
其他	58	13	22.41
合计	1796	570	31.74

> **研读心得**

（二）成果简介如何写

成果简介是对成果具体内容的高度浓缩和凝练，需要用简练概括的语言对成果进行准确的描述。成果简介一般包括3个方面：成果概要，解决的主要问题、解决问题的过程与方法，成果创新点。

1. 成果概要：这项教学成果究竟是什么、怎么样

成果概要是对成果的主要内容做出的说明，其核心问题是"教学成果究竟是什么、怎么样"，是对成果最核心的概括，也是考核、评价一项教学成果能否获奖最主要的依据。由于最多只能写500字，因此需要对成果内容进行高度凝练，用简练、精确、直接的语言表达出来。

具体而言，成果概要可以采用总分的形式，先对成果进行总述，再分项阐述。①需要对教学成果进行总述，即先用一段话的内容，介绍教学成果的核心内容，例如：当前存在着……的问题（背景），项目组经过了……年的探索（过程），形成了……成果（产品），产生了……结果（效果）。②需

要阐述该项目究竟产生了什么成果,并具体阐述这一成果的构成要素和实施步骤等,例如:提出了……理念,产生了……模型/模式,提出了……策略,建构了……体系,创建了……资源。③需要介绍项目的效果和影响,可以一些具体数字作为其证据,例如:发表了 X 篇论文,完成 X 项省部级课题,出版了 X 本教材,开发了 X 个资源库,开设……课程,举办……活动,被……报道等。

例如,荣获 2018 年全国特等奖的《基于学科育人功能的课程综合化实施与评价》。①介绍了该成果的核心内容:从"学科育人"思想出发,以国家课程方案和课程标准为依据,以国家基础课程为主干,以课程综合化实施为路径,逐渐形成了围绕育人目标将"内容—过程—评价"一体化的课程创新实践模式,充分发挥各学科的独特育人功能与学科间的综合育人功能,促进学生全面发展。②分条目介绍了成果在课程综合化、教学过程综合化以及学生评价综合化等方面的具体内容。③介绍了该成果的影响:学校基于本成果,大力推进教育教学改革,促进了教师专业发展和学校管理变革,践行"与学生脉搏一起律动"的办学理念,办学成果丰富,辐射带动国内外上千所学校,获得"素质教育看巴蜀"的美誉。①

再如,荣获 2018 年全国一等奖的《国家课程改革背景下学校课程发展模式的建构与实践》。①明确了该成果的背景:课程改革理想与现实之间的落差是一种"世界病",基础教育课程改革必须攻克校本实施的难关。②介绍了该成果的整体历程:历时 22 年,坚持顶层设计与基层探索,创建了基于教师、方案、学生三要素互动理论的学校课程发展模式。③具体介绍了该成果的核心内容及主要贡献。④说明了该成果在全国产生的重大影响:本成

---

① 陈时见、邵佰东、潘南:《学科课程综合化的建构与实施——重庆市巴蜀小学校学科育人的创新路径》,载《中国教育学刊》2019 年第 12 期,第 6 - 10 页。

果依靠教育部重点研究基地、全国校本课程设计大赛、E-教研员之家等平台，累积了来自全国 29 个省（市、区）的校本课程纲要 11000 多份，覆盖各学科学期课程纲要 6000 多份，教案 33000 多份，出版 20 多本著作，积累了近 5 万个课程发展案例，提交并被教育部采纳的咨询报告 7 份。[①]

上述 2 个案例基本结构相似，都遵循"成果总述＋成果内容＋产生影响"的思路。"成果概要"主要是论述这项教学成果究竟是什么、怎么样，其要实现的效果是清晰、明确、具体的，且要将教学成果结构化、概念化和要素化。要注意的是，表述时只能进行陈述而不能展开论述，要有数据的支撑，并且经过第三方验证。

2. 解决的主要问题以及解决问题的过程与做法：这项教学成果解决了什么问题

由于教学成果奖需要有明确的现实导向，因此特别关注其能解决的现实问题，字数要求在 800 字内。需要先阐明问题，再对提出的问题进行解题，具体呈现基于教学成果的教学改革"怎么做"的问题。具体而言，"解决的主要问题以及解决问题的过程与做法"主要包括以下 3 个方面内容。

（1）需要提出一个明确的、有价值的、让人觉得有同感的课程/教学/评价等问题，以此来作为该项教学成果的核心靶向。需要明确的是，该问题应该是"已解决的"而不是"拟解决的"问题，因此应该采用"过去式"的描述方式，如：本成果聚焦于……，直面……，主要解决了……。

（2）将这一问题分解成几个子问题，基于此明确解决问题的阶段，明确该阶段的时间节点和关键事件，再列出当时的主要成果。在具体的呈现上，可以根据子问题来作为分类分段的依据，也可以分小标题，通过"不

[①] 崔允漷：《学校课程发展"中国模式"的建构与实践》，载《全球教育展望》2019 年第 10 期，第 73—84 页。

同阶段＋时间节点＋关键事件＋主要成果"的方式，对这一过程进行描述。例如：布局探索期（1990—2005 年）、体系健全期（2006—2016 年）、成果推广期（2017—2022 年）等。

(3) 指出每一个阶段中解决问题的方法。需要注意的是：①方法需要服务于问题的解决，因此需要具有针对性。②方法的使用需要具有规范性，体现研究与实践的严谨性。③不同的阶段之间需要具有连续性，体现教学成果的发展，例如：运用了……方法，通过……，在与……的合作中……。

例如，2022 年获全国教学成果奖一等奖的《现场改课：促进教师全员专业成长的小学数学教研范式》，明确了从 2000 年开始成果历经的 4 个阶段（图 4.6）。先对研究过程和方法进行总体概述，明确该成果综合运用基于设计的研究、行动研究等多种方法，突破性解决了常规教研活动中的难点和痛点。再按照"好课"研究阶段（2000—2005 年）、"好教研"探索阶段（2006—2015 年）、"现场改课"阶段（2016—2019 年）、"好课燎原"阶段（2020 年至今）4 个阶段，逐一呈现每一阶段形成的成果与效果。①

---

① 斯苗儿：《现场改课：促进教师全员专业成长的小学数学教研范式》，载《全球教育展望》2023 年第 52 卷第 11 期，第 116–128 页。

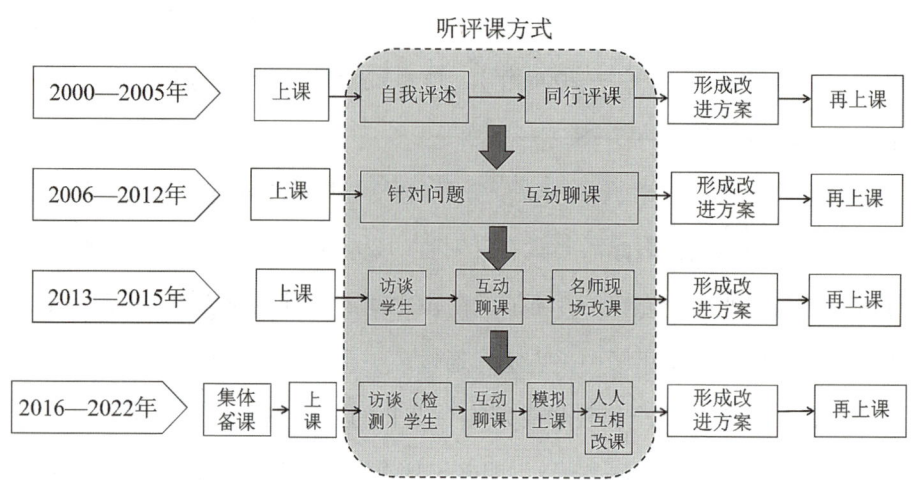

图4.6 《现场改课：促进教师全员专业成长的小学数学教研范式》的研究过程和方法

总之，"解决的主要问题以及解决问题的过程与做法"主要回答的是解决了什么问题，以及该问题是如何解决的，要呈现出问题解决是有组织、有逻辑、有体系的，体现教学成果的科学性和规范性。

3. 成果创新点：这项教学成果有哪些优势

成果的创新点是成果在创新性方面的归纳与提炼，同样最多只能写500字。需要梳理出几个相对独立的创新点，使用概括性的语言准确地阐述。可以从理论创新、方法创新、实践创新等方面进行总结。在写法上有别于前面内容，是前面内容的提升。

（1）理论创新是在教学实践及教育思维活动中形成的对"教育应然"的理性认识，以及将日常的观念提升为创新性的教育理念或理论，需要提出新的概念、命题，形成新的观念，或提出新的理论，因此，可进一步分解为概念创新、理念创新、模型创新、机制创新等。例如：提出了……理念，建构了……概念，开发了……模型，创新了……机制等。需要结合实践进行理论思考，在将与教学成果相关的信息抽取出来后，借助一定的形式（如图形、表格、文字等）将其重点描述出来，表达有逻辑、合常理。在论述上，可与过去已有的理论、概念、模型进行对比，凸显教学成果本身的独特性。

（2）方法创新是对解决该问题的路径和方法的创新，运用了哪些新方法，增加了哪些新视角，使用了哪些新技术或新手段，从而优化了对该问题的解决方式，使得问题的解决更加科学和规范。从方法层面，教学成果奖常用的方法是行动研究、基于设计的研究和案例研究，以此可以改变过去常常基于经验开展教学和教研的局面；从技术层面，当前涌现的人工智能、ChatGPT、脑科学、数据分析等技术，就为教学成果的方法创新提供了不少可能。通过这些技术，可以打开研究与实践的新局面。

（3）实践创新是通过该项教学成果，在教材建设、教学实施、教育评价、教育管理等方面的实践改进，需要建立行之有效的实践体系，并且可以证明其对学生发展起到的显著作用。例如，提出了结构化的策略、开发了系统化的资源、建立了科学化的制度等，通常伴随以"解决了……问题""在实践层面探索了……的新途径和新方法"的表达。通过实践前后的情况比较与分析，围绕目标、课程、教育教学、评价、教师和管理，从学生的发展、教师的专业化发展、学校的发展等阐述成果取得的成效，从而充分地、全面地展现教育教学方面的成效。

例如，获2022年国家级教学成果奖特等奖的《新工科教育》，从理念创新、机制创新、模式创新和文化创新4个方面，阐述了成果的创新性。在理念创新上，坚持"与未来合作"，实践"为未知而教，为未来而学"的理念，实现了培养目标与过程的统一；在机制创新上，建立了新工科教育融合治理的新机制，构建了"多元主体、协同互动、持续共赢"的治理机制；在模式创新上，形成了跨校联动、普遍适用的新模式，成立了全球首个新工科教育国际联盟；在文化创新上，凝塑培育了新工科教育卓越文化，形成了以"毕业生培养质量与教育模式可复制性"为追求的新工科教育卓越文化。① 这些都能凸显成果卓越的创新性，体现出成果的意义和价值。

总之，"成果创新点"是对成果意义的进一步明确，可以用比较的视角来凸显该成果的独特价值，体现创见性、创新性和创生性。

研读心得

（三）成果应用及效果怎么呈现

成果的应用及效果有 2 个方面：一是在本单位的实践检验情况（800 字内），二是在其他推广应用单位的实践检验情况（3 个实践检验单位，每个 400 字内）。申报材料中成果应用及效果一项必须回答好 2 个问题：一是简要描述成果在本单位或其他单位是怎样应用的；二是详细叙述应用后的效果。

---

① 高教新智荟：《2022 年国家级教学成果奖（特等奖）申报书》，见 https：//mp.weixin.qq.com/s/-C7BCAhRfqS-zYp80avYsQ。

就成果在本单位或其他单位是怎样应用的这一问题,在本单位进行的实践检验必须是对教育教学方案的整体进行实践检验,并且时间必须满足申报条件的要求,在其他推广应用单位的实践检验既可以是对教育教学方案的整体检验,也可以是针对教育教学方案的一个或几个方面进行的实践检验,实践检验的起始时间不能早于本单位的实践检验起始时间。如果有几个实践检验单位的,要注意对几个实践单位进行整体布局,使各单位的检验有所侧重。实践效果可以近似,但不能雷同。

就教学成果的效果而言,主要是指成果应用了 2 年之后的成效,以及成果产生的社会影响。其衡量标准在于通过对问题的解决,回答以下问题:①原来的问题是什么?②这一问题是否得到了解决?③解决后产生了怎样的教育教学效果?④这样的效果是否令人满意?具体阐述过程中应做到前后呼应,能自圆其说。

为了回答上述问题,可以呈现以下 3 个方面的证据:①通过纵向对比,明确使用教学成果前后的改进幅度;②通过典型案例,说明教学成果使用过程中相关个体的具体感受;③借助同行评价或媒体报道,体现教学成果的示范性、引领性和影响力。这就需要申报者在教学成果的探索和实践过程中,注意收集过程性资料,拓宽证据的来源和渠道,避免仅用一些描述性的文字来"自说自话"。通过"点+面""数据+案例"以及"内部评价+外部评价"相结合的方式,全方位、多层面、多角度地说明教学成果的使用效果。

例如,《国家课程改革背景下学校课程发展模式的建构与实践》项目,在成果应用及效果方面主要分以下 3 个层面来论述:①在基层学校探索层面,除了不断推广此成果,还与基层学校共同开发教科书式的课程发展案例。合作学校江苏省锡山高级中学已成为学校课程发展的"中国典型",其成果获得国家教学成果奖一等奖;江苏省苏州市汾湖实验小学的"教—学—评一致"、南京一中的"学历案"、华东理工大学附属中学的"学校课程规划"等在全国中小学都有广泛的影响。②在地方区域支持层面，开发教研员课程领导力提升系列课程，并通过培训教研员专家，为全国各地中小学提供课程发展的专业引领。2009年2月，成立了全国唯一的教研员研修单位——华东师范大学教研员研修中心，培训了132期来自29个省市自治区的教研员专家，总计14500多人，编制了6000多份各学科学期课程纲要，研修网站点击量累计1391多万次……③在国家顶层设计层面，通过参与决策、提供咨询报告和开展国家级培训等，为推动与深化国家基础教育课程改革贡献专业力量。

2009年起，从本成果中凝练而成的5份咨询报告被教育部相关部门采纳，从本成果中开发的相关课程被运用于国家级课改培训之中。成果持有人被教育部基础教育课程教材专家工作委员会、基础教育二司评价为："其学术研究和改革实践，既有宽广的国际视野，又自觉地紧密联系中国教育实际，……特别突出的是他在基础教育课程改革顶层设计和实施推动方面所作出的杰出贡献。"

此成果在应用和推广的过程中，形成了丰富的理论知识，出版了12本著作，发表了300多篇论文，其中6篇英文论文。①

总之，在"成果应用及效果"栏目中，需要将先前提出的"问题"放在核心或作为重要落脚点的位置，重点阐述问题解决的效果，分层次、多角度、多方面地呈现与此项教学成果相关的、有力的数据和关键的实证性材料。同时，注意成果在本单位与其他单位应用效果的设计，使其既有共性，又在整体与局部、时间的先与后、范围的大与小等方面有所区分。

---

① 崔允漷：《学校课程发展"中国模式"的建构与实践》，载《全球教育展望》2019年第10期，第73-84页。

研读心得

（四）成果持有人及其贡献怎么排

关于成果持有者，需要注意以下问题。

（1）**以个人名义申报的成果，每项成果的持有人不超过6人**。基础教育国家级教学成果的个人持有人，应当主持并直接参加了成果的方案设计、论证、研究、实施和总结的全过程，做出主要贡献并仍活跃在教育教学第一线。同时，主持人的主要贡献要突出与成果的专业关联性，不能仅仅是"组织者"。退休人员申报基础教育国家级教学成果奖的，必须一直从事基础教育教学改革实践探索，至今没有间断，且其成果仍在教育教学中发挥示范引领作用。另需注意的是，根据2018年教育部补充文件，仅从事组织管理和辅助服务的工作人员不作为成果的主要完成人。

（2）**以单位名义申报的成果，每项成果的持有单位不能超过3个（含主持单位）**。由于该部分限填3项，建议按相关性选填，按重要性排序。

（3）为了保证成果持有团队架构的科学性，可以考虑由多样的人员组建团队。例如，人员的工作单位可以多元，实现高校或教科研机构与中小学的合作；人员的专业领域可以多元，从而有利于承担不同的任务，体现成员构成的合理性。

研读心得

六、研制佐证材料：筑好成果循证的多面"体"

申报教学成果的材料除了申报表和成果报告，还需研制成果佐证材料，提供包括成果内容的视频介绍（总容量不超过 500 MB）、实践过程及效果的佐证材料以及其他支撑材料。这些佐证材料是证明申报书和成果报告的主要依据，因此需要申报人系统考虑，精心选择，从多方面为教学成果提供支撑，形成循证本成果的一个多面"体"，构筑一个"大后方"，增强成果的可信度。

（一）材料如何挑选

佐证材料是关于成果"真实性"和"有效性"的例证材料，材料的来源需要丰富多元。教学成果材料可包括以下 9 个方面：①成果课题支撑情况（采集 + 附件）；②相关论文发表情况；③相关著作、教材等出版情况；④成果获奖情况；⑤公开课、学术会议发言情况；⑥决策参考或者采纳情况；⑦成果实践检验情况；⑧媒体宣传报道情况；⑨其他（专业建设、基地或行业标准研发等）。

研读心得

（二）目录怎样呈现

为了更清晰地显示佐证材料的构成逻辑，便于评审专家快速定位到想要查找的材料，建议制作一份"材料清单"。具体而言，材料清单的编制需要注意如下问题。

(1) 理清材料清单的呈现逻辑，使其分块分类、自成体系，尽可能保障材料的可读性、可信度和充分性。可以根据材料的性质进行分类（如案例一），也可以根据需要佐证的内容进行分类（如案例二）。这样能一目了然，给评审专家留下好印象。

（2）在佐证材料的清单上，需要根据材料的重要程度排序。其顺序大致如下：①与成果相关的直接证据，如教育教学方案、学校课程计划、课程纲要等；②关于问题解决效果的证据，如证明学生发展、教师发展、学校发展等的事实与数据，要注意材料的科学性和权威性；③相关的研究成果，主要是论文、专著、报告、专利、课例等；④成果影响材料，如媒体报道、社会赞誉、政府推广、同行评议、相关获奖等。

以下是 2 份教学成果奖的清单示例，申报人在准备相关材料时，可作为参考。

案例一的细节见表 4.8。

表 4.8 教学成果奖佐证材料清单示例一①

材料类别	材料
人才培养质量成果佐证材料	1. 连续 3 年、5 年的相关专业招生数据报表（数量趋势、平均录取分数、生源结构、入学测试成绩等多项指标）； 2. 连续 3 年、5 年的就业率、一次就业率、对口就业率数据报表； 3. 毕业生就业质量调查统计报告，连续 2～3 年以上； 4. 创新创业教育成果（项目类型、项目数量、经济效益）； 5. 优秀毕业生、先进就业典型案例
专业改革建设成果佐证材料	1. 人才培养方案修订版本材料（电子版缩印）； 2. 构建的职业能力体系相关材料、图示； 3. 构建的课程体系相关材料、表单； 4. 构建的学习评价体系相关材料，例如评价模型与规则，若实行学分制或学分银行制度，应提供学分计算与转换表单； 5. 教学改革过程中相关的节点性、标志性、对比性资料、表单、图示、文件等； 6. 专业改革或建设过程中创新制定的制度性、政策性文件

---

① 中融华智教育研究院：《教学成果奖佐证材料汇编目录清单》，见 https://mp.weixin.qq.com/s/ gJqVT8a7KzwLBUylPRETtQ。

续表

材料类别	材料
专业改革建设成果佐证材料	7. 一流专业、高水平专业、重点专业、特色专业、培育专业、试点专业的立项证明（文件或公示截图及出处）； 8. 生产性实训基地、虚拟仿真实训基地、产教融合实训基地的立项证明（文件或公示截图及出处）； 9. 一流课程、精品课程、精品资源共享课、精品在线开放课程、省级/国家级教学资源库的立项证明（文件或公示截图及出处）； 10. 成果完成人主持或参与正式出版的教材，校本教材，以及入选规划教材情况、评为优秀教材情况（文件或公示截图及出处）； 11. 相关的实训室实训基地证明（一般提供对应照片即可）； 12. 创建的或立项的名师工作室、大师工作室证明材料； 13. 获得1+X、人社技能证书、官方职业资格证书、职业技能鉴定站（所、中心）的立项证明（文件或公示截图及出处）； 14. 课程思政建设有关成果证明； 15. "高职创新发展行动计划"有关的项目立项证明； 16. "双高"建设有关的项目立项证明； 17. 其他国家、部、省、市、教/行指委立项的综合或专项改革项目证明； 18. 专业或课程获得教育行政部门、行业组织的各类评价或认定证明
校企合作成果佐证材料	1. 校企合作类成果证明（校企合作协议扫描件、校企合作协议签署照片、校企合作各类基地挂牌）； 2. 校企合作过程证明（学生/教师入企实习实践照片、企业讲师入校授课/讲座照片、校企合作举办活动照片、校企合作项目证明、企业来信来访、奖励海报）； 3. 主办、承办、协办以及在校内外组织的有关研讨会议、论坛、沙龙等活动证明（通知文件、通知截图、剪影）
教学研究成果佐证材料	1. 主持或参与教改类研究项目证明材料（立项证明、结项证明、奖励证明及核心内容截取）； 2. 主持或参与部、省、市、教指委/行指委、学会/协会等主导的各类科研项目证明材料（立项证明、结项证明、奖励证明及核心内容截取）； 3. 有关的纵向、横向课题研究证明材料（立项证明、结题证明、奖励证明及核心内容截取）； 4. 发表的有关期刊论文证明（论文收录证明、论文版面截图）； 5. 国家、省、教指委/行指委教学成果奖证明材料（证书）； 6. 成果有关的案例获评或排名佐证材料（文件或截图、公示链接）

续表

材料类别	材料
科技创新成果佐证材料	1. 获得的各类科技进步奖励证明（证书）； 2. 取得的科技发明、专利证明（证书）； 3. 注册的有关著作权、商标权等权益证明（证书）； 4. 开展科技服务、科技下乡、科技成果转化等活动项目的证明（通知、报道、照片、有关文件等）
技能竞赛成果佐证材料	1. 国家级、省级职业技能大赛获奖证明（获奖证书）； 2. 教学能力比赛（信息化教学能力大赛、微课大赛）获奖证明（证书）； 3. "互联网+"创新创业大赛、"挑战杯"系列竞赛获奖证明（获奖证书）； 4. 行业性质的竞赛获奖证明（获奖证书）； 5. 承办各级各类竞赛的证明（通知文件、举办照片）； 6. 入选国赛、省赛及官方其他赛事专家组成员、裁判组成员、仲裁组成员、技术委员会成员等证明
社会服务成果佐证材料	1. 参与精准扶贫有关工作证明材料（工作方案、文件、过程和结果材料、照片）； 2. 参与乡村振兴有关工作证明材料（工作方案、文件、过程和结果材料、照片）； 3. 举办或参与社会志愿活动证明材料（文件、过程和结果材料、照片）； 4. 举办或参与社会培训证明材料（工作方案、文件、过程和结果材料、照片）； 5. 参加政府工作咨询、提案、建议等证明材料； 6. 其他社会服务证明材料
师资队伍建设成果佐证材料	1. 成果完成人有关获奖证书、荣誉证书、职业资格/职业技能证书的证明材料（证书或公示证明、链接）； 2. 成果完成人入选各类骨干、专家库或组织成员/委员的证明材料（证书或公示证明、链接）； 3. 成果完成人受访或事迹被报道的有关证明材料（时间出处、截图、链接）； 4. 入选国家级、省级教学创新团队、重点教学团队、优秀教学团队、青年培育团队的证明材料（文件或截图、公示链接）； 5. 成果实践过程中引进有关高层次、高水平的人才证明（劳动合同或录用证明）

续表

材料类别	材料
成果推广及应用佐证材料	1. 成果校内推广应用证明； 2. 在其他院校的推广应用证明（5～6份及以上为宜）； 3. 在非院校单位的推广应用证明（2～3份及以上为宜）； 4. 政府给予的成果推广应用证明或奖励
新闻媒体报道佐证材料	新闻、报纸、专刊、网络媒体、自媒体等渠道对成果相关的各类报道与专访的剪辑，注意标明时间出处

案例二为崔允漷的《国家课程改革背景下学校课程发展模式的建构与实践》（2018年全国教学成果奖一等奖），见表4.9。[①]

表4.9 教学成果奖佐证材料清单示例二

一级标题	二级标题
第一部分 模式建构	1. "校本课程"的本土化发展模式 2. 研究性学习活动课程专业规范 3. 国家课程有效实施 4. 依据育人目标整体建设学校课程体系
第二部分 模式应用	1. 学校实践 2. 区域推广 3. 国家咨询
第三部分 社会影响	1. 获奖证书 2. 社会服务 3. 媒体报道 4. 赛事论坛 5. 教研员研修 6. 国际传播

---

① 参见2018年国家级基础教育教学成果奖获奖材料《国家课程改革背景下学校课程发展模式的建构与实践》。

研读心得

（三）视频怎么制作

除了上述的纸质版文件，教学成果奖的评比还鼓励学校和教师提供关于教学成果的介绍视频。视频的目的是以直观、形象、生动的形式来对成果进行描述，以弥补文字材料的不足，让专家对于该项教学成果在学校的应用能有更深切的感受。

视频有一定的硬性要求。首先，视频时长必须在 20 分钟之内，需要为 MP4 格式，大小不超过 500 MB（以高清格式 720P 为准）；其次，视频需要特色鲜明、典型生动、案例丰富，具有强烈的视觉感，能最大限度传递信息，达到与评委情感共鸣的效果。视频通常包括以下内容。

（1）序曲。成果完成单位的发展历史和现状，规模和实力（1～2分钟）。

（2）概述。成果完成单位软硬件设施、优秀的教师与学生，造就了育人的显著成绩（2～3分钟）。

(3) **成果**。反映成果的实践研究的过程，对于教学成果的介绍应该突出体现成果理念、发展目标和育人举措之间的有机联系与合理逻辑，分享教学成果形成过程中的故事（11～13分钟）。

(4) **尾声**。展望未来，描述成果未来发展美好愿景（1～2分钟）。

由此可见，视频不仅要简单呈现申报团队本身的实力和情况，更重要的是说明获奖成果在育人方面的应用情况，注意叙事的逻辑性和视频的吸引性。由于视频的技术含量较高，有条件的学校可以聘请专业的公司来制作。

研读心得

（四）其他支撑材料何以理解

除了佐证材料，附录还可以上传其他支撑性材料，即如果成果报告、视频介绍、佐证材料等还不足以反映成果的主要内容、特色，可有限度地提供相关的其他材料。注意不要与成果报告、视频介绍、佐证材料重复，同时不超过1万字。

很多申报者不理解佐证材料和支撑材料之间的区别。佐证材料即可以直接支持申报书和成果报告中的相关观点的材料,即关于问题提出、问题解决的过程和方法、成果创新点、成果内容、成果应用及成效的直接证据。而支撑材料则是不能直接证明相关观点的材料,通常呈现一些背景信息,或间接支持观点,以及为该观点提供外部环境支持及体制机制支撑的材料(图4.7)。例如,一项关于学校课程建设的教学成果,其佐证材料是该校自身的课程体系、学生和教师的获奖情况、课题申报和论文发表情况等,可以直接证明其课程改革及育人效果;而支撑材料就可以是该校所在区域整体的课程建设情况、师生配比人数、教育经费保障等,为该校的课程教学改革提供支持。

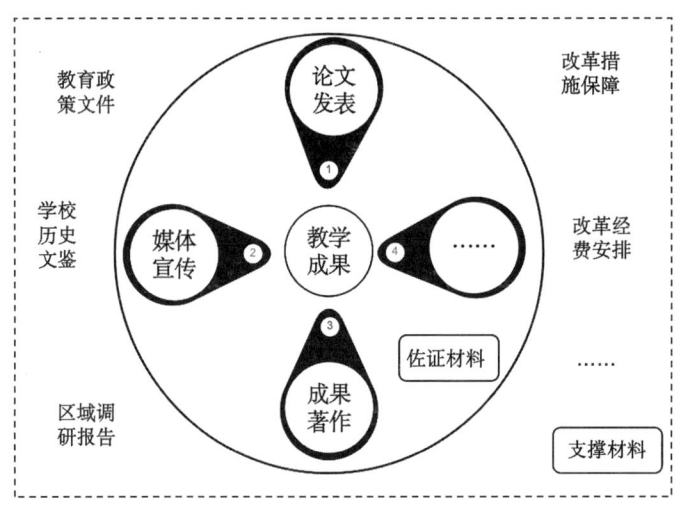

图4.7 教学成果的佐证与支撑材料

余论 未来教学成果培育的五大研究趋向

加强基础教育教学成果培育的本体研究,是促使教学成果培育工作走向专业化、科学化的必由之路,需教育管理部门、教科研机构和学校的共同努力、协同推进。未来的成果培育应更加关注以下五大趋向:开展基础理论研究;丰富教学成果奖研究;加强应用效果研究;重视典型案例研究;全面推动比较研究。由此,为教学成果培育提供更科学的方向指引和更坚实的学理基础。

余论
未来教学成果培育的五大研究趋向

目前,学术界在基础教育教学成果培育方面取得了一定的成果,这是教育理论和实践的一次突破。政府、教育行政部门、研究者、一线校长教师关于继续加强教学成果培育的共识越来越多,教育行政推动力度越来越强,根据当前的社会现实与时代背景,鉴于以上现状,未来的教育成果培育应加强基础理论、教学成果奖、应用效果、典型案例和比较研究。

一、开展基础理论研究

从教学成果本身来看，原创性的高水平成果较少，特别是在教育教学理论上有建树，在教学改革实践中取得重大突破，经过长期实践探索，对教学改革实践有重大示范作用，对提高教学水平和教育质量、实现培养目标产生重大成效，在全国或者省内产生较大影响的成果少。[①] 从研究成果来看，由于部分研究者本身理论研究意识与水平相对欠缺，导致现有文献理论创新不足，理论支撑缺乏，仅仅停留在获奖分析、案例介绍等浅层面。因此，研究者应当以问题为导向将教学实践与教育理论相结合，用先进的教育理论指导实践，并在实践中丰富完善和创新发展教育理论，促进教育理论与教学实践共生发展。可以考虑从以下 3 个方面展开研究：①主动加强与高等院校间的联系，从中汲取基础理论支撑力量；②以本质论、价值论、目的论、教学规律等基础理论为主题开展研究；③从实践问题出发，总结凝练基础理论。

二、丰富教学成果奖研究

基础教育国家级教学成果奖对于基础教育教学改革与研究具有重要的引领和激励作用，应抓住 4 年一次的基础教育国家级教学成果奖评审契机，推动基础教育教学改革与研究，[②] 省级教学成果奖同样具备此效果。教学成果奖具备的独特价值使其成为研究热点，但从成果观察，对教学成果奖的研究

---

① 雷守学：《陕西省基础教育国家级教学成果获奖情况分析及孵化工作意见》，载《陕西教育（综合版）》2019 年第 Z2 期，第 46 – 50 页。
② 宋乃庆、范涌峰：《2018 年基础教育国家级教学成果奖评审结果探析——基于数据分析》，载《人民教育》2019 年第 Z1 期，第 22 – 26 页。

主要以数据分析为主,且在研究对象选择上"重国家级轻省级",全国存在明显的分层现象,省际获奖数量差距明显,大部分省域内获奖成果分布不均(一个省获奖成果高度集中于一两个城市的现象较为突出),未能深入挖掘出背后的评审导向与发展规律,导致后续理论与实践的指导作用也随之降低。基于此,应该对省级,甚至市级、区级教学成果奖的研究重视起来,对评审机制进行深刻分析,包括获奖等级、数量、评审条件等具体内容,充分保证奖项的公正与科学。此外,在政策解读、应用推广等环节上,应当在现有研究基础上继续深入下去,探索更加多元和有效的落地途径,助推教学成果的培育。

三、加强应用效果研究

有学者已经对优秀教学成果的评价指标展开了讨论,但成为教学成果,并不意味着一定行之有效。即使是在一所学校行之有效,也并不能确保它具有推广使用价值,所以不仅要检验这项成果在本校的实施效果,还要检验这项成果在实施过程中对兄弟院校的教学工作、教育行政部门的决策等方面产生的影响。① 目前,评选中尚存在教学成果培育过程监控不到位、效果评价体系不完善、教学成果质量保障体系不健全等问题。② 可见,一项真正的优秀教学成果不仅仅体现在评价过程中,还要关注它的实际应用效果,内容再好但效果不佳也是毫无意义的,这也是教学成果注重培育时长与推广价值的原因。一个项目获奖了,并不意味着这个项目的生命周期就到此结束,还应

---

① 庄西真:《源于教学,反哺教学》,载《职教论坛》2019年第3期,第1页。
② 朱飞、黄英杰:《教学成果内涵特质与培育机理探析》,载《继续教育研究》2021年第6期,第137–142期。

发挥出成果奖的工具性作用，即在实践中检验、在实践中深化、在实践中引领。因此，要坚持质量监控与凸显特色相结合、过程监控与结果评价相结合，加强对评选活动的监控与管理，切实提升成果质量。这需要研究者和成果持有方对项目开展追踪，通过现状反馈，及时发现问题并进行调整，不断丰富和深化教学成果，切实增强该成果的实用性。可以考虑从以下几个方面展开：加强对教学成果与教育教学工作互补机制的关注，重点探索具有可操作性的落实路径，打造提升互相促进的良好生态；对照优秀成果的评审指标，根据成果特点与实践实情，构建出实施过程监控的指标体系，用以及时反馈信息。

四、重视典型案例研究

在"如何培育"问题上，现有研究主要集中在获奖成果的总体现状、分布特征、存在问题等方面的分析，其中夹杂着对成功案例的介绍，但仅限于简单描述，缺乏深度剖析。这实际上是一种研究资源的浪费，典型案例本身极具研究价值，深挖其后的背景、措施等内容，总结出培育规律与路径，不仅可以做出优秀的研究成果，还可以直接为后期的培育实践提供指导。目前，基础教育国家级教学成果奖已经评审了3届，1439项国家级优秀成果经层层筛选后脱颖而出，各省市也会定期评审优秀教学成果，获奖名单均为公开发布，获取信息渠道便捷。研究者应广泛阅览项目信息，重点关注获得特等奖、一等奖的成果，综合运用案例分析、调查研究等方法，对这些优秀教学成果逐一展开研究，深入解读与探索，从成果个案中提炼普遍的教育教学规律，要努力将地方经验提升为国家经验，特别是要加强中国特色社会主义教育理论和育人理论的总结与提升。①

五、全面推动比较研究

现有研究成果中的比较分析主要通过统计数据体现，即国家级教学成果奖的省份、区域、领域、单位等分布情况，缺乏对表象数字的深入挖掘。此外，对国家与国家之间的横向比较、成果发展的纵向比较、基础教育与其他类型教育的借鉴比较等方面的分析明显不足。以借鉴比较为例，职业教育、高等教育同样受到很多学者的关注，在教学成果培育方面，涌现出了一批研究成果，其思路与结论具有相当的学习价值。例如，刘晓宁提出"遵循政策热点但不能唯政策热点，关键是要在做好内涵建设的基础上踩准热点，能够找到切实符合热点方向的真问题，进行真研究"。② 在对培育失败的原因进行总结时，吴静梅认为"选题具有特色，但项目推广范围有限；区域产业支撑不足，项目缺乏竞争力；职业院校实力有限，项目影响力不足"。③ 虽然这些是对职业教育教学成果培育的分析，但其中的"解决真问题""不唯政策热点""院校实力"等因素，对基础教育教学成果的培育同样具有启发价值。

---

① 钟秉林：《让成果在一线土壤中落地、开花、结果》，载《未来教育家》2019 年第 7 期，第 11 – 12 页。

② 刘晓宁：《新时代高等职业教育教学改革现状、特征与思考——基于 16 省（市）2021 年省级教学成果奖的分析》，载《中国职业技术教育》2022 年第 14 期，第 76 – 85 页。

③ 吴静梅：《职业教育国家级教学成果奖的特征与培育对策研究——以广西为例》，载《南宁职业技术学院学报》2023 年第 31 卷第 1 期，第 30 – 36，43 期。

附录

基础教育国家级教学成果奖代表了我国基础教育教学研究和实践的最高水平。2022年，31个省（自治区、直辖市）教育厅（教委）、新疆生产建设兵团教育局、香港特别行政区和澳门特别行政区教育管理部门共推荐基础教育国家级教学成果奖1797项，最终获奖570项。通过对这些成果的地区分布、实践时长、研究领域和内容进行全方面分析，对北京、广东、江苏3个典型地区进行剖析以及3届教学成果奖变化趋势进行研判，可明确基础教育教学成果培育的关键议题、基本态势与核心要素，把握教学成果培育的前沿趋势和发展路向，助力于教学成果的精准培育与科学指导。

1. 基础教育高质量发展的关键议题及教学改革趋向

——基于 2022 年国家级教学成果奖 1797 项推荐项目的实证分析[①]

自党的十四大以来，我国坚持将教育摆在优先发展的战略地位，基础教育作为教育的先导，在稳步发展中逐步实现规模扩张与体制完善。随着科教兴国战略和人才强国战略的实施与推进，新时代对基础教育提出了高质量发展的新要求。2019 年，中共中央、国务院在《中国教育现代化 2035》中强调，要实现教育的现代化，需充分发挥基层特别是各级各类学校的积极性和创造性，鼓励大胆探索、积极改革创新。而将优质的教学方案进行推广并本地化，必然会加速基础教育改革优化的进程，实现高质量发展。自 2014 年起，我国每 4 年进行一次基础教育国家级教学成果奖的评审，目的就是鼓励一线教师和科研工作者从事教育教学研究，鼓励各地区经验共享，互相学习，提升教学水平与教育质量，形成可落地推广的教育教学改革方案。基础教育国家级教学成果奖不仅仅代表着基础教育领域的研究热点，更能够反映当下我国基础教育改革的前沿趋势以及优化途径，代表着教育成果培育的方向，能为基础教育发展规划提供重要参考。

2022 年，31 个省（自治区、直辖市）教育厅（教委）、新疆生产建设兵团教育局、香港特别行政区和澳门特别行政区教育管理部门共推荐基础教育国家级教学成果奖推荐项目 1797 项，本研究以这些推荐项目为研究对象，通过推荐项目的地区分布及内容分析，总结现阶段我国基础教育的研究重点

[①] 费伦猛、周紫依、郭小波：《基础教育高质量发展的关键议题及教学改革基本趋向——基于 2022 年基础教育国家级教学成果奖推荐项目的实证分析》，载《教育导刊》2023 年第 6 期，第 41-50 页。

与改革发展方向，探讨基础教育改革的内在逻辑，并基于典型区域的对比研究发掘其中的优秀经验。

一、基础教育国家级教学成果奖推荐项目概况

（一）地区分布

由于各地推荐项目数与该地专任教师人数相关，因此可以借助条形图的分析，从推荐项目数量的地区分布来判断各地教学资源的分配情况。图1展现了各地基础教育国家级教学成果奖的推荐项目数，条形图纵轴为各省级区域名称，横轴则表示数量，图中虚线代表平均申报数。从图1可以看到，各地申报数出现了明显的分层现象，广东省、山东省和河南省遥遥领先，尤其是广东省申报数高达133个；在平均值附近波动的区域申报数差距较小；而排名靠后的区域主要集中在西部地区（2个特区除外）。由此可见，各地区教学资源分配存在一定程度的不均衡性。总体而言，东部地区推荐项目明显较多，例如广东、江苏和山东，原因可能在于这些地方对于优质人才的引进十分重视，优质教师得到充分的保障，教学资源较为丰富；中部地区与西部地区仅有个别地方较为出色。对于教学资源稀缺的地区，需要给予一定的政策倾斜和资源投入，并大力推进人才引进计划与区域帮扶计划，逐步推进优质教学资源在全国范围内均衡分配。

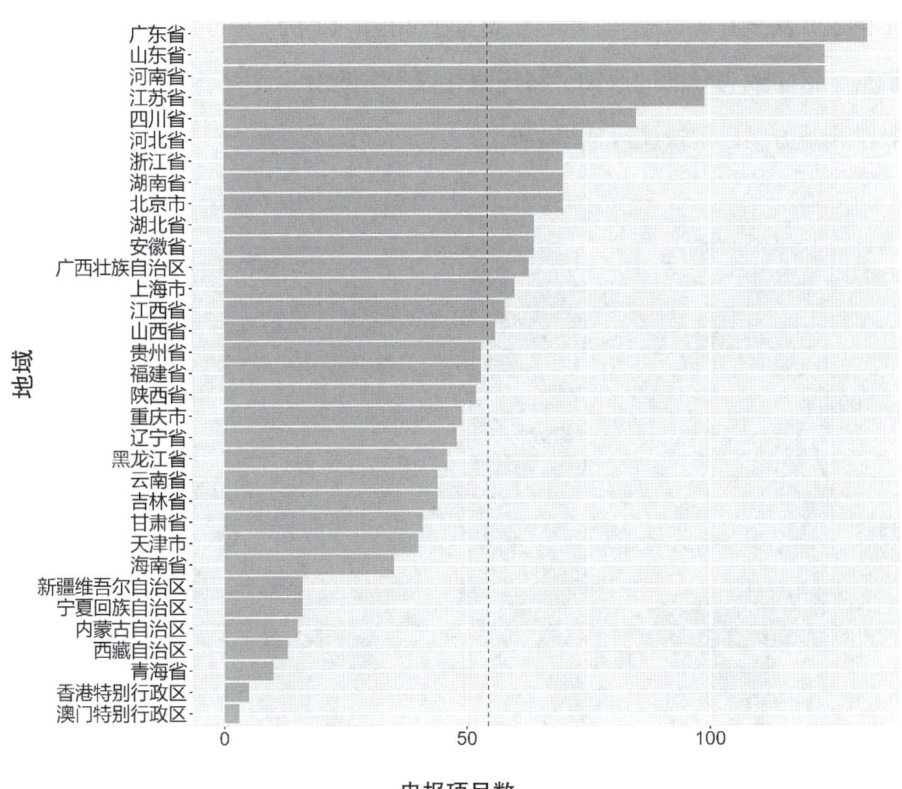

图1 2022年各地基础教育国家级教学成果奖推荐项目数

（二）实践时长分布

根据《2022年基础教育国家级教学成果奖评审工作安排》，基础教育教学成果必须在理论研究的基础上使问题在实践中得到有效破解，并对不同级别的奖项设置了不同的实践时长要求。教学成果奖设立的初衷就是将优秀的教育教学改革应用于学校的实践操作中，只有经过实践的检验才能解决具体问题，进行有效的推广，而非纸上谈兵。在推荐项目中表明实践时长的有265项（其他项目没有表明实践时长），其中有78.1%的项目实践时长在10

年以上，甚至有 21 项的实践时长超过了 30 年（图 2）。可见这些作品深入贯彻了以实践为导向的原则，将理论扎根于实践中，致力于提出优质的教育教学改革方案以解决实际问题。

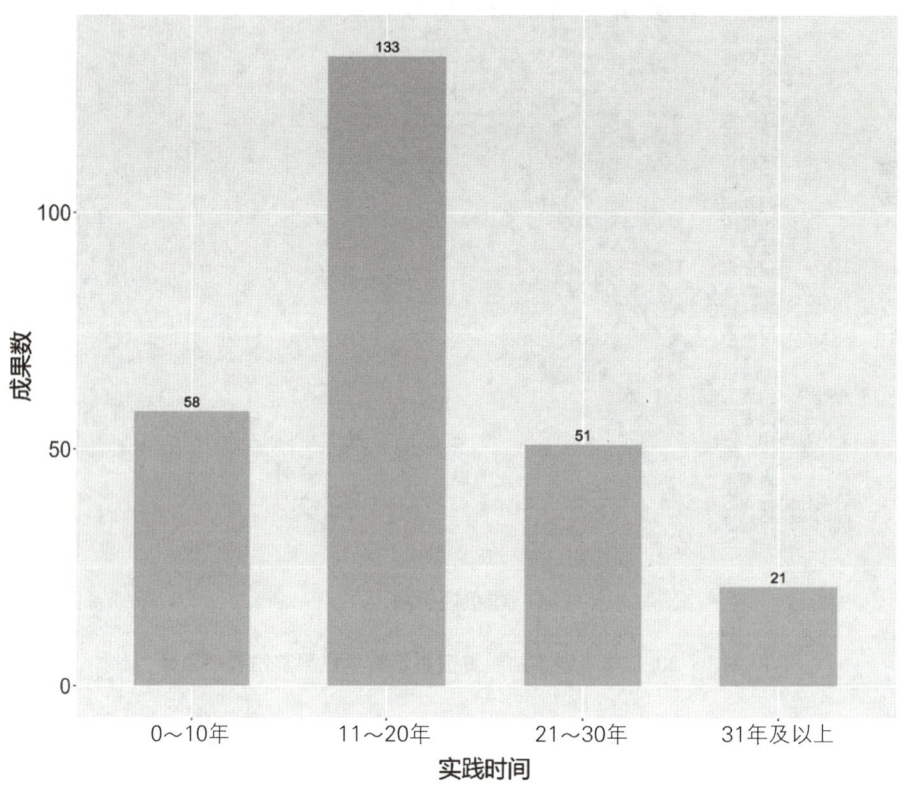

图 2　2022 年基础教育国家级教学成果奖推荐项目（部分）实践时长分布

（三）研究领域分布

根据《2022 年基础教育国家级教学成果奖评审工作安排》，教学成果包括课程、教学、评价、资源建设、教师发展等方面，可以是综合性的，也可以在某些方面有所侧重。本研究承接该分类，并基于多年的教育热点问题补充人才培养、思政教育和课后服务 3 类。人才培养一直是基础教育关注的核心议题,人才培养模式、培养理念随着时代的发展不断完善,当下基础教育强调以立德树人为根本任务,秉持德育为先、能力为重、全面发展的教育理念,以人才培养为目标,为人力资源强国的建设做好基础工作。思政教育需贯穿于教育教学的各个方面,从基础教育抓起,加强学生对马克思主义的发展与中国化的理解,对党的领导与社会主义制度的信心,确保他们成为社会主义的建设者和接班人。课后服务则是一个较新的议题,《国家中长期教育改革和发展规划纲要(2010—2020年)》提出,学校要把减负落实到教育教学各个环节,给学生留下了解社会、深入思考、动手实践、健身娱乐的时间,以学生课业的减负推动素质教育的发展。但由于当时的教育评价体系依旧是以应试为主,加上培训机构的迅猛发展,学生的压力没有得到很好的缓解。直到2021年,中共中央办公厅、国务院办公厅印发的《关于进一步减轻义务教育阶段学生作业负担和校外培训负担的意见》中,明确强调要减轻义务教育阶段学生过重作业负担和校外培训负担,相应地学生的课余时间如何能够得到有效的利用,又不落入过去变相加负的困境成为基础教育亟须关注与研究的问题。表1展示了8个类别的教学成果的内涵及本研究所使用的分类关键词,值得注意的是,由于部分教学成果会涉及多个方面,例如,北京市推荐项目"指向高阶思维培养的高中化学创造性探究教学实践与研究",既涉及教学实践与研究,属于教学类,又涉及高阶思维的培养,属于人才培养类,因此将该成果同时归于教学和人才培养。即某一项教学成果被分到该类,则代表该教学成果的研究中涉及该领域,而且同一教学成果因其研究领域的交叉可被分到多个类别。

表1　各类别内涵及分类关键词

分类名称	内涵	分类关键词
课程	包括课程改革、课程开发、课程体系构建等方面	课程
教学	包括教学改革、教学理念、教学模式、互动方式等方面	教学、课堂、互动、教学模式、教研
教育评价	包括教学评价体系、综合素质评价、高考评价体系、办学质量监测等方面	评价、监测
资源建设	包括教学资源、教材资源、实验资源、数字化资源、信息科技应用等方面	资源、数字化、信息、教材
教师发展	包括教师培训、教师成长系统等方面	教师发展、教师成长、教师培训、教师培养、教师专业
人才培养	包括育人理念、素质教育、思维培养、德育劳育、文化传承等方面	育人、创新、美育、德育、劳动、体育、素养、阅读、志愿、探究、深度学习、科学、思维、教育、培育
思政教育	包括思政课程、马克思主义学习、社会主义核心价值观等方面	思政、马克思、社会主义
课后服务	包括课后辅导、课后服务、作业安排等方面	减负、辅导、课后服务、作业、课业

如图3所示，横轴代表各个类别，纵轴是成果数，涉及人才培养的教学成果明显高于其他类别。教学类和课程类的排名分别为第二和第三，均达350项以上。由此可见，人才培养依然是教育教学改革中的核心议题，同时，人才培养的模式与理念与其他研究领域结合形成的交叉研究也是现阶段基础教育需要关注的重要问题。教学与课程的改革和优化是两大传统的改革方向，是教育教学改革中的着力点。其他类别的成果数相对较少，教育评价、资源建设、教师发展、思政教育和课后服务相比课程与教学来说是随着

时代发展逐步提出的新话题，后续研究也需进一步精进。尤其是课后服务，"双减"政策实施年限不长，因此该研究领域的作品缺乏足够时间来进行实践检验，故形成了较大的缺口，是未来研究的重点方向。

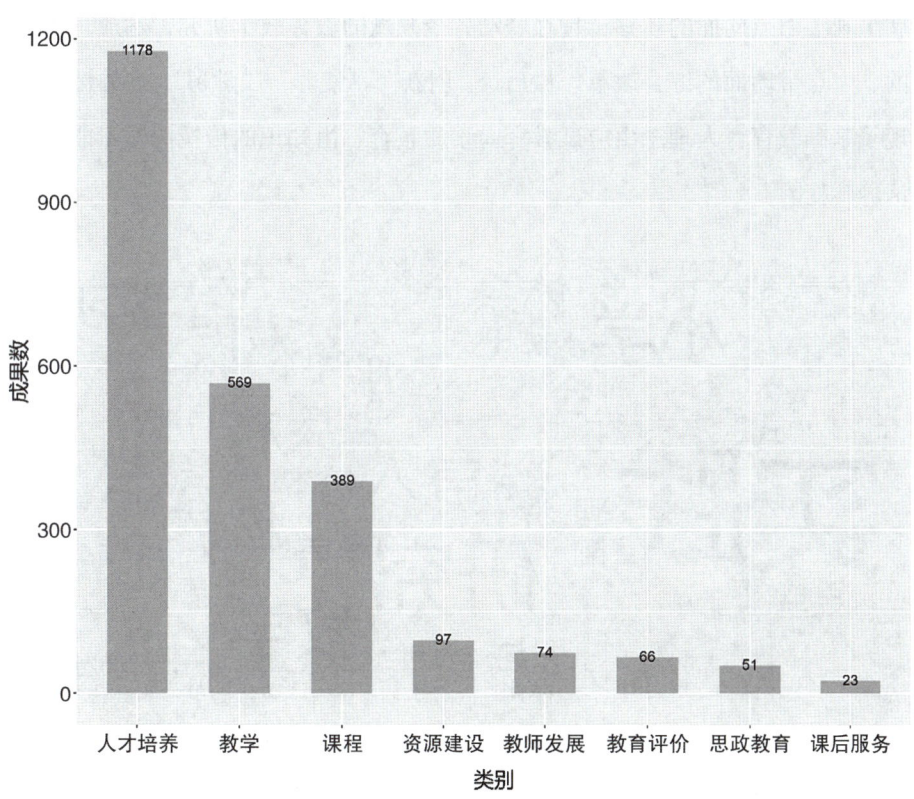

图3　2022年基础教育国家级教学成果奖推荐项目研究领域分布

（四）内容分析

为进一步探究教学成果分析的具体内容，图4以词云图的形式展示了2022年基础教育国家级教学成果奖推荐项目名称关键词，字号越大说明该词出现频数越多，并以表格形式（表2）展示了排名前20关键词。由此可看出，首先，"实践""探索"与"研究"是教学成果中的核心关键词，表明教学成果的形成通常需要在理论的支撑下，基于实践的探索解决实际问题，尤其需要着重突出实践导向。其次，教学和课程仍是重点改革对象，且多集中在小学的研究上，同时，由"构建""体系"等词可以看出，项目开展出现了由点向面的转移，旨在联动各个领域的教育教学研究，达成一体化的、由点带动面的综合改革。最后，"创新""素养""学习"等关键词体现了基础教育育人理念由应试教育向素质教育、由知识的传授向学习能力的培养转变。

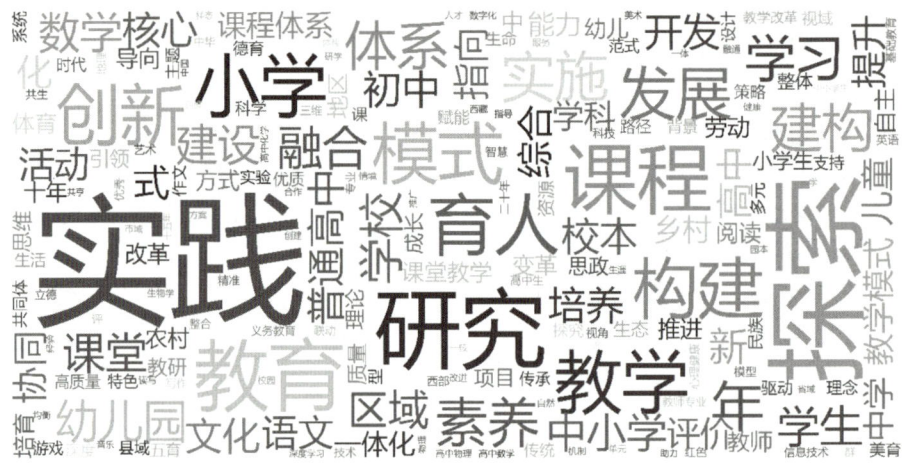

图 4　2022 年基础教育国家级教学成果奖推荐项目名称词云图

表 2　2022 年基础教育国家级教学成果奖推荐项目名称关键词排名

关键词	排名	关键词	排名	关键词	排名	关键词	排名
实践	1	小学	6	构建	11	体系	16
探索	2	教学	7	发展	12	学习	17
研究	3	模式	8	实施	13	素养	18
教育	4	育人	9	年	14	幼儿园	19
课程	5	创新	10	建构	15	学校	20

二、典型区域基础教育教学改革基本趋向

在我国持续推进教学成果培育的基础之上，各地结合自身发展现状与优势环节形成了具有区域特色的教学成果。江苏和北京在 2014 年和 2018 年基础教育国家级教学成果奖的评选中取得了优异的成绩，两地教学成果的研究领域各有侧重，广东则在 2022 年基础教育国家级教学成果奖推荐项目中占比最高，因此，本研究选取江苏、北京和广东的推荐项目进行具体分析，以总结优秀经验，探求基础教育改革现状与改革方向。

（一）江苏基础教育教学改革基本趋向

江苏一直走在我国教育教学改革前列，并取得了显著的成效，2018 年的评选中就获得了一等奖 12 个，占比达 24%，为我国基础教育的高质量发展提供了宝贵的经验。当地非常重视基础教育教学成果的培育，针对当地基础教育中的热点、难点以及薄弱环节，江苏省教育厅在 2018 年进行了专项督察工作，并在督察工作文件中明确提出，幼儿园"小学化"现象、中小学"负担重"和"择校热"问题、义务教育大班额办学情况以及义务教育改薄工作情况是重点督察内容。2019 年，江苏省教育厅办公室发布《关于做好 2019 年基础教育内涵建设项目申报工作的通知》，要求继续推进基础教育七大类内涵建设项目的实施，包括幼儿园课程游戏化项目、小学特色文化建设工程、薄弱初中质量提升工程、普通高中课程基地、特殊教育发展工程、中小学生品格提升工程、基础教育前瞻性教学改革实验项目，这七类建设项目是对前述 4 个问题提出的解决方案。如以幼儿园游戏化项目的构建来解决幼儿园超前学习的问题；以小学特色文化建设工程与中小学品格提升工程来丰富中小学学习内容，减轻课业负担，促进中小学向素质教育发展。同时，以基础教育前瞻性教学改革实验项目探寻改革新方向，为未来蓄力，也

在江苏的推荐项目中有所体现。2022年江苏共推荐项目99个，其中一线教学成果组70个，非一线教学成果组29个，具体情况如下。

1. 整体研究领域分析

如图5所示，江苏省推荐项目涉及人才培养的教学成果明显高于其他类别，达75项。这说明绝大部分项目能将新时代的教育理念融入研究之中，探讨已有的教育理论与方法之于新时代教育理念的融合与改进，激发教育教学改革的活力。教学类和课程类的排名分别为第二和第三，分别是34项和10项。值得一提的是，思政类的教学成果虽数量不多，仅有4项，但相比

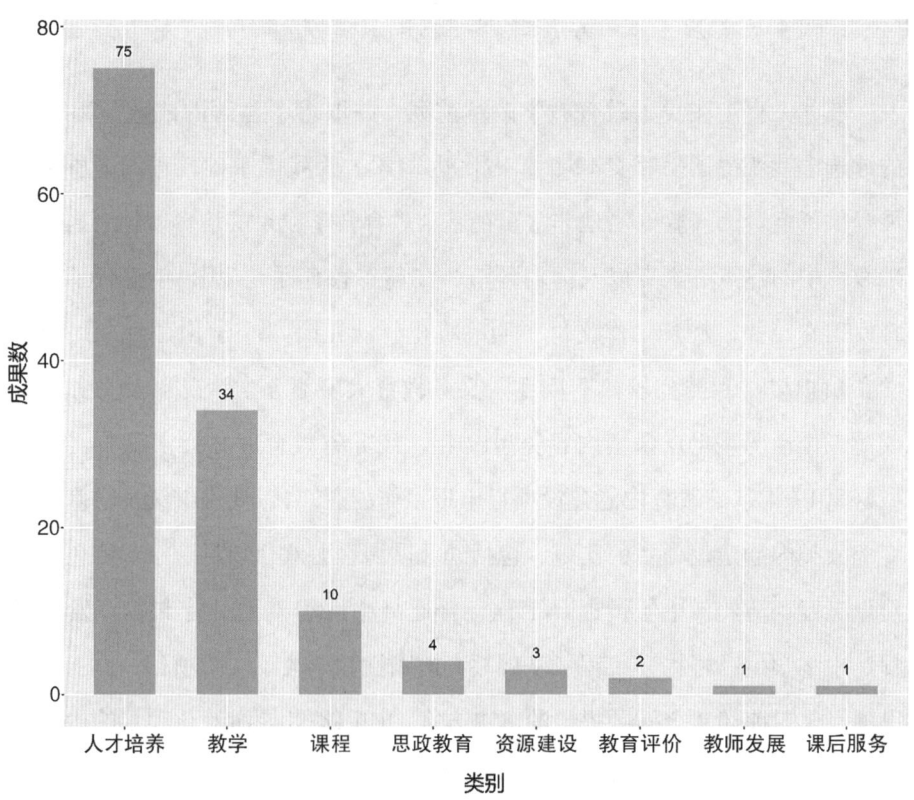

图5　江苏省推荐项目研究领域分布

于全国思政类教学成果占比（1797 项中有 51 项涉及思政教育，占比 2.84%），江苏省思政类教学成果占比达到 4.04%，其中"思政课程中开展中小学法治教育一体化建设的创新实践"被列为江苏省基础教育前瞻性教学改革实验项目，这反映了江苏对思政教育方面的改革探索给予了高度重视，在未来有可观的发展潜力。其他类别成果数相对较少，资源建设 3 项，教育评价 2 项，教师发展和课后服务各 1 项。

2. 一线与非一线研究领域分析

根据《2022 年基础教育国家级教学成果奖评审工作安排》，在各地教育行政部门推荐项目中，由一线教师（指成果第一持有人，含中小学校长、幼儿园园长，不含教研员）主持和中小学、幼儿园以单位集体主持完成的成果不少于推荐总数的 70%。这说明我国对一线教学成果的高度重视。如图 6 所示，江苏的一线教学成果和非一线教学成果大部分围绕人才培养、教学和课程展开，但两者在其他领域的探索各有侧重。一线教学成果除教学评价外，涉及其他 4 类，但每类仅有一项成果，处于初步探索的阶段；非一线教学成果对于教师发展和课后服务 2 类未有涉及，而在思政教育、资源建设和教育评价领域有一定研究。思政教育的 4 项成果中有 3 项是由非一线教育工作者完成；而资源建设通常需要外部资源力量的介入，教育评价则需综合整个地区甚至国家的教育评价体系进行改进，这两类研究较难由一线教师独立完成，今后需要非一线教育工作者与一线教育工作者合作开展更深入的探索。

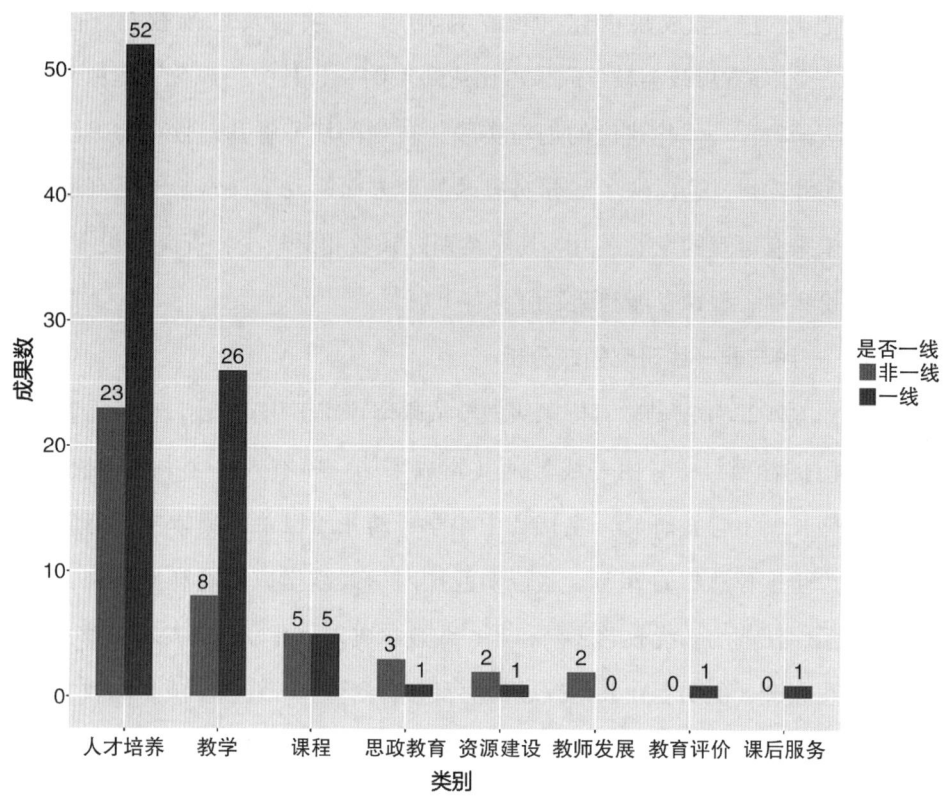

图 6　江苏省一线推荐项目及非一线推荐项目研究领域分布

3. 内容分析

关于江苏省优势的研究内容，推荐项目中占比最高的 2 项分别为人才培养类和教学类。图 7 以词云图的形式展示了江苏这 2 类推荐项目的关键词，字号越大说明该词的出现频数越多。①"实践""探索"仍然占主导。实践导向无关类别，是每一项研究成果的必备条件。同时，"素养"提及次数相对较多，更加强调了江苏以立德树人为根本任务，大力发展素质教育的决心。②在人才培养类教学成果中，"教育""育人""创新"等词出现频数较高。这一方面说明了江苏对于人才培养理念的重视，另一方面也反映了江苏对于创新育人机制的探索，可见江苏省的基础教育前瞻性教学改革实验项目的建设开展得有声有色。③在教学类的教学成果中，阶段上涉及小学的较多，学科上涉及数学和语文的居多；而从"教学改革""变革"等关键词也可以看出，江苏教学的改革正逐步走出传统的舒适区，开始探寻新型教学模式的可能性。例如，"引导学生自主探究：初中'锚点'教学改革12年"和"素养指向：初中数学核心概念主动建构的教学改革实践"2项成果，均力求从教师传授的教学模式转向学生主导、自主探索的教学模式。

(a) 人才培养类关键词　　　　(b) 教学类关键词

图7　江苏省推荐项目名称词云图

（二）北京基础教育教学改革基本趋向

北京市教育资源优势明显，在我国的基础教育改革中一直发挥着引领作用。2018年北京共有40项基础教育教学成果入围，12项获一等奖，占全国一等奖比例的24%。为了落实立德树人根本任务，深入推动"双减"工作落地落实，持续推进素质教育实施与发展，2021年北京市教委、市政府教育督导室对通州区、燕山地区部分普通中小学校全面实施素质教育情况开展了督导评估，并在评估报告中指出，部分学校对本校的办学理念内涵挖掘不够、部分学校教师队伍建设有待进一步加强、部分学校课后服务统筹规划不够。对于如何解决问题，促进基础教育高质量发展，《北京市"十四五"时期教育改革和发展规划（2021—2025年）》提出11项主要任务：持续加强党对教育工作的全面领导；坚持"五育"并举着力培养时代新人；围绕"七有""五性"优化教育服务；打造落实城市总体规划的教育样板；增强教育服务首都发展的能力水平；建设高素质专业化创新型教师队伍；推进教育与现代科技深度融合发展；开创开放融通有活力的教育新局面；促进育人方式和育人模式创新变革；全面深化新时代首都教育评价改革；统筹推进首都教育发展与安全稳定。这些发展思路和任务目标在北京2022年的推荐项目中有所体现。这届北京共推荐项目70个，其中一线教学成果组49个，非一线教学成果组21个。

1. 整体研究领域分析

如图8所示，按类别来说，推荐项目数最多的为人才培养类，课程类26项和教学类11项，分列第二和第三。与全国的情况不同，北京的课程类成果数目较多，仅次于人才培养类，占比达37.1%，高于全国的课程类成果占比（1797项中有389项涉及课程，占比21.6%）。可以说，北京对于课程建设给予了较高重视。2022年，北京市教育委员会就制定了《北京市中小学地方课程教材开发指南》，进一步规范北京市地方课程教材开发工作。除前3类外，其他类别的成果数相对较少，教育评价3项，资源建设3项，教师发展和思政教育各2项，课后服务1项，共占比15.7%。

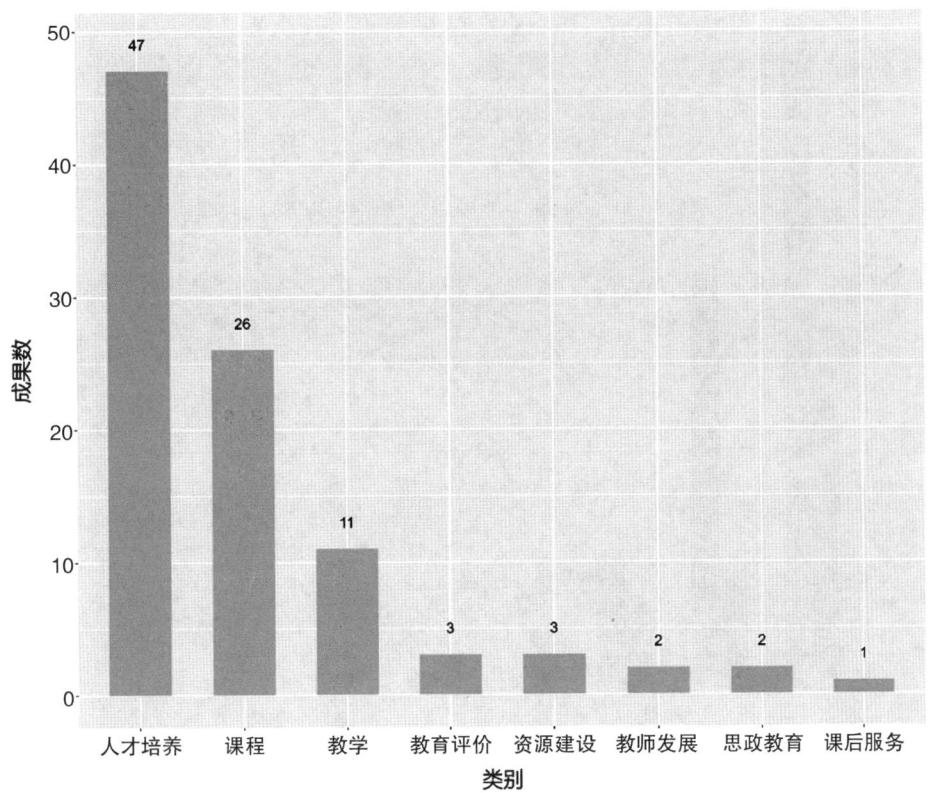

图 8　北京市推荐项目研究领域分布

2. 一线与非一线研究领域分析

一线推荐项目和非一线推荐项目的研究领域分布如图 9 所示。从总体上看，成果主要围绕人才培养、课程和教学展开。而教育评价和课后服务 2 类均无一线教育工作者的研究成果，相对于北京市文件提出的"全面深化新时代教育评价改革"任务和"部分学校课后服务的统筹规划不够"问题，一线教育工作者参与教育教学改革还不够充分。

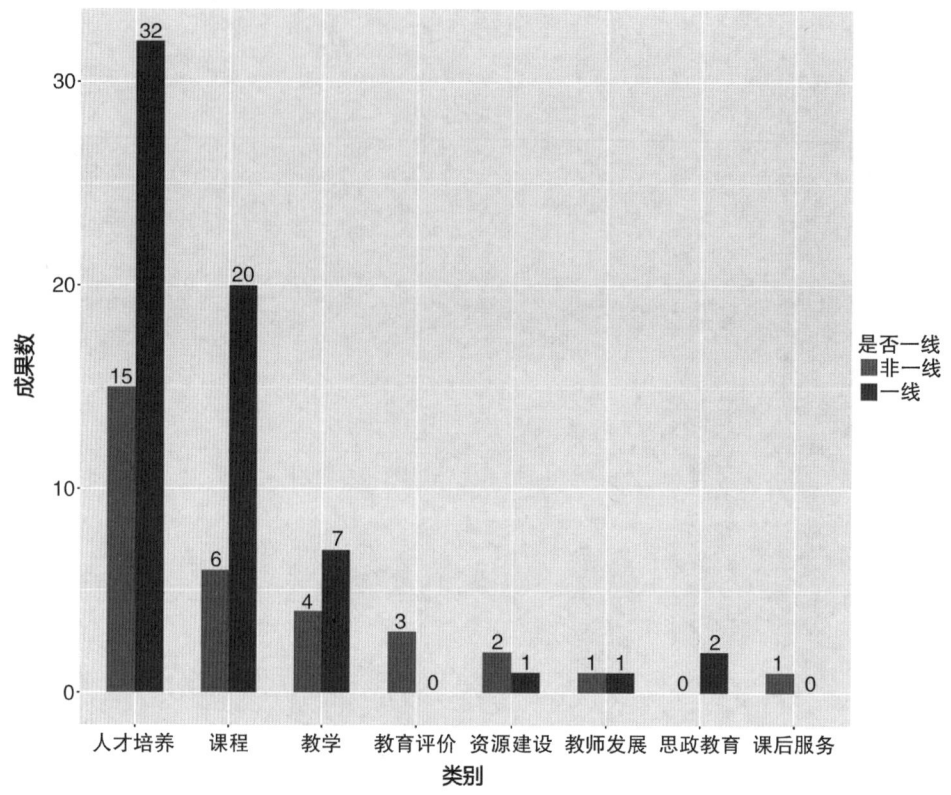

图9　北京市一线推荐项目及非一线推荐项目研究领域分布

3. 内容分析

关于北京市优势的研究内容，推荐项目中占比最高的2项分别为人才培养类和课程类。图10以词云图的形式展示了北京市推荐项目的关键词，字号越大说明该词的出现频数越多。在人才培养类中，"实践""创新"为主要关键词，"教育""育人"出现频率也较高，这大致反映了北京素质教育得到有效实施，教育领域综合改革得到全面深化，立德树人正在融入教育教学各环节，提升学生各方面能力、健全育人体系等受到广泛关注。在课程类中，"课程""课程体系"提及次数较多。课程标准是对这个时代育人目标的路径选择，北京市的探索着力于实现课程结构的均衡性、综合性和选择性，构建多样形态、多元开放、自主选择的科学合理的课程结构，如"基于文化自信的地缘课程建设""基于'三个面向'的一体化、长链条、多层次课程育人方案"等成果。同时，"实践""实施""建构"等词出现频率也较多，这也反映了课程类成果的研究立足于实际，实践指导意义较高。

（a）人才培养类关键词　　　　　（b）课程类关键词

图 10　北京市推荐项目名称词云图

（三）广东基础教育教学改革基本趋向

按 2021 年广东省人民政府印发的《广东省推动基础教育高质量发展行动方案》，要加强统筹协调，增加政策供给，优化资源配置，到 2025 年，全省增加 438 万个基础教育公办学位；并提出健全教育管理体制，实施"新强师工程"，建立全口径、全方位、融入式结对帮扶机制，增加基础教育公办优质学位供给，建立基础教育高质量发展考核评价指标体系等 5 个措施。在基础教育方面，广东省在 2022 年取得显著成效："顺利完成民生实事和年度学位建设任务，规范化幼儿园占比提高，推进特殊教育普惠融合发展，扎实推进'双减'工作，加强专门学校建设，提升教育数字化水平，实施乡村幼儿园质量提升行动，统筹城乡教育一体化发展。"这些在广东省推荐项目中均有体现，如以构建幼儿园大型户外游戏、幼儿生存教育的创新实践来提升幼儿园质量，结合数字化资源和人工智能以提升教育数字化水平等。

2022年广东共推荐项目133个,其中一线教学成果组94个,非一线教学成果组39个。

1. 整体研究领域分析

如图11所示,按类别来说,人才培养类95项,数量最多,占比为71.4%,教学类46项,课程类25项,位列第二和第三,三者总占比超过80%。在中小学校,人才培养的机制和方案、课程、教学问题是高质量发展的核心和关键,绝大多数研究抓住了这3个核心要素,完善人才培养方案、提升教学和课程质量,带动学校层面的教育改革,打造新的教育教学生态,为基础教育高质量发展提供了清晰的行动路径和实施保障。此外,教师发展类有9项,占比为6.76%,高于全国的占比(1797项中有74项涉及教师发

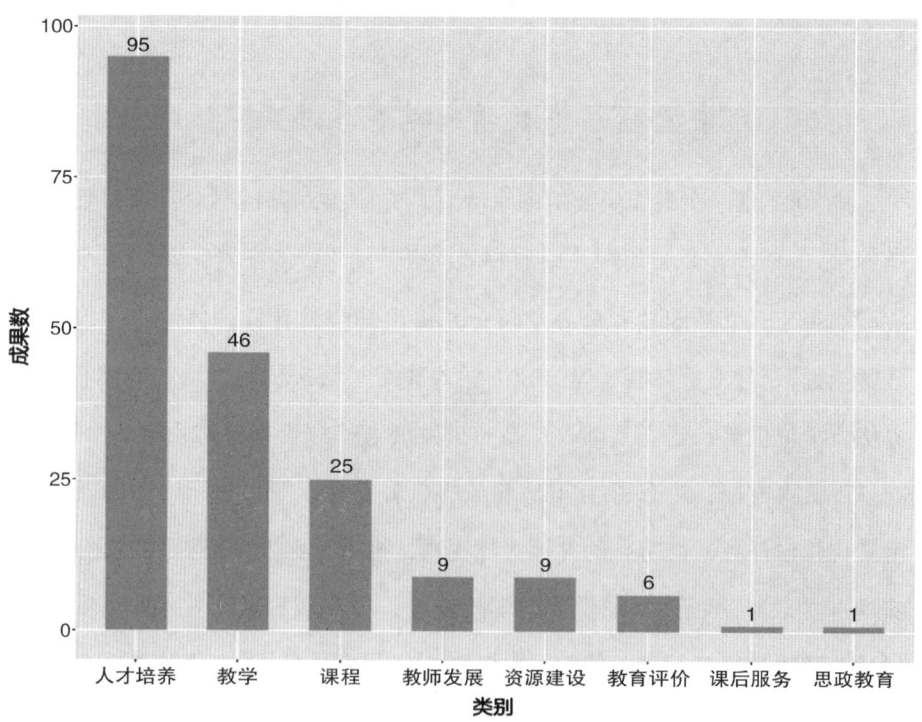

图11 广东省推荐项目研究领域分布

展,占比4.11%),加之2021年开始广东省实施"新强师工程",可见广东省对于提升教师整体能力和素质的重视。其他包括资源建设9项,教育评价6项,课后服务和思政教育各1项。

2. 一线与非一线研究领域分析

如图12所示,广东省的推荐项目,一线教学成果和非一线教学成果大部分围绕人才培养和教学展开,位列第三、第四的分别为课程与教师发展。一线教育工作者在各个领域均有涉足,其中课程类项目大多由一线教育工作者完成,这与全国课程类项目一线与非一线基本持平的总体分布不同。要实现课程结构的均衡性、综合性和选择性,广东还需要加大非一线教育工作者

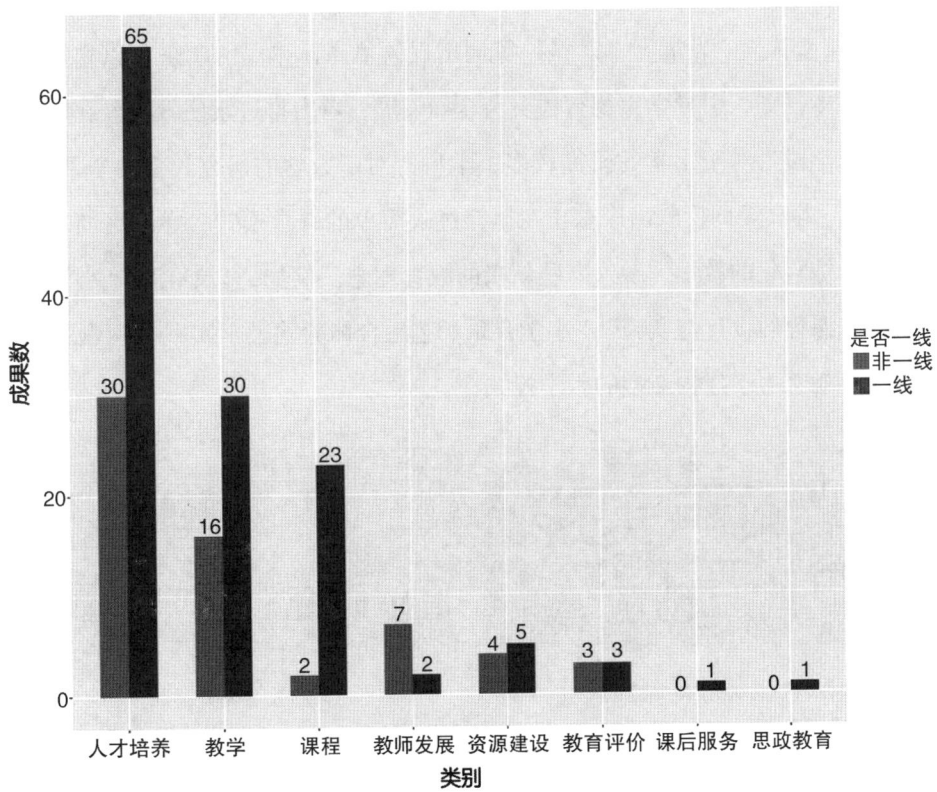

图12 广东省一线推荐项目及非一线推荐项目研究领域分布

的投入，更好地推进教育改革走向深入。思政教育和课后服务2类仅各有1项成果，且都由一线教育工作者完成，在"双减"和"加强新时代中小学思政课建设"的要求下，这2个领域都要加大研究力度。

3. 内容分析

广东省推荐项目中占比最高的2项为人才培养类和教学类。图13以词云图的形式展示了广东推荐项目名称的关键词，字号越大说明该词的出现频数越多。①"实践"仍是这2类教学成果中的核心关键词。"探索""创新""研究"等词提及次数均较多，一方面反映了广东顺应育人育才理念的变化开展探索，另一方面体现了广东注重对教学模式的探索与创新，2022年广东省教育数字化水平显著提升便是教学模式创新变革的成效。②在人才培养类中，"育人""发展""素养"等词出现频率高，体现了广东省以立德树人为根本任务，引导学生德智体美劳全面发展，着力推进素质教育。在教学类中，学段上对于小学的研究较多，学科上对于数学的研究较多。"课堂""融合"等高频词反映出广东正在摒弃过去简单的课堂模式，寻求更加多元化的、综合化的教学，融入一些新兴的教育理念。例如，"文化融入小学信息技术课程的设计与实施""小学音乐德艺融合体验式教学实践与探索"等成果，就着力于建构新型的教学模式。

(a) 人才培养类关键词　　　　　　　(b) 教学类关键词

图13　广东省推荐项目名称词云图

三、基础教育教学成果培育建议

综合 2022 年基础教育国家级教学成果奖的 1797 项推荐项目，未来对教学成果的培育还要上下联动，多头努力，有的放矢开展成果培育。

（一）宏观管理层面

1. 重视教学资源的均衡配置

各地的申报数量与该省专任教师数量密切相关，从全国教学成果产出的地域结构来看，各地产出的教学成果数量之间存在明显的分层现象，这在一定程度上反映了我国教学资源配置不均衡的现状。教学资源集中在东部及中部的部分地区，西部地区教学资源明显不足，缺乏足够数量的优质师资进行教育教学研究，而缺乏本地化的教学研究则进一步延缓了该地区的教育教学改革进程，基础教育缺乏改革活力，也难以吸引优质人才。因此，应重视教学资源在各地区之间的均衡配置，实施人才引进计划、区域帮扶计划，使各地区都储备足够的优秀人才来开展教育工作以及教学研究，同时，鼓励教育工作者进行跨区域的教育教学研究，共同为西部地区基础教育的改革提供智力支持。

2. 加强重点项目、前瞻性项目的积极培育

在我国大力推行"五育并举"，让学生实现全面发展的时代背景下，将先进的育人理念融入课程教学中、构建素质教育下的教育评价模式等是教育教学改革的重点话题，也是教育教学改革中的难点，对此应该予以积极指导，推进高校、教科研机构和基础教育学校共同开展研究，使改革能够在大范围内实验推广，增加其实践价值。其中，部分项目不仅是基础教育发展中的关键问题，也是少有人涉足的新研究领域，是未来几年亟须解决的问题，但相关成果相对较少，如对课后服务的规划、思政课程体系的构建等，这些

前瞻性项目同样应给予高度重视，鼓励教育工作者探索新领域，找寻新方法，在相对优秀的成果中挖掘可行性高、应用价值高的方案，经过不断地实践检验，进一步优化成果。

3. 借鉴重点地区的优秀经验

重点地区的优秀经验很多，首先是建立高效的管理模式。例如，江苏从督查工作中总结现阶段的难点问题，从实际问题出发，确定了基础教育七大类内涵建设项目，针对性地解决不同的问题，而且对于不同的建设项目有不同的培育模式，分别立项，分别管理，推进教学成果的高质量培育以及有效的落地实施。其次是把握发力的侧重点。各省市有不同的地域特色，而且处于不同的发展阶段，其教学成果的优势体现在不同方面，如江苏的教学成果在教学模式的改革上多有可取之处，北京的教学成果的优势体现在丰富的课程设计上，广东省则在教师发展方面有突出的表现。各地在学习和借鉴的基础上，不妨根据自己的实际情况开辟符合自身特色的教学成果培育。

（二）教学成果内容层面

1. 坚持以立德树人为根本任务

"培养什么样的人、如何培养人以及为谁培养人"一直是教育的核心问题，教育的根本任务是立德树人，要始终坚持以人为本的思想，以育人为导向进行教育教学研究。基础教育教学成果的培育也应当遵循这一原则，以学生的全面发展为目的，为社会主义的发展输送关键人才。

2. 重视实践导向

实践导向具有2层含义：①在实践中发现问题，教学成果应从教育教学工作中的实际问题出发，或者针对未来面临的困难与挑战，创造性地提出有效且可实施的解决方案；②在实践中检验成果，教学成果的呈现并不是最终目的，要将教学成果中形成的方案用于解决该问题，检验方法的有效性与实用性，并进行推广实施，实现大范围的改革与优化。一线教育工作者处于教育教学的第一线，是最有机会发现问题，提出有效解决方案，并不断进行调整修正的人群，在教学成果的培育中至关重要。应鼓励一线教育工作者在日常教育教学中善于发现，及时交流，按时总结。

3. 融入先进的人才培养理念

随着科教兴国战略、人才强国战略的深入实施，教育被摆在了优先发展的战略地位，许多先进的人才培养理念和重大的基础教育改革目标得以提出，如"立德树人""五育并举""素质教育""全面发展""双减"等，这不仅仅是社会主义发展对人才培养提出的新要求，同时也为教育研究者提供了新的研究方向。如何将新时代人才培养理念渗透到教育教学改革的各个方面，促进传统教育活动与新时代教育理念的融合发展，是当下教育教学研究中亟须探讨的新课题。

4. 一线与非一线共同推进基础教育改革发展

从教学成果的研究领域来看，人才培养、课程和教学3个领域已有大量研究成果，而对于新兴研究领域，如教师发展、资源建设、教育评价、思政教育和课后服务则需加大研究力度。尤其是课后服务，由于"双减"提出时间不久，该领域的研究成果相对较少，课后服务与一线教育工作者息息相关，一线教育工作者应加强在该领域的探索投入。资源建设中部分成果涉及信息化建设、科技与教学的融合等，通常需要外部资源的协助，而教育评价的改革通常涉及整个地区甚至国家的整体改革，较难由一线教育工作者独立完成，但同时需要一线教学工作者的配合以达到实践检验的目的，这些都需要一线与非一线教育工作者的通力合作，共同推进。

5. 注重各领域协同发展

教育是一个过程，仅仅关注个别点的研究往往会忽略与全局的联动效应，因此，应注重各领域的协同发展，以点的研究带动面的研究，从具体课程的开发到课程体系的构建,从教学模式的改革到教学体系的构建与学生思维的发展,再从各领域的研究到义务教育九年一贯的体系搭建,从局部改革到全局的协同优化,形成体系化的研究与建设。

2. 实践导向的基础教育教学成果培育核心要素与实施建议

——基于 2022 年国家级教学成果奖 570 项获奖项目的实证分析①

自 2014 年起,我国每四年进行一次国家级教学成果奖的评选工作,基础教育国家级教学成果奖代表了我国基础教育教学研究和实践的最高水平,获奖成果体现了我国基础教育教学改革的基本现状与发展趋势,与此同时,教育部高度重视优秀教学成果的应用与推广。2020 年,教育部办公厅发布《关于做好基础教育国家级优秀教学成果推广应用示范区有关工作的通知》,确定了 60 个基础教育国家级优秀教学成果推广应用示范区,并对示范区的建设提出了相应的要求。优秀的教学成果为教育工作者提供了具有参考价值的实践指引,同时也为教学改革中的问题提供了创新性的解决思路与方案,积极培育以实践为导向的优秀教学成果对于推动基础教育高质量发展具有重要作用。2022 年,经资格审查、专家网络评审和专家会议评审后,教育部确定并公示了 570 项基础教育国家级教学成果奖,其中特等奖 2 项、一等奖 70 项、二等奖 498 项。本文以 570 项获奖成果为主要研究对象,通过内容分析和 3 届基础教育国家级教学成果奖的变化趋势研判,总结基础教育教学成果培育的核心要素和实施建议,检视研究热点以及基础教育改革的前沿趋势和优化途径,为未来的教学研究和实践提供参考。

---

① 参见费伦猛、周紫依、郭小波:《实践导向的基础教育教学成果培育核心要素与实施建议——基于国家级教学成果奖获奖项目的实证分析》,载《课程教学研究》2023 年第 12 期,第 89—96 页。

一、基础教育国家级教学成果培育的基本态势

（一）奖项增加：教学成果培育日益重视

基础教育国家级教学成果奖代表了基础教育教学研究与实践的最高水平，在推动基础教育高质量发展中发挥着以点带面的引领作用。表1展示了2014年、2018年和2022年基础教育国家级教学成果奖奖项数目的设置情况与特等奖、一等奖、二等奖的数目分配情况。由表1可知，三次奖项总数持续增长。与2014年相比较，2018年奖项总数增长了8.39%，其中一等奖增加2项，二等奖增加33项；2022年奖项总数则有更加显著的增长。与2018年相比较，2022年奖项总数增长了26.11%，其中一等奖增加20项，二等奖增加98项，由此可见，我国对教学成果的培育始终保持积极的态度，对优秀教学成果奖的重视程度逐步提升。教学成果奖的评选，作为教育教学经验总结与推广的重要环节，为新时代教育改革提供了具体可行的落地方案，为未来的改革实践提供了指引方向。从奖项分配来看，虽然奖项总数保持持续增长，但特等奖、一等奖的占比始终保持在12%左右，尤其是特等奖在3次评审中均只有2项。这说明我国在积极培育教学成果的同时，同样注重对教学成果质量的把控，严格控制特等奖、一等奖的比例，优中选最优者，进行教育教学经验的分享与推广，推动教学改革的进程。

表1 奖项数目分配

年份	特等奖数	一等奖数	特等奖和一等奖占比（%）	二等奖数	奖项总数	奖项总数增长率（%）
2014	2	48	11.99	367	417	—
2018	2	50	11.50	400	452	8.39
2022	2	70	12.63	498	570	26.11

（二）一线主体：持续鼓励基层创新

为进一步对比一线与非一线的获奖数目，图1展示了2022年基础教育国家级教学成果奖一线与非一线获奖数目变化趋势，其中图（a）是获奖总数变化趋势折线图，图（b）是获特等奖、一等奖数变化趋势折线图。由图1可以看出，整体来说，一线获奖总数明显高于非一线获奖总数，而从特等奖、一等奖数来看，一线获奖数仅在2014年的评审中与非一线拉开了较大的差距，在2018年和2022年的评审中获奖数基本保持一致。由此可见，非一线获奖成果的平均质量在近十年有稳步的提升，一线教育工作者可加强与非一线教育工作者的合作，共同探究科学有效的分析方法用于教育教学研究，全面提升一线教学成果的科研价值与实践价值。

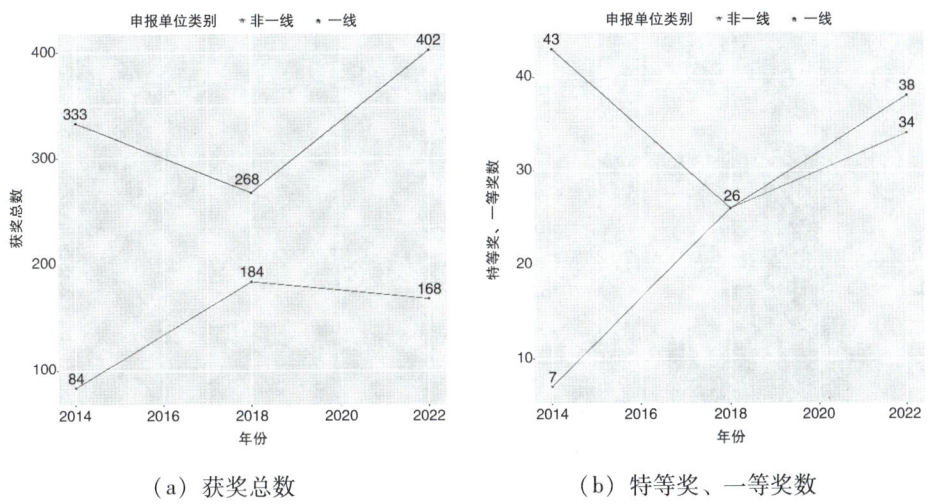

（a）获奖总数　　　　　　（b）特等奖、一等奖数

图1　一线与非一线获奖数变化趋势

（三）研究领域：始终坚守育人导向

本文将获奖项目分为课程、教学、教育评价、资源建设、教师发展、人

才培养、思政教育和课后服务8类。如图2所示，通过对2014年、2018年和2022年获奖项目研究领域的变化趋势分析可知，在3次评审中，人才培养均是最为重点的研究方向，教学和课程分别排名第二和第三，其他研究领域的获奖成果相对较少。从变化趋势的角度来看，教学类和课程类的成果在3次评审中基本保持稳定的状态，人才培养类的获奖成果则有明显增长的趋势，说明教育教学近十年改革的重点均围绕人才培养展开，教育教学研究可重点关注新时代人才培养理念与模式与传统课程、教学的融合，推动素质教育的发展。其他领域的研究虽在数量上相对较少，但也有逐步增长的趋势，未来应持续加大研究力度，为教学全方面的改革打好基础。

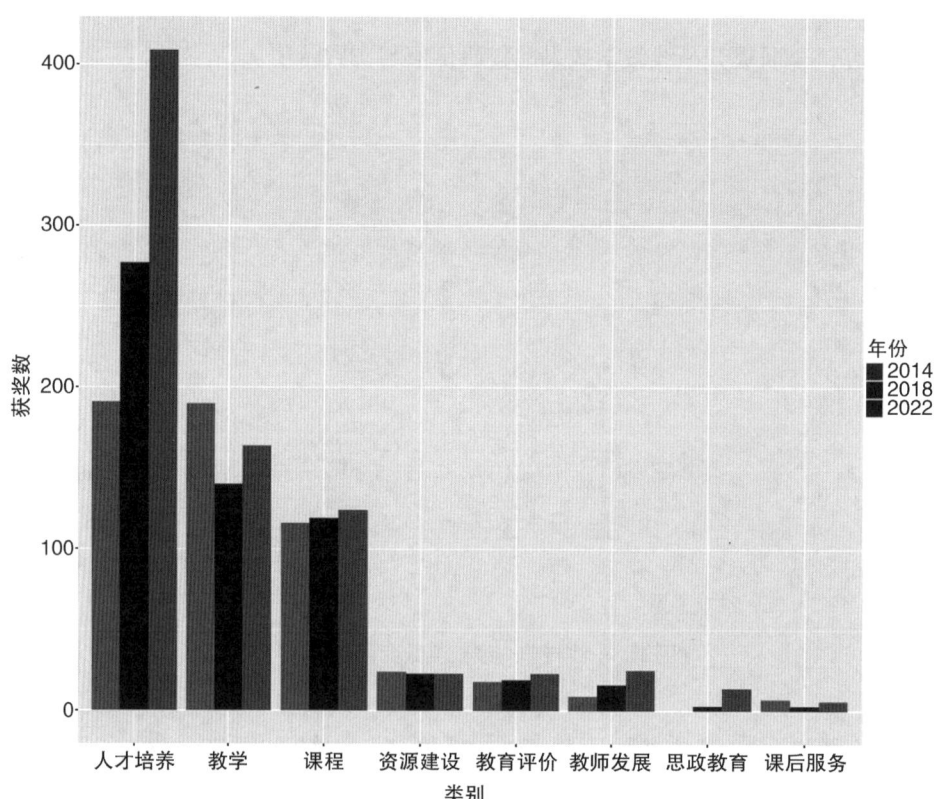

图2 研究领域变化趋势

二、基础教育国家级教学成果培育的核心要素

（一）以长期实践检视教学成果的问题解决方案

根据《2022年基础教育国家级教学成果奖评审工作安排》，基础教育教学成果必须在理论研究的基础上，使问题在实践中得到有效破解，并对不同级别的奖项设置了不同的实践时长要求，其中特等奖和一等奖教学成果应经过不少于4年的实践检验，二等奖教学成果应经过不少于2年的实践检验。本文将带有实践时长的获奖项目提取出来，共117项（其他作品也需经过实践检验，但实践时长没有在作品名称中体现，故暂时不予分析）。如图3所示，多数作品的实践时长集中在11～20年，有78.63%的作品实践时长在10年以上，有13份作品的实践时长超过了30年。由此可见，大部分作品并不局限于硬性规定的2年以上、4年以上，经实践检验的时间越长，才能在实践中看出该方案是否能持续地、有效地解决问题，是否可推广，以及根据实践中遇到的新问题反过来对方案进行更新优化。对教学成果授奖的本质是为实际教学中遇到的问题寻找突破口，因此教学成果必须以实践为导向，致力于探究优质的教育教学改革方案解决实际问题。

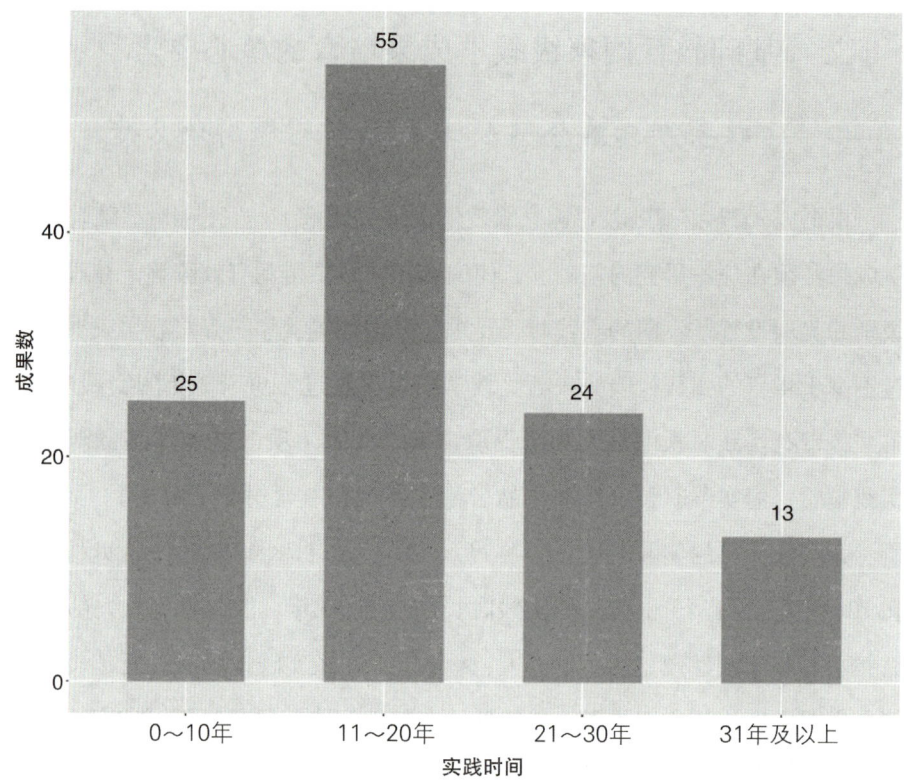

图 3 2022 年基础教育国家级教学成果奖（部分）实践时长分布条形图

（二）以人才培养模式与理念为突破口

获奖成果对于人才培养的关注度明显较高，图 4 是各研究领域分布的条形图，图 5 以词云图的形式展示了教学成果奖名称关键词，字号越大说明该词的出现频数越多。在 570 项获奖成果中有 409 项涉及人才培养，远高于其他类别，且 2 项特等奖均与人才培养挂钩，《数智技术与情感教育双驱动的小学育人模式实践探索》由上海市黄浦区卢湾一中心小学主持完成，通过数智教育与情感教育相结合，以技术与情感为媒介，探究创新育人模式；《大情怀育人：扎根乡村 40 年的行知教育实验》由南京市浦口区行知小学主持完成，以40年乡村教学实践，探讨行知教育育人模式。从内容上看，"模式""构建""体系"等关键词说明研究趋势正在进行由点向面的转移，旨在联动各个领域的教育教学研究，达成一体化的全方位综合改革，构建全面综合的育人体系。"创新""素养""学习"等关键词则体现了新时代人才培养的创新理念，由应试教育转为素质教育，由学科知识的传授转为综合素养与学习能力的培养。在新时代背景下，人才培养是教育教学改革中的核心议题，创新育人模式，培养学生的综合素养与创新学习能力是基础教育高质量发展的关键，教学成果的培育也应把握住人才培养模式与理念这个突破口，将其融入至教育教学的各个环节。

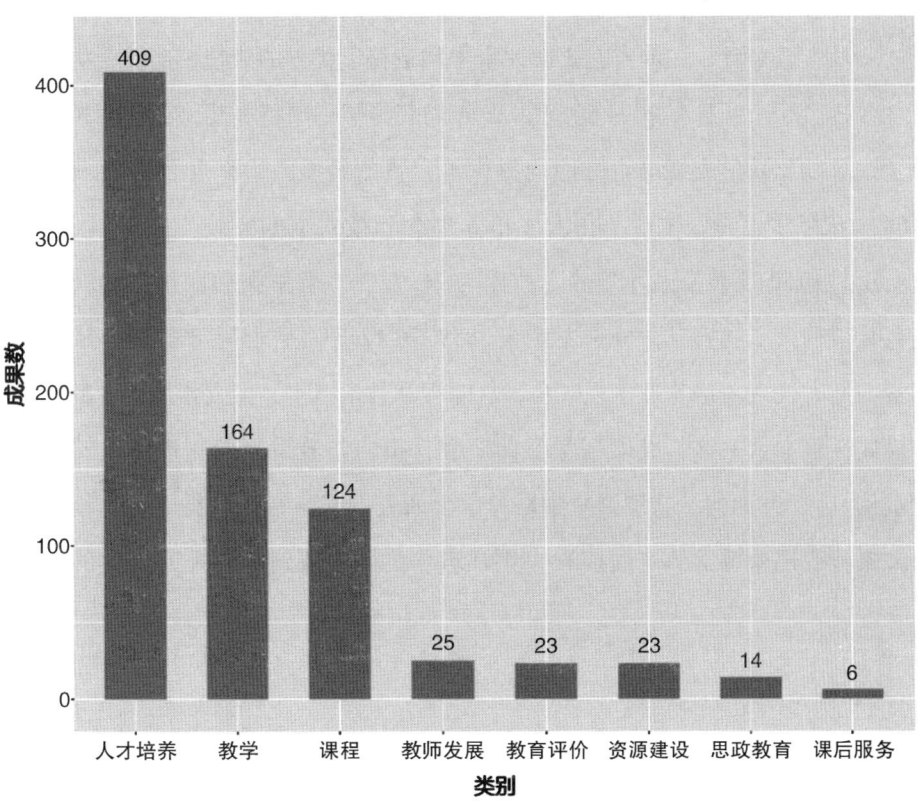

图4　2022年基础教育国家级教学成果奖研究领域分布条形图

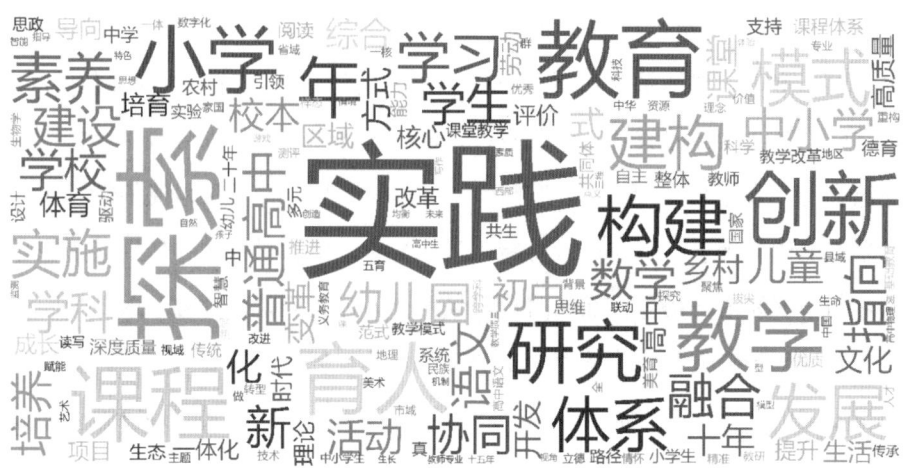

图 5　2022 年基础教育国家级教学成果奖名称词云图

从省域来看，江苏省在 3 次评审中均取得了优异的成绩，连续 3 次获奖总数排名第一，且在 2014 年和 2022 年均获得了一项特等奖，在基础教育教学改革以及教学成果培育方面均提供了宝贵的经验。2022 年江苏省获奖的 65 项成果中也充分体现了在人才培养理念和模式上的突破与创新。如图 6 所示，有 50 项涉及人才培养，占比为 76.92%，教学类和课程类的获奖项目数位列第二和第三，分别占比 33.85% 和 12.31%，且这 2 类教学成果通常与新时代人才培养理念相融合，从课程和教学入手，探究素质教育的实践模式。例如：一等奖成果《学习即研究：指向素养发展的物理课堂转型与重构》，探究如何从物理课堂中培养学生研究的能力；一等奖成果《小学语文素养表现型教学的实践探索》则从教学的角度探讨如何提升学生的语文素养。

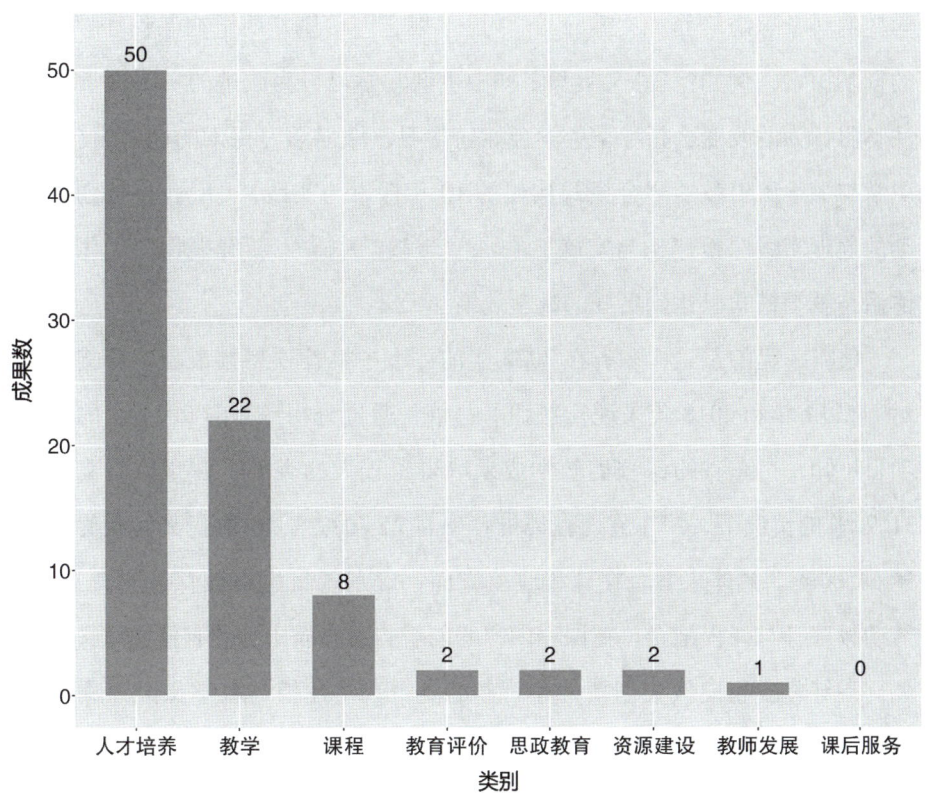

图 6　江苏省各类别获奖成果数

（三）以国家课程建设与教学改革为着力点

教学类和课程类的排名分别为第二和第三，均达 100 项以上。教学与课程是与学生、课堂联系最为紧密的要素，是基础教育教学改革中的着力点，在传统研究方向的基础上，探究课程与教学的创新模式是当下研究亟须探讨的方向，通常涉及学科素养的提升、创新思维的培养、德育美育课程的构建等，例如：《素养引领普通高中语文教学变革的实现路径探索》，以提高学生的语文素养为目标，探究语文教学应如何变革；《培养未来科学家的小学课程创新二十年研究与实践》则不受传统课程具体学科知识的束缚，指向学生的科学思维培养。关键词"学习""融合"等则指明了在课程和教学上的创新探索，例如：《意义生长下初中生课堂学习行为改进的实践探索》关注学习行为的改变，指导学生学会如何学习，增强学习探索的能力；《影像史学与中学历史教学融合模式构建的 10 年探索与实践》《融合科技创新活动的地理实践课程建构与实施》在课堂与教学中融入新鲜事物，优化课程体系与教学模式以达到更好的教学效果。

值得一提的是，广东省在 2022 年的评审中推荐项目数最高，获奖数相对于 2014 年和 2018 年来说几乎翻了一倍，通过分析广东省 2022 年的获奖项目可知，广东省的课程类教学成果取得了较大的突破。在整体获奖率为 31.72% 的情况下，广东省课程类推荐项目 25 项中有 16 项获奖，获奖率高达 64.00%。具体来看，在课程改革方面，广东省将生命教育、非遗文化、劳动教育等与课程结合，在课程内容的创新实践方面十分具有借鉴意义，例如，一等奖《指向拔尖创新人才培养的高中数学建模与数学探究课程体系构建与实施》从数学课程体系出发培养学生的思维，是培养拔尖创新人才的探索和实践；《拓展生命"长宽高"——中小学生命教育课程建设 20 年实践探索》则在生命教育课程上做出了一系列探索实践。这些尝试与探索均值得各省市学习借鉴。

（四）以教育评价与教师发展引领新兴领域的发展

教师发展、教育评价、资源建设、思政教育和课后服务是随着时代发展逐步提出的新话题，这些类别的成果数相对较少，但教育教学改革应是全方位的，在内容上不应局限于书本知识，在空间上不应局限于课堂，在方法上不应局限于传统的教与学，在考核上也不应局限于书面考试，因此未来新兴领域的研究应持续跟进才能推动教学全面深化改革。

教师发展与教育评价在数量上排名第四和第五，虽与前 3 类获奖成果数量相差较大，但从获奖率来看，如图7所示，教育评价类获奖率最高，教师发展类排名第三，均超过平均线。这一方面说明教育评价与教师发展的教学成果质量较高，另一方面也说明我国正在大力推进两个方面的改革，需要相关优秀的教学成果作为支撑与引导。

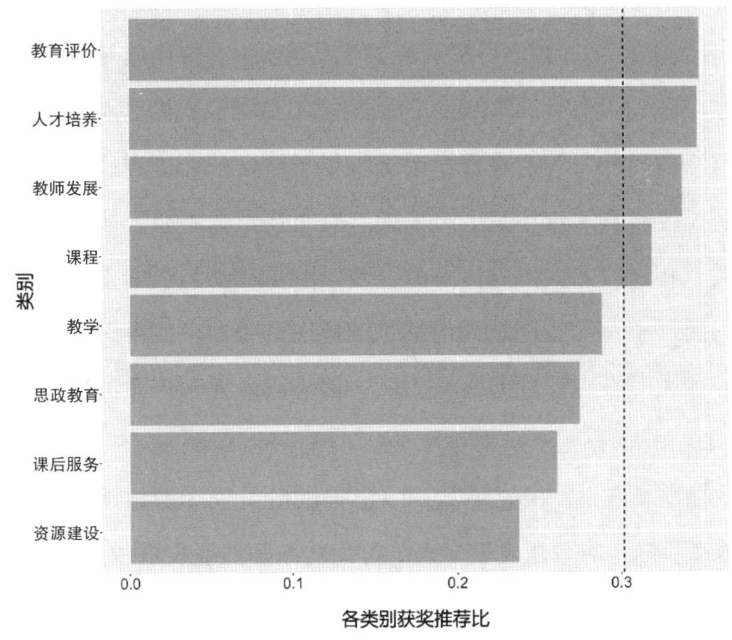

图7 各类别教学成果获奖率

在教育评价方面，2020年，中共中央、国务院印发《深化新时代教育评价改革总体方案》，将党委和政府教育工作评价、学校评价、教师评价、学生评价和用人评价5个方面作为新时代教育评价的重点任务。在2022年的获奖项目中，涉及教育评价的项目大部分与学校评价、教师评价与学生评价相关，如《综合素质评价促进育人方式改革的上海探索与实践》《"一核七维四径"：普通高中教师专业能力智慧评价系统构建与应用》《基础教育阶段学生综合素质评价的"六为主模式"》，研究宽度还需进一步拓展。江苏省则在《江苏省深化新时代教育评价改革实施方案》中强调，要参与国家义务教育质量监测，完善县域义务教育质量监测制度，加强监测结果运用，由此完善中小学校评价机制，推动育人方式改革。江苏省的申报项目中有 2 项涉及教育评价，这 2 项教学成果均获二等奖，为非一线教学成果，其中《基于基础教育质量监测的跟进式循证改革 16 年探索》由江苏省教育科学研究院主持完成，《全面质量观引领的小初衔接市域实践》由苏州市教育科学研究院主持完成，两者都涉及基础教育中质量监测的问题，为教育教学改革提供了科学的评价方式。但正如总体方案中所说，教育评价涉及方方面面，且重要性远不止于质量监测，教育评价事关教育发展方向，是衡量教育教学改革成功与否的重要标准，教育评价的构建、实施方式以及评价结果的应用都是未来值得深入探索的研究方向，应加大对教育评价的研究力度，促进教育评价体系的构建、迭代与优化。

在教师发展方面，相较而言，广东省做出了较多的尝试，其中《主题引领的双微机制：有效激发教学改革行为的教师专业发展模式研究与实践》获一等奖，该成果以教师专业发展模式为切入点，旨在探究如何激发教学改革行为，直接将教师行为与教学改革相挂钩，更加具有针对性，为教育教学改革提供了实践参考依据。《与新课改同行廿载：中学英语教师专业学习共同体迭代发展与创新实践》同样是以教师专业学习共同体为研究重点，旨在服务于新课改的推行。从这 2 项可以看出，广东省对于教师发展的研究具有目标性，不仅关注教师自身专业能力的发展，还与教育教学改革相结合，不断更新迭代教学能力并服务于教育教学改革的推行。

相比之下，思政教育与课后服务相关的获奖成果数量不多，且获奖率较低，资源建设类虽在数量上与教师发展类、教育评价类相差无几，但获奖率排名最后。对于这 3 个方面的研究均需加大研究力度，探索研究方向，解决实际问题。例如，在课后服务方面，由于"双减"政策实施年限不长，该研究领域的作品缺乏足够时间来进行实践检验，故形成了较大的缺口，但这个问题却是我国为中小学减负，推进素质教育的进程中亟须解决的问题。由沈阳铁路第五小学主持完成的《37年"不留书面家庭作业"的探索与实践》，以及由天津师范大学主持完成的《减负提质背景下的中小学生数学学习品质测评十年探索》均是"双减"政策实施中可参考借鉴的实践探索。

三、实践导向的教学成果培育实施建议

本文以2022年的570项基础教育国家级教学成果奖为研究对象，探究了各地区获奖情况、研究领域分布以及奖项内容分析，并与2014年、2018年的获奖结果对比进行趋势分析，总结了我国基础教育的研究热点以及基础教育改革的前沿趋势以及优化途径。经过以上分析，本文对教学成果培育工作提出以下建议。

（一）建立培育机制：激发教师内生动力，以教学成果奖推动教学成果的积极培育

教学成果的意义不仅在于教育理论的丰富、教学研究的深入，还在于用一个科学有效的实践方案带动一所学校、一个地区、一座城市甚至国家的教育改革的优化与完善，使学生受到优质的教育，全面发展。我国在3次国家级教学成果奖的评审中逐步增加了获奖项目的数量，尤其是2022年，相较于2018年来说增长了26.11%。国家级奖项成果奖是教学研究与实践领域的最高级别的奖励，对于教育工作者来说是极大的荣誉，可适当增加国家级、省级、市级、校级教学成果奖奖项的数目，同时也可设置不同领域的奖项，分层分类逐步建立"成果培育项目库—优秀教学成果遴选—教学成果

奖奖励—成果二次转化"等全链条培育机制，以教学成果奖激励教学成果的积极培育，鼓励教育工作者关注教育教学中的各个领域，助力教学水平与教育质量的全面提升。

（二）架构协同路径：鼓励一线与非一线加强合作，助力一线教师教学研究能力的提升

《关于开展 2022 年国家级教学成果奖评审工作的通知》中明确指出，国家级教学成果奖评审工作中需遵循的原则包含：坚持引导优秀人才终身从教，向长期从事一线教育教学的教师倾斜。由此可见，我国对一线教育工作者从事教育教学研究十分重视。他们处于教育教学的第一线，能切身地感受到问题所在，同时经验丰富，对于解决方案的实际应用价值也能有更为准确的判断，因此一线教育工作者在教学成果的培育中至关重要。但从以上分析中可以看出，非一线教学成果的平均质量高于一线教学成果，这可能是由于非一线教学成果通常由教研院、高校等单位主持开展，科研经历较为丰富，因此，可鼓励一线教育工作者加强与非一线的合作，在协同中提升其教育教学研究能力，同时学校也应在教师队伍建设中注重一线教师科研能力的培养与提升。

（三）深化推广应用：学习借鉴先进省市的经验并本土应用，促使优秀成果迭代创生

在我国的教育教学改革进程中，江苏省、广东省、上海市、浙江省、北京市等省市积极探索尝试，并取得了显著的成效，形成了许多优秀的教学成果，为我国基础教育的高质量发展提供了宝贵的经验。江苏省在教学与课程的改革上处于领先地位，创新人才培养模式，秉持德育为先、能力为重、全面发展的精神，重视身体健康和心理健康教育，加强教学和课程内涵建设，

着重培养学生的实践能力。广东省勇于探索创新，在课程改革方面，将非遗文化、劳动教育等与课程结合，2项一等奖分别研究了为培养创新拔尖人才数学课程体系的构建与实施，以及生命教育课程方面的探索和实践，为其他省市基础教育课程体系的构建和改革提供了新思路。但这些优秀省市的经验并不能直接原封不动地照抄照搬，各地应结合自身的实际与特点，在优秀经验的指导下逐步探索出各具特色的改革之路。

（四）引领未来教育：加大对新兴领域的研究力度，推动教育全方位均衡发展

应新时代的发展要求，我国提出了许多先进的人才培养理念与基础教育改革方向，如"立德树人""五育并举""素质教育""全面发展""双减"等，但从教学成果的研究领域来看，3次评审的获奖作品中，人才培养的成果居多，其次是教学和课程的成果，而对于新兴研究领域，如教师发展、资源建设、教育评价、思政教育和课后服务则成果数量相对较少，说明大部分的研究通常仍是将人才培养理念与模式与传统的教学和课程融合进行研究，教学与课程与学生是息息相关的，这类研究以学生、教师为主体，更多地关注教与学。对于课程体系与教学模式的研究逐步趋向成熟，新兴领域的研究也应投入更大的力度。例如，从资源建设的角度来看，可以利用当今的科技与数据让学生对书本知识有更加直观的体会；从教育评价来看，注重党委和政府教育工作评价、学校评价、教师评价、学生评价和用人评价五个方面的教育评价体系的构建，将立德树人作为根本任务，在应试教育转向素质教育的当下，采用科学的方式评估学生的能力，改进"五育"的评价，对于党委和政府、教师、教职工的评价也应以学生的全面发展为基本导向。同时，对于教育评价的开展方式以及对于评价结果应用的探讨也是未来值得研究的方向。基础教育若要进行全方位

的深化改革，仅仅关注教学与课程是远远不够的，教师如何发展、资源如何搭建、评价如何进行等都是值得考虑的要素。因此，应注重各领域的协同发展，对新兴领域的研究同样应给予足够的重视，共同推动教育全方位均衡发展。

基础教育教学成果如何培育

下册 案例观察100

费伦猛 李柯柯 文艺 编著

中山大学出版社
·广州·

目　录

一、德育 ……………………………………………………………… 1

案例1　市域一体化家庭教育指导公共服务体系的创新与实践 ……… 3

案例2　行为规范60条：小学生社会主义核心价值观校本化培育的

　　　　实践探索 ……………………………………………………… 6

案例3　融城市精神·育时代新人：小学生品格教育的25年实践 … 9

案例4　绽放最美服务：中学生"志愿服务+"行动的十年探索

　　　　与实践 ………………………………………………………… 12

案例5　乐学·思辨·践行：儿童道德成长新路径——小学思政

　　　　教学改革二十年 ……………………………………………… 15

案例6　"班级育人"60年 ……………………………………………… 18

二、课程 ……………………………………………………………… 21

◎**区域推进** ……………………………………………………………… 23

案例7　走向世界的中国数学教育——义务教育阶段数学课程

　　　　改革的上海经验 ……………………………………………… 23

案例8　初中综合科学课程建设34年：Z省经验 …………………… 26

案例9　让每个孩子活得精彩：区域推进拓展性课程的高品质建设

　　　　………………………………………………………………… 29

◎ 学校发展 ………………………………………………………………… 32

案例 10　拓展生命"长宽高"——中小学生命教育课程建设
　　　　　20年实践探索 ………………………………………… 32

案例 11　浸润习养·多维融合·协同联动：小学"润德"课程
　　　　　育人的校本实践 ………………………………………… 35

案例 12　从学科到广域：实践育人课程体系建构的中学样本 ……… 38

案例 13　整体建构，多元融合：项目式课程教学的实践探索 ……… 41

案例 14　乡土化、项目化、常态化：一所山村小学的综合实践
　　　　　活动课程 …………………………………………………… 44

案例 15　培养未来科学家的小学课程创新二十年研究与实践 ……… 47

◎ 学科实施 ………………………………………………………………… 50

案例 16　基于创新人才培养的中学数学建模课程体系构建与实施
　　　　　 ……………………………………………………………… 50

案例 17　地方音乐课程资源开发与应用的策略体系 ………………… 53

案例 18　小学特色美术校本课程创新与实践探索 …………………… 55

案例 19　西部农村儿童线描画特色校本课程开发与实施 …………… 58

案例 20　馆校合作视角下的故宫课程群的开发与实践 ……………… 61

三、教学 ………………………………………………………………… 65

◎ 教法 ……………………………………………………………………… 67

案例 21　"生命·实践"教育学视域下学科教学育人价值的
　　　　　深度开发与实践转化 …………………………………… 67

案例 22　一个模子不适合所有学生：小学差异教学的实践研究
　　　　　 ……………………………………………………………… 70

案例 23　尝试教学法的实验研究与推广应用 ………………………… 73

案例24　后"茶馆式"教学——走向"轻负担、高质量"的
　　　　　　实践研究 ………………………………………………… 76
　　案例25　问题化学习20年：学与教的变革 ……………………… 79
◎学法 ………………………………………………………………… 82
　　案例26　落实学科核心素养：单元学历案设计与教学的探索 …… 82
　　案例27　素养如何落地：项目化学习育人的上海创新与实践 …… 85
　　案例28　育人价值导向的项目式学习实践探索 ………………… 88
　　案例29　意义生长下初中生课堂学习行为改进的实践探索 …… 90
　　案例30　切实变革育人方式：小学"经历伴随学习"的实践探索
　　　　　　……………………………………………………………… 93
　　案例31　引发真实学习的本真课堂教学探索30年 …………… 96
◎学科 ………………………………………………………………… 98
　　案例32　小学语文"大读写单元"教学廿年探索与实践 ………… 98
　　案例33　小学语文素养表现型教学的实践探索 ……………… 101
　　案例34　小学"全景式"阅读教学系统构建与实施的二十年探索
　　　　　　……………………………………………………………… 104
　　案例35　童漫作文：小学写作教学创新实践27年 …………… 107
　　案例36　信息技术支持初中语文单元整体教学的研究与实践 … 110
　　案例37　"儿童数学教育"的实践探索 ………………………… 113
　　案例38　做数学：义务教育学科育人的创新实践 ……………… 116
　　案例39　中小学数学"情境—问题"教学30年实践探索与理论
　　　　　　建构 …………………………………………………… 119
　　案例40　马芯兰小学数学教学法 ………………………………… 122
　　案例41　小学数学"形变质通"教学改革30年实践与探索 …… 125

案例 42　初中数学"自学·议论·引导"教学法 35 年探索实践 …………………………………………………………… 128

案例 43　整体统摄·快慢相谐：初中数学整体化教学 20 年实践探索 ………………………………………………………… 131

案例 44　指向拔尖创新人才培养的高中数学建模与数学探究课程体系构建与实施 ……………………………………… 134

案例 45　小学英语绘本教学体系建构与实践创新 …………… 137

案例 46　聚焦生命品性：初中生物学学科育人探索 25 年 ………… 139

案例 47　构建基于知识图谱的生物学智适应学习系统，探索人机协同的教学新模式 …………………………………… 142

案例 48　实践育人·多元协同：地理教学改革理论创新与实践探索 ……………………………………………………… 145

案例 49　"五有四化"主题式地理教学改革实践 …………… 148

案例 50　大观念·真情感·新方式·全历程——中小学美术"整体育美"的实践研究 …………………………… 151

案例 51　小学校园体育综合运动干预的实践探索 …………… 154

四、评价 …………………………………………………………… 157

案例 52　优化教育生态：教育质量综合评价改革的省域实践 …… 159

案例 53　综合素质评价促进育人方式改革的上海探索与实践 …… 162

案例 54　区域构建普通中学教育质量增值评价体系的实践探索 … 165

案例 55　小学分项学业评价的十年探索 …………………… 168

案例 56　"多元交互式"教学评价体系的建构与实践——基于地理教学观察的行动研究 ……………………………… 171

五、教研 ……………………………………………………………… 175

案例 57　提升中小学作业设计质量的实践研究 ………………… 177

案例 58　落实课标、学为中心：高质量实施国家课程的区域课堂
　　　　　变革实践 ……………………………………………… 181

案例 59　学导型教学：推进课堂转型的区域实践 ……………… 184

案例 60　事实和证据视野中的课堂教学诊断 …………………… 187

案例 61　现场改课：促进教师全员专业成长的小学数学教研范式
　　　　　…………………………………………………………… 190

六、教师专业发展 ……………………………………………………… 193

案例 62　重组·互融·共生：集群教师发展共同体创新实践 …… 195

案例 63　提高农村教师执教能力的团队研修实践——吴正宪小学
　　　　　数学教师工作站的五年探索 ……………………………… 198

案例 64　数字化全域共享：小学科学网络研修共同体建设十七年
　　　　　探索 ……………………………………………………… 201

七、教育综合改革 ……………………………………………………… 205

◎ 教育学理 …………………………………………………………… 207

案例 65　"新基础教育"学校教学改革研究 ……………………… 207

案例 66　"新教育实验"的教学改革实践 ………………………… 210

案例 67　情境教育实践探索与理论研究 ………………………… 213

案例 68　大情怀育人：扎根乡村 40 年的行知教育实验 ………… 216

案例 69　乡村儿童"田野学习"20 年实践探索 ………………… 219

◎ 优质均衡 …………………………………………………………… 222

案例 70　成功教育探索——薄弱初中成功路径 ………………… 222

案例 71　从薄弱到优质：24 年落实国家课程的创造性实践与研究
.... 225

案例 72　优质均衡发展中城乡学校教育帮扶共同体实践模式探索
.... 228

案例 73　"互联网＋"支撑省域基础教育优质均衡发展的实践探索
.... 231

◎ 技术运用 234

案例 74　数智技术与情感教育双驱动的小学育人模式实践探索 ... 234

案例 75　普通高中学生个性化学程学习的设计与实践 237

◎ 人才培养 241

案例 76　从这里走向世界——小学国际理解教育的"福山梦" ... 241

案例 77　从创造启蒙到创新素养培育——四十年小学创造教育实践
.... 244

案例 78　构建基础学科拔尖人才早期培养体系——高中基础学科
　　　　　拔尖学生培养 30 年实践 247

◎ 整体育人 250

案例 79　成志教育：小学立德树人的校本实践 250

案例 80　普通高中育人模式创新及学校转型的实践研究 253

案例 81　基于学科育人功能的课程综合化实施与评估 256

案例 82　跨界学习，奠基大成——小学育人路径探索 20 年 259

◎ 五育融合 262

案例 83　让每位学生都"有戏"——初中戏剧教育"五育"内涵的
　　　　　挖掘与延伸 262

案例 84　以美融通五育：一体化育人体系的实践探索 265

案例 85　梨园撷芳・向美而行：小学京剧育人的校本实践 ……… 268

案例 86　基于创新阮乐的传承优秀传统文化艺术的探索与实践 … 271

案例 87　给孩子一个完整的劳动经历："五一协同"劳动教育实践
　　　　　范式的市域探索 ………………………………………… 274

案例 88　从小热爱劳动：小学生新劳动教育的实践探索 ………… 277

八、学前教育 ………………………………………………………… 281

案例 89　整体提升幼儿园保教质量的上海实践 …………………… 283

案例 90　融入民族文化的幼儿园综合教育课程创新与实践 ……… 286

案例 91　以综合的教育造就完整的儿童——"幼儿园综合课程"
　　　　　35 年的探索与建构 ………………………………………… 288

案例 92　自然天放・尽性成德：幼儿园绿色课程 25 年创生实践
　　　　　……………………………………………………………… 292

案例 93　以幼儿自主学习为核心的幼儿园低结构活动探索 ……… 295

案例 94　循道返本：幼儿园学习中心活动的组织与支持 ………… 298

案例 95　育心养正：幼儿园"全领域育心"的研究与实践 ……… 301

案例 96　成就"活教师"：陈鹤琴活教育思想引领下幼儿园青年
　　　　　教师成长的创新实践 ……………………………………… 304

案例 97　指向个性化教育支持的幼儿发展评价研究 ……………… 307

九、特殊教育 ………………………………………………………… 311

案例 98　学前听障儿童双模块融合教育的十年实践与探索 ……… 313

案例 99　"生涯自立"理念下培智学校劳动育人体系建构与实践
　　　　　创新 ………………………………………………………… 316

案例100　以评促学，点亮生命：培智义务教育课程校本化建设
十五年实践 ··· 319

本书教学成果案例索引 ··· 322

一

德育

立德树人，五育并举，德育铸魂。本章围绕着中小学德育这一重要议题，以价值观和品德教育为核心，涉及家庭、学校和社会等多元主体，通过志愿服务和班级管理等多种方式，来呈现基础教育立德树人工作的重要成果。

案例 1 市域一体化家庭教育指导公共服务体系的创新与实践

成果完成单位：潍坊市教育局。

成果持有人：杜全平，郭治平，王清林，赵云福，毛永佳，张佳琦。

成果概述：在传统教育观念下，家庭、学校、社会各行其是甚至偶尔有相互矛盾之处，难以形成育人合力。为了解决当前家校社协同育人所面临的职责不清、路径不明、专业水平不高等共性问题，潍坊市自2002年启动家庭教育"亲子共成长"工程，20年来坚持系统设计、整市推进，创新建立了集组织、队伍、课程、活动、评价于一体的家庭教育指导公共服务体系，构建了市域一体化的家庭教育指导服务体系和家校社协同育人工作队伍体系，建立了全覆盖的家校社共育课程体系、丰富的家校社共育活动体系、立体综合的家校社共育评价体系，探索出了"政府主导、专家引领、课程推动、学校实践、社会参与"的家庭教育"潍坊模式"，从而构建起家校社协同育人的长效机制。

<u>从形成过程观察</u>，作为全国家庭教育起步最早的城市，潍坊早在2002年就启动了"亲子共成长"工程，在全国率先以"构建家庭教育指导体系和公共服务体系"为目标，以"市域一体化"推进为突破路径，历经三大发展阶段：①进行顶层设计。在组织架构上，坚持政府统筹，由教育部门主导家庭教育。30个部门共同组成潍坊市家庭教育工作领导小组，市县教育部门设立家庭教育科，县市区全部成立家庭教育指导中心、中小学生成长导航站等专责组织机构，校校成立家长学校，建立起市县校一体、各部门协同的组织体系。②开展家长教育。潍坊市牢牢抓住"以家庭教育课程为核心"这个"牛鼻子"，依靠专业化的课程，以"百万父母进学堂，重新学习做家

长"为目标，在全市中小学、幼儿园设立家长学校，提出1年4次8课时的课程标准，确保每名家长接受家庭教育知识学习。③动员社会力量。潍坊市统筹社会资源优化配置，积极扶持社会第三方力量参与共建，以政府购买服务的方式引入山东省泰山教育创新研究院、潍坊行知家庭教育和心理健康指导中心等多家教育科研类5A级社会组织，全面参与潍坊市家庭教育顶层设计、课程建设、大数据平台搭建、家庭文明建设、新时代教育服务平台构建等工作。

从成果产出效益观察，经过20年的实践探索，潍坊市建立了市域一体化家庭教育指导公共服务体系，学生多维素养得到全面提升，教育生态更加优化，家校育人共同体更加巩固。①引领家校育人理念更加科学，学生多维素养全面提升。相关调查显示，与15年前相比，潍坊市家长对孩子学习成绩的关注度从70.20%降至35.60%，对孩子心理健康和综合素养的关注度从11.28%升至36.96%，还有20.83%的家长关心亲子关系建设、6.60%的家长关心父母自我成长和心理疗愈，可见家长的观念发生了翻天覆地的变化。潍坊市良好的家校育人环境助力学生多维素养全面提升，在职业教育全国技能大赛中，其金牌数量连续13年居全省首位；在全国青少年科技创新大赛、电脑制作大赛中，其获奖数量连续18年全省第一。②助力教育生态持续优化，家校育人共同体更加巩固。潍坊市家庭教育大数据平台显示，每天有10多万家长在线交流家庭教育经验，最高日访问量突破800万人次，日活跃用户突破60万人次，每日新增问题讨论发帖和留言超过6000多条，热点教育问题参与讨论人数平均超过2万人次，家长每年为教育建言献策超过4万多条次，教育部门建立台账逐一回访解决，家长对问题解决的满意度达98%以上，15万名家长志愿者主动走进校园开展志愿服务，涌现出2931个市级"好家长"，潍坊市教育满意度连续10年位居全省首位，家校育人共同体更加巩固，"亲子共成长"工程成为该市"十大教育惠民工程"

之一。

<u>从应用推广观察</u>，经过 20 多年的持续探索发展，成果在国内产生了广泛的积极影响。成果获评全国家庭教育优秀案例，经验做法被全国、全省推介。教育部主要领导专程考察该市家庭教育做法，并专门召开新闻发布会予以推介。入选中宣部、中央文明办精神文明创建品牌故事，荣获"中国家庭教育知识传播激励计划"优秀案例；省委、省政府专报推介，省政府主要领导批示在全省推广，荣获省基础教育教学成果奖特等奖。中央电视台《新闻联播》2 次报道，《新华社内参》《人民日报》《光明日报》等百余家媒体宣传推介，20 个省近百个城市前来考察学习。

进一步观察的资源包：

[1] 杜全平，郭治平. 山东潍坊：市域一体化推进家校社协同育人体系的创新与实践 [J]. 中国基础教育，2023（8）：45-49.

[2] 山东省潍坊市教育局. 从唤醒到引领：20 年铺就校家社协同育人之路 [J]. 人民教育，2023（24）：20-23.

[3] 赵云福. 潍坊建成全国首个家庭教育公共服务平台 [N]. 山东教育报，2016-07-11（1）.

案例2 行为规范60条：小学生社会主义核心价值观校本化培育的实践探索

成果完成单位：北京市朝阳区实验小学。

成果持有人：陈立华，赵黎明，胡爱国，夏莹莹，蒋圆，倪芳。

成果概述：为了更好地在中小学培育和践行社会主义核心价值观，北京市朝阳区实验小学在《小学生日常行为规范》基础上，组织了一批专家学者、媒体记者以及一线教育工作者，从中小学生的生理发展规律、心理发展规律、教育成长规律以及价值传播规律出发，综合考虑其认知能力、理解能力与接受能力，结合对社会主义核心价值观的详细解读，研发出"学生行为规范60条"。该规范细化出了爱国、担当、诚信、友爱、礼敬、善良、守纪等7个具体品质，按照孩子的年龄特点，分别对应6个年级、12个学期的教育活动，形成了日常化行为教育。在教育活动形式层面，学校突出人本化、个性化发展思路，用生动有趣的语言告诉孩子们正确的行为规范，逐步形成行为规范教育与社会主义核心价值观相融合的育人体系，让行为规范教育融入学生活动、融入课堂教学。通过抓实、抓细、抓小，形成了日常化行为教育，让培育和践行社会主义核心价值观成为学生们的自觉行动。

从形成过程观察，2010年，学校在《小学生日常行为规范》基础上，研发出"朝实学生行为规范60条"。"规范60条"依靠各种教育活动和课堂主渠道去落实。为此，学校将这60条中的主要内容细化成了学科落实细目。语数学科主要依托课程内容本身，对应60条中的主要内容，结合教学活动中的重点环节进行落实。其他学科主要依托主题学习活动，针对60条的相关内容，引导学生在课堂学习、小组合作、交流展示等具体的学习活动中践行。之后，学校通过60条微视频、60条故事集锦、60条小书签等多种资源的应用与渗透,与规范60条相配套的德育作业、每月评选"践行小标兵"、开发设计践行奖励卡,帮助学生熟记本年级的10条内容,并能有意识地在相应的时间和场合,应用这些规范内容指导自己的日常学习、生活。

从成果产出效益观察,"规范60条"的实施,促进了学生的品格提升、自我成长,培养了教师的高尚师德、精湛能力,促进了学校的高质量发展,实现了办学的良性循环。主要体现在以下几点:①唤醒学生内在发展动力。"行为规范60条"让学生养成了"自信开朗、举止得体、诚实守信、文明礼貌"的良好品质,激发学生自我教育、自我成长,自觉践行社会主义核心价值观。②涵养教师高尚的师德师风。通过该成果青年教师更加能体验到职业的价值,加深对教师职业的热爱。目前,学校拥有正高级教师3人、特级校长2人、特级教师3人,50%的教师是市区级骨干教师。各个学科均有市区级学科带头人、骨干教师,建立了骨干教师发展梯队,形成了具有"儒雅、恬淡、睿智、大气"气质的教师团队。③提升教师协同育人能力。该成果荣获北京市基础教育教学成果奖特等奖、基础教育国家级教学成果奖一等奖,学校也先后获得全国教育系统先进集体、首都劳动奖状、北京市模范集体等荣誉。

从应用推广观察,"行为规范60条"得到了上级领导部门的支持与肯定,多次在朝阳区、北京市,乃至全国教育活动中,作为典型经验进行推广和介绍,形成了具有广泛影响力的特色品牌。目前,研究成果惠及北京市朝阳区、通州区、密云区,雄安新区,贵州省贵阳市等地的30所学校,累计受益学生超过五万名。

进一步观察的资源包:

[1] 陈立华,聂延军. 故事说核心价值观 小学生践行社会主义核心价值观60条 [M]. 北京:北京时代华文书局,2015.

[2] 王刚. 朝阳实验小学:60条行为规范 培养学生好习惯 [N]. 北京晨

报,2017-10-27(B05).

[3] 北京市朝阳区实验小学教育集团.厉害了!朝实"行为规范60条",蔡奇书记都来点赞[EB/OL].(2018-10-18)[2024-02-24]. https://mp.weixin.qq.com/s/7OzbEHg_UO0mYOSBG5Xoow.

案例 3　融城市精神·育时代新人：小学生品格教育的 25 年实践

成果完成单位：闵行区七宝镇明强小学。

成果持有人：姚凤，姜丽霞，沈新红，叶喜，邓茜，冯晓颖。

成果概述：近 25 年来，明强小学以"学生品格教育"为突破口，持续探索指向"融城市精神、育时代新人"目标内容、育人途径和管理方式等内容的品格教育，根据小学生的认知规律、个性发展等生长特点，形成 3 层目标（低、中、高）、4 类内容（公德、进取、包容、创新）以及 16 个养成要点的品格教育内容框架。同时，建构了"以文化品，文以扎根：强文化自信""以情育品，情以内生：强家国情怀""以美塑品，美以润德：强和美生态""以劳树品，劳以导行：强使命担当"的生长性实施模型。在此基础上，开发出 20 套品格教育资源包，形成了有序度的小学生品格教育培养的整体设计及方法路径。

从形成过程观察，项目组在学校品格教育探索中开辟顺应城市化进程的教育新路径，紧扣时代发展对教育的新要求，探索出进阶式的品格教育发展脉络：①传承·奠基。1994 年明强小学新校舍落成，适逢城乡破界融合。学校以美育生活化为抓手，探寻品格教育新路径，破二元对立之弊病，确立品格教育基本目标，形成共识，并进行多方实践。②丰厚·扎根。在"海纳百川、追求卓越、开明睿智、大气谦和"上海城市精神引领下，学校以文化传承与发展为基点，凝练品格行为准则、丰富品格养成内容，形成结构化。③坚守·开放。以人类命运共同体意识为导向，创品格教育多元共育之路。学校以国际理解教育为载体，厚植包容精神，拓展品格养成内涵及实施路径，强化品格教育多元化和整体性。④融合·超越。在向第二个百年奋目标进军的新征程中城市精神被赋予新时代新内涵，学校以融合性劳动为突破，显品格教育内生外化之效，最终的实践成效显著。

从成果产出效益观察，这些年来，明强小学学生各方面的素质受到社会各界广泛认可。其中，218 名学生荣获省市级以上最美学生志愿者、美德少年等荣誉称号，学校共收到来自博物馆、福利院、企事业单位等校外组织表扬学生热心公益服务的锦旗及感谢信 197 份，相关初中学校对明强小学毕业生的综合满意率达 95% 以上，学校连续成立 4 届校友会，500 多名校友主动积极参与校友返校助学活动，并在《蒲溪》校友刊上撰文感恩小学生活、展示工作风采等。学校立足于科研兴校、文化立校的发展理念，在"审美·超越"中持续推进教育实践，先后获全国教育系统先进集体、连续 12 届上海市文明单位（校园）、连续 4 届上海市行为规范示范校、首届全国家庭教育创新实践基地、全国优秀少先队集体等荣誉。此外，还出版著作《融合与超越 为未来复合型人才奠基的新劳动探索》，在《上海教育》等刊物上发表多篇论文。

从应用推广观察，创办于 1905 年的明强小学是闵行区一所具有悠久历史和光荣革命传统的示范性窗口型学校，先后承担了上海市二期课改试验校、全国"新基础教育"基地校、闵行区"现代学校制度建设"实验校、"生命·实践"教育学合作研究校等重大教改实践任务。明强小学将实施学生品格教育的经验成果在 10 多所成员校及省级兄弟校中辐射共享，形成合力、共育的教育生态。这些年来，学校先后向兄弟校输送多名校长与学科骨干，与薄弱学校建立省级精准托管，承担浙皖鲁等多名挂职校长锻炼。通过培养、流动、输送等方式，帮助兄弟学校孵化"融城市精神、育时代新人"的学生品格教育的基本架构及推进路径，使域内上万学生受益。近 20 名骨干教师赴新疆、云南、贵州等地支教讲学，播撒"生长–融合"的品格教育种子。截至 2022 年底，先后组织 10 多批次、200 多名学生赴黔赣等地，与外省市学生结对交流，传递友善；以城市小使者形象，接待国内外教育来访嘉宾及学生318次，展现了该校师生的热情好客、自信大方；24批559名学生走出国门，与国外学校及机构等互动交流，凸显民族自信。

进一步观察的资源包：

［1］ 姚凤，姜丽霞. 融城市精神·育时代新人：小学生品格教育的25年实践［J］. 上海教育，2023（34）：44.

［2］ 姚凤，姜丽霞. 小学生品格教育25年的传承与超越［J］. 上海教育，2023（28）：19-21.

［3］ 人文七宝. 25年磨一剑！七宝这所学校获得国家级教学成果奖一等奖［EB/OL］.（2023-07-27）［2024-02-25］. https://mp.weixin.qq.com/s/C7eB9ymSvpH8xGsbAZT6-A.

案例4 绽放最美服务：中学生"志愿服务+"行动的十年探索与实践

成果完成单位：清华大学附属中学望京学校。

成果持有人：张晓宁，秦洪明，何冲，王颖，陈欢，唐晖。

成果概述："志愿服务+"是一种重要的实践育人方式，从2010年至今，清华大学附属中学望京学校秉承"自强不息 厚德载物"的校训，始终牢记服务社会、服务国家、为党育人、为国育才的使命，持续开展"志愿服务+"行动。学校以志愿服务需求为出发点，以志愿服务活动为载体，基于学生的兴趣、知识与能力特点，建构起以"志愿服务+绿色环保""志愿服务+赛会参与""志愿服务+社区服务""志愿服务+支教助学""志愿服务+国学传承""志愿服务+健康科普""志愿服务+应急救援"7类活动为主要内容的服务体系，引导学生自觉选择、自主参加和创造性开展志愿服务行动，推动志愿服务常态化开展。

从形成过程观察，自2010年以来，学校历时十年探索"志愿服务+"工作，主要历经3个阶段。①第一阶段（2010—2013年）：通过建章立制，整体设计，推进志愿服务规范化。学校秉承"奉献、友爱、互助、进步"的宗旨，依托志愿者协会、志愿北京平台注册志愿服务队、志愿服务社团、志愿北京服务平台等组织开展志愿服务工作，深入推进志愿服务规范化、制度化。②第二阶段（2013—2016年）：通过培训设计，课程建构，推进志愿服务课程化。根据志愿服务项目的要求，通过集中辅导、座谈交流、案例分析等方式，对师生志愿者进行相关培训，提高其服务意识、服务能力和服务水平。③第三阶段（2016年至今）：通过岗位历练，角色体验，推进志愿服务常态化。依托街道、社区资源，开展"关爱身边人，关心身边事"志愿服务。充分利用周边街道、社区的丰富资源，以各个纪念日和节日为契机，联合街道、社区开展丰富多彩的志愿服务活动。历时10年的校本研究和摸索实践后，学校建立起了"志愿服务，爱上服务；任务驱动，学会服务；及时反思，优化服务"的良性循环的长效机制。

从成果产出效益观察，学校通过实行规范志愿服务制度、课程化志愿服务内容的措施，突破了志愿服务与学校教学、德育活动以及综合实践之间割裂与脱节的发展瓶颈，优化了志愿服务的实践路径、方法，促进了志愿服务的常态化发展和立德树人的大政方针在学校的落地生根。学校的志愿者联盟、紫荆花志愿服务队，先后获得"朝阳区优秀社团"和"十大精品社团"等荣誉称号，2015—2019年学校有15名学生荣获"朝阳区中学生社团领袖"称号。配备双语字幕的关于"乙肝"疾病的公益微电影《鞋带儿》获亚洲乙肝研究机构好评，2016届"莘莘致远 尊师孝亲 冠笄惟国"高三成人礼活动获全国优秀国学教育文艺作品奖。因学校志愿服务工作突出、德育工作成绩显著，学校团委被评为2019年"全国五四红旗团支部"，同年北京市仅有2所中学获此殊荣。

从应用推广观察，经过近几年的志愿服务德育实践创新，学校各项工作发生深刻变化，有力地提升了学校的品牌声誉。近3年来，全国23个省市和116所学校派代表团到该校实地考察、现场观摩，听取有关德育实践创新，特别是志愿服务工作流程与特色亮点的经验介绍。该课题入选教育部"国培计划"示范项目，参加由全国中小学教师继续教育网主办的综合实践研修项目并进行汇报。中央电视台、新华社、中国网等多家媒体对学校的相关志愿服务项目进行了采访报道。

进一步观察的资源包：

[1] 张晓宁. 绽放最美服务——清华附中朝阳学校"志愿服务+"行动十年探索与实践 [M]. 北京：北京教育出版社，2022.

[2] 张晓宁，何冲. 新时代高中生志愿服务长效机制探索——以清华大学附属中学朝阳学校为例［J］. 中国德育，2021（21）：68-70.

[3] 王颖. 清华附中朝阳学校志愿服务课题入选教育部"国培计划"示范项目［EB/OL］.（2022-09-21）［2024-02-08］. https://mp.weixin.qq.com/s/mMBSPhakzgX1-0z4BwXQcg.

案例5 乐学·思辨·践行：儿童道德成长新路径——小学思政教学改革二十年

成果完成单位：济南市历下实验小学。

成果持有人：郑晓云，郑敬斌，李玉华，李瑭，宋娜娜，叶蓓蓓。

成果概述：该成果依据"大思政课"理论，遵循"乐学为基 以思促行 知行合一"的教学理念，以乐学为出发点，以思辨为着力点，以践行为落脚点，促成"乐思行"联动，打通道德成长新路径。通过实施"一点·双线·三形·五环"（"一点"是指坚持"社会主义核心价值观"，"双线"是指以问题驱动为主线、以大单元教学为纵轴，"三形"是指检视性自我反思、审视性案例分析和辩论式合作学习3种学习新形态，"五环"是指质疑、探究、验证、建构、实践5个环节）教学模式，形成"问题驱动、慎思善辨、包容异见、合作共生、明理笃行"的课堂文化，实现教师价值引导下的儿童道德自主建构。整合课内与课外、知识与生活、学校与社会等多样态思政育人资源，实施"思辨＋践行"实践教学，搭建了"大思政"观视域下的协同育人体系，促进儿童对道德的主动理解、自主建构，自觉实践道德生活，成为热爱生活、乐学笃行的少年君子。

从形成过程观察，2008 年，该校领导班子成员将中华传统文化中的"乐学"思想与"知行合一"理念相结合，创建了"乐行教育"文化品牌，确立了"启智养德，乐行天下"的核心理念。该成果经过了以下形成阶段。①缘起。早在10多年前，济南市历下实验小学就确立了"乐行教育"的办学理念，在中华优秀传统文化中追寻乐行的根，在时代精神中明确乐行的方向，构建了丰富的乐行文化，最终提炼出乐行教育哲学。②形成。在"乐行"的理念下，学校将教学与德育作为落实乐行理念的双轨道，探索形成了教学领域的"乐学·思辨·践行"、德育领域的"践行·思辨·乐悟"的双模式与双策略，架构起了从课内到课外、从书本到生活、从内化到行动的教育教学"闭环"空间。③实践。多年来，学校围绕"乐行教育"的宗旨确立了"培养热爱生活、乐学笃行的少年君子"育人总目标，并根据育人目标提出了"仁爱担当、善思明辨、乐观健康、尚美博艺、探索创新"的育人分目标，德智体美劳"五育并举"促进学生完整人格的养成。通过顶层设计搭建行动德育立体场域，通过实施策略勾画行动德育清晰路径，通过迭代更新推动德育创新。

从成果产出效益观察，该成果使得学校发生了以下变化。①从"苦、记、考"走向"乐、思、行"。学校"乐学、思辨、践行"的思政课堂教学新策略，解决了思政课学习只是简单感知、记忆知识，缺乏辩证式分析判断和多元化道德体验的弊端，构建起新时代思政课堂新样态。②从书本德育走向生活德育。学校积极探索以思政教育为根基的"五育"融合课程体系，劳动课程案例获评山东省中小学劳动教育优秀典型案例。学校荣获全国青少年网球特色学校、全国家校共育创新实验校、全国中小学"思维课堂"教学研究联盟校、全国智慧教育工程实验校、全国生态文明教育特色学校等多项称号。③从知识记忆型课堂走向思维发展型课堂。近些年，学校诵读队多次在全运会等大型活动中展示经典诵读，学校涌现出《花木兰》《十二生肖》《愚公移山》等多部优秀英语情景剧作品，并获得市级比赛奖项，学生代表赴美参加马丁路德金和平诗歌比赛并获奖，在文化传播中增强了师生的文化自信。学校少先队鼓号社团代表山东省参加了全国鼓号操大赛，荣获最佳队列奖，并多次在山东省少代会、团代会上展示。调查表明，该校93.6%的学生积极、乐于参与到思政课学习中，87.4%的学生敢于质疑、勇于表达，学生课后实践时间是课堂教学时间的3倍，多名学生获山东省优秀少先队员、山东省新时代好少年等荣誉称号。

从应用推广观察，多年来，历下实验小学的乐行文化已经做成了行走的教育品牌，辐射优质教育资源。学校积极探索以思政教育为根基的"五育"融合课程体系，劳动课程案例获评山东省中小学劳动教育优秀典型案例。该校德育实践活动被中央电视台等媒体报道上百次，学生在英雄山文化广场开展济南市少先队入队仪式示范课程，并对全市进行现场直播，受到了团市委嘉奖，被《人民日报》、中央电视台等媒体报道。同时，学校以"责任担当、家国情怀"为出发点，连续8年为20多所贫困小学开展"爱心捐助""义务支教"活动，并在近几年与湘西芙蓉镇小学建立精准扶贫帮扶关系，将优质教育资源辐射到新疆、湖南及青海藏区。

进一步观察的资源包：

[1] 郑晓云."乐学、思辨、践行"：思政课堂的新样态［J］.人民教育，2021（24）：55-57.

[2] 郑晓云.乐行教育，在创新中坚持——济南市历下实验小学乐行教育的探索与实践［J］.教育家，2019（29）：63-67.

[3] 郑晓云，李瑭，吕然，等.践行·思辨·乐悟——济南市历下实验小学行动德育模式与策略的实践探索［N］.中国教育报，2021-08-29（4）.

案例6 "班级育人"60年

成果完成单位：南通市启秀中学。

成果持有人：李庾南，冯卫东，陈育彬，祁金莉，李凤。

成果概述：1957年，李庾南高中毕业后直接走上教育工作岗位，直至今天还坚守三尺讲台，被人们誉为"从课堂里走出来的教育家"。她创立的"自学·议论·引导"教学法，获首届基础教育国家级教学成果奖一等奖。为了解决学科教学与班集体建设相分离，如班务与教学脱节、学科与学科割裂致班集体教育功能残缺等问题，李庾南凭借多年来积累的教育教学经验，提炼出6个字的教育主张——"自育·互惠·立范"。其中，"自育"即让学生真正成为教育教学活动的主体，"互惠"即品格教育，也就是共同相处的教育，"立范"即让"陌己"成为"自己"。这6个字不仅是教育主张，是工作原则，更是李庾南的育人范式和目标追求。在"自育""互惠"与"立范"的德育实践框架内和相互关系中，李庾南做好"班级育人"工作，用实践书写了教育人生的诗篇。

从形成过程观察，在超过一个甲子的班主任工作生涯中，李庾南的育人主张大致可以划分为4个发展阶段。在不同时期内，她的德育理念、班主任工作实践不断变化和提升。①第一阶段（1957—1977年）：她主张"以严格管理促进学生发展"。这个阶段，班级管理是比较严格的，她坚持以培养目标为导向，用学校的规章制度、行为规范等来要求学生，用比较高的集体目标凝聚人心，事事争上游，人人争第一，这出自她对学生的真挚情感。②第二阶段（1978—1999年）：她主张"自学、自理、自治、自律"。这个阶段，她自觉投身教育教学改革，认真学习教育教学理论，深入学生，进行学情调研，渐渐悟出"教育的主体是受教育者自己"的道理。③第三阶段

(2000—2011年)：进入21世纪，她越来越强烈地意识到，学习力的诱发、培养和发展，是教育教学的根本任务。她主张"发展学力，培养全面发展的人"。这个阶段，她认为，"学生"就是"学习的生命体"，学习是这一生命体最重要甚至可以说是唯一的一项工作、一种使命。千教万教，为的是学，为的是学生学习力的不断生长。④第四阶段（2012年至今）：她主张"自育·互惠·立范"，培养和谐的、能推动和促进社会发展的人。这个阶段，她认识到，育人先育德，班主任首要的任务是育学生的精神和理想，要帮学生养成"为中华之崛起而读书"的精神和自觉，要培养学生爱党、爱祖国、爱人民、爱人类的博大情怀，要引导学生树立为实现"中国梦"而奋斗的责任担当。

从成果产出效益观察，在李庾南的持续努力下，在其所带的班级中，自学和自育变为一种自觉，议论和互惠成了一种习惯，引导和立范化作一种内需。学生不仅在课堂上，主动学习，积极思考，踊跃表达，热情相助；而且在各种班务活动中，都能较好或很好地发挥各自的主观能动性，努力做"最好的自己"。学生的各科成绩和学业素养都较大地优于其他平行班级，学生学习内驱力及可持续发展水平等各项绿色指标令人惊艳，在他们面临挑战性的学习任务、面对相对较大的学习负荷时，亦无厌倦之情，常有满满的"获得感"，李庾南所在的班级连接不断地创造出"一个不少，个个合格，普遍优良，部分优异"的微观高质量教育体系。李庾南本人获得全国教育系统劳动模范、全国先进工作者、全国巾帼建功标兵、全国三八红旗手、全国教书育人十大楷模等荣誉称号，其创立的"自学·议论·引导"教学法获国家级教学成果奖一等奖。李庾南连续担任班主任工作60多年，创造了"连续任职时间最长的班主任"上海大世界基尼斯纪录。

从应用推广观察，近年来，李庾南的教学成果推广成效卓著，现已拥有江苏如皋、海门、昆山3个县级实验区，甘肃兰州、新疆伊宁、江苏宿迁和徐州4个地市级实验区，以及50所种子学校、100名"种子教师"、400多所实验学校，无数的时代人才在这里萌芽生长。江苏省教育厅副厅长提出，要像李庾南那样做教师，做李庾南那样的教师，构筑起教育家精神照亮的平凡而伟大的教改之路、成长之路，以精神激励精神，以人格培植人格，以灵魂塑造灵魂，为党育人，为国育才，培养堪当民族复兴大任的时代新人。省教育科学研究院党委书记、院长认为，广大教师应当在"教育家精神"的崇高精神坐标系中去定位与学习李庾南老师的思想，努力学习李庾南老师教学成果背后所体现的教育教学研究的思想方法，并将这些宝贵的思想财富转化到一线教研生活之中，实现自我的不断成长。

进一步观察的资源包：

[1] 李庾南，冯卫东."自育·互惠·立范"：陶冶培育"大写的人"[J]. 人民教育，2020（21）：74-78.

[2] 李庾南."班级育人"60年之旅[J]. 江苏教育，2020（63）：8-13.

[3] 王子欣. 让教育家精神照亮教改之路[N]. 江苏教育报，2023-10-25（001）.

二 课程

课程是国家意志的体现、教育工作的核心，是学校育人之关键所在。本章聚焦于学校课程这一核心议题，从区域推进、学校发展和学科实施3方面，把国家统一制定的课程育人"蓝图"细化为地方和学校的育人"施工图"，提供了学校课程实施的14条宝贵经验。

◎ **区域推进**

案例 7　走向世界的中国数学教育——义务教育阶段数学课程改革的上海经验

成果完成单位：上海市教育委员会教学研究室。

成果持有单位：上海市教育委员会教学研究室。

成果概述：自 1988 年开始，上海市受教育部（原国家教委）委托，承担了课程改革试点工作。在第一期基础教育课程改革完成后，上海于 1998 年启动二期课改，义务教育阶段的数学课程改革也随之开始。上海的义务教育阶段的数学课程改革，围绕着"正确认识数学基础"和"变革数学教学方式"2 个关键问题进行探索研究，构建了以立德树人、创新实践为标志的数学课程教材体系，形成了以教学方式变革为标志的数学教学体系，建立了以改进教学为标志的数学学业质量评价体系，优化了以服务课改为标志的数学教研专业保障体系。本成果的价值在于以学生发展为本，把握数学学科本质，充分挖掘数学学科的育人价值，开展"课程—教学—评价"的整体性教学研究，提升区域或学校的数学教学质量。

<u>从形成过程观察</u>，1998 年，上海紧盯国际数学课改发展趋势，率先提出"以学生发展为本"的理念，发布了《进入 21 世纪的中小学数学教育行动纲领》，绘就了上海数学教育改革蓝图。2004 年，《上海市中小学数学课程标准（试行稿）》出台，首次系统阐述了上海的数学课程性质、定位、理念和目标，引领全市数学教师逐步树立课程意识，明确数学课程的目标和价值。2005 年，上海"二期"课改教材全面实施。历经 20 年，上海从优化数学基础和变革教学方式突破进行改革探索，再构数学课程、教学、评价、教

研体系，有效提高了数学教育质量，其成效已在 PISA 考试等国际权威评价体系中得到检验，引起国内外的高度关注，成为中国教育走向世界的先锋。

从成果产出效益观察，一是构建了以立德树人、创新实践为标志的数学课程教材体系。依据《上海市中小学数学课程标准》，上海市数学新教材的编写强调"加强基础，削枝强干"，体现"高观点、低起点"的课程内容组织策略，让数学课程内容与学生的学习特点和认知规律相适应、与教学方式完善相匹配。在内容编排上率先将方程的初步知识引入小学，提前渗透代数思想；率先将向量初步知识引入初中，拓展学生数学观念，加强学科统整。对于小学数学学习采取"先慢后快"的设计，将低年级内容大幅精简后移，注重兴趣激发和习惯养成，为数学活动留出空间；初中通过适度延长实验几何的学习过程，纾解平面几何学习困难。此外，教材中设计了丰富的数学应用情境和探究实践活动等，为数学课程的具体实施提供了素材和空间。二是形成了以教学方式变革为标志的数学教学体系。①上海数学教学改革将内容的认知方式、课堂的组织方式和活动的实施方式等作为改进数学教学方式的切入点；将最常见的数学教学方式归为"以知识建构为特征"和"以问题解决为特征"2类。②上海的数学教育把抓好备课、上课、作业、辅导、评价5个教学环节的"规范"和"创新"，作为提高教学质量、优化教学全过程、保障教学公平的基本路径。三是建立了以改进教学为标志的数学学业质量评价体系。①上海初中阶段的数学学业质量评价，一方面，从内容维度和能力维度2方面构建测评框架，研制体现"知识建构"和"问题解决"2类特征的测试工具细目，提高命题的结构化水平，引导规范命题；另一方面，采用学科测试和背景问卷相结合方式，开发相关教师问卷和学生问卷，挖掘影响学业质量的相关因素。②上海小学阶段的数学评价依据课程标准，将学习兴趣、学习习惯、学习成果等作为小学生数学学业评价框架的3个维度，并形成评价内容和观测点；再根据各评价内容和观测点，提出操作建议；最后将研究成果体现在《上海市学生成长记录册》中，推动学校开展"结果"与"过程"兼顾的评价活动。四是优化了以服务课改为标志的数学教研专业保障体系。上海的数学教研始终以服务课改为己任，提倡"问题导向"，坚持聚焦有重要价值的主题研究，强调合作共同体式的团队建设。上海建立了完善的市、区、校3级教研网络，有一支专业能力强、坚定投身课程改革研究与实践的数学教研员队伍。通过课程标准研读、教材教法分析、"三课"教学活动、教研案例分享、主题或项目研究等促进从理念到实践的落实。

从应用推广观察，2016年，召开了"全国'上海中小学数学教育改革经验'交流会"和"第三届全国基础教育课程教学改革研讨暨上海中小学数学课堂教学观摩会"等现场会，向全国数学教育同行全面展示了数学课程教学改革的上海经验。国际数学教育委员会主席费迪南多·阿扎雷罗（Ferdinando Arzarello）来上海考察数学教育。2014年至今，英国教育部邀请了8批上海初中、小学数学教师赴英国学校执教，同时又派英国数学教师到上海接受培训，中英超过100所学校的547名教师参加了教学交流活动，几千名英国学生从中受益。英国还将上海数学教师的课堂教学方法总结为"掌握教学模式"，并在当地学区内建立教研机构，学习借鉴"上海经验"。

进一步观察的资源包：

[1] 刘达，黄华. 向世界展示中国的数学教育智慧——义务教育阶段数学课程改革的"上海经验"[J]. 人民教育，2019（Z1）：27-31.

[2] 基础教育国家级优秀教学成果资源服务平台. 走向世界的中国数学教育——义务教育阶段数学课程改革的上海经验[EB/OL].（2020-01-19）[2024-02-26]. http://s.enaea.edu.cn/h/gjjzyf-wpt/jxcgzy/2020-06-12/11750.html.

[3] 上海数学教育走向世界[N]. 中国教育报，2018-10-09（01）.

案例 8　初中综合科学课程建设 34 年：Z 省经验

成果完成单位：浙江省教育厅教研室。

成果持有单位：浙江省教育厅教研室。

成果概述：科学教育担负着提升每一位学生科学素养的重任。针对初中科学教育仍停留在满足少数学生升学需求的"应试教育"，理科课程（物理、化学、生物学和地学）科目多、课时多，学生学业负担过重，且理科课程过于注重学科知识的系统性和逻辑性导致学科之间缺乏有机的联系等问题，1988 年浙江省开启了初中综合科学课程建设，历经 33 年的迭代发展，建立了具有中国特色的初中综合科学课程体系。该成果确立了以提升科学素养为目标导向的课程框架，创建了以"融合"为大观念来统摄课程的内容体系，包括注重不同知识领域之间的融合与勾连，注重科学知识与科学探究过程、科学方法、科学态度、科学精神等的融合，以及注重课程内容与学生经验、科学实践、社会现象的融合。编制了以"融合"为特征的综合科学教材，建立了促进综合性学习的科学教学模式，建构了指向素养发展的科学考试评价体系，形成了将理化生各学科教师培养成综合科学教师的机制。

从形成过程观察，30 多年来，初中综合科学课程建设经历了 3 个发展阶段。①第一阶段（1988—2001 年），以"人与自然关系"为中心。1988 年 5 月浙江省启动科学教育课程改革，研制《初级中学自然科学教学指导纲要》（简称《纲要》），以主题单元的形式建构教材的内容体系，编制初中综合科学教材《自然科学》（6 册），并在慈溪市、诸暨市、绍兴市 3 个试教区（约 5000 名学生）进行首轮试验。1993 年，全省初中起始年级（约 60 万名学生）全面实施综合科学课程。②第二阶段（2002—2014 年），以"科学的统一性"为中心。2002 年 9 月，浙江省科学课程从对自然的整体认识出发，突破学科的界限，重构初中综合科学课程，建构注重科学本质与教育本质相统一，即以统一性为基础的综合课程；编制国家课程标准初中《科学》教材，对课程内容进行整合，从而使综合科学课程由"组合型"向"融合型"发展。2012年9月使用修订版的《科学》教材，探索综合科学课程实践模式。③第三阶段（2015—2022年），以"发展核心素养"为中心。2014年，教育部颁布《关于全面深化课程改革 落实立德树人根本任务的意见》，标志着我国科学教育改革进入了以人为本和注重核心素养的时代。浙江省教研室组织凝练科学课程核心素养，探索基于科学大概念的结构化课程内容和融"基础+拓展"为一体的科学课程板块；探索基于核心素养发展的课堂教学目标体系、单元教学设计；探索基于科学课程核心素养的学业质量评价，开展指向科学探究能力的学业质量测评，研究指向高阶思维的科学命题技术，编著《科学命题技术研究》（2017年）。建设高质量的初中综合科学课程，探索人才培养新模式。

从成果产出效益观察，浙江省初中综合科学课程通过对课程内容的统筹设计，消除了不必要的内容重复，减少了教学课时（与分科科学课程相比，3年总课时数大约减少78课时），在一定程度上降低了学生学习的压力，减轻了学生的学业负担，而学生科学素养、学业质量却全国领先。在中国科学技术协会开展的"中国公民科学素质抽样调查"中，浙江省公民科学素质调查结果多次位居全国省区第二。2009年、2012年，浙江省作为我国10个试点省之一参加国际学生评估项目（program for international student assessment，PISA）测评，学生科学测评成绩在10个试点省中均位列第一。在PISA 2018中，浙江学生科学素养表现平均分为592分，与其他参测国家（地区）相比，浙江学生科学素养表现平均分明显高于经济合作与发展组织（Organization for Economic Co-operation and Development，OECD）的平均水平（489分）。1998年，浙江省全省能独立胜任初中综合科学教学任务的教师约占 50.1%；2004 年，全省能独立承担初中综合科学教学任务的教师已达 90% 以上，目前已有 30 多位科学教师先后被评为省特级教师。

从应用推广观察，国家义务教育课程设置实验方案中正式设立"科学"综合课程，与浙江省前 13 年综合课程建设的基础和取得的积极成效不无关系。《人民日报》《中国教育报》多次介绍浙江初中综合科学课程改革的经验，1998 年 3 月，中央电视台《新闻联播》节目报道了浙江省初中综合课程建设，并给予了高度肯定和支持。2018 年 10 月，浙江省教研室成功举办"浙江省初中科学课程改革 30 年暨科学课程建设国际研讨会"，向国内外科学教育同行全面展示浙江省初中综合科学课程建设经验与成果，教育部教材局课程处领导对初中综合科学课程建设给予充分肯定。《浙江日报》、浙江卫视中国蓝新闻等媒体报道了浙江省初中综合科学课程的发展。浙江省初中《科学》教材曾被广东深圳市、北京海淀区、内蒙古乌海市、四川温江区、河南焦作市等地选用，是当时我国使用范围最广的初中综合科学教材。受邀为马来西亚编写华文独立中学《科学》教材，并组织科学教师培训团队 15 人 4 次赴马来西亚，为当地培训综合科学教师。《人民日报》2018 年 6 月 28 日曾以《中国教材，大家一起用》为题进行了报道。

进一步观察的资源包：

[1] 王耀村. 名师谈科学教学 [M]. 杭州：浙江科学技术出版社，2019.

[2] 王耀村. 培育科学素养：初中综合科学课程建设的浙江探索 [J]. 全球教育展望，2021，50（12）：115-128.

[3] 王耀村. 浙江省综合科学课程改革 30 年 [J]. 课程·教材·教法，2018，38（12）：47-53.

案例9 让每个孩子活得精彩：区域推进拓展性课程的高品质建设

成果完成单位：杭州市拱墅区教育研究院。

成果持有人：沈旭东，何丽红，徐瑰瑰，黄慎娥。

成果概述：杭州市拱墅区基于浙江省深化义务教育课改背景，聚焦"高品质建设学校拓展性课程，以实现高质量育人"，探寻区域推进拓展性课程建设的有效方略。经过多年实践，以高质量育人目标为核心，上承价值理念，下启课程落地，形成了区域推进课程改革的实践模式：确立了以"让每个孩子活得精彩"为拓展性课程的核心价值追求；从拓展性课程规划、课程纲要设计、单元/项目设计、课程实施评价4个方面建构了系列技术标准；创建了"三级五法"的拓展性课程区域推进机制。该成果成效明显，有效解决了区域推进拓展性课程的价值、技术和机制问题，区内学校课程建设整体水平显著提高，学生课程获得感明显提升。

从形成过程观察，针对存在的主要问题，杭州市拱墅区坚持问题导向，围绕拓展性课程建设"为什么""怎么做""怎么推"3个关键指向，通过3个阶段落实区域推进工作。①第一阶段（2006年5月—2015年8月）：落实课程育人，确立拓展性课程的基本主张，解决"为什么"的价值问题。课程价值观凝聚了课程愿景，能够引领课程的发展。该区在课程实践过程中逐渐加深了拓展性课程价值的认识，基于课程育人的理念，确立了拓展性课程的基本主张——让每一个孩子活得精彩。②第二阶段（2015年8月—2017年8月）：建立专业规范，开发拓展性课程建设过程质量标准，解决"怎么做"的技术问题。要保障拓展性课程的品质，就需要建立专业的规范。该区运用实证研究方法，采取工具初建、实践应用、分析优化的思路，开发了拓展性课程建设关键实践的质量标准，供区域内学校参照。③第三阶段（2017年8月—2022年）：聚焦优质均衡，创建"三级五法"联动机制，解决"怎么推"的机制问题。要保证区域内基础不一、能力各异的学校在拓展性课程建设上实现优质均衡，就需要相关机制保障。2017年8月，该区创建了"三级五法"联动机制，"区—群（学校集群）—校"三级合力推动拓展性课程建设从单一化、碎片化走向系统化、区域化和共享化。

从成果产出效益观察，该区的拓展性课程产生了如下效果。①提升了学生的课程幸福感。2015—2022年，全区拓展性课程数量逐步提升，2021年全区共开设了15类2971门拓展性课程。学生有了充分的自主权，学习兴趣极大提高，综合分析问题、解决问题的能力得到提升。近7年来，350多位学生在国家级、省级机器人、创客等比赛中荣获一、二等奖；1500多名学生在市级及以上篮球、排球、绘画、主持等体艺类比赛中荣获一、二等奖；学生有2000多人次在省市区（县）学生实践活动成果、项目学习中获奖。年度"拓展性课程满意度调查"数据显示，学生对该课程的满意度持续上升。②促进了教师的专业发展。校长在科学规划课程方案过程中，能全局思考学校育人目标、课程架构，实现课程实施与评价的一致性。教师学会用课程的眼光来审视教学，对学科本质与教学规律的把握更加精准，教师自身的课程实施能力得到发展。近7年来，220多项相关课题获省市区立项；350多篇相关论文在全国公开期刊上发表或获省市级一、二等奖；167名教师在各级会议上做相关的论坛发言、主题报告。③实现了学校课程的内涵发展。区域内多所学校成果多次在国际国内刊物发表，成为省内外知名的课改强校。2所学校的拓展性课程建设案例在德国斯普林格出版社的 *School-based Curriculum in China* 一书中刊出；著作《提升学校课程领导力——杭州市拱墅区义务教育课程建设案例精选》在浙江教育出版社出版；在《人民教育》等期刊发表论文20多篇；在全国校本课程大赛、省市精品课程等评比中屡获佳绩。相关做法先后获评2018年、2019年浙江省市县教研工作20个亮点之一。

<u>从应用推广观察，</u>本成果在理论研究和实践层面持续创新，以多种方式推广拓展性课程建设经验，产生了广泛的影响力。区域多次召开全国性会议交流；承办了省市课程改革现场会，赢得与会人员的一致好评。近7年来，全区义务教育学段50多所学校的拓展性课程实践被中央电视台《焦点访谈》、中国教育频道、"学习强国"学习平台、《中国教育报》等国家级媒体报道约100次，浙江卫视中国蓝新闻、《浙江教育报》等省级媒体报道435次，《杭州日报》《都市快报》等市级媒体报道756次。

进一步观察的资源包：

[1]　沈旭东. 提升学校课程领导力［M］. 杭州：浙江教育出版社，2018.

[2]　沈旭东. 让每个孩子活得精彩：区域推进拓展性课程的高品质建设［J］. 全球教育展望，2023，52（7）：82-94.

[3]　沈旭东. 让每个孩子活得精彩：区域推进拓展性课程建设的实践探索［N］. 浙江教育报（前沿观察），2022-06-03.

◎ 学校发展

案例 10　拓展生命"长宽高"——中小学生命教育课程建设 20 年实践探索

成果完成单位：深圳市新安中学（集团）。

成果持有人：袁卫星，冯建军，卢锋，郑晓芬，何润秋，朱永新。

成果概述：当前社会上青少年轻视生命、残害生命的现象层出不穷，消极生活的人群日益增多，青少年生存技能和安全常识都很欠缺。为了解决上述问题，袁卫星和专家组在全国率先提出"拓展生命长宽高"的生命教育理念，始终坚持把生命教育课程建设和实践作为要务，全面梳理生命教育的课程性质、基本理念、设计思路、课程目标、内容标准、实施建议等。围绕生命"长宽高"3 个维度，独创"安全、健康、养成、交往、生涯、信仰"6 个板块共 144 个主题的生命教育内容体系。根据不同年龄段学生在生命发展的过程中面临的问题，科学设计螺旋上升的生命教育主题，引导青少年认识生命、珍爱生命、发展生命，让有限的生命实现最大的价值，让每个生命成为最好的自己。

从形成过程观察，针对生命教育理论体系不健全、课程内容碎片化、协同机制欠完善等问题，袁卫星等历时 20 多年，遵循"循序渐进、点面结合、纵横推进、螺旋上升"的研究思路与路径，成功构建了中小学生生命教育课程体系。项目组共经历以下阶段。①双线初探阶段（2001—2010 年），进行理论研究和校本实践。项目组研究课题、撰写论文、出版论著，召开全国性研讨会，开发 1.0 版生命教育校本课程并付诸实施，受邀参加首届中华青少年生命教育论坛介绍经验。3 度获中国宋庆龄基金会生命彩虹奖。②课程建设阶段（2010—2015 年），开展课程研发和区域实验。项目组筹建新生命教育研究所，成立地市级生命教育研究与指导中心，研发《中小学生命教育课程指导纲要》，从生命"长宽高"3 个维度构建 2.0 版生命教育专设课程，编写全学段课程用书，授牌首批实验学校开展课程实践，启动种子教师培训，2 度获全国教育改革创新典型案例奖。③辐射推广阶段（2015—2022 年），进行共同体建设和学习中心建设。项目组召开生命教育国际论坛，组建由全国 158 所基地校组成的联盟，承担田家炳基金会生命教育推广项目，发起海峡两岸港澳地区经验整合项目，先后完成教育部委托课题等多项研究，依托云端学校建设生命教育网上学习中心。

从成果产出效益观察，他们先后主持国家级及省部级课题 14 项，出版《新生命教育论纲》等专著 10 多部，在《教育研究》《课程·教材·教法》《人民教育》等刊物发表论文 200 多篇，研发《生命教育课程指导纲要》，编写《新生命教育》《生命安全与健康教育》等全学段用书 48 册。根据国家义务教育质量监测显示，实验学校学生抑郁倾向检出率低于区域 4～6 个百分点，自我悦纳、价值信仰、主观幸福感得分均高于同类地区。该成果 2 度获全国教育改革创新典型案例奖，3 度获中国宋庆龄基金会生命彩虹奖。2021 年，获广东省基础教育教学成果奖特等奖。

从应用推广观察，目前已挂牌生命教育基地校 158 所，辐射 5000 多所学校，受益师生 500 多万；开展各类生命教育培训 500 多场，累计培训种子教师 5 万多名；在线讲座 100 多场，累计受众超 100 万。团队与中国宋庆龄基金会合作，先后承办第十三届、第十四届、第十六届中华青少年生命教育论坛，辐射全国多个省市；与香港教育大学一起开展实践活动促进港澳地区生命教育的开展。获新华网、人民网、"学习强国"、《中国教育报》等媒体数百次报道。

进一步观察的资源包：

[1] 朱永新. 拓展生命长宽高 新生命教育论纲［M］. 北京：商务印书馆，2022.

[2] 袁卫星. 生命教育，让教育找到回家的路［J］. 中国德育，2020（18）：45-49.

[3] 袁卫星. 拓展生命"长宽高"：中小学生命教育课程建设的探索与实践［N］. 中国教育报，2022-05-10（10）.

案例 11　浸润习养·多维融合·协同联动：小学"润德"课程育人的校本实践

成果完成单位：济南市舜耕小学。

成果持有人：胡爱红，庄颖，田延起，张孜，张颖，窦成华。

成果概述：济南市舜耕小学坐落在大舜耕耘过的古历山脚下，因"舜耕历山"而得名。多年来，学校努力践行"立德树人"的根本任务，围绕培养"心系家国、身心两健、文明向上、责任担当"的新时代舜耕学子的育人目标，针对小学生品德培养内化体验难、课程资源深度融合难、家校协同推进难等问题，历经15年的探索，形成了"浸润习养·多维融合·协同联动"的小学"润德"课程育人校本实践系列改革成果。①确立了"浸润习养"课程育人理念，强调在环境熏陶、体验感悟、反复实践、内化养成中润养心灵、润美行为、润泽生命，实现学生品德进阶发展。②构建了"多维融合"的润德育人课程体系，从结构优化、贯通衔接、深度学习、切身体验的视角，以思政课程、课程思政、《德育指南》专题、校本舜文化主题、校内活动、校外实践等多个维度为主体，建立了结构融、精细融、深度融、贯线融的课程体系。③形成了"共情、践行、内省"并行的多模态育人实施模式，提炼出"沉浸式""行走式""内驱式"等操作方式，多模态交互实施，实现学生的自我唤醒、自我确证、自我建构。④建立了多元分责、多点联动、多方协同的推进机制，以教师、学生、家长责任共担为撬动机制，以学校、年级、班级联动为落实机制，以家、校、社协同为保障机制，实现课程在学校、家庭、社会的协同推进、整体推进。

从形成过程观察，成果历经课程起步初耕阶段、完善提升续耕阶段、全面实施深耕阶段、推广示范精耕阶段4个发展阶段。①课程起步初耕阶段：

立足"舜耕历山"地域文化，教师们首先在理念上达成了"德育，首先要回归学生本位"以及"让教育回归生活"的2个共识，提出了"浸润习养"的育人理念，充分挖掘学校、家庭、社区丰富的资源，形成了"舜文化"校本课程。②完善提升续耕阶段：建立校园体验中心，开展"舜娃走泉城"研学，设立"校园志愿岗"，实施"微德育"评价。③全面实施深耕阶段：创新实施与时代精神相融的"主题式思政课"，以国家课程"道德与法治"为核心，将学科德育、活动德育有机融合，精准完善、动态提升，推动润德课程向特色化、多元化、综合化发展。④推广示范精耕阶段：成立舜耕教育集团，先后带动8校区跨越发展。通过国家"东西扶贫协作帮扶行动"、区域集团化办学、友好交流等平台，面向全国各地的近百所学校推广。

从成果产出效益观察，学生德行素质全面提高，参与乡村助读、爱心捐赠、泉城义工等活动的学生达到98%以上，美德榜样、舜之风采好少年获奖率由50%提高到97%以上，学业成绩检测在全市名列前茅。教师专业发展成效显著，有95%的教师构建专属特色课程，德育类课例、案例屡次获省、市一等奖；有50%以上的教师获得省特级教师、各级名师、优秀班主任、教学能手、立德树人双领军等荣誉。在《人民教育》《中国德育》等刊物发表文章25篇，出版专著5部。学校办学质量广受赞誉。学校先后承担了13项国家、省、市级课题，22项研究成果获国家、省、市一等奖。"润德课程""舜文化教育""家校协同"等特色品牌享誉全国。学校获济南市领航学校、山东省文明校园、全国生态文明特色学校、中国家长学校百校联盟示范校等荣誉称号。

从应用推广观察，2014年成立舜耕教育集团，先后带动8校区跨越发展。《"润德课程"支撑学生生命成长》入选全国中小学德育工作典型经验，获得教育部"一校一案"落实《中小学德育工作指南》典型案例，并进行全国重点推荐。多次在中国教育学会学术年会、全国"立德树人落实机制"

研讨会等进行分享。通过国家"东西扶贫协作帮扶行动"、区域集团化办学、友好交流等平台,面向全国各地的近百所学校推广。在中央电视台、《半月谈》、《中国教育报》等媒体报道500多次,在新华网、央视频等融媒体专访阅读量超460万。

进一步观察的资源包:

[1] 胡爱红,赵志刚. 舜的故事(图画书版)[M]. 济南:济南出版社,2020.

[2] 胡爱红. 思政铸魂"润德"育人——济南市舜耕小学以"润德"育人推进思政教育一体化的探索与实践[J]. 山东教育,2023(28):12-13.

[3] 胡爱红. 提高德育实效从回归学生本位做起——山东省济南市舜耕小学推进德育课程改革[N]. 2022-06-29(6).

案例 12　从学科到广域：实践育人课程体系建构的中学样本

成果完成单位：成都市双流区立格实验学校。

成果持有人：高志文，龙姿君，李征，黄超，韩科，杨成根。

成果概述：从 2003 年开始，成都双流中学实验学校紧紧围绕当下教育教学与课程建设中的主要问题与困境，积极探索以课程改革为核心的素质教育模式，以"实践育人"课程体系构建推进育人方式整体变革。学校确立了以立德树人为导向、以实践育人为基础的教育理念和价值追求，聚焦学科实践和广域实践两大领域。形成了以全面发展为导向的实践育人目标体系与评价体系，建构了学生综合素质结构模型，细化了健全人格和多元能力表现标准。形成了"科学与技术""人文与社会""劳动与制作""艺术与审美""生态与环保""生命与健康"6 个实践课程模块。注重学校育人体系变革的体制和机制创新，推行"三级管理""三组协调""课表呈现""一师两课""家社参与""项目推进"等措施，确保课程常态、有效实施。

<u>从形成过程观察</u>，该成果主要经历了以下 4 个阶段。①第一阶段（2003—2007 年），学科内课题式学习探索阶段：以学科问题为基础，发现和确定探究问题，开展实践活动，构建学科问题课题化探究系列课程。②第二阶段（2007—2012 年），跨学科综合性学习探索阶段：面向学生完整的生活领域，整合基础学科内容，以研究性学习为主要方式，课题化开发跨学科综合实践活动课程，课表呈现，常态实施。③第三阶段（2012—2016 年），实践教育课程化建设阶段：以"实践育人"为导向，以课题引领的方式对学科实践课程和跨学科实践课程进行系统开发与常态实施。④第四阶段（2016—2022 年），"五育融合"的实践育人体系化推进阶段：以实践育人

方式整体变革为主线，构建五育融合、全面发展的实践育人目标体系、课程体系、育人策略、评价体系和支持机制。

从成果产出效益观察，持续18年的实践研究，该校实践育人理念已辐射并根植到学校的整体课程体系，形成了浓郁的、独具特色的实践育人课程文化，促进了学生学习方式的转变、教师专业发展及学校内涵特色发展。近年来，该校中考的各项指标在全区遥遥领先，学生升入省一级示范高中的比例在70%以上，比同类学校高出50多个百分点。高水平的教育教学质量，回应了家长、社会对"综合实践活动耽误孩子学习"的质疑。2021年1月，四川省基础教育监测评估中心聚焦问题解决、创造性倾向和创造力等3个方面对四川省内11个样本县近9000名八年级学生进行了实践能力试点监测。成都双流中学实验学校的学生在自信心等8项创造性倾向和问题解决能力指标方面的表现水平均显著高于全区和样本县总体水平，在灵活性、流畅性、精致性和独创性4项指标上都显著高于样本县平均水平。近5年，成都双流中学实验学校学生参加全国和省市青少年科技创新大赛获奖4300多人次。其中，6项实践活动获全国青少年科技创新大赛一等奖，10项实践活动获四川省科创大赛一等奖，10项作品获成都市科创大赛最高奖——英才奖；国家专利证书340项，专利受理通知书735项；在全国各类学科竞赛中，获国家级、省级奖项者4850人次。成都双流中学实验学校教师出版专著4本，撰写研究报告、论文、展示课获奖300多项。成果论文在《课程·教材·教法》《人民教育》等刊物发表90多篇。开发学科实践课程72门、广域实践课程79门，形成实践活动校本教材（案例集）112套。独立承担了教育部重点课题"基于核心素养培养的综合实践活动课程开发与实施研究"、四川省教育科研重大课题"基于健全人格培养的德育课程化实践研究"和成都市教育科研规划课题"自主合作探究式课堂教学模式构建研究"。因成果具有"重大规模性推广""重大实验性成效""重大社会性反响"，课题获得四川省第六届普教优秀教学成果奖一等奖、国家级基础教育成果优秀教学成果奖二等奖。

从应用推广观察，该成果被四川省教育厅推选为教育改革创新发展"典型案例"，被教育部基础教育课程教材发展中心推选为"基础教育课程改革典型案例"，接待省内前来交流学习的考察团23个共1650多人次，成果已转化为具有变革意义的教育实践。同时，学校接待广东省、福建省、辽宁省等前来交流学习的专家、校长、骨干教师1132人次，全国13个省市、省内21个市州的366所学校参与成果的研究、实验、推广和检验。《中国教育报》《人民教育》等报刊多次进行了专题报道，被四川省教育厅副厅长赞誉为"四川民办教育的排头兵，为四川教育提供了更多的办学实践经验和改革创新举措"。

进一步观察的资源包：

[1] 高志文. 初中综合实践活动课程校本开发与常态实施 [M]. 成都：四川教育出版社，2016.

[2] 高志文，罗晓章，文传福. 综合实践活动课程的系统建设与有效实施 [J]. 四川教育（理论），2019（6B）：31-33.

[3] 于金秋. 走进双中实验 风景这边独好——成都双流中学实验学校综合实践活动课程风采纪实 [N]. 中国教育报，2017-03-16（11）.

案例 13　整体建构，多元融合：项目式课程教学的实践探索

成果完成单位：福建省厦门实验小学。

成果持有人：何宝群，刘胜峰，程少波，杨立旺，洪艺燊，蔡晓云。

成果概述：针对我国基础教育面临的"学科课程封闭割裂，难以发挥整体育人效果""课程教学方式单一，难以促进学生全面而有个性地发展""课程资源相对匮乏，难以推进学校课程变革"三大困境，厦门实验小学积极开展了项目式课程教学的实践探索。通过"让儿童赢得未来"的项目式课程内容创新，用项目范式解构、重组、耦合各类课程，立体设计必修、必选、自选内容，开发基于校馆合作的项目式课程，按需提供私人定制课程，构建了符合学校情境、贴合新时代发展要求的课程内容体系；通过"项目统整式"的课程实施路径创新，以项目学习为载体，推行"1+X"（学科核心素养+拓展特色）项目式教学模式、"三融合"（指内容、方法和思想）统整教学模式、场馆式实景化教学模式、智慧课堂教学模式等多维课程实施路径，实现了学生学习方式的变革；通过"空间+"和"文化+"的管理保障系统创新，构建"空间+"课程资源保障体系以及"文化+"课程管理互动机制，为实施项目式课程教学提供有力的支持。

<u>从形成过程观察</u>，学校关于项目式学习的探索一共经历了 4 个阶段。①第一阶段（2004—2008 年）：定位立意，初步探索。从 2004 年起，该校以所承担的福建省新课程改革实验任务为抓手，开启了课程综合化实施的探索。以培育学生实践与创新能力为主要目标，开展以项目为载体整合学科内容和课堂教学的试验。②第二阶段（2008—2013 年）：广泛实验，深度研究。在此阶段，学校遵从"教育哲学—理念与目标—框架与路径—管理与

评价"的逻辑，在前一阶段实践的基础上，将"多彩教育"确立为学校的教育哲学和办学理念，并以此来观照各类课程的统整与开发，构建以项目式学习为特征的多彩课程体系。③第三阶段（2013—2019 年）：全面实践，检验推广。此阶段，学校系统化实施"六节一会"（读书节、艺术节、体育节、科技节、数学节、英语节、运动会）活动，整合"六节一会"的活动性评价和期末考试的知识性评价，实施进阶式增值评价，推行五育融合综合评价。各个学科全面进行素养导向的课堂教学变革，组织了基于校馆合作的项目式课程、学科"1＋X"课程、大师课程、一师一课程等项目式课程教学专题研讨会，并实证分析了项目式学习对学生发展的效益。④第四阶段（2019—2022 年）：提炼成果，深化应用。在这一阶段，学校以项目形式统整学校课程与教学综合改革实践，为学校课程发展提供了一条生动、合情、多彩的路径，推动了学校办学特色的形成，使学校积极发挥出优质学校的示范辐射作用。

从成果产出效益观察，该成果主要产生了以下效益。①学校实现了"让儿童赢得未来"项目式课程体系的建构，开发出供学生自主选择的 156 门项目式课程，每周统一安排一个完整的半天时间供学生走班上课。学校获得 2015 年全国教育科学"十二五"规划单位资助课题"基于学生核心素养的学校课程建设研究"，并以此为统领相继开展了一系列相关课题的研究，出版了著作《核心素养导向的课堂教学变革》。经过调查，实验小学掌握探究性学习要求的学生比例从 6 年前的 51.2% 上升到现在的 89.8%，学生应用多个学科思维解决综合性问题的能力明显提升。②学校鼓励教师立足学科课程，以项目学习为载体，围绕项目研究或主题单元开展学习活动，创新推行"1＋X"项目教学、"三融合"统整教学、场馆式实景化教学、智慧课堂教学等，整体推动了教与学的方式变革。广大教师深度融入、全员参与，在课题研究中实现了知识更新与能力提升，获得了专业成长的内生动力。

③学校"空间+"和"文化+"的管理保障机制创新。一是从"空间+"的视角创新了校馆合作、校际互送、项目承接等有助于有效培育、吸纳、整合社会公共文化资源、丰富学校课程内容的机制和模式;二是从"文化+"的视角创新了师资补充、节日共庆、特色分享的立体化课程管理互动机制,出版《信息技术助力教学变革》。总之,多年来,厦门实验小学通过整体推进项目式课程教学的实践探索,打开了课程建设空间,变革了教与学的方式,拓宽了教师发展路径,提高了学校育人格局,真正实现了学生"人人出彩、个个精彩"!

从应用推广观察,学校基于参评全省基础教育教学成果奖的经验,联合厦门大学、西南大学等部属高等教育院校和中国教育科学院、厦门教育科学研究院等教育科研院所,开展进一步的研究,总结操作策略与实践经验。目前,学校的项目成果已被广泛应用于北京大学附属小学、新疆昌吉州实验小学,以及河南、宁夏等地区的60多所小学。学校和河南、新疆等地区的国内多所小学常年互相选送学生到对方学校进行项目式研学。近5年来,累计有60多个项目被社会机构承接,约1.8万人次学生参加项目活动。此外,2006年以来,学校每年选送学生到新加坡、英国、澳大利亚等国家的小学进行沉浸式学习,累计有1500多个学生参加。

进一步观察的资源包:

[1] 何宝群,刘胜峰. 核心素养导向的课堂教学变革[M]. 厦门:鹭江出版社,2017.

[2] 何宝群,程少波. 项目式课程的体系建构与教学模式创新[J]. 中国基础教育,2024(1):59-64.

[3] 何宝群. 整体建构,多元融合:项目式课程教学的实践探索[J]. 福建教育,2023(36):15-20.

案例 14　乡土化、项目化、常态化：一所山村小学的综合实践活动课程

成果完成单位：江西省吉安县敖城镇三锡坊前田希望小学。

成果持有人：王林华，孙锦明，万文涛，邓亮，周哲，肖乐华。

成果概述：江西省吉安县这样欠发达地区的农村小学，在开展综合实践活动教学时，普遍遇到无资源、无指导、无章法等问题困扰，以至于有的学校综合实践活动教学开展得不好，甚至没有开展。为了解决上述问题，王林华团队因地制宜地利用山村小学校园内外、所在乡镇周边的独特条件，形成了核心成果"综合实践活动主题选择乡土化"、"综合实践活动组织实施项目化"和"综合实践活动课程设置常态化"。①开发出一系列乡土化的综合实践主题活动。开发出包括动植物观察、调查探索、设计制作等九大类的综合实践主题，每类主题下又有少则两三个、多则十余个活动项目。②积累了丰富的综合实践活动课程项目化教学经验。王林华团队将"项目化学习"技术应用到综合实践活动课程实施过程中，并提炼形成以"学—思—行—省"循环链接为指导原理的流程规范，总结梳理出以"八化"要求为原则的质保规范。一定意义上，本成果沉淀形成的教学经验既是对"项目化学习"理论的深化，也是对"项目化学习"操作过程的优化。③形成了常态化的综合实践活动课程体系。经过 4 年的实践探索，前田希望小学已经形成了常态化的综合实践活动课程体系，实现了综合实践活动学生全员参与、课时安排固定保障、教师队伍整齐配备、日常运行制度规范的目标。

从形成过程观察，本成果历经了因地制宜选主题、边学边教做项目、专家引领建体系 3 个阶段，解决了农村小学实施综合实践活动课程普遍面临的无资源、无指导、无章法问题。①因地制宜选主题。2012 年，一场提倡综

合实践教学的培训活动激发了王林华想要实现理想教育模式的斗志,培训结束后,他指导学生以"我喜欢的老师"为主题开展综合实践调查,这份报告在全校教师中引发反思,王林华从中看到了社会实践活动课的价值。王林华根据山村小学的实际,从校园内外和城镇周边寻找综合实践活动课程的内容,开发了一系列乡土化的活动主题,从而很好地解决了"无资源"的问题。②边学边教做项目。2014年,王林华主动请缨,调动到前田小学,带领团队开展综合实践课程。将培训学到的"项目化学习"用到综合实践活动实施中来,在边学边教中总结出一套操作流程和质保规范,并将博客、QQ空间等信息化手段全程融入综合实践活动课程的实施中,从而很好地解决了"无章法"的问题。③专家引领建体系。在专家的指导和帮助下,分类梳理活动主题、总结规范项目流程、系统设置课程体系,形成一套完整的经验,从而很好地解决了"无指导"的问题。该项目经历了从无到有、从有到优的发展过程,经过多年的积淀,王林华和他的团队打造的学校综合实践活动已形成"主题选择乡土化""组织实施项目化""课程设置常态化"的鲜明特色,并取得了一系列的教育成果。

从成果产出效益观察,该项目因地制宜地利用山村小学校园内外、所在乡镇周边的独特条件,开发出包括动植物观察、调查探索、设计制作等九大类的综合实践主题,丰富了山村小学的综合实践活动主题;该项目将"项目化学习"技术应用到综合实践活动课程实施过程中,并提炼形成以"学—思—行—省"循环链接为指导原理的流程规范,总结梳理出以"八化"要求为原则的质保规范,深化了"项目化学习"理论,优化了"项目化学习"的操作过程;该项目形成常态化的综合实践活动课程体系。该项目通过项目化组织方式,使学生将碎片化知识、小的能力模块耦合链接,在真实的情境中提高实践能力,获得了学生百分百参与和喜欢,家长百分百支持和满意,教师百分百参与和胜任的良好效果。对同类地区学校开展综合实践活动有重要借鉴和参考价值，体现了因地制宜、因时制宜、因材施教的课程教学改革原则。目前，地方政府正在将前田希望小学打造为农村小学校长专业培训实地考察基地。

从应用推广观察，经过4年的实践探索，前田希望小学相关的课程建设经验已在省内外产生了良好的社会反响并得到辐射推广，从而为综合实践活动课程在更多的乡村小学"落地生根"和"开花结果"提供了参照样板和借鉴案例。成果持有人正在主持编写综合实践活动课程的指导教材，后续将出版成果，同时拍摄更为专业的视频并借助远程教育方式进行推广。目前，该成果已经在江西省内萍乡市芦溪县、南昌市、德兴市、吉安市、贵溪市、赣州市等地推广应用，还应邀前往西藏日喀则市、重庆市、吉林长春市进行推广，深受教师喜欢。同时，还借助平安智慧项目学校扩大推广范围，将经验辐射到湖南、湖北、安徽、浙江、福建、广东等省份，反映同样良好。

进一步观察的资源包：

［1］ 王林华，孙锦明，万文涛，等. 乡土化、项目化、常态化：一所山村小学的综合实践活动课程［J］. 人民教育，2019（Z1）：74－77.

［2］ 基础教育国家级优秀教学成果资源服务平台. 乡土化、项目化、常态化：一所山村小学的综合实践活动课程［EB/OL］.（2020－02－04）［2024－02－24］. http://s. enaea. edu. cn/h/gjjzyfwpt/jxcgzy/2020－06－12/11725. html.

［3］ 甘甜. 一所乡村小学的实践"突围"［J］. 江西教育，2019（13）：28－31.

案例 15　培养未来科学家的小学课程创新二十年研究与实践

成果完成单位：华中科技大学附属小学。

成果持有人：李晓艳，朱映晖，杨道吉，刘东平，冯胜，胡青。

成果概述：为了"让小学生像科学家一样爱国、像科学家一样求知、像科学家一样探索和像科学家一样创新"，华中科技大学附属小学将"培养未来科学家"作为课程建设的重要目标，在培养未来科学家方面进行了全方位规划。学校通过自身开发的科学与人文融合的未来科学家课程，引导小学生以科学家为榜样，培养和锤炼"爱国勇担、趣学慎思、笃行善创"的未来科学家素养。学校独创了包含未来科学家所需的"勤审辨""会探究""善创新"等素养，通过对话教学方式，重点培养小学生的批判性思维、探究能力和创造性解决问题的能力。通过教学方式的变革，让语文、体育、艺术等人文课程共同融入未来科学家的培养过程，从而克服了单学科封闭式培养的局限。

从形成过程观察，20 年的研究与实践，华中科技大学附属小学聚焦未来科学家培养的课程与教学实践，从"内""外"2 个维度开展了探索。"内"对应未来科学家素养，"外"着力于加强大学及校外科学资源利用，建立了校社互动协同育人长效机制。①开发了科学与人文相融合的未来科学家培养"科学+"系列课程。为了配套落实培养未来科学家理念的 3 类 12 项素养目标，学校用课程建设在理念目标与学生发展之间搭建了桥梁，并突出课程建设在科学与人文融合上的特色。②建立了重点指向"勤审辩""会探究"和"善创新"等未来科学家素养的对话教学方式。为了将学校培养未来科学家的愿景转化为学生素养的提升，学校探索了与课程目标配套的课程实施方式变革，自主开发了重点指向"勤审辩""会探究""善创新"等未来科学家素养的对话教学模型。③建立了科学家进小学课堂、小学生进大学实验室的"大学—小学"协同育人长效机制。为落实未来科学家培养的目标，学校除了在校内课程开发与实施上动脑筋，还在外部资源利用上想办法。一方面，邀请院士、科学家走进校园；另一方面，学校与大学共同开发落实素养导向的课程内容，让小学生走进大学实验室，走进科学家研究的工作环境。

从成果产出效益观察，学校基于该项目的开展，20 年以来独立完成"基于对话的课堂文化的实践研究"等国家级课题 2 项，省级课题 4 项，市级课题 1 项；开设"科学+"5 类选修课程 75 门和社团课程 36 门；出版《响应儿童的学程》《玩科学》《小学批判性思维教程》等专著 17 本；学校被评为武汉市科普特色学校、国际生态绿旗荣誉学校、全国青少年科学调查体验活动优秀实施单位。教师发表论文 286 篇，获得以培养学生探究能力为特色的国家级教学竞赛特等奖、一等奖共 13 项；4 位教师获省"特级教师"称号；1 位教师被聘为国家《科学》教材的编委。学校借助科学家在培养学生成为未来科学家方面搭建了一座关爱与成长的桥梁，形成了互动协同育人长效机制。20 年间，有近 7 万名学生走进大学、科技园等各类实验室。杨叔子、李培根、丁烈云、邵新宇、李元元等 16 位院士与学生分享科技报国的故事。学校开发了 222 项科学家家长专题课程，每年有 80 位科学家家长走进班级，通过"大手牵小手"的方式为同学们分享科学奥秘，指导学生开展小课题研究。

从应用推广观察，该成果为中国基础教育领域开展科学教育，培养国家发展需要的科学人才，提供了可参考、可复制、可推广的范式和样板。研究与实践，让学校的美誉不断扩大。近年来，学校承办了第四届全国基础教育批判性思维大会等学术会议，在全国思维型教学大会等全国性活动上做主题发言或授课 16 场次。接待了来自英国、美国、德国、新西兰、斯里兰卡等国家的国外教师代表团 2000 多人来校参观学习。《中国教育报》《中国教师报》等媒体对学校进行了报道，为同类学校开展科学家培养的课程提供了范例。

进一步观察的资源包：

［1］ 李晓艳. 响应儿童的学程［M］. 武汉：华中科技大学出版社，2019.

［2］ 李晓艳. 思维型教学：让学生自我醒来——华中科技大学附属小学思维型教学探索［J］. 教育家，2018（48）：24－25.

［3］ 李晓艳. 让小学生像科学家一样探索［N］. 中国教师报，2024－01－03（8）.

◎ 学科实施

案例16 基于创新人才培养的中学数学建模课程体系构建与实施

成果完成单位：福建省厦门第六中学。

成果持有人：苏圣奎，陈清华，陈元章，缪琳，邱锦泉，韩耀辉。

成果概述：针对基于创新人才培养的中学数学建模校本课程缺失问题开展教学研究，依托学习进阶理论，厦门六中数学教学团队提出以数学建模进阶式课程体系（简称"数模三阶课程"或"MRS课程"）培养知识、见识、胆识俱佳，且具备自主、自律、自信品质的"三自三识"创新人才，以及一套中学数学建模课程体系构建与实施的解决方案，即：以STEAM（science、technology、engineering、art、maths）教育的跨学科融合理念，问题式、项目式的教学方式，通过"数学建模与数学实验必修课程（M）""研究性学习课程（R）"以及"STEAM校本课程（S）"三阶校本课程，开展中学数学建模教学，组织数学建模活动，引导学生应用数学解决现实问题，在动手实践、合作探究中培养学生的数学应用意识、合作精神、创新思维和核心素养，促进深度学习和创新人才的早期培养，推进中学育人方式的改革与发展。

从形成过程观察，厦门六中教学研究团队以培养知识、见识、胆识俱佳，且具备自主、自律、自信品质的"三自三识"中学数学创新人才为目标，遵循"课程开发→活动引领→交流检验→综合评价"的实施路径，构建数学建模进阶式课程、校企合作综合实践平台和数学建模核心素养水平评价机制。①面向全体学生，合理设置课程。厦门六中从已有数学建模教学实践经验出发，构建面向不同层次学生的数学建模"三位一体"进阶式校本课程体系，即数学建模必修课程、研究性学习课程及 STEAM 课程，内容涵盖基础、进阶和高阶 3 个阶段，简称"数模三阶课程"。②校企合作育人，开发多元活动。数学建模综合活动平台汇集了教学、实验、交流、竞赛与成果展示等多样化功能，让学生在社团活动中交流合作，在实验室探究实验，在实践基地应用创新，满足不同层次、不同阶段、不同特点学生的学习需求，为学生提供一个数学应用和创新交流的活动平台，普及数学建模教育。③增强学术素养，交流检验成效。学生经过"数模三阶课程"的学习和"数学建模综合活动平台"的磨炼后，可以体验数学建模活动的全过程，积累一定的数学建模活动经验，这时数学建模小组已经具备初步的独立解决问题的能力，可以在更大的交流平台进行交流和展示。④注重综合评价，激励学生发展。综合评价依托数学新课标中的数学建模核心素养水平划分，组织高校专家、企业工程师、家长和学校多学科教师成立评审小组，开展过程性评价与总结性评价、定量评价与定性评价、他人评价与个人自评相结合的综合评价，并根据综合评价的信度和效度，反思课程实施效果，对课程实施要素进行修正，形成课程实施的良性循环。

　　从成果产出效益观察，在经历数模三阶课程的进阶学习和活动平台的实践磨炼之后，学生积累了一定的数学建模活动经验，研究团队的教师们开始组织学生参加各类数学建模和科技创新方面的竞赛活动。近 6 年来，学生参加国际数学建模挑战赛（the international mathematical modeling challenge，IMMC）、全国青少年科技创新大赛、"互联网+"大学生创新创业大赛萌芽版块等比赛，获得国家级奖项 23 项，省级、市级奖项 156 项，获奖学生达 500 多人次，申请国家专利 12 项，教学成效显著。在收获学生成长的同时，教师积极申报 1 项教育部重点课题，1 项教育规划课题和 7 项省级、市级课题，不断探索教育教学改革的新理念、新方法，更新和优化知识结构，研究成果发表在《中国教育学刊》《人民教育》《数学建模及其应用》等核心期刊和专业刊物，提升了学校的学术水平和专业影响力，有利于实现"师生共进"。

从应用推广观察，该成果经过加工、提炼，总结形成具有应用价值和创新价值的教学方案，项目组多次在国际数学教育大会、全国博士后论坛、省级教学开放活动上做专题报告。在被应用到教学实践的同时，该成果也被推广至更大范围进行实践检验，促进区域教育的优质均衡发展。例如，学校联合厦门市教育科学研究院和福建省学习科学学会举办了四届厦门地区数学建模联合研习活动，组织厦门全市和福建、上海、江苏、湖北、河南、广东等省、市100多所学校的5000多名学生开展了数学建模活动。活动经历"课程学习—提出问题—发布问题—问题解决—论文评审—展示问辩"6个阶段，历时1个多月，由厦门六中、深圳中学、上海市实验学校、上海市虹口实验学校、厦门大学、福建师范大学等单位的教师和专家联合提供线上直播课程，实现了跨区域协同育人。厦门地区数学建模研习活动不仅为区域内外的中学师生提供交流数学思想、展示数学建模素养和创新能力的平台，又助力"数学建模"品牌项目在应用和推广的过程中形成具有示范辐射作用和区域影响力的教学成果。

进一步观察的资源包：

[1] 苏圣奎.数学建模 推进中学育人方式改革的数学"模"力［M］.厦门：厦门大学出版社，2022.

[2] 苏圣奎，陈清华.发挥评价导向功能，促进创新人才培养——以高中生数学建模素养评价指标体系构建为例［J］.中国教育学刊，2022（3）：59-63.

[3] 姚育青.在数学建模教育体系中"体悟"科技创新［N］.中国教育报，2021-11-17（8）.

案例 17　地方音乐课程资源开发与应用的策略体系

成果完成单位：四川省双流艺体中学。

成果持有人：陈双，李萍，陈军，颜克，马玥，黄梅。

成果概述：为了突破学校地方音乐课程资源开发视野狭窄、学校地方音乐课程资源应用路径单一、学校地方音乐课程育人功能发挥不足三大瓶颈问题，四川省双流艺体中学陈双团队构建起地方音乐资源开发应用的策略体系，包括4个方面：①价值性引领策略，强化资源的"文化＋教育＋审美＋课程"价值。②专业性开发策略，"视域＋场域"开发路径、"教育性＋经典性＋适切性"筛选标准、动态评价模式，实现资源的整体优化。③课程化创生策略，素养导向的课程目标、"6332"课程框架，实现资源的课程转化。④体验式育人策略，"教学＋活动＋文化"育人模式、"导、悟、融"育人方式，实现以美育人、以美培元。

从形成过程观察，该项教学成果是贯彻中共中央办公厅、国务院办公厅《关于实施中华优秀传统文化传承发展工程的意见》，落实国家音乐课标"将本地区民族民间音乐运用到音乐课程"所开展的长周期、大面积实践改革成果。该成果历时12年，对四川地方音乐资源进行了系统开发和深度应用。历经资源采集与筛选、资源加工与课程化创生、资源应用与成果推广3个阶段，构建起集"专业开发—学校实践—项目连线—典型培育—示范推广—深度应用"于一体的建用联动机制，形成了价值性引领、专业性开发、课程化创生、体验式育人四大资源开发与应用策略体系，实现了四川地方音乐课程资源开发与应用的整体优化。

从成果产出效益观察，该成果首创四川地方音乐课程资源库，建构起资源开发与应用策略体系，从音乐教学走向音乐教育，从文化传承走向文化自信，找到学科特有的价值，实现学科育人。它的研究内容围绕课程开发的要素进行设计，目标关照到课程开发应关注的点位，为课程开发提供了范式，且课程资源分类体现了鲜明的四川特色。形成了2部地方音乐课程资源理论专著、8套四川地方音乐课程资源读本、880节优质课例、1230篇教学设计、1563部表演类作品、2680部音/视频素材充实资源库建设。成果价值凸显，提出了富有中国教育创新性论点：四川学科篇章的"六核素养培养规划"。2023年，该成果荣获了2022年国家级教学成果奖一等奖。

<u>从应用推广观察</u>，学校受邀到联合国总部、悉尼歌剧院等展示，在国家、省、市平台展演100多次，中央电视台、人民网等报道400多次。该成果已在四川省多个市州以及重庆、贵阳、广州多地应用。数十万名学生参与学习，千余名教师获得专业成长，百余所学校地方音乐文化品牌打造特色彰显。国家音乐课标组组长给予了"做出了具有开创性价值的贡献"的评价，称其开发的《川腔蜀韵》系列是"目前看到的国内最好的地方音乐读本"。

进一步观察的资源包：

[1] 李萍. 川腔蜀韵——四川省中小学地方音乐课程资源 [M]. 长沙：湖南文艺出版社，2016.

[2] 李萍. 非物质文化遗产融入学校艺术教育的策略体系构建——以川剧、四川曲艺为例 [J]. 中小学教材教学，2019（12）：62-65.

[3] 曾兢. 四川省双流艺体中学获国家级教学成果奖一等奖 [EB/OL]. (2023-09-10) [2024-02-25]. https://mp.weixin.qq.com/s/wcovnkdUhYo87VO4s6UElA.

案例18 小学特色美术校本课程创新与实践探索

成果完成单位：成都市成华小学校。

成果持有人：宿强，胡琳，廖佳秋，张怡，李健，高鑫。

成果概述：针对美术教育功利化、技术化现象，成华小学特色美术校本课程在实践探索中，坚持以国家美术教材为主线，开展系统的美术育人实践。根据不同年段学生学习美术的兴趣指向和发展需求，对中华民族的优秀文化艺术进行了创造性转化、创新性发展，逐步构建起了"四域文化"课程体系，即设计开发了美术校园文化课程、美术蓉城文化课程、美术川地文化课程、美术家国文化课程，优化了教学设计、课程开发等美术学科育人路径。建立美术学科素养评价指标体系，展开表现性、增值性、多元化评价。该成果有效促进了学生审美情趣的培养和潜能的开发，极大地提高了教师的教育科研能力，加速了美术教师的专业成长，成就了一批业务精良的优秀教师。

从形成过程观察，成华小学30年来坚持探索"以美育人"路径，经历了"明方向，树立美术育人理念—掘资源，建构'四域'美术课程—重实施，凸显美术育人特色—深总结，注重课程成果推广"4个研究阶段，开展系统的美术育人实践，搭建由浅入深、由近及远、由窄到宽、由低到高的课程内容与价值阶梯。①明方向，树立美术育人理念阶段：针对当下美术课程存在重知识轻文化育人、重技能轻审美育德、重结果轻过程等问题，学校明确必须建构培育美育核心素养的美术课程，达成以美育人、以美化人、以美培元的美术学科育人目标。②掘资源，建构"四域"美术课程阶段：坚持以美育人价值取向，学校根据不同阶段学生学习美术的兴趣指向和发展需求，结合美术课程标准和培养目标，立足本土统整美术学科资源，开发了美术校园文化、美术乡土文化、美术川地文化、美术家国文化"四域"美术课程。③重实施，凸显美术育人特色阶段：实现课程的育人目标，不仅要有目标牵引、文化浸润，还必须有完善且落地的课程实施系统。学校以"尚美"文化引领的课程总目标为出发点，从课程类别、实施方式、内容设置、实施主体、参与主体等多方面构建基于"尚美"文化引领的小学美育课程实施图。④深总结，注重课程成果推广阶段：成果注重总结，多次接受京津沪渝等70多个考察团来校交流，以及多个国内外政府部门考察团来校考察。

从成果产出效益观察， 在创新美术校本课程、探索"以美育人"的路上，该校坚守了30年，以"一区域一风格，一楼层一特色"为指南，全方位、立体构建起校园微型美术馆及线上云美术馆，分类、分层、分区展览学生美术作品。目前，成华小学校园中，微型美育主题展馆已有32个，艺术氛围浓厚。学校先后获得"全国中小学艺术教育先进单位""全国首批中华优秀文化艺术传承学校"等23项省部级荣誉。该校教师曾作为编委参与人美版义务教育阶段教材《美术》及四川地方教材编写，教师作品入选全国美展2次、省展12次，课程实践团队发表论文20篇，其中CSSCI论文8篇。此外，已有万余名学生受到该校本课程的熏陶，在国内外竞赛中获奖学生达到了1920人次，《麻线彝情》《烙痕·岩语系列组画》等学生作品在教育部开展的全国中小学生艺术展演活动中连续四届荣获一等奖，其中15幅作品被教育部收藏，2幅作品被联合国教科文组织收藏。

从应用推广观察， 该校特色美术校本课程中共有7个课例、25幅师生美术作品被收录进现行国标美术教材——人民美术出版社出版的义务教育阶段教材《美术》，分布于一、二、五、七、八年级，该教材于2013年起在全国刊行使用，影响力辐射全国。京津沪深30多所小学的万名学生受到课程熏陶；京津沪渝等70多个考察团来校交流，多个国内外政府部门考察团来校考察；学生受邀参加国内外美术大赛获奖1920人次，2幅学生作品被联合国永久收藏。

进一步观察的资源包：

［1］ 宿强，李建荣. 尚美教育［M］. 成都：四川教育出版社，2022.

［2］ 宿强，罗锦霞，张怡. 从美术教学走向以美育人——成华小学美术学科育人的实践探索与思考［J］. 教育科学论坛，2021（16）：67-69.

［3］ 宿强，廖佳秋，张怡. 基于"尚美"文化引领的小学美育课程体系建设研究［J］. 教育科学论坛，2023（26）：27-30.

案例 19　西部农村儿童线描画特色校本课程开发与实施

成果完成单位：重庆市北碚区复兴小学。

成果持有单位：重庆市北碚区复兴小学。

成果概述：西部农村学校的美术教育滞后，课程资源匮乏，受应试教育影响，素质教育落地艰难，美术专业师资不足，办学缺少特色。复兴小学基于陶行知生活教育理论，深入挖掘整理线描画这一地方传统文化，将之作为学校实施美育的重要内容和途径，奉行让学生在生活中发现美、欣赏美、创造美的"行知行"实践哲学。该成果着眼于农村学校美术教育实践的需求，以农村生活为素材，借助一笔一纸，培养学生的审美能力、创新实践能力，增强学生学美术、爱美术、爱农村、爱实践、爱创新的情感。主要解决以下4个问题：①农村小学校本课程资源匮乏。师生只有传统课本，大量可用于学校课程开发的优秀民间文化资源却闲置、失传或被遗忘。②农村小学素质教育落空。受应试教育影响，重语数外，忽视学生的艺术教育，学生审美综合素养缺失。③美术教师的不足。农村小学美术专业师资严重不足，多为语数学科教师替代，美术课堂阵地根本无法保障。④农村小学办学缺少特色。重知识轻学生综合素质，重同质发展，轻艺术发展，缺上位思想引领。

从形成过程观察，重庆市北碚区复兴小学在艰苦的条件下，历时16年，通过挖掘地方传统文化，开发了"西部农村儿童线描画"这一乡村美术校本课程，全程包括3个阶段。①第一阶段（2003—2006年），学校在陶行知教育思想引领下，提出了"质量为基，特色为翼"的特色发展目标，秉承"乡土、人文、校本、传承、特色"的理念，把有着百余年历史的复兴镇农村线描画引入课堂，根植于学校。②第二阶段（2006—2011年），学校整合资源，组建校本课程开发共同体，成立复兴线描画艺术工作室，调整教学关系、完善课程体系，确定教学目标，编写教材。③第三阶段（2011—2018年），学校以复兴儿童线描画校本课程的开发与实施为学校主体发展战略，引领学校内涵发展和教师专业成长。

从成果产出效益观察，该成果在农村儿童线描画技法上实现了创新：独创了西部农村儿童线描画平行线造型语言9大类117种纹式表现技法，让教师易教，儿童易学，易于推广。该成果是美术校本课程创新，通过积极挖掘地方传统文化，开发了一套适用于农村的美术校本课程——"复兴农村儿童线描画"。此外，学校与西南大学基础教育研究中心和西南大学美术学院合作，开辟了农村小学与高校合作研发校本课程的新路径。复兴农村儿童线描画为农村学生草根化学习、美术兴趣培养、潜能开发，促进学生终身发展搭建了平台，使得广大农村学子能够享受到和城市学生同等的优质艺术教育。该项目的实施激发了教师自我发展的意识，催生了教师创新思维，构筑起了教师成长发展的平台，实现了农村小学特级教师零的突破，产生了全国优秀教育工作者1人、重庆市教师培训专家1人、市级骨干教师1名、北碚区学科带头人1人、区级骨干教师23名、北碚区教育科研资源库专家2人。

从应用推广观察，"复兴农村儿童线描画"校本课程在北碚区内52所小学推广使用，并通过网络远程和实地送教辐射到香港、上海等地60所中小学，数十万名学生受到复兴线描画艺术的熏陶。2012年赴法国、比利时、意大利等欧洲国家交流。近5年，浙江、云南、贵州、四川、西藏等50多个市外教育考察团来校交流。2006年被授牌为"北碚区复兴农村儿童线描画创作基地"。2011年，重庆市北碚区复兴小学复兴线描画被市政府列为重庆市非物质文化遗产。2017年复兴儿童线描画获重庆市教学成果奖一等奖，2018年获国家教学成果奖一等奖。

进一步观察的资源包：

［1］ 欧兴德. 西部农村儿童线描画特色校本课程开发与实施——以重庆市北碚区复兴小学为例［J］. 教育学术月刊，2020（5）：104-111.

［2］ 基础教育国家级优秀教学成果资源服务平台. 西部农村儿童线描画特色校本课程开发与实施［EB/OL］.（2020-02-05）［2024-02-24］. http://s.enaea.edu.cn/h/gjjzyfwpt/jxcgzy/2020-06-12/11690.html.

［3］ 北碚发布. 缙云师说 | 戴德侨：以"心"为路 扎根乡村向上生长［EB/OL］.（2023-09-20）［2024-02-24］. https://mp.weixin.qq.com/s/sn39tqrqCqnLsGcH8THTMw.

案例20　馆校合作视角下的故宫课程群的开发与实践

成果完成单位：北京市第六十五中学。

成果持有单位：北京市第六十五中学。

成果概述：北京市第六十五中学的学科教师、课程专家和故宫博物院专家团队一起挖掘故宫博物院的课程价值，以首都文化中心为核心定位，逐步建立具有综合性、实践性、多元性、开放性的适合学生的故宫课程群，探索了符合课程改革标准和教育目标的馆校合作教育新模式。学校从学生需求、师资条件、地理优势、办学理念出发，以故宫文化资源为载体开发出相互关联、有序衔接、依次递进的23门课程群体，基本形成"三层次四领域"的立体课程架构：三层次是指基础课程、拓展课程和融合课程；四领域是指人文与社会、科学与技术、生活与健康、艺术与审美。该课程加深了学生对中华优秀传统文化价值的肯定，以及对中华优秀传统文化生命力的坚定信念，增强了学生的民族文化自信，帮助学生树立了正确的世界观、人生观、价值观。

从形成过程观察，故宫课程群的建设，走过了漫长的历史，具体可以说经过了3个阶段3个版本。①第一阶段（2002—2010年）：以散点合作为主的馆校合作课程点建设（故宫课程1.0版）。学校把故宫作为世界遗产教育的重要资源，通过参观故宫，综合实践活动等课外活动的方式，在全校开展世界文化遗产教育和可持续发展教育。②第二阶段（2010—2015年）：以学科融合为主的馆校合作课程群建设（故宫课程2.0版）。学校在故宫资源利用的基础上，开展学科融合，开设故宫特色课程群，初步构建起了"三层次四领域"的课程结构。③第三阶段（2015—2022年）：以深度合作为主的馆校合作课程体系化建设（故宫课程3.0版）。学校与故宫博物院签订了馆校合作框架协议，与故宫共同承担故宫开放性课题，逐步形成了适合青少年学生的故宫课程群。

从成果产出效益观察，学校根据课程目标，提出了故宫课程纲要的编写要求，据此开发的相关课程具有以下特点。①故宫课程群的规模化与系统化，学校共开发了23门课程，可满足不同学段、不同特长学生的发展需求，并且随着教育理念变化，不断创新，迭代优化。②故宫课程群的融合性与实践性，它以故宫博物院资源为载体，进行多学科知识融合、整合拓展，课程涉及数学、物理、化学、语文、英语、历史等学科内容。课程强调实践性，具有多种实践学习方式，如场馆式学习、项目式学习、主题式学习、沉浸式学习等。③提供了校本课程开发的示范案例，为开发校本特色课程、深化课程改革、变革育人方式探索新的路径。根据教学需求，教师们还编写了《品阅故宫》《我们的世界遗产》《故宫双语导游》《故宫文化》《故宫科学》《皇城根》共6本故宫系列课程读本。这不仅促进了学生对故宫文化和中华优秀传统文化的理解，培养了一支热爱故宫、研究故宫的教师团队，同时也促进了学校办学特色和精品课程的形成，提供了开发学校周边资源的校本方案。

从应用推广观察，学校与故宫博物院以各种形式展开密切合作，邀请故宫博物院的专家送课进校，还会带领学生们前往故宫开设第二课堂。此外，学校教师还设计和录制了故宫微课，开设了"我爱故宫"微信公众号。截止到2020年8月31日，已经推出91节，包括故宫之美、故宫历史、故宫珍宝、故宫建筑、故宫数学、故宫语文、故宫英语、故宫文创、故宫科创、我讲故宫10个系列，线上学习观看人数达到上万人次。教育部、文化和旅游部、故宫博物院、中国教科院、人教社、北师大、首师大、市教育学院、市教科院、区课程中心、东城区非物质文化遗产中心、社会公益组织等10多家单位共30多位专家对故宫课程群的开发与实施给予指导，并参与其中。北京市以及全国部分中小学、幼儿园、职业学校的师生与该校师生就故宫课程群进行交流。课程群多次入选中国教育创新成果公益博览会，并被评为优秀成果。《中国教育报》、《中国教师报》、《北京晚报》、《现代教育报》、"东教印象"、"学习强国"等媒体都对故宫课程群进行了相关报道，产生了较大的社会影响。

进一步观察的资源包：

[1] 钱卫东，吴万春. 馆校合作视角下故宫课程群的开发与实践——以北京市第六十五中学为例［J］. 中小学信息技术教育，2022（4）：94-96.

[2] 解茹越. 十年·笃行／（四）故宫课程十年路 传统文化共传承［EB/OL］.（2022-10-21）［2024-02-25］. https://mp.weixin.qq.com/s/pq3z6CiUK5em_my8zQ0ZtA.

[3] 我爱故宫（微信公众号）.

三 教学

课堂是学校教育教学工作的主阵地,提高课堂教学质量是学校教育的核心任务。本章围绕"教学"的关键问题,从教法、学法和各学科教学出发,集中呈现当前基础教育教学改革中涌现出来的极具创新意义和推广价值的代表性成果,为推动育人方式变革提供31个案例支持。

◎ 教法

案例21 "生命·实践"教育学视域下学科教学育人价值的深度开发与实践转化

成果完成单位：华东师范大学。

成果持有人：李政涛，叶澜，吴亚萍，卜玉华，李家成，伍红林。

成果概述：团队坚持20年以"生命·实践"教育学为视域，针对当前教学育人价值意识缺失、认识窄化、落实空乏和理论薄弱等问题，聚焦学科育人价值的理论与实践，探索出了一条独特的学派式创新路径。在理论上，创生引领学科教学育人价值研究的理论系统，形成对于"育人价值""课型"等内涵的学派式理解，建立融通校内外且类结构化的理论框架，强调"开发"的理念依据及其"深度"特性。在实践上，依托教材挖掘每门学科独特的、不可替代的育人价值，甄别把握每门学科育人的内容结构、方法结构、过程结构，针对中小学各学科和各课型编制开发了系列性策略、工具和方法，为教师在学科教学中育人提供了指导。成果实现了学科教学育人价值的深度开发与实践转化，为我国基础教育教学贡献了理论成果和实践经验。

从形成过程观察，团队基于"生命·实践"教育学，围绕学科育人价值的内涵解读、开发策略与实践转化的基本路径，展开"贴地式深度介入"合作研究。持续20多年，经历了4个发展阶段。①初探阶段（2002—2004年）：明确学科教学育人价值的内涵、重要性及其"生命·实践"教育学立场。早在2002年，叶澜教授在《重建课堂教学价值观》一文中便指出学科教学应关注"育人价值"问题。2004年，叶澜教授在一次专访中，论证了学科教学育人价值与生命价值的内涵。②发展阶段（2005—2008年）：探究学科教学育人价值的分析框架及实践转化的基本策略。2006年，叶澜教授的《"新基础教育"论——关于当代中国学校变革的探究与认识》一书正式出版。在此书中，叶澜教授系统阐述了学科教学育人价值的分析框架：一是从教学共通价值观角度分析，二是从学科教学价值观角度分析，三是从课堂教学价值观的具体综合的角度分析。可以说，"三重结构"是"生命·实践"教育学在学科育人价值认识上的新突破。③深化阶段（2009—2014年）：聚焦学科教学育人价值开发与实践转化的"课型"载体建设。自2009年起，团队将载体从"单元研究"拓展到"课型研究"，学科拓展到科学、音乐、美术、体育和信息技术等。团队通过将育人价值研究深化到课型和具体教学内容中，提炼形成了课型的结构性内涵，生成了覆盖1～9年级，不同学科、不同层次的课型的育人价值及其教学策略。④融通阶段（2015—2022年）：整合学科教学育人价值深度开发与实践转化的多种策略。在经历了初探、发展、深化3个发展阶段后，团队开启了融通式探索，形成了多种策略：一是深化了学科育人价值研究的理论基础，二是赋予了学科育人价值研究的理解深度和转化方向，三是探索了多元融通的不同维度、目标及策略，四是推动了研究成果"中国话语"的国际传播与推广。

从成果产出效益观察，团队走出一条独特的优质均衡发展之路，成为"学科教学育人价值"深度开发与实践转化的策略集聚地、人才孵化地、理论策源地、品牌示范地。①策略集聚地：生成基于课堂的多元融通推进策略群和区域推进机制，为教师在日常教学中实现学科教学育人价值提供具体和结构化的教学方案。团队长期"贴地式"深度介入中小学教学实践，到一线"听说评课"5万多节，形成高校研究人员与中小学教师、理论与实践双向互动、共生共长的合作研究新机制。②人才孵化地：试验学校学生的学业质量显著提升，成就了一批具有"育人价值"视野和研究能力的新型教师和教研团队。创建了36所"生命·实践"合作研究校、200多所基地校，惠及数万名学生，培育了1000多名新型教师、7位特级校长、13位特级教师、9位全国优秀教师和全国模范教师、2位全国劳动模范，学校荣获全国先进集体称号。③理论策源地：扎根育人价值教学实践，创生系列性理论成果。出版《"生命·实践"教育学论纲》（含英文版）、《学科教学的育人价值及其开发》等10多册学术著作，发表《深度开发与转化学科教学的"育人价值"》《融通"教""育"，深度开发学科的育人价值》《从"单元"教学到"单元类结构"教学》等系列论文。④品牌示范地：团队通过育人价值研究，凸显"把论文写在祖国大地上"的理念，获评教育部首批"全国高校黄大年式教师研究团队"（唯一教育学学科团队），成果获全国教育科学优秀成果奖一等奖。

从应用推广观察，该成果先后在上海闵行区、北京朝阳区、天津高新区、广东佛山南海区等全国14个省市区建立不同类型、层次的"育人价值开发生态区"，进行成果辐射和推广运用，为促进区域优质均衡发展提供来自育人价值研究的新方案与新路径。新华社、《人民日报》、《光明日报》、《人民教育》等媒体对相关活动进行过系列报道，团队微信公众号对活动的报道文章浏览总量突破1200万人次。此外，研究团队通过英文出版发表学术成果并参加国际研讨活动，为学科教学育人价值研究提供中国经验与中国方案，引导国际学者讨论中国教育学思想及理论贡献，助推中国教育理论话语体系的形成，有效推动了中国经验、中国话语的广泛传播。

进一步观察的资源包：

[1] 叶澜. 回归突破"生命·实践"教育学论纲［M］. 上海：华东师范大学出版社，2015.

[2] 李政涛，叶澜，吴亚萍，等. 学科教学育人价值的深度开发与实践转化［J］. 中国基础教育，2023（11）：6-10.

[3] "生命·实践"教育学研究院（微信公众号）.

案例22 一个模子不适合所有学生：小学差异教学的实践研究

成果完成单位：浙江省杭州市天长小学。

成果持有人：楼朝辉，庞科军，方莉，何慧，曹晓红。

成果概述：因材施教是每个教师教学追求的目标，但知易行难。该项目基于"学生的差异有哪些、实施的载体怎么创设、如何评价学生的发展"这3个问题，在班级授课制的现实背景下，建立更具操作性的差异教学实践框架。经过近30年的实践和思考，逐步形成了"天长没有差生，只有有差异的学生"的核心理念，并顺势提出认知、情绪、生理以及社会四大差异，完善了现有差异教学理论，践行了"面对有差异的学生，实施有差异的教学，促进有差异的发展"的实践路径，归纳出64项常用教学策略，为班级授课制条件下实施个性化教学提供了宝贵经验。

<u>从形成过程观察</u>，差异教学经历了4个阶段。①第一阶段（1990—1999年）：尊重学生差异的教学组织形式变革。"差异教学"研究始于1990年，杭州市天长小学、杭州大学教育系综合实验组在《教育研究》1993年第10期发表《"差异教育"实验的理论构想》是重要标志，课题组把学生的差异分为个体间差异、个体内差异、阶段间差异、群体间差异，在实践中采用"班外分流""班内分组""两级循环"等教学组织形式变革，取得一系列成果。《学校活动体系的探索》等文章发表于《教育研究》，《培养小学生"三自能力"的构想和实践》等文章被学术资源库《人大复印报刊资料》转载，成果获浙江省教育科学重大成果奖一等奖。②第二阶段（1999—2004年）：适宜学生差异的内容拓展。相继开展省规划课题"差异教育理念下学生整合学科活动的研究"和"差异教育理念下课堂'教'的研究"，将选修

课和必修课结合，强化"综合实践活动课"实施，提倡"游学"课，编印《游学手册》，探索"游学"内容系列化。成果获得浙江省教育科研优秀成果奖二等奖，人民教育出版社出版《直面差异——来自天长小学的教育叙事》，中央电视台拍摄《第十名现象》专题片。③第三阶段（2004—2009年）：基于交往的差异主体范式转换。成功申报全国教育规划课题"基于差异的教育：现代学校的课程与教学研究"，延展差异教学的边界，从面对差异提供选择，到共享差异进行交往，实现差异教学主体范式转换，由师生单向对话走向师生、生生等多主体多向对话，拓宽了班级授课制下实施差异教学的路径。成果获得浙江省教育科研成果奖一等奖。④第四阶段（2010—2018年）：顺应差异的教学策略生态系统构建。聚焦学生的核心素养，提出学生个体间差异主要包括认知差异、情绪差异、生理差异、社会差异，成功申报省规划课题"教育交往：学生成长生态系统的构建与实践"和杭州市重大课题"基于'核心素养'的学生成长生态系统构建及实践研究"，重点通过研究整合、协调学校差异教学各系统，引入大数据支持教学实施和评价，建构学生成长学习生态系统，充分体现差异教学的开放性、整体性、动态性，实现课堂精准匹配。浙江教育出版社出版阶段性成果《差异教学的思考和实践》。

从成果产出效益观察，该项目获得浙江省基础教育教学成果奖一等奖，全国第五届教育科学研究优秀成果奖三等奖，出版专著数十本。8年间共计有86%的教师参与各级课题研究，38%的教师获得课题研究成果奖项，在研究中工作已成为学校教师教育生活的常态。近5年，学校先后荣获"浙江省五一劳动奖状"先进集体、2013—2014年度浙江省科研先进集体、杭州市智慧教育示范校、浙江省数字校园示范学校、全国"国防教育特色学校"等荣誉称号。《中国教育报》《中小学管理》《人民教育》等刊物都发表了关于学校差异教学的成果文章，学校差异教学的实践被教育部王定华司长作为素质教育实践典型向全国介绍。近 5 年来，培养了省市教坛新秀 10 多名，教育硕士 10 多名。2013 年，《交往：差异教育实践的新途径》荣获"第三届全国教育改革创新典型案例"。

从应用推广观察，学校差异教学的经验先后在"国际华文教育论坛"等平台向全国介绍。2017 年，学校举办"中国杭州名师名校长·差异教学国际论坛"，与会者上千名，引起较大反响。美国、英国、韩国、马来西亚、泰国、新加坡、日本、比利时、西班牙等国家的师生也先后来校进行交流。2014 年，学校吴老师曾在美国印第安纳州做差异教学示范教学。上海、广东、重庆、四川、黑龙江、贵州、香港等地来校学习差异教学的人员，合计 400 多所（次）。国家、省市新闻媒体对学校进行了 200 多次报道。2021 年 4 月，由天长小学楼朝辉校长主持召开的《一个模子不适合所有学生》教学成果推广会议在天长小学举行。浙江天长差异教育研究院依托于天长小学，负责差异教育成果的推广，主营成果出版与研讨展示。研究院内设"一办四部"，推广的 6 个项目包括"读写教室研究""小学评价方案研究""学生作业改革研究""'天长大脑'研究""小学数学实验课程研究""基于差异的儿童观察研究"等，为差异教学研究成果的项目推广提供服务。

进一步观察的资源包：

[1] 楼朝辉，庞科军. 差异教学的思考与实践［M］. 杭州：浙江教育出版社，2018.

[2] 陈怡. 一个模子不适合所有学生——浙江省杭州市天长小学语文"差异教学"专题研究：预习也可以分层——基于学生差异的课前准备与铺垫［J］. 小学语文教师，2011（3）：46-47.

[3] 基础教育国家级优秀教学成果资源服务平台. 一个模子不适合所有学生：小学差异教学的实践研究［EB/OL］.（2020-02-04）［2024-02-24］. http://s.enaea.edu.cn/h/gjjzyfwpt/jxcgzy/2020-06-12/11778.html.

案例23　尝试教学法的实验研究与推广应用

成果完成单位：江苏省常州市教育科学研究院，鲁东大学，云南省玉溪市教育科学研究所，江苏省宜兴实验中学，黑龙江省鸡西市园丁小学，江苏省常州市湖塘实验中学。

成果持有人：邱学华，苏春景，李永云，王俊，王春梅，顾志平。

成果概述：尝试教学法历经半个多世纪，先用20年时间思考酝酿和初步试验，改革开放后又用30多年时间进行系统教育实验和推广应用。经过不断实践，不断升华，不断推广，逐步被中国广大中小学教师所接受。作者大胆冲破传统教学的束缚，创立"先练后讲，先学后教"的尝试教学法，把学生从被动的位置上推到主动地位。尝试教学的实质在于教师先不要讲解，而是先提出尝试问题，让学生在旧知识的基础上先尝试，遇到困难后学生可以自学课本，在课本中寻找线索，也可请教同学合作交流，然后让学生大胆尝试练习，最后教师针对学生在尝试练习中的困难进行讲解。其特征是"先练后讲，先学后教"，理论核心是"学生能尝试、尝试能成功、成功能创新"。尝试教学法已形成比较科学、实用、灵活的操作模式体系。

从形成过程观察，尝试教学法是以课题研究为关键事件，经过不断实践、升华、推广与应用。在教育实验的基础上，作者不断进行理论研究，把尝试教学法升华为尝试教学理论。"尝试教学理论研究与实践"现已作为国家"八五"规划教育科学重点研究课题。1996年，以查有梁、朱永新为首的专家组对该课题进行鉴定，认为"尝试教学法普适性强，已成为基础教育的重要方法之一，值得推广""这一课题的成果，为基础教育的学科教学改革做出了重要贡献，实际效果显著"。在科研的基础上，邱学华着重成果的推广应用，产生了广泛影响。目前，该项实验研究仍在进行中，作者继续深入研究尝试教育思想。尝试教学不仅仅是为了提高学习成绩，更重要的是培养人的尝试精神。

<u>从成果产出效益观察</u>，尝试教育历经 30 多年时间，教育实践有力证明：提"尝试"更切合中小学生的实际情况，比欧美提"发现探究"更有利于提高课堂教学的效益。作者既重视教育实践，又重视理论提高，编写了 60 多本著作，其中《尝试教学法》《尝试教学论》《邱学华与尝试教育人生》等，累计发行 120 多万册，基本形成了尝试教学法的理论框架，具有较扎实的理论基础。专家组鉴定意见指出："尝试教学理论，主要是在中国古代优秀的教学思想基础上升华出的现代教学理论。"尝试教学研究推动了中小学教师参与教育科研并完成实验报告及研究文章 10 多万篇，公开发表约 7000 篇。在尝试教学理论研究会立项的课题有 3852 个，已通过专家鉴定结题的有 365 个。已涌现出一大批优秀实验教师，并有部分教师成长为特级教师、学科带头人、教坛新秀等。目前，已成立了常州大学尝试教育科学研究院，常州市教育局也成立了"邱学华尝试教育思想研究会""邱学华尝试教育名师工作室"，并建立了"邱学华尝试教育史料陈列室"，命名一批中小学作为实验学校。

<u>从应用推广观察</u>，30 多年来，作者坚持不懈，奔走全国各地（包括港澳台地区），依靠当地教育局、教研室组织教师学习，设立实验学校。作者不仅讲理论，还亲自上示范课，这样走一地、传一方。经过 30 多年坚持不懈的努力，应用范围先从小学数学发展到小学各科，再从小学发展到中学，影响到整个基础教育阶段。按地域来说，应用范围已遍及全国 31 个省、市、自治区以及港、澳、台地区，并已走出国门，走向国外。全国先后有 250 多个区、县采用区域推进的办法进行推广。由尝试教学理论研究会正式命名的实验学校有近 3000 所，自发进行的不计其数。据不完全统计，先后参与应用的教师有近百万，受教学生达 3000 多万。尝试教学法已成为两岸四地教

师都在应用的一种教学法，被教育界认为是推广应用的范例，称为"邱学华现象"，被美国佛州大学瓦格纳教授称为"世界最大规模的教育实验之一"。有关尝试教学的论文已译成日文、英文、德文、俄文、韩文等在国外发表，2010年在深圳举行"尝试学习理论国际研讨会"，2013年在澳门大学举行"尝试教学研究华人论坛"。"邱学华尝试教学在线"网站IP量已有近300万，除中国外，还有50多个国家和地区登录访问。《中国教育报》4次整版介绍，《人民教育》连续推出"尝试教学专辑"和"尝试教育专辑"，《中国教育科学》2次向国内外介绍，新华社记者4次向海内外报道，全国各种教育杂志都相继报道，这为尝试教学法的推广应用创造了条件。

进一步观察的资源包：

[1] 邱学华，黄勇，张伟俊，等. 尝试教学流派 尝试路上的开拓者[M]. 福州：福建教育出版社，2023.

[2] 邱学华，张良，金海楠. 尝试教学的理论探索与实践创新——专访尝试教学法创始人邱学华[J]. 教师教育学报，2023，10（4）：1-11.

[3] 邱学华尝试教学在线[EB/OL].[2024-02-24]. http://www.try-qxh.cn/.

案例 24　后"茶馆式"教学——走向"轻负担、高质量"的实践研究

成果完成单位：上海市静安区教育学院附属学校。

成果持有单位：上海市静安区教育学院附属学校。

成果概述：后"茶馆式"教学是一项教学改革研究，从学生的认知视角出发，聚焦于课堂教学中如何关注学习主体——"学生"的核心问题上。后"茶馆式"教学在以茶馆式教学为代表的系列教学改革的基础上发展而成。坚持关注学生，改变教学的逻辑结构，提出教学方式更加多元——从"书中学"一种方式，到"书中学""做中学"2 种方式并举；教学方法更加灵活——从"读读"开始，到"读、议、听、练"等多种方法并行；教学手段更加现代——新教学手段的创设，从讲台之上延伸到讲台之下。形成后"茶馆式"教学的模型和完整的操作体系。

从形成过程观察，后"茶馆式"教学法是承袭了 20 世纪 80 年代上海市育才中学段力佩校长的"读读、议议、练练、讲讲"的茶馆式教学基础之上的创新之举。一是分析教学问题。本成果从学生的认知视角，在大量观课的基础上，学校归纳出日常课堂教学中存在的弊端：教师总体讲得太多，常常把自己的讲解作为学生学习的唯一途径；暴露学生在学习过程中问题不够，解决更少；教师没有正视学生间差异，即使有，也只是在学业成绩上；许多教师不明白自己每个教学行为的价值取向究竟何在，常常带有盲目性。以上 4 个弊端，聚焦于课堂教学中如何关注学习主体——"学生"的核心问题上。二是提炼教学改革的共同方向。为了克服课堂教学中的弊端，学校对全国典型教学改革进行提炼，发现 20 世纪著名教育家段力佩先生提出的"读读、议议、练练、讲讲"茶馆式教学在全国产生过重大影响，而且当今

许多教学改革与它有共通之处，如"预习展示，反馈达标""先学后教，当堂训练"，还有学案、导学案等。这些教学改革的研究大部分都集中在教学方法和手段层面，它们的共同方向是什么？茶馆式教学以及之后许多教学改革的重要贡献在于改变了课堂教学的逻辑结构，从以教师认为的学科体系为线索进行讲解，变成由教师帮助，以学生的认知为线索，让学生自己进行建构。三是建立后"茶馆式"教学的雏形。后"茶馆式"教学在以茶馆式教学为代表的系列教学改革的基础上发展而成。坚持关注学生，改变教学的逻辑结构，提出以下3个方面内容的雏形。①教学方式更加多元——从"书中学"一种方式，到"书中学""做中学"2种方式并举。茶馆式教学仅有一种学习方式——"书中学"，即有意义的接受性学习，让学生获得间接知识。后"茶馆式"教学提倡研究性、实践性学习，将"做中学"方式引入课堂，使学生获得直接知识。②教学方法更加灵活——从"读读"开始，到"读、议、听、练"等多种方法并行。茶馆式教学的学生先学都从"读读"开始。这样，在具体操作时，必然会因学科、学段和课型的不同而陷入困境。我们倡导的学生先学，可以在课前，也可以在课上；可以一次先学，也可以多次先学；可以先读，也可以先练、先听。③教学手段更加现代——从讲台之上延伸到讲台之下。后"茶馆式"教学的教学手段创设，既有讲台之上，又有讲台之下。该成果先在物理学科不同的班级对教学假设进行验证性实践探索，后又以"循环实证"的教育科研方法，使研究从物理学科推向其他学科、其他年级。在大量的实践案例中，归纳出后"茶馆式"教学的教学方式、手段、策略和方法，又让它们回归实践，在实践中得到检验和修正。四是后"茶馆式"教学又在不同类型学校开展普适性验证。通过研究实践，形成了比较完整的教学操作体系。后"茶馆式"教学的研究与实践，体现了以点带面、循序渐进、差异发展的策略，运用了行动研究、案例研究的方法。

从成果产出效益观察，后"茶馆式"教学，一是改变了教师日常教学行为，消除了教学弊端，转变了教学理念。上海市教委学业质量综合评价历年数据显示，学校教学方式指数逐步提高，近年来已达到最高值"9"。二是提高了教学效能，走向轻负高质，同时，也促进了作业等其他环节的改进。2018年度上海市教委学业质量绿色指标综合评价显示，学校每项指标都超过市、区平均值，呈现出"学生学习动力"强，"高阶思维能力"强，"学业负担"轻，"学业成绩个体差异"小，"学业标准达成度"高，"学生对学校认同度"高，"学生身心健康"等特点。

从应用推广观察，建立上海市后"茶馆式"教学研究所，同时形成上海市教师培训课程。全国20多个省市的校长、教师，以不同形式学习后"茶馆式"教学。美国《纽约时报》、法国《法新社》和新加坡《联合早报》等有报道，我国《人民日报》《中国教育报》等主流媒体也都有报道。中央领导刘云山、陈至立、翁铁慧对该校课程教学改革有批示，给予充分肯定。

进一步观察的资源包：

[1] 上海市静安区教育学院附属学校. 后"茶馆式"教学 走向"轻负担高质量"的实践研究 [M]. 北京：北京师范大学出版社，2019.

[2] 张人利. 后"茶馆式"教学为何有影响力 [J]. 中国教师，2016（20）：51-55.

[3] 基础教育国家级优秀教学成果资源服务平台. 后"茶馆式"教学——走向"轻负担、高质量"的实践研究 [EB/OL]. （2020-02-03）[2024-02-22]. http://s.enaea.edu.cn/h/gjjzyfwpt/jxcgzy/2020-05-22/7529.html.

案例 25　问题化学习 20 年：学与教的变革

成果完成单位：上海市教育学会宝山实验学校，上海市宝山区教育学院。

成果持有单位：上海市教育学会宝山实验学校，上海市宝山区教育学院。

成果概述：为了用学习方式转变倒逼教学方式变革、促进课堂转型以及学校系统改进，项目组以转变学生学习方式为出发点，历经 20 年的研究与实践，建构起问题化学习基本完整的理论体系与实践路径。该成果的核心理念是回归人类学习的本质，让学生自主经历问题的发现、解决、演化的过程。该成果明确了问题化学习的概念内涵，其显著特征是持续发现与解决系列问题，要求学习活动以学习者对问题的自主发现与提出为开端，用有层次、结构化、可扩展、可持续的问题系统贯穿学习过程和整合各种知识，通过系列问题的解决，实现知识的整体建构、学习的有效迁移与能力素养的逐步形成；明确了"提问与追问""问题与问题系统""学习者与学习共同体"3 对元素，提出其关键特征是建构问题系统，以"问题系统化、系统图式化、图式可视化"为实现形式；建构了问题化学习的实践模型及其操作路径。具体操作路径如下：第一步，学生提问。第二步，共同聚焦核心问题。第三步，学生追问。第四步，建构问题系统。第五步，合作解决问题。第六步，自我规划反思。与一般意义上"基于问题的学习"不同，该成果是基于我国学情特征、探索学与教变革的中国方案。

<u>从形成过程观察</u>，问题化学习课题研究长达 20 年，历经 3 个重要发展阶段。①小试阶段（2002—2015 年），逐"问"而行：这一阶段主要进行了问题化学习实践模型的本土探索。此阶段通过自主探索，采用理论假设、

实践验证，提出问题化学习概念，形成了问题化学习的变革路径与实践模型；通过提问、追问，建构问题系统，学生在持续性问题解决中有效建构学科知识体系；通过招募项目学校，采用实践研究、经验提炼、专家咨询等，建构了支持问题化学习的教学变革实践体系。②中试阶段（2015—2022年），"问"向深处：这一阶段主要进行了实践的集成创新，实现了成果的全面推广。由问题化学习研究所组建了41个教师工作坊，全国59所实验基地，10大省际学校联盟，将12年的课题研究成果推广转化至九年一贯母体实验学校。母体校由点到面，全学科推进日常教学实施，研究所通过学生学习成效、教师专业发展实验数据多轮验证，形成了学科、学校、学段多层面持续迭代优化的系统实践成果，进而形成"所校盟一体"的成果推广有效机制。③大试阶段（2023—2024年），"问"以致远：随着问题化学习在更大范围的实验推广，特别是在母体实验学校全要素的探索，越来越多理论得以实践验证，在原有研究不断得以深化的基础上，形成了越来越多成熟的操作模型、实践模式和评价标准。

<u>从成果产出效益观察</u>，问题化学习目前已有近千名教学研究团队，每个团队平均每周开展2次以上研究课，每年2次专题论坛，随时进行体验研修。核心成员每人都主持或参与小课题研究，形成了60多个专题报告，100多个教师个人成果，累积了1000多个研究课例，已出版9本问题化学习研究著作，形成了包括理论架构、实践指导以及课堂应用3个层次的研究成果，积累了核心团队开发的教师通适培训、学科指导团队开发的课堂应用手册、品牌教师工作坊开发的教学专题研修3个层次成果推广应用的教师研修课程，并且还在持续深入下去。

<u>从应用推广观察</u>，问题化学习的研究和探索已经从上海辐射到全国，目前问题化学习研究所在全国共有7大区域性实践联盟、9大学科团队，拥有了143位研究所命名的品牌教师、375位种子教师，以及全国16个省市52

个实验基地约计千名教师实践团队。问题化学习整个实验研究分布在全国 16 个省市，研究所下辖的 63 个学科云工作坊和 97 个朵工作坊都是来自全国各地的研修团队。基于学科的云工作坊和单元研修的朵工作坊机制的建立进一步发挥母体实验校的引领作用，构筑跨区域教师专业共同体，形成"自组织、自运转、自创造、自传播"的教师自成长的教研系统与活力团队，大大提高了研修的参与面。

进一步观察的资源包：

[1] 吴昌利. 聚焦数字化转型赋能问题化学习——"问题化学习"全国母体校探索之路［J］. 教育，2024（2）：33-34，37.

[2] 上海市教育学会宝山实验学校. 问题化学习 20 年：学与教的变革［J］. 上海教育，2023（36）：16-17.

[3] 问题化学习课题组. 问题化学习 20 年：学与教的变革［J］. 上海教育，2023（31）：44.

◎ 学法

案例26　落实学科核心素养：单元学历案设计与教学的探索

成果完成单位： 嘉兴市第一中学。

成果持有人： 卢明，蒋雅云，崔允漷，戴敏燕，王静慧，奚素文。

成果概述： 该成果依据新课程理念，从教学方案变革入手，在"课时学历案"的基础上开发"单元学历案"，探索让学科核心素养落地的教学设计与实施的专业化之路。单元学历案秉持素养导向、课程视角与学生立场，重点关注学生的"学会"，从传统的"知识点+课时"走向"核心素养+单元"，对单元主题与课时、学习目标、评价任务、学习过程、作业检测、学后反思等6要素进行一体化设计，实现了从"教之方案"向"学之方案"的转变。该成果总结了大观念、大问题、大任务与大项目等4种单元组织方式，建构了"单元学历案"的设计模型，提炼了"单元学历案"设计的核心技术和教学范式，提升了学生的学习兴趣与学业质量，促进了学生学科核心素养的发展。

从形成过程观察，该团队的学历案研究历时8年。①前期探索（2013—2016年）主要是"课时学历案"研究，包括建构学历案的概念、要素、设计模型，进行学历案的开发、实施和效果检验，形成学历案的教学范式并推广应用。2016年，整理研究成果，出版专著《教案的革命：基于课程标准的学历案》（华东师范大学出版社）。②后期探索（2017—2020年）主要是"单元学历案"研究，经历了3个阶段：第一阶段（2017年）为学理探索，包括厘清"单元"的概念，明确"单元"设计的意义，确定"单元"的组织方式，确立"单元学历案"的要素与内涵，成立"全国高中学历案研究联盟"。第二阶段（2018年）为实践建模，包括建构"单元学历案"设计模型，创新"单元学历案"设计核心技术，确立"单元学历案"教学范式，开发"单元学历案"教学课型，邀请华东师范大学课程与教学研究所等专家对"单元学历案"成果进行鉴定。第三阶段（2019—2020年）为推广辐射，包括成功举办第三届全国高中学历案联盟峰会，在全国各地做有关学历案的学术报告30多场，有3个省区数十所学校推进实施学历案研究。2021年，出版专著《教案的革命2.0：普通高中大单元学历案设计》（华东师范大学出版社）。

从成果产出效益观察，"单元学历案"实施以来，学校发生了多方面变化。①学生的学习发生了显著变化，学业水平得到了明显提高，核心素养的提升从不同角度、不同侧面得到了反映，具体表现为：学习兴趣、态度、价值观持续向好；学科竞赛获奖人数大幅增加；高考成绩显著提高。②课堂形态实现了从"教堂"到"学堂"的转型：对使用"单元学历案"的各年级学生进行抽样调查显示，"对目标更明确""对内容更清楚"2项得分最高，分别为4.37和4.38。③教师专业发展实现了质的飞跃：确立"学为中心"的理念，教师行为发生了改变；聚焦课堂教学专业化，教学能力得到了提升。④产生了一批高质量的研究成果。研究团队出版了2部专著——《教案的革命：基于课程标准的学历案》和《教案的革命2.0：普通高中大单元学历案设计》，均成为畅销全国的专业书籍。此外，研究团队还公开发表省级以上相关论文31篇，其中10篇发表于核心期刊，3篇被《人大复印报刊资料》全文转载。

从应用推广观察，该成果推广辐射到了全国，成立了横跨9个省市的学历案联盟。联盟由横跨全国9个省市的10所学校组成，每年举办一届面向全国的学历案研究高品质峰会，在峰会上来自高校、教研院所、中学的专家、学者、一线教师，多层次、多角度地展示、分享学历案研究的最新成果。一方面，作为全国高中学历案研究联盟的核心成员，该校积极参与并承办联盟峰会，分享最新研究成果，贡献专业智慧，在全国范围内发挥辐射引领作用。另一方面，作为全国率先在学校层面整体推进"单元学历案"研究与实践的学校，该校积极为全国同行提供示范和指导。此外，还开发了一批涵盖普通高中各学科的"单元学历案"样例，可供全国同行学习借鉴。CCTV、《中国教育报》、《人民教育》等多次做专题报道；2022年在"省教研课题成果推广会"上做推广交流；在教育部组织的全国普通高中"双新"培训大会上多次做典型经验介绍。

进一步观察的资源包：

[1] 卢明. 教案的革命2.0：普通高中大单元学历案设计［M］. 上海：华东师范大学出版社，2021.

[2] 卢明，蒋雅云. 落实学科核心素养：单元学历案的设计与实践［J］. 全球教育展望，2022，51（4）：71-83.

[3] 卢明，蒋雅云. 单元学历案：让学科核心素养落地的实践路径［J］. 中小学管理，2021（7）：23-26.

案例27　素养如何落地：项目化学习育人的上海创新与实践

成果完成单位： 上海市教育科学研究院。

成果持有人： 夏雪梅，崔春华，吴宇玉，王晓华，杨金芳，滕平。

成果概述： 素养是面向未来的国家育人目标，是学生在解决真实问题中凝练成的知识、能力与品格的统整体。统整的素养如何不被简化为单一的知识目标，新目标如何不变成旧实践，这是我国课程改革中的关键难题。夏雪梅团队通过8年探索，走出了一条项目化学习的本土之路。其中，项目化学习是指向素养落地的学与教的创新实践，用真实项目驱动学生主动学习新知，在问题解决中培养勇于创新、承担社会责任的品格。该团队通过反复实践提炼出日常课的微项目结构，形成了一套学科项目化学习的双线设计框架，形成融入创造性问题解决的学习工具和课型。根据国家课程素养定位进行项目分类，构建有结构和序列特征的项目群。通过多年探索和实践，形成了一整套支持项目化学习高质量实施的机制，逐步解决与素养落地有关的系列问题。

从形成过程观察，本成果重点聚焦项目化学习实践的五大问题，走过如下历程。①第一阶段（2014—2016年）：探索学科日常课中的微项目。在5所实验校开设实验室，在小学语文、数学日常课中开展小规模实验，反复实践得出可行方法。②第二阶段（2016—2018年）：形成指向核心素养的学科项目系统设计。在10多所中小学的语数科艺等学科中进行项目化探索，系统分析国际项目化学习经验，结合本土分科制率先提出学科项目化学习。出版项目化学习专著，系统解决项目化学习设计等问题。③第三阶段（2018—2020年）：形成融入创造性问题解决的学习工具、支持课型和评价。

项目化学习如何教与学？习惯了讲和听的师生面对以真实项目为逻辑主线的课，怎么上、怎么学？研制了入项课、知识能力建构课等6种项目课型。出版专著，立项国家社科基金。④第四阶段（2019—2021年）：发展基于素养的结构化序列化项目样态。单个项目与系统素养培育的矛盾是制约项目化学习推进的关键问题。经过不同类型学校的分类探索，创造性地根据国家方案不同课程功能，形成活动、学科、跨学科3类项目，进而根据（跨）学科核心素养水平，形成有序列特征的项目群，又进而在学校课程结构中，调节各种课时组合，解决课时不够问题。⑤第五阶段（2020—2022年）：赋能各类学校大规模实践的支持机制。基于上述关键问题的解决，本成果被上海市教育委员会（简称"上海教委"）采纳，形成大规模推广文件，覆盖全域中新建、薄弱、优质等各类型学校，围绕学与教核心变革，孵化激活各类学校变革活力落地素养的支持机制；率先在国内建设项目化学习线上案例设计与资源平台，支持近万名教师。

　　从成果产出效益观察，项目组产生了一系列高质量的研究成果，出版专著《项目化学习的实施：学习素养视角下的中国建构》《项目化学习设计：学习素养视角下的国际与本土实践》《项目化学习工具：66个工具的实践手册》等，在《课程·教材·教法》《教育发展研究》《华东师范大学学报（教育科学版）》《全球教育展望》《中国教育学刊》等期刊上发表文章数篇。此外，项目组经研究发现，项目化学习对学生，尤其是中等及以下的学生会有相当大的益处。这种益处表现在可以增进学生的学习自信心，促进学生间的沟通，让他们发现彼此的优点，让课堂中生生联系的交响乐式的互动更为深入，课堂氛围更加民主，同时也促进他们在课堂中对知识的巩固和理解。

　　从应用推广观察，本成果被上海市教委采纳，形成大规模推广文件，覆盖全域中新建、薄弱、优质等各类型学校，围绕学与教核心变革，孵化激活各类学校变革活力落地素养的支持机制。2020年,上海市已经评出2个实验区,4个创建区,15所种子实验校和54所项目实验校,推广学校从5所到30所再到100所。建立了市级种子教师工作坊,构建了面向全国的项目化学习平台资源,在工作坊中为教师提供项目化学习行动指南、实用工具线上备课资源库、评价指南和大量典型案例,其目标就是"会做一个典型的项目"。基于上述探索,在国内率先将设计、实施、资源、质量评估、专家支持、区域与学校管理等功能整合为案例平台,支持近万名教师。

进一步观察的资源包:

[1] 夏雪梅. 项目化学习设计:学习素养视角下的国际与本土实践[M]. 2版. 北京:教育科学出版社,2021.

[2] 夏雪梅. 项目化学习的实施:学习素养视角下的中国建构[M]. 北京:教育科学出版社,2020.

[3] 夏雪梅. 素养如何落地:项目化学习育人的上海创新与实践[J]. 上海教育,2023(36):7-8.

案例 28　育人价值导向的项目式学习实践探索

成果完成单位：山西省实验小学。

成果持有人：贾嵘，朱晓民，郝新媛，方静辉，赵禄，高洁滢。

成果概述：山西省实验小学直面当前中小学校育人体系建设仍存在的育人模式单一、学生主体性缺失等突出问题的挑战，基于"做中学""体验式学习"理论创新性地提出了"圆锥体式项目化学习育人模式"。该模式以育人价值实现为导向，通过"一聚焦四环节"达成育人目标。其中，"一聚焦"指聚焦"品格与价值观发展"，"四环节"指"优化—激发—引导—省思"，包括 4 个步骤：项目设计—项目实施—项目成果—项目评价。基于此，山西省实验小学设计了学科类、活动类、研学类、居家类四大课程类型，在育人价值导向的项目式学习实践探索中，逐步形成了与之相适应的 4 种课程样态，并总结提炼出每种样态具体可操作的环节。经过 8 年的实践探索与理论提升，赋予项目化学习以育人的内涵，聚焦学生品格与精神成长，为学校育人模式变革提供了可资借鉴的思路与经验。

<u>从形成过程观察</u>，自 2015 年 3 月开始，学校探索在综合实践活动课程和学科类课程中开展项目化学习，实现了项目化学习在多种课程类型的全覆盖，研究主要经历了以下 4 个阶段。①基于整体育人理念，明晰项目化学习的基本导向。项目组首先厘清认识，形成了 2 个共识："圆锥体式"项目化学习育人模式以落实立德树人为根本任务，是一种基于整体观的育人模式；"圆锥体式"项目化学习育人模式的整体导向发生了变化，即从以知识与能力为导向转向以育人为导向。②基于进阶式目标，构建项目化学习育人模型。在明确基本导向后，以项目化学习为抓手，通过"一聚焦四环节"构建五育融合、立体呈现的课程体系，由此达成育人目标。③基于品格与精神

成长，形成项目化学习操作流程。为实现全方位多角度育人，促进学生在主动做事中发展品格、生成价值观，项目组基于"圆锥体式"项目化学习育人模式的进阶式目标，将其操作流程进一步明确为"优化—激发—引导—省思"4个步骤。④注重沉浸式体验，形成项目化学习育人模式的实施样态。项目组立足不同课程类型的实施，形成问题驱动式、主题驱动式、兴趣驱动式、场域驱动式4种项目化学习实施样态，并且基于"圆锥体式"项目化学习育人模式的4步操作流程，总结提炼了每种样态的具体实施环节。

从成果产出效益观察，经过8年的实践探索，学校既对育人方式改革的必要性有了更为清晰的认识，也对育人方式有了更为深刻的理解。目前，育人价值导向的项目式学习已在学校常态化开展，研究成果与实践案例获得多项奖励，产生了广泛的社会影响，学校的办学质量与声誉显著提高。全校上百名教师参与项目式学习的实践探索，大多数教师能够顺利实施四大类课程。多校区数万名学生先后参与了140多次项目式学习，在各项比赛中屡屡获奖，学生的核心素养得到较大幅度的提升。

从成果推广应用观察，山西省实验小学《育人价值导向的项目式学习的实践探索》项目组代表受邀参加第六届中国教育创新成果公益博览会，并在会上对成果进行宣传推广。此外，该成果先后得到《山西晚报》《山西教育（管理）》等媒体的报道，产生了广泛的社会影响，学校的办学质量与声誉显著提高。

进一步观察的资源包：

[1] 贾嵘. 由"术"到"人"：基于项目化学习的育人模式构建 [J]. 中小学管理，2023（5）：5-9.

[2] 贾嵘. 小学驱动式项目化学习的实践研究 [J]. 教育理论与实践，2022，42（23）：58-60.

[3] 贾嵘. 放大项目式学习的育人价值 [N]. 中国教师报，2024-01-03（11）.

案例29　意义生长下初中生课堂学习行为改进的实践探索

成果完成单位：江苏省锡山高级中学实验学校。

成果持有人：韩建芳，任晔，孙学东，骆波，何晓敏，韩诗贵。

成果概述：为破解部分学生学习意义缺失、学习方式浅表等问题，江苏省锡山高级中学实验学校针对初中生认知与情感不协调、行为与目标难统一等特点，着力于动机唤醒、思维激发和品质养成，创生意义生长下课堂学习行为改进的实践模型。坚定并丰富了意义生长的教学理念，明确学习行为改进是促进意义生长的有效途径；构建了改进课堂学习行为的实践路径，即教学现状的分析—深度学习特征的提炼—教学变革转向的寻找—变革行动关键环节或领域的确定—行动内涵的基本规定；研发了指导学生课堂学习的系列工具，包括学习任务单、同伴合作指南、深度学习手册、综合评价规约等4类15种工具；创新了学习行为改进的校本教研机制，以教的改变促进学习行为的改进。

从形成过程观察，该成果主要经过了下列4个阶段。①主动参与，改进学习方式：2001年，学校所在的惠山区成为全国首批38个国家基础教育课程改革实验区之一，全校教师积极投身课改浪潮。通过对初一学生的全员调研，学校概括出当时课堂的3个主要症结：课堂教学模式依然以教师的教为主线、课堂教学结构中学生自主探究的成分过低、课堂教学评价常常忽视学习的主体及主体发展。基于此，学校开展了"主动参与式教学改革"，"学为中心""改进学生学习行为"逐渐成为共识。②意义生长，完善学习支架：2008年秋，学校搬入惠山新城，办学规模逐步增大，教师结构中青年教师占比迅速提高，生源结构中新市民占比攀升。在此背景下，学校着力开发了"一单两案三表"。其中,"一单"是指学习任务单,"两案"是指《意义生长下教师教学行为指导方案》和《意义生长下学生学习行为指导方案》,"三表"是指意义生长下的课堂教学观察量表、初中生学习能效自评表和阶段测试命题多维细目表。有了学习工具的保障,课堂教学改革也在大步前行。③深度学习,丰富学习意涵:学校研究团队认为,在初中阶段一定要引导学生进行深度学习。基于此,学校寻根溯源,实现了对深度学习抽象理论的校本理解,将"触及学科本质和知识内涵"作为该项目的过程内容,并以"任务导学和自主、合作"为驱动方式,变革教学方式、评价方式,最终实现学生学习行为改进和全面而有个性的成长。④综合育人,面向未来学习:2022年5月,学校申报的"初中理科综合育人:创新人才基础培养的体系建构"获立省级前瞻性教学改革实验项目。这进一步催生了意义生长,学校围绕"对接国家人才战略""重视跨学科实践""升级'双减'课后服务"3个实践着力点,构建面向未来的综合学习。

<u>从成果产出效益观察</u>,学校申报的"促进学生学习行为改进的课改操作系统"被立项为2015年无锡市基础教育前瞻性教学改革实验项目,"指向深度学习的教学变革研究"被立项为江苏省基础教育前瞻性教学改革实验项目。在项目推进过程中,各学科以课题研究的方式开展学科实践,省、市级课题实现了学科全覆盖。2021年7月,出版《深度学习的学校理解与学科实践》一书,既有理论阐述、学科理解,也有具体案例。2022年5月,学校申报的"初中理科综合育人:创新人才基础培养的体系建构"获立省级前瞻性教学改革实验项目。同时,经过4期校本教改实践,实践育人逐步落地,学生学得投入、想得深刻、发展全面、后劲充足。

<u>从应用推广观察</u>,该成果产生了巨大的影响力。该校基于江苏省基础教育前瞻性教学改革实验项目,组建了无锡、淮安2地8校"深度学习项目共同体",围绕"深度学习:核心素养落地的教学变革"开展了3年6期大型

教学研讨活动。"深度学习的学校理解与学科实践"也在2018年走进第四届全国教育创新公益博览会。此外，该校被《人民教育》《中国教育报》等媒体报道5次，并作为典型案例被全国教博会推介。

进一步观察的资源包：

［1］ 韩建芳. 深度学习的学校理解与学科实践［M］. 南京：江苏凤凰科学技术出版社，2021.

［2］ 韩建芳，骆波. 实践育人："双减"背景下初中教育教学体系重构的未来走向［J］. 江苏教育研究，2022（Z1）：77－80.

［3］ 韩建芳. 意义生长 初中生学习行为改进实践探索——聚焦江苏省锡山高级中学实验学校课改20年［N］. 中国教育报，2022－06－24（12）.

案例30 切实变革育人方式：小学"经历伴随学习"的实践探索

成果完成单位：杭州市青蓝小学。

成果持有人：娄屹兰，蔡静，胡艳英，吕映，谢婷婷，张一含。

成果概述：为落实《基础教育课程改革纲要（试行）》提出的"过程与方法"目标，针对学校教育中将"学会学习"和"学会做人"当成2件事的问题，项目组开启经历伴随学习的研究。该研究历时20余年，通过基于设计的研究，坚持专业引领与实践操作相结合的原则，凝练了经历伴随学习的理论主张，从3类（引发、联结、创生）到12种学习方式（经历调查、情境创设、视听补白、操作表达、仓储资源、图示思维、问题建构、主题探究、协同反思、学科实践、项目实施、成果推介）的研制，实现了学习方式的新分类；从制定学习水平等级评价表、3类表现性评价到经历伴随学习学科表征，形成立体评价体系，促进教学评一致；通过开发系列案例集和操作指南，率先建立了经历伴随学习操作的规范和范本。

<u>从形成过程观察</u>，该校从一所学校到集团学校、从省内互助共同体到全国互助共同体，进行了多层面的实践探索，构建了基于经历伴随学习的小学育人模式，又用近7年时间推广完善。整个过程经历了4个阶段。①第一阶段（2001—2008年）。针对学生学习和生活割裂的问题，发掘经历主题，创设全域学习。2001年，教育部印发《基础教育课程改革纲要（试行）》，强调促使学生学习方式的转型。在此背景下，该校创新性地开展"经历伴随学习"，引导学生在经历中学习，在学习中经历。集思广益，发掘经历主题；开发资源，丰富学习经历。②第二阶段（2008—2014年）。针对学习与建构分离，创新3类学习，实现深度理解。2014年，教育部颁布《关于全

面深化课程改革落实立德树人根本任务的意见》,强调从"教书"到"育人"的转变。一方面,学校依据学习科学理论,结合学生认知特点,建构了分别指向知识理解与拓展、整合与应用、建构与创新的"引发""联结""创生"3类学习,并开发了与之匹配的12种学习方式;另一方面,为了让成果具有可复制性,应互助共同体要求,学校凝练了经历伴随学习的理论主张,形成了系统化的操作策略。③第三阶段(2014—2016年)。针对教学评不一致,设计评价系统,评价内嵌全过程。学校通过学习威金斯(Wiggins)、埃里克森(Erikson)等的理论,设计了"三类四级"评价体系,以评价促进学习方式多样化。④第四阶段(2016—2022年)。针对教书与育人脱节,制定操作规范,引领实践应用。学校进一步调整"经历伴随学习"育人方式:重新审视经历伴随学习的价值定位;丰富与充实经历伴随学习的学习策略;修订经历伴随学习的评价方式。依据经历伴随学习的价值定位,制定《经历伴随学习操作指南》等操作规范。

从成果产出效益观察,怀着"为每一个学生快乐成长"的专业信念,学校在以下3个层面践行并推广育人方式变革的实践模式。①打通学习与生活的通道,侧重发展学生核心素养。经历伴随学习通过对文本知识和生活经历的勾连,在减轻学生学业负担、增加知识实用价值的同时,实现了分数与素养的同步提高。学生的创新精神大幅提升,社会责任感日益增强。②实现知识和育人的融合,大幅提高了教师的育人水平。教师教学方式转变明显,从关注间接经验转向关注体验探究,从关注分科学习转向关注学生整体发展,知行合一,将教书和育人融为一体。近5年来,在省市区各类教学比赛中获奖学生达362人,63.6%的教师获"最美教师""五四奖章"等市级以上综合荣誉,17人获评省级名师。③形成特色实践育人模式,显著提升了学校办学水平。围绕实践育人目标,学校面向全国发布《新时代经历伴随学习实施的指导意见》《让经历伴随学习:小学生学习变革的新视角》《让经历伴随成长：城市小学育人变革新视角》，成果在《人民教育》《上海教育科研》上发表。学校形成"目标链—内容（主题）链—任务链—方法链"的育人体系，形成可复制的精品课521节、案例814个、主题指南1本、评价手册1本，建立了系统的教学资源库。

从应用推广观察，学校明晰了新时代育人方式发展的方向与实施愿景，建构了"经历伴随学习"育人模式与实践路径，在全国产生了广泛影响。除了在本校实践，"经历伴随学习"还在浙江拱墅、辽宁营口、贵州黎平、安徽歙县、江苏句容等11个区县整体推进；在上海市绿苑小学、黎平城关八小、重庆走马小学、营口礼德小学等37所种子学校系统实践；"经历联盟"涵盖13省份39地域（含香港、台湾）千所学校，在全国形成经历教育新样态。2018年省教育厅做专题推广，线上单场直播浏览量达286.3万，创近10年教学类活动浏览量新高；《人民日报》《中国教育报》等媒体做专项报道，在全国教育创新大会上2次做推广共享。

进一步观察的资源包：

[1] 娄屹兰. 让经历伴随成长 城市小学育人新探索［M］. 北京：现代出版社，2022.

[2] 娄屹兰，蔡静. 变革育人方式：经历伴随学习的"青蓝"实践［J］. 全球教育展望，2023，52（7）：95-105.

[3] 蒋亦丰. 经历是最好的课堂［N］. 中国教育报，2020-08-27（5）.

案例31　引发真实学习的本真课堂教学探索30年

成果完成单位：淮阴师范学院第一附属小学。

成果持有人：唐玉辉，朱慧，孙欣，唐永玲，张丽。

成果概述：20世纪80年代末以来，淮阴师范学院第一附属小学基于"全人教育"理念，从"学科育人"思想出发，以完整的人为研究对象，尊重儿童身心发展规律和教育教学规律，运用科学有效的方法唤醒生命自觉、突出学科本质、促进真实学习。通过构建学科育人价值体系、课程结构体系、教学评价体系，将课堂教学研究与学校"本真"文化进行深度融合，逐渐形成了"确立真实起点—经历真实探究—实现真实成长"的"本真课堂"创新实践模式，为国家课程的高水平实施提供了一个可操作、可复制、可推广的实践体系。

<u>从形成过程观察</u>，20世纪80年代末，学校确立了"求真"作为学校的发展灵魂，积极构建求真文化，以本真课堂教学改革研究为学校发展的主攻方向。本真课堂的研究，主要经历了3个阶段。①孕育探索阶段（1989—2000年），学校以省级重点课题"小学生活基础教育"研究为起点，通过对课程设置、教学内容的重新建构，探索解决间接知识与直接经验及其关系的问题。②深化发展阶段（2001—2011年），以国家级课题"基于学生视界的教学行为改进研究"为重点，通过主题单元教学、思维体操课程、课题导学等学习方式的变革，解决教与学的关系问题。③成型推广阶段（2012—2019年），以国家级课题"新技术视域下学与教方式的变革"研究为抓手，重点围绕新形势下目标与评价改进、环境资源与手段在课堂教学中的应用，探索在"互联网＋"背景下新型课堂的构建，完成了教学整体性的建构。

<u>从成果产出效益观察</u>，近5年来，在全国"一师一优课、一课一名师"

活动中，学校共有104节课获"部级优课"；连续两年获全国第一，荣膺江苏"五连冠"。近3年来，教师在市级以上各类学科活动中获得省级以上奖励300多项、市级以上近500项；学校获批国家级研究项目2个、省级项目13个、市级项目83个；教师每年在省级以上专业刊物发表论文近200篇；学校先后走出特级教师23人、正高级教师2人、"省333骨干"3人、市学科带头人91人。学校被授予"江苏省优秀教师集体""江苏省教育科研先进集体""江苏省首批教师发展示范基地校"等荣誉称号。在国家、省、市学业水平测试中，各项评价指标均名列区域前茅。

从应用推广观察，学校组建了包含4个成员的集团学校、包含5个成员的教学研究共同体，承担了12所学校特色建设项目帮扶指导工作。作为省首批教师发展示范基地校，多次承担山西、宁夏和省内多个国培基地项目，先后接待广东、新疆等地校长班、骨干教师班的跟岗学习活动，主办国家、省、市教学研究活动近百场次，相关经验被中央电视台、《中国教育报》、《人民教育》等多家媒体报道。

进一步观察的资源包：

[1] 唐玉辉. 课堂的样子［M］. 南京：江苏人民出版社，2017.

[2] 唐玉辉. 本真课堂的思考与实践［J］. 江苏教育研究，2020（29）：28－32.

[3] 唐玉辉. 本真教育：指向学生生命的真实成长［J］. 江苏教育，2022（18）：70－72.

◎学科

案例32 小学语文"大读写单元"教学廿年探索与实践

成果完成单位：浙江省永康市实验学校。

成果持有人：倪静川，王英豪，陈波，倪黎霞，王瑜巧，俞向军。

成果概述：面对语文教师和孩子们在语文学习过程中目标与过程失真、单篇与整体失统、阅读与写作失联等真实问题，项目团队紧紧围绕"蒙以养正"的"历史使命"进行"读写一体"的深入研究，历时多年深入研究，提出大读写单元变革策略：以单元习作为核心，建构读写一体的单元教学序列和大生态系统。通过"大读写单元"教学，在建构自主读写"学习圈"的基础上，全面建设了以"无边界"读书会、"日点睛"读写发表圈为代表的，由"链接圈""发表圈""评价圈"等构成的"大读写"支持系统，实现了记录展示的全景化、资源链接的全息化、评价反馈的全程化，有效地提升了学生的整体语文素养，并在全国范围内进行了推广，对语文教师改进教学、课堂转型发挥了积极的推动作用。

从形成过程观察，这是一支特级教师工作室团队，根植语文教学研究与实践，二十年如一日，实现了从学读写到大读写、从大读写到全读写的蜕变。研究过程大致可以分为3个阶段。①第一阶段是关注真实体验的真读写探索期。尝试语文情感体验式教学，倡导"真读写"，唤醒学生读写真兴趣，改变"假"教学的问题。该阶段尝试坚持了6年（一届实验班），成果获得省基础教育成果一等奖，梳理专著1本。②第二阶段是指向读写一体的大读写成熟期。团队应用模型建构、路径研发，在教材原单元的基础上，以单元习作目标为核心,将整个单元的教学,设计成主题化、情景化、儿童化的大读写项目,重新组合建构单元教学内容,尝试在真实情境下以写引读、以读促写、写读一体的单元大读写教学。解决了单篇与整体失统、阅读与写作失联的"散"语文问题。③第三阶段是基于童蒙养正的全读写完善期。团队通过理论假设、实证检验等方法,致力于解决单元读写一体改造后如何进一步破解读写失援的"单"语文问题,建构以母语经典诵读、无边界读书会、"日点睛"读写发表圈为代表的"全读写"支持系统,形成3个省级成果《依托母语经典诵读落实童蒙养正》《基于"全读写"的新童蒙养正》《依托无边界读书会优化读写生态圈》,分别被列为省援疆科研项目、"省互联网+"结对帮扶典型项目、省乡村名校建设援助项目等。

从成果产出效益观察,"大读写单元"教学样态被列为省"互联网+"结对帮扶典型项目。近几年,团队在浙江省之江汇教育广场、中国教师研修网、工作室公众号等有序推出"爱上大读写之绘言绘语"和"爱上大读写之单元大读写"线上公益课堂,15门课程在之江汇教育广场、中国教师研修网等同步开设。团队教师由课程的执行者到课程的设计者,由单篇教学到单元读写统整,不仅使语文学科建设形成系统、高质高效,也使很多教师成为某一领域的专家。特级教师、正高级教师、全国优质课获得者、省市教坛新秀不断涌现,500多篇论文、成果获奖或发表,核心成果在《人民教育》《中国教育报》等刊出。此外,团队教师承担市级以上公开课、研讨课、示范课等上千节,指导学生参加各级各类比赛收获累累硕果。

从应用推广观察,团队通过"教学+研究+培训+技术"四位一体的模式,建构线上(浙江省之江汇教育广场、中国教师研修网)、线下(浙江省教育厅百人千场送教、语文特级教师工作室活动等)双线并进的"大读写"辐射网络。改革最早始于倪静川当时所在的永康市实验学校,之后推广应用到区域内特级教师工作室的成员学校,成果的再实践和推广选取了省内外 33 所不同类型的农村、城郊、山区学校，再实践效果良好。并且，经由省教育厅对口支教、全国语文特级教师工作室联盟援教和省"互联网+"结对帮扶，辐射到青海、广西、新疆等地，尤其是"学习强国"学习平台上推广的"大读写单元"教学跨区域同步教研+网络直播，效果好、受益广。线上学习的学生、教师累计 280 万人次以上，实现了成果推广的"教、培"一体。成果通过百余场推广活动，为全国各地的孩子提供了多姿多彩的学习平台。

进一步观察的资源包：

［1］ 倪静川. 20 年的成长［J］. 小学语文教学，2014（6）：56－59.

［2］ 叶骏. 永康倪静川团队 20 年探索实践 小学语文"大读写单元"教学［N］. 金华日报，2023－12－08（10）.

［3］ 倪静川工作室（微信公众号）.

案例33　小学语文素养表现型教学的实践探索

成果完成单位：无锡市东林小学。

成果持有人：武凤霞，汤雪平，杨澄宇，陈淼，朱玲芹，张莉茗。

成果概述："素养表现型教学"立足学科实践，以学生表现为核心，建构起以素养达成为目标、以学习任务为载体、以实践活动为主线、以学做合一为表征的实践体系。素养表现指学生根据学习情境中的问题或活动，通过多样化、个性化的方式，将其语言、思维、审美、文化等方面的素养表现出来。素养表现型教学是以学生素养表现为核心，把学习者的学习结果以及内在素养充分外化展示出来的一种学习方式，具有理解性、反思性、回应性、创造性4个特征。素养表现型教学以"主题—任务—表现"为基本模型，并形成3种操作策略：用表现性任务统帅学习过程，用知识结构化推进学习不断进阶，用明确的评价标准保证学习质量。

从形成过程观察，项目组采用"问题开始—寻找依据—设计策略—组织实施—监测反馈—解决问题"的研究路径，创造"大主题统领、小专题支撑"的研究策略，分解系列专题，并将其落实到日常研究中。①研究开始阶段："小学语文素养表现型教学的实践探索"项目是东林小学2018年成功申报的江苏省前瞻性教学改革项目。自2018年5月成功申报江苏省教学改革前瞻项目以来，项目组躬身实践，扎实研究。②顶层设计阶段：项目组确定了"大主题统领，小专题支撑"的落实路径，围绕素养表现型教学分解出"内涵解读""操作原则""教学评一体化新环境建设"等10多个研究主题，并把每一主题细化成3～10个微专题，落实到每一周的学科组活动中。③建立教学范式阶段：项目组教师围绕"素养"和"表现"深入研讨，将目光聚焦到学习任务的选择与确定上，确立了"主题—任务—表现"

的基本模型。④目标层级细化阶段：将核心素养和语文要素对接，发展建立起一个完整的、系统的、层次分明的知识与能力培养的体系。⑤项目式研究阶段：通过作业研究项目、课本剧创作项目和综合实践项目，把实践育人的理念落到了实处。⑥网格教研阶段：2021年1月，成立学校教育研究院，创造"网格教研"方式，形成"院—所—室—组"的研究新格局，实现研究与学习、实践的无缝链接，激发教师创新的动力。

从成果产出效益观察，素养表现型教学的研究，带给教师和学生多方面的改变，项目成效显著，硕果累累。学生沉下心来思考，表达完整清晰。在全国、省、市举行的教学展示活动中，东林小学的孩子展现出来的沉下心学习的状态，能依据核心问题多层面全方位思考的能力，以及运用准确的语言条理清晰、言语丰富、完整地表达自己思考的习惯得到了高度评价。教师注重学生自主学习及核心素养的培养。近年来，立足素养表现视域下的课堂教学在省市区优质课比赛中连续3年获得特等奖或一等奖；在梁溪区对各学校进行课堂教学的调研中，连续2年优课率名列区域前茅。围绕"素养表现型教学"撰写、发表论文52篇，在核心期刊发表8篇。《小学语文教学》以"素养表现"为专题出了专刊，武凤霞校长出版了《素养表现：让学习充满思维的张力》理论专著，项目团队编著的《让成长可见：素养表现型教学》一书即将出版。学校的办学层次得到更大幅度提升，先后被评为江苏省教科研先进集体，"东林学人"好教师团队成为江苏省首批"四有"好教师重点培育项目。学校被评为无锡市教师发展基地，语文学科组被评为无锡市优秀学科组，又被推荐为无锡市学科建设基地。

从应用推广观察，多个省市代表团慕名而来，近年来，学校接待来自全国各地近40个教师团体到校学习，接待省内外学习团队50多次。在全国、省、市、区层面，学校教师向来自全国各地的同行展示示范课96节。核心团队成员受邀到天津、浙江、山东、江西等省市做报告20多次，辐射人数达2万多人次。如火如荼的教学改革,得到了媒体的广泛关注,《中国教育报》《中国教师报》《人民教育》《江苏教育》《教育时报》《江南晚报》等各大报刊和"学习强国"平台先后9次用大篇幅报道学校教学改革,产生了深远的影响。

进一步观察的资源包:

[1] 武凤霞. 素养表现教学:让学习充满思维的张力 [M]. 南京:江苏凤凰教育出版社,2021.

[2] 武凤霞,张吟春,朱宁宁,等. 素养表现:指向学生核心素养的自我获得 [J]. 小学语文教学"素养表现"专刊,2020(3):1-64.

[3] 武凤霞. 核心素养在学科教学中落地生根——江苏省无锡市东林小学推进素养表现型教学改革 [N]. 中国教育报,2021-12-22(9).

案例34 小学"全景式"阅读教学系统构建与实施的二十年探索

成果完成单位：威海火炬高技术产业开发区沈阳路小学。

成果持有人：丁莉莉，薄存旭，温勇，宫茜，张艳妮，王宇。

成果概述：山东省威海市高新区沈阳路小学针对阅读教学中的难题，聚焦改善阅读教学质量，聚力"阅读—悦读—越读"。通过全景式阅读教学改革，学校重新认识和整体把握阅读的深层意义与实践价值，从人、事、时、空等维度，纵向构建5条"经线"（文本与实践、课内与课外、常态与集中、导引与研读、线上与线下），横向构建5条"纬线"（全主体、全学科、全时段、全场域、全媒介），用"五经五纬"纵横编织，形成以培养具有中国情怀、世界视野、科学精神、人文素养的人为主要目标的学校阅读范式与实施策略。在渐次推进的实践研究中，实现从单纯的语文素养培育转向综合学习能力提升、由"教学生阅读"向"用阅读教育学生"转变，用阅读促进学生德智体美劳全面发展，逐渐形成基于五育融合视域下的小学全景式阅读教学的"沈小探索"。

从形成过程观察，在渐次推进的实践研究中，学校教师创造性地丰富阅读教学内容，创新学生学习方式，逐渐形成"全景式"阅读教学模式。①多维创生，构建"全景式"阅读课程群："全景式"阅读教学以多样化课程形态、多元化阅读方式，全面调动阅读教学活动中的资源，构建沉浸式、交互式阅读环境，形成阅读教学的"外全景"。②贯通融合，优化"全景式"阅读教学策略：通过师生间"尊重差异、开放倾听、谦虚外推、自觉反思"的对话机制，"全景式"阅读逐渐形成了沉浸式、融合式、体验式的阅读方式。③创新驱动，实施"全景式"阅读运行机制："全景式"阅读通过"三线并进、两轮驱动"的运行机制有效实施。④辐射引领,"全景式"阅读为更多师生赋能:该校学生的阅读兴趣、人均阅读总量、阅读理解力及阅读品质均得到全面显著提升。

从成果产出效益观察,随着全景式阅读活动的推进,该校学生的阅读兴趣、人均阅读总量、阅读理解力及阅读品质均得到全面显著提升。"全景式"阅读推行以来,全校累计开展"弘扬中华优秀传统文化""传承红色经典"等主题阅读活动3000多次,结集出版诗歌集、专著逾3000万字,参与阅读教育节学生逾4万人次,戏剧、影视融合、舞蹈剧等创意阅读精彩纷呈。此外,阅读发挥了矫正作用,让近20名自闭症儿童得到明显改善。在"全景式"阅读的影响下,学生近2000人次获奖。通过调查显示,学校1789名学生语文学习兴趣指数为95.63%,较之前提高了15.7%。学校先后荣获全国特色书香校园、威海市最美阅读空间等称号。"全景式阅读教学实践探索"先后被多个重点期刊深入报道,获威海市教学成果奖特等奖、省级优秀成果奖和国家教学成果奖二等奖,入选新教育十佳卓越课程、第六届中国教育创新成果公益博览会。

从应用推广观察,"全景式"阅读教学依托课题科研带动,通过宏观部署、逐层推进、多点实验,扩大了应用范围和影响,形成了"全景式"阅读实践集群,以课程资源共享、跟岗研修、参观交流、教学研讨、辐射引领等方式在重庆、青海、江苏、浙江、湖北等省市的145所学校产生了广泛影响,惠及范围不断扩大。学校通过名家工作室、名课程团队将优秀成果推广至15个省近300所学校,多次在国家行政学院、中国教育学会、省教学成果推广会、省扶贫教育培训会等平台分享。"'全景式'阅读让学生爱读书、读好书、善读书,很震撼,非常值得借鉴。"40多位国内外著名专家学者充分肯定了我校开展的"全景式"阅读工作。《人民教育》《中国教育报》等多家媒体做全面报道。

进一步观察的资源包：

［1］ 丁莉莉. 小学语文全景式阅读教学［M］. 济南：山东友谊出版社，2019.

［2］ 丁莉莉，温勇，宫茜，等. 在"全景式"阅读教学中让学生与更好的自己相遇［J］. 人民教育，2022（20）：55－56.

［3］ 丁莉莉，王宇. 全景式阅读行动的探索［N］. 江苏教育报，2021－06－25（6）.

案例35 童漫作文：小学写作教学创新实践27年

成果完成单位：南京师范大学附属中学邺城路小学。

成果持有人：宋运来，徐林祥，贡如云，罗良建，奚一琴，毛家英。

成果概述：随着视觉文化的兴起，儿童阅读的口味发生了很大的变化。为了解决长期困扰学生的写作素材与写作动力问题，宋运来团队经过27年的实践探索与理论研究，逐步构建了易操作、见效快的童漫作文教学范式。"童漫"即儿童漫画的简称，是儿童生活世界的图像表达。"童漫作文"以学会口头、书面表达与发展媒介素养和浸润民族文化情感为目标，倡导在写作中育人，在育人中写作。其题材的选择具有健康的主题、无限的想象、中国的风韵、夸张的艺术、深刻的教益等特点，集欣赏、想象、作画、说话、写话为一体。走进儿童审美视野中的童漫作文，顺应了儿童的阅读心理，丰富了儿童的形象思维，提升了儿童的审美能力，为高质量实施国家写作课程、让广大小学生学好语文贡献力量。

从形成过程观察，童漫作文起于"看图作文"，发于"看漫画作文"，兴于"儿童漫画作文"，成于"童漫作文"，历时27年，经历4个成长阶段，是一个实践、总结、再实践以及再总结反思的过程。①看图作文：自清末民初蒙学识字课本运用图片作为辅助识字教学工具以来，图片成为语文教育教学资源的一部分，看图作文成为一种常用的教学方法，形成了"读图—联想—表达（说、写）—讲评"等常见的作文教学模式。②漫画作文："图像世界"的降临为漫画作文的生长提供了广阔的时代背景与教育教学空间，在永正老师的启发下，宋运来开始寻觅适合儿童欣赏的、反映儿童生活的漫画习作素材，通过举办低、中、高年级学生看漫画作文竞赛，不断淘选出适合小学各年段习作的漫画，解决了看图作文图片不够吸引人的问题。

③儿童漫画作文：将儿童漫画运用于作文教学中，便诞生了一种作文教学新样态。在实践摸索中，宋运来构建了儿童漫画作文的一般教学模式"读图—联想—表达（口头或书面）—赏评—发表"，使得作文评价的理念发生了质的变化。④童漫作文：童漫作文是儿童漫画作文的简称，但相较于儿童漫画作文具有更丰富的外延。童漫作文贯通课内与课外习作，让每个儿童都拥有趣味习作素材。课内习作以童漫元素交融教材作文，提升统编教材的形象性与趣味性；课外习作以语文课标年段写作要求与单元习作要素为目标，根据学生兴趣需求拓展童漫作文课程。

从成果产出效益观察，该成果以教材作文为主干，打通课内外写作通道，构建了童漫写作校本化课程实施体系，研发了 20 多册校本童漫写作教材，306 个主题微课程童漫写作资源库。获得 2021 年江苏省教学成果奖特等奖，2022 年国家级教学成果奖二等奖。成果持有人宋运来先后参与、主持国家、省、市级课题 6 项。参编、主编学生习作、教辅用书、新课程教师教学培训用书 17 部，约 60 万字。在《人民教育》《中小学管理》等省级以上刊物发表教研文章 100 多篇。多篇文章被《教育文摘周报》《人大复印报刊资料》转载。先后出版了《童漫作文：教师版》《宋运来童漫作文技法 16 课》《中国儿童漫画作文与赏析》《有趣好玩的童漫作文》等 15 本著作。

从应用推广观察，经过 27 年的研究，宋运来与他的研究团队形成了独特的童漫作文课程体系，该体系如今已在全国 200 多所学校推广运用。凭借自己的韧性和智慧，研究团队先后应邀到深圳、山西、浙江、山东等地上课讲学，影响了一批批语文人。《江苏教育》《中国教育报》重点报道了他的先进教育事迹。在他的"童漫作文"线上研究中心，有来自国内各地中小学校的 4000 多位教师分享其电子课程资源。此外，"童漫作文"还得到了观摩嘉宾的一致好评。《人民日报》漫画增刊《讽刺与幽默》执行主编称赞其"放飞想象力，激活创造力"；江苏省语文特级教师冯为民把"童漫作文"称为"激活灵性、激发智慧的快乐作文";南京师范大学教育科学学院教授李如密说:"'童漫作文'为作文教学指出了一条实际可行的操作路径,读图—联想—表达(口头或书面)—讲评。这4个步骤,是宋运来老师经过多年实践总结出的教学艺术。"

进一步观察的资源包:

[1]　宋运来. 童漫作文 教师版[M]. 南京:南京师范大学出版社,2020.

[2]　宋运来. 童漫作文教学谈[J]. 语文建设,2021(6):13-18.

[3]　童漫研究(微信公众号).

案例36 信息技术支持初中语文单元整体教学的研究与实践

成果完成单位：江苏省常州市教师发展中心。

成果持有人：戴晓娥，贾秋萍，高红，朱苏兰，岳亚军，孟亦萍。

成果概述：长期以来，知识点主导的教学深深影响着中小学语文教学，学生学得被动压抑，教师教得烦琐辛苦，教学效果不好。2011版《义务教育语文课程标准》明确要求，面向全体学生，使学生获得基本的语文素养，努力促进学生语文素养的整体提高。统编语文教材采用"人文主题"和"语文要素"双线组织单元的结构形式，试图兼顾人文性与工具性。要落实语文课程标准的要求，用好统编教材，实现三维目标的有机融合，整体提高学生的语文素养，还有待于教学这个环节的改革。信息技术支持下的语文单元整体教学，探索了在信息技术环境下以学习者为中心的整合方式，为解决长期困扰语文教学的问题提供了新路径。信息技术支持下的语文单元整体教学，从长期困扰着语文学科教学的核心问题出发，基于"互联网+"环境，以整合的思想组织单元，用真实情境下的大任务学习作为课程组织方式，把学习者引向课程实施和评价的主体地位。这样的学习引导学生在真实的任务情境中利用工具、资源、平台，主动积极地进行阅读与鉴赏、表达与交流、梳理与探究，改变围绕语文知识点和单篇课文组织教学、学生被动接受和训练应试的状况，促进学生语文素养的协调发展与整体提高。

从形成过程观察，信息技术支持下的初中语文单元整体教学的研究与实践，从2002年开始，历经15年的行动研究，主要可以分为4个阶段。①探索阶段（2002—2006年）：从语文综合性学习入手探索语文整体教学。根据语文课程标准，探索语文综合性学习的实施，展开综合性学习的教学实践探索，尝试用综合性学习的方式组织语文课堂教学，积累了大量的案例，确立了研究方向。②形成阶段（2006—2010年）：系统研究语文整体教学，深化语文课堂教学改革。关注语文学科的育人功能，系统研究语文整体教学，探索了3种整合的路径：整合语文教材中的课程资源；以主题、任务或者项目沟通其他学科资源；引进生活中的语文学习资源，组织引导学生在真实的语文生活中自主、合作、探究地学习。③深化阶段（2010—2013年）：信息技术支持初中语文单元整体教学的模型建构与应用。构建了信息技术支持初中语文单元整体教学的模型和课堂基本框架流程。④推广阶段（2014—2017年）：以省级重点资助课题"数字化环境中语文课堂教学范式研究"为抓手，成立覆盖小学、初中学段，涉及中心城区、郊区、农村学校的实验基地，进行常态应用与推广。

从成果产出效益观察，该项目建构了信息技术支持下的语文单元整体教学的混合学习模型，形成了信息技术支持下的语文单元整体教学基本范式，研发了线上、线下一体化的语文教学平台，促进了语文课堂的转型，为智慧课堂模型建构提供了样例，引领语文教学变革。目前，已经出版了专著《追求整合，语文教学新视野》，发表了论文65篇，其中核心期刊8篇。研究成果为区域内10所学校常态应用，省内外112所学校参与实验，形成典型教学案例集、论文集，开展省际展示交流活动8次，省内教师专题研修38次。此外，还研发了1～9年级语文教材配套电子资源和平台，近10年省内外应用累计超过300万人。多年来，成就了一大批业务精良的优秀教师，教学技能过硬，学科专业素养强，教师有特色、教学有创新，实现了农村小学特级教师零的突破，产生了全国优秀教育工作者1人、重庆市教师培训专家1人、市级骨干教师1名、北暗区学科带头人1人、区级骨干教师23名、北暗区教育科研资源库专家2人等。2018年，该成果荣获国家级教学成果奖一等奖。

从应用推广观察，项目组基于现行语文教材开发的"凤凰优课"语文教学资源库与学习平台，研发出版并上线，为信息技术环境下的语文单元整体教学的应用推广，提供了优质的教与学资源。目前，这套由江苏凤凰电子音像出版社出版的资源平台，已被全国 300 万学生应用。

进一步观察的资源包：

[1]　戴晓娥. 追求整合：语文课程教学新视野［M］. 长春：东北师范大学出版社，2008.

[2]　戴晓娥. 信息技术支持下的语文单元整体教学研究与实践［J］. 全球教育展望，2020，49（7）：72－78.

[3]　基础教育国家级优秀教学成果资源服务平台. 信息技术支持初中语文单元整体教学的研究与实践［EB/OL］.（2020－02－04）［2024－02－24］. http://s. enaea. edu. cn/h/gjjzyfwpt/jxcgzy/2020－06－12/11774. html.

案例 37 "儿童数学教育"的实践探索

成果完成单位：北京教育科学研究院。

成果持有人：吴正宪，张丹，刘延革，范存丽，贾福录。

成果概述：本成果围绕着立德树人的根本任务，为了改变实践中普遍存在的忽视儿童全面发展及认知发展规律的现象，北京市小学数学教师团队一直坚守儿童立场，围绕着"儿童数学教育"开展了 10 多年的实践探索，提出了为儿童创设"好吃"又"有营养"的儿童数学的教育主张、"八种特色课堂"和"多种教学策略"。"儿童数学教育"的核心观点就是要由单纯的数学教学走向丰富的数学教育，落实教书育人，促进儿童全面发展。

从形成过程观察，成果的形成主要经历了如下阶段。①"儿童数学教育"主张的提出与实践探索阶段，团队提出为儿童创设"好吃"又"有营养"的数学教育主张，明确了"儿童观"和"儿童数学教育观"，进行了"对接儿童经验的教学""注重儿童实践体验的教学""鼓励儿童在问题链中探索的教学"等教学实践。②形成"儿童数学教育"实践策略阶段，该时期成立了儿童数学教育研究所，聘请国内专家为顾问，汇集北京市小学数学优秀教师为兼职研究员，申报了北京市教育科学规划课题，开展了进一步的研究和系统实践，逐步形成了教学策略和丰富的案例。团队总结出"八种特色课堂"和"多种教学策略"，并将成果集结成"儿童数学教育丛书"。"儿童数学教育"的实践策略也在此过程中不断得到完善。③形成成果及成果推广应用阶段，在"儿童数学教育"实践探索中，通过撰写系列教学专业书籍和文章固化了教学成果。团队定期召开在全国或北京市范围的小学数学教学研讨会，并现场做课程和专题报告，扩大了成果的推广与传播。团队借助中国教师研修网等网络平台，把研究成果推广到国内的多个省市地区。

从成果产出效益观察，该项目主要有以下创新点。①实施以"儿童"为出发点的系统实践。"儿童数学教育"的实践探索明确了把儿童作为教育实践和研究的基本出发点和归宿，虽然该儿童数学教育项目中提出的不少观点并不是首创，但是能够解决小学数学教育实践中的问题。团队提出了实施儿童数学教育的具体路径，提炼了关注儿童发展的"八种特色课堂"，深受儿童喜爱，得到专家与一线教师的认可。团队开展了长期的系统实践，对于小学数学教育教学具有重要的示范作用和指导意义。②阐明"儿童数学教育"的基本主张。团队提出了为儿童创设"好吃"又"有营养"的数学教育主张。明确了"儿童数学教育"的要素与内涵、基本问题及核心观点。团队在长期的数学教育实践中形成了具有特色的儿童观、儿童数学教育价值观、课堂教学观和教学成效评价观。本成果提出儿童数学能力的培养方式即儿童在问题中学习、儿童在对话中学习、儿童在涂画中学习的基本数学学习方式。这些都丰富了儿童数学教育的理论与实践。③提炼实施"儿童数学教育"的教学策略。虽然培育儿童的数学核心素养，发展儿童的数学关键能力，已经得到业界共识，但在实践中仍然存在难以深化的现象，缺乏具体策略是该问题的重要原因。成果中阐述了"鼓励儿童发现和提出问题、鼓励儿童合作对话、帮助儿童通过画图来学习"等教学策略。这些富有特色且具有操作性的策略，将成为基层教师学习研讨的丰富素材。该项目荣获2018年国家级教学成果奖基础教育类一等奖，获得北京市政府颁发的基础教育教学成果奖一等奖。出版和发表了多部著作和多篇文章，其出版的"儿童数学教育丛书"系统地反映了成果研究内容。在全国最具影响力的小学数学核心期刊刊登了团队对于"儿童数学教育"的理念、研究和实践。这些系列丛书、论文作为团队的研究成果，更为基层教师的教学实践提供了可以借鉴的学习研讨资源。自 2008 年成立以来的 11 年间，吴正宪老师带领团队出版了 21 本书和 2 套光盘，媒体报道吴正宪老师及儿童数学教育

15篇。

从应用推广观察，成果在北京市多个区县的数百所学校中得到了广泛应用，得到了小学数学界的较高评价，团队教师全国性学术论坛上专题发言、在教学研讨活动中获得一等奖。广州、深圳、江苏、河北、河南、内蒙古、甘肃、新疆、青海、南昌等地的部分学校参加了儿童数学教育的探索。团队项目组利用中国教师研修网平台，将成果编辑成资源包，不仅作为实验学校的学习资料，还通过网络平台传播到全国各地与基层学校分享。

2020年12月，房山区成为"吴正宪团队国家级优秀教学成果推广应用示范区"。项目启动以来，房山区项目组设计实施"四段式"课例研修，努力推进"'儿童友好型'课堂"建设，开展成果转化重点校培育工作，让优秀成果落地生根，以优秀教学成果促进房山区小学数学教师"一个都不能少"地参与研修，整体提升了教师的育人能力。

进一步观察的资源包：

［1］ 吴正宪．吴正宪与儿童数学教育［M］．北京：北京师范大学出版社，2019．

［2］ 武维民，吴正宪．在探索儿童数学教育实践中促进教师的进步与发展——吴正宪团队优秀教学成果应用推广工作总结［J］．中国教育学刊，2022（S1）：20－23．

［3］ 基础教育国家级优秀教学成果资源服务平台．"儿童数学教育"的实践探索［EB/OL］．（2020－01－18）［2024－02－24］．http://s.enaea.edu.cn/h/gjjzyfwpt/jxcgzy/2020－05－14/6450.html．

案例38　做数学：义务教育学科育人的创新实践

成果完成单位：江苏省教育科学研究院。

成果持有人：董林伟，郭庆松，赵维坤，喻平，谭顶良，孙朝仁。

成果概述：为推动义务教育阶段数学教育从"知识本位"走向"学科育人"，项目组以"做数学"为实践路径，进行了20多年的理论研究与实践探索，形成了"做数学"的理论体系，提出了"手脑协同启思明理、情智交融知行合一"的教学主张，揭示了"情境性与实践性、主体性与交互性、开放性与创新性"的基本特征，确立了"启迪心智、激荡情感、形塑品格"的育人目标，建构了"操作体验""实验探究"和"综合实践"等教学模型。同时，建立了"做数学"的评价框架，设计了数学关键能力、必备品格与正确价值观评价指标体系。此外，还开发了"做数学"的系列资源。正如"做数学"的倡导者董林伟所说，"做数学"是以"做"为支架的一种数学学习活动。"做"是其精义和主旨所在，既有对数学知识领悟的追求，又有对学习方式变革的考虑，是在发挥数学学科独特的育人价值上有所突破。

从形成过程观察，从2001年开始，项目组组建了纵跨小学和初中2个学段、横跨江苏省全省的"做数学"研究团队，以"行政驱动、专业引动、实践推动、省市联动"四位一体的方式，采取问卷调查、文献梳理、模型建构、评价设计以及实证分析等方法，经历理论形成、模型建构、资源开发、教学实践、推广应用、实证检验等过程，形成系列成果，主要经历了3个阶段。①初步探索阶段（2001—2006年），以在苏版教材中系统设计"做数学"活动为标志。本阶段主要直面课程改革对数学教与学的新要求，遵循学生身心发展规律，寻找应对之策，确定以"做数学"作为数学学科育人方式变革的突破口，有效回应现实问题。②系统建构阶段（2006—2014年），以"做数学"教学模型的建构与实施为标志。本阶段主要是系统开展理论研究，研制贯通方案，整体设计"做数学"内容体系，提炼形成实践模型和开发系列资源，为解决现实问题提供策略与方法支持。③深化与推广阶段（2014—2022年），以育人成效的系列研究报告与成果推广为标志。本阶段主要是研制评价量表，开展大样本的系列实验研究，搭建"省—市—县区—学校"四级联动平台，依托项目成立先行示范区（校），形成多维"教""学""研"生态场，建立"做数学"的江苏实践样本，并逐步向省外推广，走出一条学科育人的"做数学"之路。

从成果产出效益观察，项目组采取实证研究的方法，在全省59所学校进行教学效果调查，结果表明：①在学生的数学能力方面，关于合情推理能力、空间观念、迁移能力等，实验组学生得分（$M=40.325$）显著（$p<0.001$）高于对照组学生得分（$M=35.220$）。在开放式问题回答中，实验组学生的方法数量显著高于对照组的数量（$\chi^2=98.076$，$p<0.001$）。动手操作方面，实验组学生完成步骤的数量也显著高于对照组的数量（$\chi^2=21.169$，$p<0.001$）。②在学生的数学学习品格方面，接受调查的学生对数学实验的总体态度偏向积极（$M=3.728$），愿意接纳数学实验教学，认为对数学学习有帮助。同时实证研究还表明，在思维类活动经验积累方面，实验组学生的均分（$M=64.54$）比对照组的均分（$M=38.34$）高出26.2分。在操作类活动经验积累方面，实验组学生的均分（$M=9.09$）也高于对照组的均分（$M=6.776$）。在兴趣态度方面，实验组学生在自信心（$p=0.008$）、价值观（$p=0.010$）以及总分（$p=0.027$）方面得分显著高于对照组。结果表明，数学实验能够显著（$p<0.001$）提升学生的活动经验，对激发兴趣、培养自信心等方面都有积极影响。此外，"做数学"对于教师数学专业素养的发展也有显著的促进作用。项目组在《课程·教材·教法》

等刊物上发表 100 多篇论文，被《人大复印报刊资料·初中数学教与学》全文转载 17 篇，论文的下载量超 15000 次，引用量超 280 次。至 2019 年 12 月，参与项目组各类活动的教师达 1.8 万多人次，教师的教学水平与教科研能力明显提升。近 2 年申报的江苏省省级课题中，与初中数学实验相关的课题达 21 个；近 3 年参与数学实验教学实践的教师人年均发表论文 1.83 篇；项目组 50 多名核心成员中，1 人成长为江苏省人民教育家培养对象，23 人成长为江苏省特级教师，22 人成长为正高级教师。

从应用推广观察，"做数学"成果自 2011 年起在全省 2000 多所初中累计近 400 万名学生中推广使用，学生能将教师提供的数学实验方案和实验工具，自觉地融入数学学习中。江苏全省初中数学课堂融入数学实验已成常态，全方位实现了学与教方式的转变，较好地推动了数学学科建设，提升了中小学数学教学质量，研究成果得到广泛认同，参与项目实践的区域教师达 10 万人次。此外，2015 年，全国初中数学青年教师优课展评设立"数学实验"专场。2020 年，中国教育学会年会暨首届中国基础教育论坛设立专题论坛"做数学：数学学科育人的实践创新"，向全国基础教育界推广。2021 年，第 14 届国际数学教育大会设立专场"做数学：中国中小学生学习方式变革"，向世界发出了中国声音。

进一步观察的资源包：

[1]　董林伟. 初中数学实验的理论与实践研究［M］. 南京：江苏科学技术出版社，2016.

[2]　董林伟. 数学实验：初中生数学学习方式的变革［J］. 全球教育展望，2020，49（9）：103－115.

[3]　董林伟，郭庆松，赵维坤. "做数学"：为学科育人探索新路径［J］. 中国基础教育，2023（8）：29－34.

案例39　中小学数学"情境—问题"教学30年实践探索与理论建构

成果完成单位：贵州师范大学。

成果持有人：吕传汉，夏小刚，严虹，尹慧梅，任保平，王卫标。

成果概述：从1987年起，贵州师范大学吕传汉教授团队就立足于跨文化数学教育的视野，针对中小学生数学学习中数学思维不足、文化背景制约等教学现实困境开展研究。该成果以"情境—问题"教学改革，促进了学生问题探究意识的发展。以"情境引领→情境分析→问题发现→问题发展→问题变换"为主线，培育学生数学问题意识，通过核心问题驱动，激活学生思维。以给定情境中隐含的数学条件、结论及其关系的辨认、探求、改变、分解、转化为抓手，发展学生数学探究思维。该成果以"三教"（即教思考、教体验、教表达）理念引领"情境—问题"教学，促进了学生核心素养发展。让学生在提出和解决问题中，培养理性思维能力；让学生在情境问题认知体验中，积累数学活动经验；让学生在情境问题协作交流中，发展社会参与能力。

从形成过程观察，30年实践探索可分为3个阶段。①第一阶段为探索萌芽阶段（1987—1999年）：基于学生思维发展的民族文化情境研究。1987年，在国内率先提出并开展了跨文化数学教育研究。1997年，在国内首创"数学情境与提出问题"教学研究，并在全国20多个省市的上千所中小学试验推广。②第二阶段为实验实践阶段（2000—2005年）：构建、实践中小学数学"情境—问题"教学模式。根据教学模式编写教师实验用书，在70多所城乡学校开展实验研究。③第三阶段为推广升华阶段（2005—2017年）："三教"＋"情境—问题"教学实验。2014年1月，吕传汉提出课堂教学"教思考、教体验、教表达"（简称"三教"）培育学生数学素养，引领"情境—问题"教学的深入开展，并在贵阳、遵义、兴义等城乡100多所中小学开展教学实验。

从成果产出效益观察，2018年，《中小学数学"情境—问题"教学30年实践探索与理论建构》获得基础教育国家级教学成果奖一等奖。本成果创设了一批中小学数学情境资料，梳理前期发掘的与汉族、水族、苗族、布依族、侗族等相关的民间特色的数学文化情境，并组织省内外中小学教师，配合当时数学教材的知识点，设计了800多个数学情境资料。2001年出版了2本实验用书——《数学情境与数学问题》（中学）和《数学情境与数学问题》（小学），2005年出版了3本实验用书——《数学情境与数学问题》（高中）、《数学情境与数学问题》（初中）和《数学情境与数学问题》（小学）。构建了中小学"数学情境与提出问题"教学模式，进一步深化了数学"情境—问题"教学的时代内涵。课堂教学改革实践引领、催生出一批样板学校，如贵州兴义八中、贵州省兴义黄草中心学校、浙江省余姚市实验学校等。吕传汉教授团队先后完成国家级、省部级项目8项，出版著作16部，发表400多篇教学研究论文和案例，获省部级教学科研奖励6项。

从应用推广观察，根据《教育部关于加强新时代教育科学研究工作的意见》（教政法〔2019〕16号）文件精神，在贵州省教育厅教师工作处的指导、帮助下，《中小学数学"情境—问题"教学30年实践探索与理论建构》成果从理论与实践2个层面，在全省逐步深入推广。推广的总课题："三教"引领"情境—问题"教学促进学生"长见识、悟道理"实践研究。下分："三教"引领民族地区高中数学学习长见识、悟道理实践研究；"三教"引领初中数学"多解变式"学习长见识、悟道理实践研究；"三教"引领初中数学"情境—问题"学习长见识、悟道理实践研究；"三教"引领小学数学"情境—问题"学习长见识、悟道理实践研究；指向乡村小学生数学核心素养培育的"三教"学习体验实践研究5个子课题实施。课题推广的具体实施方案，分别根据总、子课题参研的高校、教研机构和一线骨干教师"三结合"的"共同体"协同制订、实施。牵头单位和参研单位共计50多个。2021年3月8—9日在福建省福州市鼓楼区召开教学成果推广启动会。该模式先后由贵州推广到浙江、四川、云南、重庆等省市上百所城乡民族学校，培养了数百名中小学数学骨干教师，使数万学生受益，对转变和丰富学生的数学学习方式，促进数学深度学习，养成学生创新意识起到积极作用，为缩小民族地区因文化背景差异带来的学校数学教育差距做出了重要贡献。

进一步观察的资源包：

［1］ 袁景涛，李时建，吕传汉. 基于培育数学核心素养的行动：教学课例研析［M］. 上海：华东师范大学出版社，2018.

［2］ 吕传汉，严虹，杨孝斌. 中小学数学"情境—问题"教学30年实践探索与理论建构［J］. 中国教育学刊，2022（S1）：51−54.

［3］ 贵州师范大学. "立德树人"终身成就奖候选人——吕传汉［EB/OL］.（2023−09−05）［2024−02−24］. https://mp.weixin.qq.com/s/qxpe7QU82mwO5G34DtTvXA.

案例40　马芯兰小学数学教学法

成果完成单位：北京市朝阳区星河实验小学，北京市朝阳区教育委员会，北京教育科学研究院，北京市朝阳区实验小学，北京市朝阳区教研中心。

成果持有人：马芯兰，孙其军，吴正宪，陈立华，高萍，石雷。

成果概述：马芯兰小学数学教学法是为了实现让学生轻松快乐学数学的目标，依据小学数学课程论、学习论和教学论等理论，经过系统分析，整合了当时若干版本教材的重点、难点和异同点，以基本概念、基本观念和基本题型为中心重新构建小学数学知识体系，把小学阶段的540多个数学概念，根据它们之间的内在联系，都统整到"和"这个基本概念上来，并以它为中心重构知识体系。本教学法根据小学数学学科的特点，依托基础知识和基本技能，通过创设系统而灵活的思维活动，形成了与知识体系同步的学生获取信息能力、信息分析能力和发散思维能力等培养途径。这一教学法的显著效果是：教学时间短，课堂效率高，教学质量好，学生学习兴趣浓、基础知识扎实、思维灵活，课业负担轻。

从形成过程观察，马芯兰老师从1977年起，在她的小学数学教学中，根据儿童年龄特征和数学知识的特点，深入改革教材教法，创造了"新的数学教学法"，较好地解决了学生课业负担过重的问题。主要经历了以下几个阶段。① 形成阶段（1970—1980年）：1977年，基于此前11年的积累和领导的支持，马芯兰开始了第一轮教学实验。在认真钻研大量中外小学数学教学资料的基础上，马芯兰把现行小学数学教材中的重点、难点、共同点和不同点按照知识的内在联系及规律进行组合，将540多个概念归纳成十几个一般基本概念及"和、差、倍、分"4个重点基本概念，将11类应用题总结成 4 个基本类型，同时在计算中让学生明白数位、计数单位和进率的关系，以此组合成教学的中心环节开展数学教学实践。②扩大阶段（1980—1990 年）：1980 年，马芯兰又开始了第二轮实验，到 1984 年学生四年级时，数学水平达到了六年制毕业水平，平均分为 94 分。③持续稳定阶段（1990—2000 年）：朝阳区幸福村中心小学因"马芯兰教学法"声名鹊起。1996 年，学校更名为朝阳区实验小学；次年，马芯兰担任学校校长。行政职务的变化为她推广"马芯兰教学法"带来了更多的便利。④新发展（2000—2014 年）：2007 年 5 月，马芯兰出任朝阳区星河实验小学的校长。重新拿起"试卷"的马芯兰赋予了"马芯兰教学法"新的时代内涵。她受"互联网＋教育"的启发，重新梳理课堂结构、知识结构和认知结构，在星河实验小学创立了"翼课程"。"翼课程就是让学生们通过掌握 100 个左右的核心知识点，让他们找到知识间的链接，产生新的思维，从而能够自主发现问题，自主遨游。"马芯兰介绍说，在星河实验小学，"翼课程"还被录制成 10～15 分钟的"碎片课"提供给学生随时观看，深受大家欢迎。

从成果产出效益观察，本教学法形成了以下主要成果。①优化整合的知识体系。经过系统分析，整合了当时若干版本教材的重点、难点和异同点，以基本概念、基本观念和基本题型为中心重新构建小学数学知识体系，以"和"的概念为核心，下探上联，纵横交通，把小学数学的主干知识共计 540 多个概念，根据它们之间的内在联系连成有机的知识网络体系，并以它为中心重构知识体系。本教学法高度关注基本概念在知识结构中的统和引领作用，在教学中注意从整体上分析每一知识点在群落结构中的地位和作用，以及其间的内在联系，使知识形成有纲有目、有主有次、互联互通的有机结构，从而给学习中的迁移创造了有利条件。②同步构建的能力培养途径。本教学法形成了与知识体系同步的学生获取信息能力、信息分析能力和发散思维能力等培养途径。通过读题、划批的训练，使学生能识别问题，了解问题的类型、性质，掌握数学问题的结构，从而培养学生获取信息的能力。通过读、批、画、说，学生解决问题的内在思维过程同步外化为外在的行为表现，既给予学生思维的方法，又便于教师及时掌握学生的思维进程和质量。通过自编应用题、扩题、缩题、补充问题条件、一题多解、一题多变、上发散思维课等多种方式，培养学生的创新思维能力。③纵横贯通的课堂教学方式。优化整合的知识体系和同步构建的能力培养途径为教师构建融通互动的课堂教学方式提供了充裕的空间，而前两者又必须依靠后者才能充分发挥其强大的育人功能。经过多年研究实践，项目组形成了以"渗透、交错、训练、迁移"为核心环节的课堂教学方式，并编著了《小学数学教学与创新能力培养》《小学数学教学改革尝试》《小学数学应用题教学中能力的培养》等 10 多部著作。

从应用推广观察，全国有 20 多个省、市、区的 2700 多所学校推广并采用了"马芯兰小学数学教学法"，在研究、推广中，培养出了数十名特级教师。国家总督学顾问、中国教育学会副会长陶西平赞叹道："一个教学法被实验这么长时间的，从来没有；推广面这么广的，从来没有；领导这么大力度推广的，从来没有。"这 3 个"从来没有"见证着"马芯兰教学法"在教育界深远的影响力。

进一步观察的资源包：

[1] 马芯兰，孙佳威. 开启学生的数学思维 对马芯兰数学教育思想的再认识 [M]. 北京：北京师范大学出版社，2020.

[2] 基础教育国家级优秀教学成果资源服务平台. 马芯兰小学数学教学法 [EB/OL]. (2020 – 02 – 20) [2024 – 02 – 22]. http://s.enaea.edu.cn/h/gjjzyfwpt/jxcgzy/2020 – 04 – 28/5002.html.

[3] 北京朝阳教育. 马芯兰：跨越半个世纪的教育追梦人丨校长说 [EB/OL]. (2019 – 04 – 25) [2024 – 02 – 26]. https://mp.weixin.qq.com/s/JmlOuHl9hS84C329c0eudQ.

案例41 小学数学"形变质通"教学改革30年实践与探索

成果完成单位：天津市河西区马场道小学。

成果持有人：张菁，张新颜，夏天，赵诗辉，杨玉东，尹俊明。

成果概述：在大量数学教育实践的基础上，天津市河西区马场道小学张菁教师团队提出了"形变质通"这一数学学科文化，并从数学发展史、数学自身特点、现代数学教育理论等方面加以论证。同时，进一步阐述了作为学科文化的"形变质通"的教育功效，从数学学科文化视角提出了数学基础教育中的隐性教育因素，其中，"形变"是数学知识丰富变化的存在形式，"质通"是数学知识间转化、通达的划归。这是对各学段数学知识自身运动变化的内在规律及数学学科思维特性的概括。通过对数学知识"灵"性与"质"性的统一建构，形成辩证的哲学思维观，助力学生智慧生长，创建教学操作步骤及检测指标，形成教学指导体系。

从形成过程观察，《小学数学"形变质通"教学改革30年实践与探索》历经33年，经过5轮递进式课题研究而形成。在多年前一节极为平常的数学计算课上，当学生计算35+99时，张菁为了教学生简便方法，在黑板上写下了大大的"形变值等"4个字，这成为张菁日后"形变质通"理念产生的基础。经不断思考，张菁发现"形变值等"的数学思想方法同样适用于初中代数教材。在大量教学实践的基础上，张菁在"十五"期间走上了独立承担科研课题的研究道路，先后主持两项市、区级规划课题。在其市级科研成果《形变质通——数学基础教育感悟》一书中创造性地提出了"形变质通"的数学文化教育理念。"十一五"期间，她申报的课题"小学数学显性知识教学中隐性教育的实施途径的研究"获天津市重点资助课题。"十二五"期间,她的课题"形变质通:小学数学显性知识中隐性学科文化的研究"再次获得市规划办重点资助课题。2021年,张菁的课题"'形变质通'在小学数学课堂教学中实施学科育人的应用研究"又获得天津市教育科学规划课题资助。多年来张菁沿着"形变质通"的方向不断研究,她不仅将"形变质通"当成一种教法、一种数学思想方法,还当成一种数学文化,在教会学生运用形变质通理念思考数学的同时,还要使学生运用此数学理念看世界、看人生,为学生提供终身受用的精神食粮。

从成果产出效益观察,对于学生而言,"形变质通"的数学理念有助于培养其平等意识、创新精神、抗挫折能力以及利他性品质,并且能收到很好的教学效果。张菁在32年一线教学实践和22年市级课题研究过程中,出版2本专著、发表17篇文章,提出"形变质通"数学教育理论及教学实践方法,为当下数学教学深层次改革提供了可操作性的范例。其著作《形变质通:数学基础教育感悟》获河西区第九届科研成果奖一等奖。

从应用推广观察,2022年10月5日,"形变质通"教数学——实践基地校教学研讨会以线上形式在津召开,来自天津、海南、安徽、内蒙古等省、自治区、直辖市的多位校长、教研员、教师参会。目前,该教学成果在天津、安徽、海南、深圳、内蒙古等多地的学校推广使用。《中国教育报》《天津日报》《天津教育报》先后6次报道"形变质通"数学教学法,大学教师将"形变质通"运用到高等代数教学中。天津市教委举办了"张菁教学思想与实践"全国推介会。先后在天津、深圳、三亚7所小学建立"形变质通"教学实践基地校。

进一步观察的资源包:

[1] 张菁. 形变质通:数学基础教育感悟[M]. 天津:天津社会科学院出版社,2006.

[2] 张菁. "形变质通"数学学科育人价值分析与操作方法[J]. 中国民

族教育,2022(4):57-59.

[3] 郭翰卿. 本市"形变质通"小学数学教学研究成果在全国多地学校推广应用[EB/OL].(2022-10-05)[2024-02-26]. https://mp.weixin.qq.com/s/N-UY89xp2233q9wGewZBRw.

案例42　初中数学"自学·议论·引导"教学法35年探索实践

成果完成单位：江苏省南通市启秀中学。

成果持有人：李庾南。

成果概述：鉴于初中数学教学资源单一、重教轻学、教学方法僵化、师生关系呆板、学生学习被动等现实情形，从1978年开始，李庾南和启秀中学的领导、同事，有所指向地致力于教育教学改革实践和教育科研，逐步创立并不断丰富、完善了"自学·议论·引导"教学法。在长期的探索与研究中，形成了较为完善的实践与理论体系，归纳与总结出该教学法的基本原理和操作要义，产生了一批有一定影响力的科研成果。该成果既注重教好学生，也注重发展教师、成就学校。经实践检验，实验班学生在各方面都明显优异于平行班，学校教师成长质态良好，学校也成为有较好美誉度的地方初中名校，产生了良好的教学效应和育人功能。

从形成过程观察，该成果整个实践与探索过程大致分为5个阶段。①起步阶段（1979—1990年），建构了"自学·议论·引导"教学法初步概念，引导学生"学会"学习。项目组着手研究"学生自学数学能力及其培养"的教改实验课题，较为深入、系统地探究自学能力的实质、内涵及其培养、发展层次序列，着力转变学生的学习方式，形成自学能力。让学生在"学会"中逐步成为学习的主人。②发展阶段（1990—1998年），明确阐述了学程与教程的关系，激活学生"想学"的情感。项目组开展"优化学习过程，改善教学结构"和"学程导进技艺"2个课题研究，较为深刻地认识到"学程"与"教程"之间的辩证关系：教程要依据、符合学程，服从和服务于学程。项目组进一步探索了学生自主学习的动力机制，让学生"真学习"。这一阶段,"学程导进技艺研究"逐步扩展为泛学科、跨年级和全校性的研究与实践行为,对推动全员教学思想的提升起到促进作用。③深化阶段(1998—2009年),通过优质高效的师生交往、生生互动,让学生在碰撞与共生中达到"会学",提高学习能力;为了更好地发挥学生在教学过程中的核心作用,项目组进行了"主体性教育研究"、"初中学生学力的形成及其发展"和"初中生学力发展与评价"课题研究,重点从以往对学生的学习方法、过程等外部因素研究,转移到对学生作为学习主体的内在因素及其相互关系研究,探讨学生学力的科学内涵、基本结构及其生成、发展特点、规律,凸显情感、态度在学生成长与发展中的重要作用等方面,强调问题解决过程的主体性与群体性结合,对"自学·议论·引导"教学体系进行了较为深入的理性思考和理论建构。④提升阶段(2009—2013年),在推广中进一步提炼教学范式,锻造优秀团队。本阶段以省教育科学规划重点课题"学生学力发展与课堂教学创新——自学·议论·引导教学新探究"为抓手,着力全面回顾与梳理30多年来"自学·议论·引导"教学实验、探索的历程和成果,进一步完善该教学法的实践与理论体系,并完成新著《自学·议论·引导教学论》,于2013年由人民教育出版社出版。⑤再深化阶段(2014—2022年),构建促进学生发展的课堂生态,引导学生深度学习。本阶段以江苏省教育科学规划"十二五"重点资助课题"'自学·议论·引导'教学生态中的学生发展质态研究"为载体,提炼"自学·议论·引导"的"三学"教学精髓,更加高效地培训骨干教师,加快课程建设和区域推广。《初中数学"自学·议论·引导"教学法35年探索实践》成果荣获国家教学成果奖一等奖,李庾南被授予"全国教书育人十大楷模"荣誉称号,受到习近平总书记和李克强总理的亲切接见。

从成果产出效益观察,该成果相继获得了江苏省普通教育改革优秀成果奖和全国中小学教学改革"金钥匙"奖;出版的专著《数学自学·议论·

引导教学法》荣获江苏省人民政府颁发的江苏省哲学社会科学优秀成果奖二等奖，课题研究成果获江苏省教育科学优秀成果奖一等奖和全国首届教育科学优秀成果奖二等奖；系列研究成果荣获了全国中学数学教育最高荣誉奖——第二届苏步青数学教育奖；课题组被评为"江苏省优秀教师群体"，学校被评为"江苏省先进集体"，研究报告获江苏省教学研究成果奖一等奖。2004 年出版专著《数学自学·议论·引导教学法》，相关成果获教育部基础教育课程改革教学研究成果奖一等奖。江苏省教育厅和南通市人民政府联合举办"李庾南自学·议论·引导教学流派"发展研究报告会；研究所被评为省首批教科研特色项目研究所；市教育局成立"李庾南实验总校"，并有组织地建成一批实验学校，使更多师生获益；2013 年李庾南完成、出版新著《自学·议论·引导教学论》。

　　从应用推广观察，该成果经历了由数学学科到各学科，由初中到高中，由校内到校外的推广研究，研究领域和范围不断拓展，研究成果得到大面积推广，尤其是通过江苏省"李庾南数学教学研究所"和南通市"李庾南实验总校"的"两轮驱动"，培训市内外广大教师，带动许多初中学校的教学变革和整体优化，产生了较为强大的辐射效应。

　　进一步观察的资源包：

[1]　李庾南. 自学·议论·引导教学论［M］. 北京：人民教育出版社，2013.

[2]　祁国斌，李庾南. 基于"自学·议论·引导"教学思想的学科育人路径建构［J］. 江苏教育研究，2021（25）：40 - 44.

[3]　基础教育国家级优秀教学成果资源服务平台. 初中数学"自学·议论·引导"教学法 35 年探索实践［EB/OL］.（2020 - 02 - 03）［2024 - 02 - 22］. http://s. enaea. edu. cn/h/gjjzyfwpt/jxcgzy/2020 - 04 - 28/5010. html.

案例43　整体统摄·快慢相谐：初中数学整体化教学20年实践探索

成果完成单位：山东省北镇中学实验初中部。

成果持有人：邢成云，陈元云，费祯红，李秀珍，墨艳丽，王尚志。

成果概述：2011年《义务教育·数学课程标准（2011年版）》体现出整体化的观念，而这一引领思想在实际教学中并没有得到较好的落实，从教材、从考试、从教参、从名师的教案或网上下载的课件等出发实施教学的现象不一而足，不可避免地带来了教学的低浅化与碎片化。该成果以系统论、全息观为指导，立足整体，基于课标，不拘于教材，整合课程资源，以教材中每章的起始课为抓手，以单元教学为统领，站在课程高度整体谋划教学，在解构再建构中确立教学内容，变教材为学材，而后通过"六课型"（整体构建课、深度探研课、训练提升课、统摄复习课、分层考查课、分步达标课），凸显"四表征"（联系、组织、整合、平衡），摆正"八组关系"（过程与结果、接受与探究、合作与自主、预设与生成、主导与主体、面向全体与个体差异、记忆与理解、快进与慢思），充分利用"三想"（回想、联想、猜想）引导学生学会思考，指向思维进阶的课堂践行，旨在让学生在整体的学习中形成全景观，建立起适合自己的认知结构体系，促成数学学习的一般观念、基本路径，将整合后的课程变成学生经验的课程，以实现课程育人。

从形成过程观察，该成果共历经4个关键时期。①自主探索期（2001—2007年）：伴随2001年新课改启动，在孙维刚6年一循环教学理念启迪下，开始探寻并初步形成课程整合的认识。2003年，依托全国教育科学规划课题子课题"树立探究理念培养综合能力"，通过4年探索初步形成教学平衡观。②借鉴形成期（2007—2013年）：2011年、2012年分别立足"PISA视域下初中数学各类课型教学设计的探索与研究"和"全息教学论下的跨越式教学"2个省课题全面探索各类课的整体教学，形成"整体统领课"等6类课型，提出"整体统摄·快慢相谐：邢成云的整体化教学"策略。③验证与完善期（2013—2016年）：通过市级以上观摩课、专题报告等机会向外传播。2014年在省课题"基于学生发现问题提出问题的课堂教学研究"中进一步强化问题链，并融入教学法，使教学法得以完善。④巩固与推广期（2016—2022年）：2016年以课题"快慢相宜的整体化教学模式延伸研究"为载体，在本校和托管的渤海中学进一步推广。

从成果产出效益观察，主要体现在2个方面。①学生的优质发展。用整体方法优化教学脉络，便于学生从整体上认识数学，形成有意义的活性知识，建构起生长能力强、迁移能力强的知识和方法体系，能有效发展学生的思维力。在5个轮次实验中送走了6批优秀学子，该校学生不但以同类学校全市第一的中考成绩领先，还普遍反映教学法的高妙，实现了乐学、会学，进入高中后后劲足。②学科组的成长壮大。该成果大大促进了学科团队的专业化发展，成果持有人曾荣获齐鲁名师、山东省优秀教师、山东省师德标兵、山东省教学能手等称号。在全国中文核心期刊及专业重点期刊发表教研论文180多篇，2次获得山东省省级教学成果奖。其团队11人中有4人获山东省特级教师、省教学能手，1人获全国优质课一等奖，2人获省优质课或省级大赛一等奖，6人获市优质课一等奖。

从应用推广观察，该成果得到专家和社会的广泛认可。该成果一定程度上推进了课改进程，走在了单元整体化教学的前列。目前已带动本校其他科老师投身其中，40多个省市县名师工作室参与，在部分省市，乃至全国产生了点面结合的辐射效应。该成果以滨州市初中数学、四川省名导师和教育部领航工程3个名师工作室及下辖名师工作室、山东省级工作坊为平台多层级向外辐射，成果持有人在全国各地市做教学法的学术报告、公开课60多场次，推广中壮大了研究团队，教学法得到进一步淬炼。该成果2015年在《江西教育》推介，受到全国同行推广。整体教学法在第三届华人数学教育大会、第二届亚洲数学教育中心学术研讨分会分享，在"学习强国"、微言国培等平台展示。在《中国教育报》《中国教师》推介报道，并获市课堂教学模式一等奖。20年的探索与实践促进了与全国数学教师的交流，提供了可资借鉴的范例，产生了广泛的社会效益，获得了多位教授的高度评价。

进一步观察的资源包：

［1］ 邢成云. 整体统摄·快慢相谐：初中数学整体化教学20年探索［J］. 中小学班主任，2022（22）：72-74.

［2］ 邢成云. "整体统摄·快慢相谐"的整体化教学［J］. 中国教师，2021（10）：38-41.

［3］ 邢成云. 整体化教学：课堂直指学生思维发展［N］. 中国教育报，2019-12-11（10）.

案例 44　指向拔尖创新人才培养的高中数学建模与数学探究课程体系构建与实施

成果完成单位：深圳中学。

成果持有人：张文涛，唐丽艳，张上伟，林健，黄文辉，张建强。

成果概述：在传统教学中，以数学建模与数学探究活动为主线的数学综合实践课程并未得到足够的重视，可参考的资源有限、教师实践经验缺乏，导致课程内容零散、学生体验差、收效甚微。项目组从新一轮课程改革对跨学科综合实践活动的相关要求出发，阐述高中数学综合实践活动对数学拔尖创新人才早期培养的促进作用。结合 10 多年的课程改革实践经验，立足于学生核心素养发展和拔尖创新人才培养的课程目标，通过开发 12 个模块课程内容，构建"知识建构—互动导研—项目实践"的"三位一体"课程实践模式，创建基于研究过程与项目成果并重、个人与团队结合的学生表现性评价机制，构建涵盖"知识（K）—能力（A）—素养（L）—品格（C）"的"四维融合"评价体系，遵循"知识建构—互动导研—项目实践"的"三位一体"课程实施路径，以实现中小学数学拔尖创新人才一体化培养的目标。

从形成过程观察，以数学建模与数学探究为主线的高中数学综合实践活动课程的构建与实施主要分为 3 个阶段。①第一阶段：课程资源开发与研究阶段。基于课题研究，结合实践经验，制定课程目标，开发课程实例，编写校本教材，初步尝试以教师引领下的学生数学建模社团活动，积累课程资源和实践经验，并在寒暑假举办校内数学建模竞赛。②第二阶段：课程体系构建与实施阶段。承担市重点课题，完善理论研究，构建课程体系，探索"三位一体"课程实践模式，搭建实践交流平台，创建基于学生活动表现的

"四维融合"过程性评价体系，开展中学数学建模课程和丘成桐中学数学奖课程的实践，开展项目式学习和开放式探究学习。③第三阶段：课程优化与检验。创建数学建模与探究实验室，发起数学建模和论文比赛，指导学生申报市级"小课题"，指导学生参加高端学术活动（包含美国高中生数学建模竞赛、美国的学生数学建模竞赛、国际数学建模挑战赛、丘成桐中学数学奖等）。

从成果产出效益观察，在10多年的高中数学综合实践课程实践教学中，课程构建与实施呈现"新""实""效"的特点。"新"——课程理念新（强调学生的"四基"和"四能"，重视发展学生的数学核心素养），项目式的综合实践教学形式新；"实"——通过基于培养拔尖创新人才的数学建模课程的构建与实施，使学生综合实践活动落到实处；"效"——构建以数学建模与数学探究为主线的高中综合实践课程体系，为数学育人和培养创新型人才找到一条切实可行的有效路径。学生在高端学术竞赛中崭露头角，876人次累计获国际奖项，3个团队获美国高中生数学建模竞赛特等奖，2个团队被授予最高荣誉INFORMS奖；学生在丘成桐中学科学奖（数学）比赛中获全球总决赛铜奖2项，国内决赛第一名1项。

从应用推广观察，高中数学综合实践课程的构建与实施获2021年省教育教学成果奖特等奖（基础教育），成果在广东省教育厅指导的"南方教研大讲堂"专场推介，课例在省教育厅主办的"双新"示范区示范校建设活动中向全国展示。2013年和2016年，美国运筹学与管理科学协会（Institute for Operations Research and the Management Sciences，INFORMS）2任主席向主持人寄送亲笔签名信2封，高度赞扬了数学综合实践课程建设成果。成果被新华网、光明网、《中国教育报》等多家媒体报道。

进一步观察的资源包：

[1] 张文涛. 指向拔尖创新人才培养的高中数学综合实践课程实践探索

[J]. 中等数学, 2023 (3): 21-26.

[2] 张文涛, 唐丽艳. 中小学数学综合实践活动一体化设计的内涵、原则与应用 [J]. 中国数学教育, 2023 (20): 4-10, 24.

[3] 张文涛. 数学模型是数学思维的枢纽 [J]. 中学数学教学参考, 2022 (34): 49-52.

案例 45　小学英语绘本教学体系建构与实践创新

成果完成单位：南方科技大学教育集团（南山）实验一小。

成果持有人：王英华，陈家梁，肖毅，周小金，李文娟，黄瑛。

成果概述：针对长期以来小学英语教学中存在的脱离语境、缺少体验、语用不足、费时低效等问题，王英华老师带领团队依据二语习得研究等，前后依托 5 项课题，经过 14 年 4 阶段英语绘本教学探索，提炼了英语绘本教学体系。在理论上，整合语言、语境、思维三者的关系，提出"有生命、有温度、有情感、有生成"的英语绘本教学主张，深化了素养导向下"绘本教学体系"的理论认识。在模式上，凝练、建构了英语绘本"教—学—评"8 个维度的体系，旨在由单纯干瘪的英语教学走向立体丰满的英语教育。在具体实施路径上，提炼出 8 个维度体系中各维度的细则和具体操作指导，构建了基于"生命和温度"的"分阶段、分层次、多内容"的综合评价系统和实施策略，路径的创新为广大一线教师具体如何做好英语绘本教学提供了有效指导。

从形成过程观察，2008 年开始，通过对二语习得研究、泰勒课程编制原理、多元智能理论的深入学习，该项目进行了长达 14 年的小学英语绘本教学改革和研究实践后，其完成过程如下。①第一阶段（2008—2010 年）：绘本选材，初步建模。通过课题引领和专家指导，项目组确定了研究的目标，初步建立了模型，探索英语绘本选材与绘本教学步骤。②第二阶段（2011—2014 年）：育人导向，形成策略、评价。通过梳理 2011 修订版英语课标的育人导向，研制了英语绘本教学分级目标及教学策略、学习评价内容、方式和量表。③第三阶段（2015—2018 年）：综合提炼，建构体系。基于儿童本位和角色视角，形成了英语绘本 7 步教学框架，研制和设计了听评课原则以及课外延伸活动等。④第四阶段（2019—2022年）：多维推广，固化成果。经过系统建构和立体实施，项目组深化了英语绘本教学体系的应用与推广辐射。

<u>从成果产出效益观察</u>，该成果突破学习瓶颈，变革课堂教学生态，实现了从"learn to read"到"read to learn"的转变，促进了学生全面成长。学生英语学习兴趣高涨、综合语用能力大幅提高、英语学习效果显著。研制了国内首创的英语绘本教学体系，出版《小学英语绘本教学实用指南》和《线上线下英语绘本教学艺术》2部专著，其中一本3年内印刷了6次。汇编《中国成语故事编译》和《绘本教学行思录》。发表论文8篇、案例55篇，并出版录像及直播课38节。形成了基本的英语绘本教学范式，指导了一线教师的课堂实践，既实现了英语教学减负提质，又让学科核心素养在英语课堂无痕落地，团队中多名教师成长为省、市名师。

<u>从应用推广观察</u>，该成果已被国内外50多所学校逾千名教师应用实施，并广受国内外专家的赞誉，《中国教育报》等多家媒体报道，获龚亚夫等英语教育专家高度评价。项目组精心选择中国传统成语故事并编译研发为30篇英语绘本系列故事，主题为"中国故事，世界表达"，依托对外英语教学（teaching english to speakers of other languages，TESOL）国内外近60场研讨会，省、市课题和绘本教学联盟校及名师工作室，通过线上线下进行推广应用，旨在弘扬中华民族优秀的传统文化，培养具有家国情怀和世界眼光的未来学生。

进一步观察的资源包：

[1]　王英华. 小学英语绘本教学实用指南［M］. 合肥：中国科学技术大学出版社，2019.

[2]　王英华. 二语习得理论视角下小学英语绘本教学的策略与操作［J］. 小学教学研究，2017（28）：70-74.

[3]　王英华教科研专家工作室（微信公众号）.

案例46　聚焦生命品性：初中生物学学科育人探索25年

成果完成单位：东营市教育科学研究院。

成果持有人：杨守菊，张可柱，梁海燕，郭玲，岳庆玲，郑玲玲。

成果概述：长期以来，总有一些学生因为承受不住心理压力等各种原因，出现了不尊重自己或他人生命、摧残和虐待小动物等行为。这引发了人们对生物学如何实现学科育人这一本质问题的深度思考。杨守菊带领团队经过长期研究，在理论层面提出生命品性育人理念；创新探索了培育生命品性的实施路径，形成了主题驱动式、项目探究式、思维发展型、生物实验"四放"型教学范式；基于发展性、过程性、激励性评价的原则，从行为习惯、学科技能和学业评价3个方面，确定生物学教学中生命品性培育"三位一体"评价体系。通过生命品性育人理念下的生物教学，让学生高效地习得生物知识的同时，更注重身体健康、心理健康、人格健康和在全球生命共同体背景下的生态道德健康，从而提升学生的生命品性，让生物学教学闪耀出精神光芒。

从形成过程观察，该成果主要历经了以下4个阶段。①价值纵深的构想摸索期（1996年2月—1999年12月）。主要是进行生命品性教育理念构想与导向设计，让生物教学回归育人本真。项目组认真研读《面向21世纪教育振兴行动计划》，结合实践探索学科育人纵深价值，提出以"以教载育"培育学生人文关怀、提高学生综合素质。②聚焦品性的教学研磨期（2000年1月—2010年7月）。依托山东省课题"中学生物学教学中渗透人文教育的探索与实践"，以学生的生命发展为旨归，进行了深入的教学课例研究，构建主题驱动式、项目探究式、思维发展型、生物实验"四放"型等教学范式，不断完善教学评价途径。2008 年，项目组主持人在中国教育学会年会上执教"尿的形成"观摩课，梳理构建了一节好课的"有魂、有神、有本、有根"的"四有"标准。③路径协同的实践深化期（2010 年 8 月—2017 年 12 月）。依托山东省教研室"初中生物学生命化教学的研究"课题，对初中生物教学中培育生命品性进行了全方位、立体化、多路径协同探索。研发了"崇德""益智""健体""尚美""乐劳"等富有生物学科特色的培育生命品性的"手"课程资源；研制了涵盖行为习惯、学科技能、学业评价等"三位一体"的培育生命品性评价体系。④延展丰富的提炼推广期（2018 年 1 月—2021 年 12 月）。以山东省规划课题"生物教学中培育生命品性的实践研究"为载体，对项目成果进行了总结提炼，成果被《人大复印报刊资料》全文转载。著作《教师心语：向学生传递生命之道》对本项目研究进行了高度凝练和深度阐释。

<u>从成果产出效益观察</u>，该项目提升了学生生命品性。东营市参与项目研究的实验学校，先后有 12 所入选"全国湿地学校"；千余人次参加东营市观鸟协会的观鸟活动、2000 多人次参加笔记大自然活动；千余人次参加"守护海岸线、净滩行动""燕子保护行动"。近几年来，学生自主研创"细胞模型""肾单位模型""心脏模型""反射弧模型"等 300 多件，创编生物诗、歌曲、课本剧 200 多项，记录活动音视频资料上千条，项目组将结集学生撰写的精彩生命感悟，出版《晤生物之秘 悟生命之道》系列丛书。同时，促进了教师专业能力发展。该项目依托省市规划课题研究，借助"杨守菊名师工作室"，将"课题研究"与"课例打磨"有机融合，以"科研"促"教研"，全力打造研究型团队。团队先后被省教育厅、省总工会授予"齐鲁名师领航工作室""山东省劳模创新工作室"等 5 项称号。工作室成员已有 5 项成果获山东省省级教学成果奖，4 项专利荣获国家知识产权局授权；12 本著作出版发行，近百篇论文获奖或发表，其中 8 篇被《人大复印

报刊资料》全文转载；参编义务教育教科书 3 册，主编高中生物学教材 1 册；开发校本课程 15 门。

从应用推广观察，依托"教育部基础教育生物学教学指导专委会会议""国培计划""省教育厅援疆送教""心系荆楚，名师驰援：百名特级教师公益送教湖北""全国生物教科研研讨会"等，通过专题报告、网络研讨、执教示范课等形式，推广应用研究成果和"名师工作室"建设经验，有效促进了初中生物学教学改革及教育教学质量均衡发展。项目成果在重庆、山东等省市广泛推广实施。

进一步观察的资源包：

[1] 杨守菊. 教师心语：向学生传递生命之道 [M]. 长春：吉林文史出版社，2022.

[2] 杨守菊. 生物教学中培育"生命品性"的实践研究 [J]. 现代教育，2020（4）：53 – 56.

[3] 陶继新. 聚焦生命品性 探寻教育本真——杨守菊团队初中生物学学科育人的探索 [N]. 中国教育报，2022 – 07 – 05（9）.

案例 47　构建基于知识图谱的生物学智适应学习系统，探索人机协同的教学新模式

成果完成单位：上海市行知中学。

成果持有人：闫白洋，张治，贾林芝，秦红斌，陈华，刘瞻。

成果概述：传统课堂基于班级授课制，存在低效操练、缺乏个性、师生负担重等问题。本成果构建了以核心素养为导向，基于知识图谱的高中生物学智适应学习系统，通过教学资源的智能化重组赋能教育教学，探索人机协同教学新模式，减负增效，实现大规模的因材施教。成果将生物学新课标中所有知识点和核心素养要求解构形成知识图谱，支持计算机的推理和计算，匹配开发了 15305 个微课、动画、试题等资源积件并科学标注，基于知识路径矩阵模型、学习者画像和教学策略模型，构建了生物学智适应学习系统。基于人机协同教育理念，探索了传统课堂融合智能技术的嵌入式、诊断补偿式等教学模式。

从形成过程观察，项目组解决问题的基本思路是以高中生物学为例，开发指向素养提升的智适应学习系统，并将智适应学习系统应用到传统课堂教学中，探索智适应学习系统的人机协同教学新模式，提升学生的核心素养。2014 年至今，先后经过了 3 个重要版本的迭代。①系统 1.0（2014—2015 年）。开始知识树结构建设，成为知识图谱雏形；投身于测评试题的开发技术研究；基于学生的学习情况，提出教学策略模型，形成学习者画像的雏形。②系统 2.0（2016 年）。对知识进行了专家角度的关联，开始知识图谱的研究；测评试题除了关注知识，开始关注学生的能力评价；学习资源多样化。③系统 3.0（2017—2022 年）。注重学生核心素养，将 16 个生物学核心素养要求纳入知识图谱中；知识图谱建设在原有专家标注和关联中，增加了

机器学习数据修正关联值；在系统推送逻辑中，开发了 KPM 算法与平台；开发了生物学核心素养进阶测评技术，进行测评试题建设；在实践中开发了更多的教学模式。

<u>从成果产出效益观察</u>，该成果取得了以下效果。① 构建了基于知识图谱的智适应学习系统，以及人机协同的教学模式。高中生物学智适应学习系统是基于知识图谱，指向学生核心素养提升，作为新形态智慧型教学资源，支持学生个性化和多样化学习的教学样态。基于该系统，项目组探索了人机协同教学模式，推动教学流程再造，形成了以学定教、先学后教、少教多学、个性发展的高效课堂模式。② 显著提升了学生的生物学核心素养和学业成绩。基于知识图谱的生物学智适应学习系统已经在上海市多所学校进行广泛使用，为了研究智适应学习系统对学生学习的有效性，项目组在上海市实验性示范高中、区实验性示范性高中、区普通高中共 6 所中学进行实验研究。结果显示，所有学校实验班学生的成绩均显著高于对照班级。除此之外，项目组还对 594 名学生、56 名教师和 258 名家长进行问卷调查，多数学生、教师和家长支持适当利用智适应学习系统赋能课堂教学。③ 明显提升了教师的专业素养和教学技能。该项目被评为 2022 年教育部人工智能赋能教师队伍建设典型案例，参与教师共发表全国核心期刊论文 26 篇，出版专著 3 本，20 多个案例在省级期刊发表，开发了智能系统开发与实践的"知行融合，多维并进"的校本教研工作模式，核心成员入选教育部"新时代中小学名师名校长计划（2022—2025 年）"名师培养对象。

<u>从应用推广观察</u>，该成果的技术和人机协同教学模式为 2021 年国家教育数字化战略行动枢纽工程之"知识图谱的新型教材建设"提供了先行实践，也为其他学科知识图谱和智适应学习系统的研究提供了重要参考。智适应学习系统是上海市第四期"双名工程"高峰计划孵化推广项目，并于 2022 年升级为上海市教育数字化转型"三个助手"深化应用项目，实践学

校扩增到各类型学校150多所，服务4万多名学生，江苏、安徽、湖南、新疆、黑龙江等地10多所高中在积极引进实践。该项目为全国教育数字化转型提供了实践案例，在2022年"全国科学教育暑期学校"中小学教师培训中，直播收听教师达38万人次。其探索的科学教育领域的知识图谱构建方法，已广泛应用于物理、数学等学科，在2022年世界人工智能大会教育论坛中作为人工智能赋能教育的典型案例推广。

进一步观察的资源包：

［1］ 张治. 知识图谱驱动的教学智能化改造［M］. 上海：上海教育出版社，2023.

［2］ 张治，闫白洋，贾林芝，等. 普通高中生物学知识图谱驱动的学科教学智能化改造［J］. 全球教育展望，2023，52（8）：100－114.

［3］ 闫白洋. 知识图谱驱动的生物学教学智能化改造［J］. 中学生物教学，2023（26）：1.

案例48 实践育人·多元协同：地理教学改革理论创新与实践探索

成果完成单位：华东师范大学。

成果持有人：段玉山，张琦，苏小兵，郭锋涛，史立志，张佳琦。

成果概述：国家第八次教育课程改革以来，"实践育人"成为引领地理课程改革的重要理念。十几年来，段玉山教授领衔的项目围绕国家立德树人教育工程，长期跟踪调研、论证地理教育教学实践。针对地理教育理论基础薄弱、资源技术支撑薄弱、多元协同薄弱问题，历经研究与探索、改革与实验、实践与深化3个阶段，深入开展教学改革。在理论构架上，构建了"实践型"地理课程一体化框架体系，提出"实践导向的课程""学法指导的教材""探究导向的教学""情境导向的评价"教学改革模型，大中小多元协同，理论结合实践，全面推进地理教育教学改革与发展。

从形成过程观察，在长期跟踪、调研国家基础教育地理教学状况的基础上，本教学改革项目践行理论探索与实践检验相结合的教学改革推进过程。项目以课堂观察、数据分析、案例研究以及技术开发为主要研究方法，找准教学一线理论指导薄弱、资源平台短缺、互学网络薄弱的问题，初期在我国东、中、西部选择27所实验学校，开展试点实验。同时结合实验学校的实践反馈，对接国家战略和教学改革需求，对全国多个省区进行3次调研，评价实践育人实施效果，进一步修订完善理论模型与实践路径，更新教师观念，升级教学资源包和技术平台。在教改实验推进过程中，项目组先后在上海市、江苏省、河南省等地的多所学校分批组织教学改革实验项目申报、初审、立项，举行实验项目开题报告会、实验项目中期推进会、实验项目结题报告总结会等，先后聘请15个省区的中学特级、正高教师等一批全国名师担任教学改革项目指导专家，定期赴实验学校指导。多年来，实现了"理论支撑—标准引领—资源配给—教改实验—反馈优化—升级迭代"闭环，研制了一套实践标准、开发了一套辅助教学平台、建立了一个全国实验学校网络，有力地推进了地理教学改革。

从成果产出效益观察，形成了一系列教学改革成果，在国内外发表教学成果论文 300 多篇，专著、译著、教材近百部。地理教材建设与研究成果显著，获批国家教材建设与重点研究基地。相关成果为国家地理新课标研制和修订提供了参考，学法指导的教材编写理论模型成为上海版初、高中地理教材的主要理论支撑。段玉山教授主讲的地理学本科师范课程也先后被评选为国家精品资源共享课程、国家一流课程。段玉山教授还翻译出版美国主流中学教材《地球科学》《生活中的生物和地理》。段玉山教授连任 2 届国际地理联合会地理教育委员会（International Geographical Union Commission on Geographical Education，IGU-CGE）执委、中国委员会主席。此外，华东师范大学地理教育团队也立足我国地理教育实际，依托《地理教学》杂志，践行学科实践育人，经过多年的理论创新和实践探索，从 2016 年以来，发表 SSCI 论文 15 篇，与 Springer 等出版社合作出版英文著作 5 部，其中英文专著《中学地理学科育人价值》被翻译为 8 种语言出版，国际影响力逐步增强。

从应用推广观察，项目组实践育人成果成为国家地理新课标研制修订的重要依据和中学地理教材编写的重要理论，推动了全国地理新课程教学改革发展，相关成果受到中宣部、教育部肯定与国内外媒体关注。段玉山研制了全国第一部研学实践标准（下载用户约 30000 个，被引 819 次），其作为首席专家，组织 6 届全国"研学"活动（参与作品 3924 件、参与师生 23000 人次）；主持研发 6 套自主版权的地理信息技术辅助教学系统，以及 1 个地理信息技术资源供给网络平台、1 个数字气象站数字平台；建立覆盖全国 24

个省区的"实践育人"实验学校网络，形成广泛影响；推动联合国"可持续发展教育十年"计划中国示范项目"water school"项目；与美国地理学会（American Geographical Society，AGS）、美国地理学家协会（American Association of Geographers，AAG）、东南亚地理协会（Southeast Asian Geographical Association，SAGA）等国际地理教育组织建立广泛联系，主办 IGU-CGE 年会，多途径传播中国基础教育改革成果，在国际上形成广泛影响力。

进一步观察的资源包：

[1] 段玉山. 中学地理课程与教学［M］. 上海：华东师范大学出版社，2018.

[2] 段玉山. 实践育人·多元协同：地理教学改革理论创新与实践探索［J］. 上海教育，2023（36）：25-26.

[3] 段玉山，袁书琪，郭锋涛，等. 研学旅行课程标准（一）——前言、课程性质与定位、课程基本理念、课程目标［J］. 地理教学，2019（5）：4-7.

案例49　"五有四化"主题式地理教学改革实践

成果完成单位：长沙市教育科学研究院。

成果持有人：刘玉岳，刘昌荣，黄梅，屈琼英。

成果概述：为了解决地理教学观念陈旧、探究性教学行为缺失、学生易产生厌学情绪、学生学业成绩不佳、农村教研供给侧矛盾突出、学段分离等问题，长沙市"五有四化"主题式地理教学改革项目团队将学科立德树人功能具体化，将学科核心素养培育可操作化，将课堂教学主体发展生命化，以主题为引领，以"五有"为导向，以"四化"为策略，深度融合信息技术，建构"五有四化"主题式地理教学课堂模型。其核心观点认为：课堂教学顶层设计应体现"五有"的教学思想，即创设地理情境，使教学有趣；联系生活实际，使教学有用；注重问题探究，使教学有理；渗透地理思想，使教学有魂；关注主体发展，使教学有效。课堂教学结构优化应凸显"四化"的教学策略，即知识结构化、结构问题化、问题情境化、情境生活化，并基于此提炼出相关的深度教学范式，取得显著成效。

从形成过程观察，项目团队顺应基础教育课程改革要求，结合近30年一线教学实践经验，提出了"五有四化"教学主张，并在其引领下形成了一系列课程教学改革成果。该成果经历了如下发展过程。①提出了"五有四化"主题式地理教学策略。项目团队先明确体现"五有"课堂教学顶层设计理念，再提炼地理主题式课堂教学"四化"策略。②提出了"五有四化"主题式地理教学课堂模型。项目团队以主题为引领，建构"五有四化"主题式地理教学课堂模型，基于此提炼出由问题情境到自主建构、由"知识点"教学转向"核心素养"培育、基于主题探究的深度教学范式。③建构了"学科+"主题式地理融合课程体系，开发了具有长沙本土特色的与地理相关的校本课程，如"长沙窑""湘绣""花炮""油纸伞""夏布""剪纸""杆秤""棕编""菊花石雕""湘菜"等课程，并在校本课程的基础上，进一步研发与设计出"记忆长沙"系列创客课程的教学案例，分为"技艺长沙""时节长沙""地名长沙"等。④探索了形式多样的地理研学实践活动。为培养学生的地理实践力，项目团队在地理研学实践方面做了开拓性探索。多所学校建立了野外考察基地、气象观测园、地质矿物标本室、数字地理教室，开展了形式多样的地理科考、地理研学旅行等活动。

从成果产出效益观察，"五有四化"主题式地理教学改革使得地理教师的教学更有感染力，教师教研更为主动，专业化水平得以提高，城乡地理教师探究式教学水平均衡发展，学生学业质量显著提升，在一定程度上助推了公平且有质量的城乡教育一体化的实现。具体而言，该成果产生如下效果。①教师探究式教学水平高。长沙市八年级地理教师探究式教学水平高和较高的比例之和为54.1%，高于湖南省4.3个百分点，高于全国12.7个百分点。②学生科学学业总体表现优秀。长沙市八年级学生科学理解能力达到中等及以上水平的比例为96.5%，高于湖南省7.2个百分点，高于全国10.7个百分点；科学探究能力达到中等及以上水平的比例为89.4%，高于湖南省11.9个百分点，高于全国17.2个百分点；科学思维能力达到中等及以上水平的比例为92.0%，高于湖南省9.9个百分点，高于全国14.3个百分点。③学生学习兴趣、自信心得到提升，学习方法得到优化。长沙市八年级学生地理学习兴趣高和较高的比例之和为82.3%，高于湖南省6.4个百分点，高于全国11.2个百分点；八年级学生地理学习自信心高和较高的比例之和为74.8%，高于湖南省13.2个百分点，高于全国21.7个百分点；八年级学生科学学习方法好和较好的比例之和为49.3%，高于湖南省6.3个百分点，高于全国11.7个百分点。④学生学业均衡状况较好。长沙市有5个区县的八年级地理校间差异低于10%，全市地理学业成绩主要在225分以上，地理学业表现达到中等及以上水平的比例为93.2%，高于湖南省9.3个百分点，高于全国14.0个百分点。

从应用推广观察，该成果获得了教育部基础教育教学指导委员会专家及国内同行的认同与推广。近年来，长沙市通过搭建市（区）工作室、成立农村工作站、创建学科特色联盟和设立农村基地学校等推进城乡地理教学研训共同体建设，整体推进课程综合化改革，将"五有四化"主题式地理教学推广到长沙地区的每一所学校、每一节地理课堂。该研究成果不仅在长沙市推广应用，还在全国21个省（区、市）200多所学校及区域教研机构推广应用。中国教育学会地理教学专业委员会理事长、华东师范大学教授段玉山在评价"五有四化"主题式地理教学时强调："'五有四化'主题式地理教学是新课程改革倡导的课堂教学模式，将优质课程资源与智慧课堂有机融合，是中学地理教学的重大创新，是学科核心素养培育在中学地理课堂的有效落地。"

进一步观察的资源包：

[1] 刘玉岳，刘昌荣."五有四化"主题式教学探究 基于学科核心素养的地理课堂教学理论与实践［M］.长沙：湖南教育出版社，2019.

[2] 刘玉岳."五有四化"主题式教学探索［J］.中学地理教学参考，2023（27）：1，9.

[3] 刘昌荣，侯毅玲，李屏，等.探究式教学助课堂提质增效——长沙市教科院刘玉岳团队"五有四化"主题式教学的探索［N］.中国教育报，2022-08-26（3）.

案例 50 大观念·真情感·新方式·全历程——中小学美术"整体育美"的实践研究

成果完成单位：深圳市教育科学研究院。

成果持有人：黄宏武，尹也，王荟姝，胡云，黄志炫，房尚昆。

成果概述：针对中小学美术教育重知识、技能，轻素养、情感，重单学科教学、轻跨学科育美，重终结性评价、轻过程性评价等问题，黄宏武及其团队一直跟踪课堂、研究课程、探究教材教法，并于近 10 年来立足于学科育人方面的综合研究，探索出从大观念、真情感、新方式、全历程出发的"四维范式"的育人模型。该模型从知识、情感、方式、评价 4 个维度出发，以"大观念"统领学科知识结构，打通学科知识壁垒；以"真情感"创设"共情"育人氛围，让美术教育回归艺术教育本身和人性的体验；以"新方式"探索教学新模式，提供多样化能力培养的多种学习方式；以"全历程"跟踪学生完整的学评历程，实现一定深度的思维加工，达成学习的意义感与获得感。

<u>从形成过程观察</u>，2011 年起，主持人率科研团队倡导"艺术教育回归于人"的主张，确立"整体育美"教育理念，通过观念培育、模型创建、育人实践、辐射推广 4 个阶段，构建中小学美术学科课程创变的"四维范式"育人模型。①第一阶段（2011 年）：致力于观念培育，强化学科育人意识。成立美术学科课程教学研究中心，创建"五步法"（一中心，二发展，三借，四建，五裂变）教研机制，研制《教师专业与教学"双轨制"发展方案》。②第二阶段（2012—2013 年）：团队致力于模型开发，构建课程创变范式。形成"四维范式"育人模型，推出"四类课程"（文化探究课程、生活应用课程、城市活动课程、创新创意课程）开发路径，打造"新三课"

（课前课、课中课、课后课）育人阵地。③第三阶段（2014—2017年）：致力于模型实践，凸显整体育美功效。实施"四环式"（"学—研—落—评"）教研机制，建设中小学生艺术测评平台，举办市级美术节、开展"四个一百进校园"活动、"馆校合作"课程活动，建设"美的三分钟"云资源平台。④第四阶段（2018—2022年）：致力于模型推广，传递学科育人价值。推广"四维范式"，主办"美育丝路"全国美术教育学术研讨会，主持省级美术教研基地，全国讲学，培训教师。

从成果产出效益观察，成果产生如下效果。①推进了学科教学的深度发展。经过多年持续推进深圳中小学美术课程建设，深圳美术教育已经形成了立足国家课程标准，植根于城市文化资源的美术课程研发体系，推动着深圳美术特色工作室等美育课程资源的建设与发展，也有效促进了深圳学生美术素养的提升。②促进了美术教师的专业发展。美术教师是美术特色课程开发与课堂教学"创变"的主力军，通过教研机制创新"五步法"和"四环式"教研，带动教师专业发展，让核心素养真正落地，有效促进了美术教师队伍的整体发展。③带动了大区域美育的整体发展。主持人提出的打造"美育之城"建设理念，被写入《深圳市教育发展"十四五"规划》。通过整合多方美育资源，促进各级艺术场馆、文艺团体与学校协同育人，深化"整体育美"发展，为推动城市美育发展做出显著贡献。④结出了系列美育教科研成果。主持人出版《美育一城》等专著；在《课程·教材·教法》《中国美术教育》等核心期刊发表论文40多篇；参与国家社科基金"十三五"规划重大招标课题；主编教育部审定的高中、义务教育阶段教材教参；多篇论文获国家级、省部级一等奖。

从应用推广观察，以2021年获颁首批"广东省初中美术教研基地"为契机，深圳市教科院美术学科持续加大相关成果推广与辐射力度，助力新课标落地以及学生核心素养有效提升。通过定期举办全市美术节，开展馆校合作课程，开展100多场"百幅名画""百部电影"等进校园活动，拓宽美育实施路径；通过主持省级美术教研基地，利用"深圳教育云"资源平台，建设覆盖全学段的在线教学资源包；通过主办全国"美育丝路""数字美术"研讨会，输出深圳美育经验；面向国内外推广"四维范式"讲座百余场，提升教师育人能力；通过教研帮扶，带动新疆、四川及我省薄弱地市美育发展。11年来，该成果在广东、云南、福建等省市试点推广，受益师生超100万人，被新华网、人民网等媒体专题报道。

进一步观察的资源包：

[1] 黄宏武. 美育一城［M］. 广州：岭南美术出版社，2020.

[2] 黄宏武，胡云. 深圳美术教育——艺术综合实践创新的独特样本［J］. 中国中小学美术，2018（8）：8-12.

[2] 黄宏武. "新三课"：中小学美术教学改革的新形式［J］. 课程·教材·教法，2020，40（4）：126-130.

案例 51　小学校园体育综合运动干预的实践探索

成果完成单位：深圳市龙华区龙华中心小学。

成果持有人：邵子洺，肖德明，黄镇敏，李育生，宋昔峰，刘桂香。

成果概述：由于学生体质健康下滑、视力水平下降，偏瘦和肥胖学生增多，同时教职工健康状况也堪忧，为此，探索一条能够促进学生运动能力、健康行为、体育品格等核心素养，提升和改善教职工健康状况的有效途径，并形成一个包含健康促进原则、方法、监控、评价等方面的可操作性实施方案，势在必行。龙华中心小学的综合运动干预遵循"立德树人 健康第一"的指导思想和"以学生发展为中心"的课程理念，探索出了"3M（乐动、好动、善动）行动体育教学法"。通过"KDL（Know it，Do it，Love it，即知之、行之、乐之）体育与健康"课程教学实施，学校活力校园构建（阳光体育活动、文化课中的微运动和教职工运动），家校联动开展，"'活力五色花'校长挑战杯"奖励计划实施和智能监控 5 个方面具体的干预措施，实现学校综合运动干预积极推进、健康实施，促进学生运动能力、健康行为和体育品德的提高，养成终身健康的行为和习惯。

从形成过程观察，该成果的探索经历了 3 次模式的更新。由 2001 年的 2 课、2 操和 2 会的"快乐体育运动 222 模式"起步，到 2007 年的 3 课、3 操和 3 节的"阳光体育运动 333 模式"阶段，再到 2016 年学校作为国家社科重点和重大课题子课题实验基地，将校园体育综合运动干预融于 1 课 2 操 3 会 4 节 5 特色的"综合运动干预 12345 模式"中，全面积极干预实践。现已形成"发现式 3M 行动教学法"和可借鉴的校园体育综合运动干预实践方案。

从成果产出效益观察，近 6 年来，经第三方测试，全校学生（包括特殊儿童）体质健康水平优良率从 32.0% 上升到 70.2%，合格率从 93.6% 上升到 99.2%，视力不良率由 30% 下降至 25.2%，肥胖率由 9.6% 下降至 6.1%，校园里的"小眼镜""小胖墩"少了。学校输送的队员多次在省市、全国、国际青少年比赛中摘金夺银。邵子洺老师主持的国家社科基金（教育学）重点项目"聚集深化教育领域综合改革中的青少年问题及对策研究"课题子课题获得结题成果特等奖，撰写的《龙华中心小学综合运动干预方案》获国家社科基金重大课题组优秀方案，撰写 2 部专著，领衔开发《篮球》等 5 本校本教材，主持和参与 15 项国家级、省级、市级课题。撰写的论文在《中国学校体育》《体育教学》等杂志发表和获奖，共计 43 篇。邵子洺老师也先后被评为全国优秀教师，广东省特级教师、正高级教师，深圳市十佳师德标兵、南粤优秀教师、深圳市名师、深圳市名师工作室主持人、深圳市领军人才等。其名师工作室 24 名体育教师中，17 人成为区骨干教师，1 人成为区学科带头人，1 人成为龙华区高层次人才，5 人被评为全国优秀教练员，1 人授予全国青少年篮球公开赛（National Youth Basketball Open，NYBO）深圳赛区篮球突出贡献奖，1 人获得深圳市教师专业技能大赛第一名，3 人获得深圳市体育专业技能大赛一等奖。

　　从应用推广观察，其成果在广东、广西、新疆、西藏等地推广应用，在教育部基础教育课程改革试验区内部交流。邵子洺老师 3 次应邀参加《中国学校体育》杂志"草根争鸣"网络研讨活动并发表论文，并在深圳和中山举行的全国研讨会上发言。其撰写的论文经过双盲选，参加了 2018 年美国 SHAP 健康与体育大会和第四届国际华人体育与健康学会学术报告会的墙报展示交流，并收入年会论文集。龙华中心小学的体育特色综合干预视频在大会上展播，向世界介绍中国经验。工作室主持人走进贵州、广东河源市及龙川县、紫金县等地支教，培训骨干教师。工作室为新疆喀什援建 5 个流动图书室。通过《中国学校体育》，面向全国各省体育教师做网上交流"大密度适宜强度体育课"话题研讨。工作室的工作，受到深圳市电视台、《南方日报》、《深圳特区报》、《深圳晶报》、《宝安日报》等媒体的采访与报道。中国高等教育学会体育专业委员会理事长李鸿江教授说："此成果对健康中国和体育强国建设具有积极的推动作用，也为全国学校体育的改革起到引领和示范。"

进一步观察的资源包：

[1]　邵子洺. 哨子之声［M］. 长春：吉林文史出版社，2020.

[2]　邵子洺. 躬耕教坛，做学生健康成长的引路人［J］. 中国学校体育，2023，42（9）：26－27.

[3]　邵子洺. 深圳市龙华区龙华中心小学：探索综合运动干预 引领学生终身健康［N］. 2020－09－12（4）.

四

评价

　　教育评价事关教育发展方向，有什么样的评价指挥棒就有什么样的办学导向。本章精选基础教育评价改革的5个典型案例成果，呈现出课程改革背景下综合评价改革的省域行动、综合素质评价、增值评价、学业评价和学科评价体系建构的成功经验，是区域、学校、教师贯彻落实立德树人根本任务、扭转"唯分数论"等不科学评价观念的重要举措。

案例52　优化教育生态：教育质量综合评价改革的省域实践

成果完成单位：浙江省教育厅教研室。

成果持有单位：浙江省教育厅教研室。

成果概述：2013年，浙江省被列为国家中小学教育质量综合评价改革实验区，是国内唯一全省域承担改革任务的省份。浙江从学生的全面发展、学习品质、成长过程、环境因素的本原出发，初步构建了结构型质量、过程型质量、结果型质量"三维一体"的评价体系，开展了以下4个方面的探索：①探索开展省级教育质量综合评价监测，形成教育质量综合评价工作体系，引导教育质量观的转变（重要载体）。②聚焦教育质量管理机制，从问题调研与经验推广2方面推动区域与学校改进教育质量管理（关键主线）。③借鉴应用教育质量综合评价监测的技术和方法，推动日常教育教学中的考试评价改革、命题技术研究、综合素质评价等（深入实践）。④在推进评价改革的实践中，以14个试点地区为基地，培育区域性实践的典型，同时面向全省，加强组织建设与队伍建设，循序渐进地开展能力建设的系列研修，探索研修创新（系统推进）。

<u>从形成过程观察</u>，浙江省的教育质量综合评价改革经历了前期探索、调研实践、总结提升、深化推广4个阶段。①前期探索阶段：浙江省政府办公厅下发《关于启动实施教育体制改革试点工作的通知》，启动"构建素质教育质量评价体系"试点项目。在《基础教育课程》杂志上首次提出"教育质量管理"的概念，提出了分析教育质量的3个视角，进行浙江省基础教育质量监测工作的前期架构与实践试点，成立了省中小学教育质量监测中心，研制下发浙江省中小学教育质量综合评价指标体系与实施方案。②调研

实践阶段：浙江省成为中小学教育质量综合评价改革国家实验区，在北京师范大学的专业支持下，开展2次义务教育质量综合评价监测的探索，推动教育质量观的转变，在实践中学习掌握综合评价监测的技术与方法，为后续的深化与创新打下基础。这一阶段重点进行"区域教育质量管理的经验与问题"专题调研，开展"区域性统考"网络调查，揭示规律，指导地方改进教育质量管理。③总结提升阶段：为进一步聚焦学校教学质量管理，省级层面开展"初中学校作业与考试情况网络调查"。借鉴教育质量监测思路与技术，推动小学分项等级评价、命题技术、学校考试制度、综合素质评价等方面的区域与学校评价改革，指导改进日常教学评价。这一阶段是成果的高产期，出版专著《制度与技术：教育质量管理机制在重建》。④深化推广阶段：在系统推广综合评价成果的同时，浙江省进一步构建了以教育生态为核心的区域教育发展评价体系，并将其转化为行政决策。自主独立完成省级教育质量综合评价监测，创新发展了学生发展评价指标体系，掌握了框架规划、工具研发、数据分析处理、报告撰写、反馈应用等核心技术，构建起"一年监测，两年改进"的综合评价监测工作体系。

从成果产出效益观察，作为落实综合评价改革的重要载体，浙江省对教育现状的监测描述如实客观，一些监测数据已成为浙江省县域教育现代化督导评估指标；监测中发现的问题成为评价改革实践的源动力，根据监测循证提出的改进方案经过较长时间的实践检验，绘就了目前颇具浙江省特色的综合评价改革画卷。该项目不少监测成果的反馈与应用已取得成效。①在结构型质量方面，据国家教育优质均衡专项监测显示，2019年浙江省义务教育校际差异系数在0.3以内，为全国最小。②在过程型质量方面，据2021年对浙江省7万多名教师的在线调查显示，有近30%的区域实施了"学习质量调查"，55.1%的教师能够得到学校教学质量调查的有效信息，36%的教师经常自主命题，遏制横向对比、补齐教学短板的努力已初见成效。③在结果型质量方面，浙江省测量的可比数据表明中小学生的学习品质有所提高，2018年的学习动力指数比2014年提高了9.5%，2021年的学习策略指数比2014年提高了8.9%。学生的学习生活满意程度也在上升。

从应用推广观察，项目组优化教育生态的导向受到教育部的充分肯定，成为全国省域教育评价改革的先行样本。针对基础教育实践中的重要问题，结合"三维质量"等理论建构，一些教育评价改革成果体现在国家教育政策的顶层设计中。2018年，该项目《以生态文明思想指导地方政府端正教育质量观的建议》为民盟中央参政议政文件采用，专报《关于深化我省中小学教育评价改革 持续优化区域教育生态的建议》获浙江省分管省长批示采纳。2019年，结构型质量被纳入浙江省县域教育生态监测与教育现代化监测指标体系，试点4年的小学生综合评价改革正式在浙江省推广。

进一步观察的资源包：

[1] 张丰，沈启正. 优化教育生态：教育质量综合评价改革的浙江实践[J]. 中国基础教育，2023（8）：36–39.

[2] 蒋亦丰. 浙江："三维评价"培育教育好生态[N]. 中国教育报，2021–03–22（01）.

[3] 沈启正. 聚焦：全国基础教育成果奖是这样做出来的①——浙江省教育厅教研室的《优化教育生态：教育质量综合评价改革的省域实践》[EB/OL].（2023–08–09）[2024–02–22]. https://mp.weixin.qq.com/s/EMYfa2Dl8fgRYsiaR9H_ig.

案例53　综合素质评价促进育人方式改革的上海探索与实践

成果完成单位：上海市电化教育馆。

成果持有单位：上海市电化教育馆。

成果概述：评价方式改革是扭转应试教育弊端，落实党中央育人方式改革要求、办人民满意教育的关键。2013年，上海率先启动"两依据一参考"的高考改革，全面实施学生综合素质评价（简称"综评"）。但综评政策落地面临可信度低、区分度弱、管理烦琐、资源不足、数据采集挖掘利用技术缺乏、结果应用困难等问题，亟待提升其科学性、真实性和效能。项目组自2013年起聚焦教育评价改革，在综评的理论、政策、实践、技术和推进策略等方面开展深入探索，逐步形成了横向协同、上下贯通、技术赋能、机制创新的学生综评体系，实现数据汇聚和分析挖掘刻画学生综合素质的动态发展画像，构建了基于数字画像的综评新模式。

从形成过程观察，该成果经历了以下4个阶段。①问题聚类和评价方案研制阶段。2013年，结合国家要求和区域教育实际，就政策、教育、评价、技术等问题，组织对高校、初中和高中、家长和学生等各利益相关方进行调研，创新性地构建了共性要求和学校特色兼顾的"4+2"评价体系（即品德发展与公民素养、修习课程与学业成绩、身心健康与艺术素养、创新精神与实践能力4个板块以及学生自我介绍、学校特色2项指标）、全社会协同育人保障体系。同时，引入数字画像技术，构建了综合素质发展数字档案，可视化地呈现学生动态成长轨迹，研制了以信息技术支撑综合评价实施、应用的评价方案，并将其转化为行政规范性文件。②平台建设和数据协同阶段。为了让改革有抓手、实施有工具，通过研发综合评价信息管理系统，构建了多源多维综合评价模型和科学高效、负担可控的信息记录工作制度，伴随式采集德智体美劳等成长数据，实现了同一个平台数据采集、多方协同写实记录、跨平台数据融通的技术操作体系。③应用模式探索和成果拓展阶段。2014年起，上海市高中全面实施综合评价，动态呈现学生德智体美劳发展过程，支撑高中全面育人。2017年起，上海市高中学生综合评价结果在30多所高水平大学春招、自招、强基计划、综合评价录取等招生批次中作为校测重要参考使用，落地"两依据一参考"高考招生新模式，深化了大学综合评价分类、分层人才遴选和接续培养机制。2018年起，上海市实现了初高中学生综合评价有机衔接。④成果凝练和理论深化阶段。2019年起，结合新课程、新教材的实施和国家评价改革的总体要求，凝练成果实施范式，将信息采集范围逐步扩大至课堂内外、线下线上，深化了学生综合素质多维度、全方位的描绘，完善直观地呈现学生总体状态与显著特征的动态数字画像，为教育评价改革做出理论和实践贡献。

从成果产出效益观察，经过6年的实践，各有关高校在招生录取过程中逐渐形成3种应用模式：量化分析法、专家系统法、潜质分类与水平分层法。学生综合素质画像立体反映了学生高中3年的综合素养情况，通过数据建模可以更好地呈现学生的潜质和差异，增加了综评区分度，实现从"唯分数"到结果与过程评价相结合的转变。经过长期跟踪调查，通过综合评价录取的学生比非综合评价方式录取的学生发展潜力更大，获奖学生比例更高。学生综合素质画像体现了学生的个性特长及成长趋势，综合评价录取以分类加分层的方式，让高校能更早、更加精准、科学地制定适合学生的个性化培养方案，更好地适配"大类招生、大类培养和大类管理联动"人才培养新体系，做好拔尖创新人才的培养。

从应用推广观察，基于学生画像的综合素质评价行动写入上海市宝山区、崇明区和成都市武侯区整体发展规划。上海市电化教育馆负责上海市综合素质评价信息管理系统设计与运行，基于学生画像的"大综评"已被列为该系统的升级版，服务全市普通初中、高中学生开展综合素质评价，并支持高校招生。课题组核心成员组织设计了上海市教育信息化应用标杆培育学校项目，将学生画像作为重点项目，在百所标杆学校中探索推进，研发了小学、初中、高中3个学段的数字画像系统，并投入使用，效果良好。

进一步观察的资源包：

[1] 张治. 数字画像 智能时代的综合素质评价新范式［M］. 上海：华东师范大学出版社，2023.

[2] 张治. 大数据背景下普通高中综合素质评价研究［M］. 上海：上海教育出版社，2017.

[3] 上海市电化教育馆. 构建基于学生数字画像的综评新模式［J］. 上海教育，2023（28）：13－15.

案例 54　区域构建普通中学教育质量增值评价体系的实践探索

成果完成单位：湖南省教育厅。

成果持有人：王建华，缪雅琴，周小青，章勇，邹良，汪建业。

成果概述：作为全国首批中小学教育质量综合评价改革实验区，为了解决"唯分数、唯升学"顽疾难除、学校办学动力不足、教育功利化倾向严重等问题，推动从"育分"向"育人"的转变，湖南省长沙市依托全国首批中小学教育质量综合评价改革实验区建设，从 2013 年起积极探索"从入口看出口、从起点看变化"的增值评价。10 年来，长沙市逐步建立起涵盖学生成长、教师成长、学校发展的综合评价指标体系。该体系涉及品德行为、学业水平、身心健康、兴趣特长、学业负担、师德修养、专业能力、教学效能和常规管理、办学特色、办学行为等 11 项一级指标，其下又设立了 48 项二级指标和 123 个三级指标。该指标体系不但关注学生的学业发展状况，而且关注学生适应社会发展的核心素养和关键能力、教师的师德修养和专业素养以及学校的现代治理水平和办学水平，可以全面考量并诊断学校教育质量。同时结合教育发展热点难点问题，动态调整、增设评价指标，形成有利于实施素质教育的环境与氛围，让基础不同的学生、教师、学校都有出彩的机会，推动市域基础教育高质量发展。

<u>从形成过程观察</u>，该成果坚持问题导向，直面教育痛点、教研堵点、教学难点，依次解决了下列问题。①评什么：构建"立体多维、回应热点"的指标体系。为了缓解择校热，促进教育公平，引导家长和学生理性选择学校，改变过去惯性评价模式，项目组提出了开展"增值评价"的设想，采集起点数据、出口数据，通过比对出口和入口，计算增值结果，以进步幅度

衡量学校办学质量，构建"立体多维、回应热点"的指标体系。②用什么评：建立"增值发展、激发活力"的评价模型。针对增值评价模型多变且烦琐、技术运用有限等问题，长沙市强化技术攻关，运用增值评价理念编制实施指南，开发测评工具，更新评价模型，建立"增值发展、激发活力"的评价模型。③怎么评：探索"程序规范、智慧赋能"的实施路径。为了解决过程性评价组织难、多元评价操作难、数据统计分析难等瓶颈，长沙市摸索出"构—研—采—析—诊—用"6个实施步骤，并依托长沙市智慧教育云平台开发了教育质量综合评价管理系统和评价地图，实现了对全市教育质量的动态监控和精准画像。④怎样用：形成"靶向改进、促进发展"的应用范式。长沙市在实践中构建了"分析诊断—循证归因—靶向改进—跟踪问效"的四阶结果应用范式，突出从学校治理、学科教学、办学特色、队伍建设、学生综合素质等方面，对评价报告进行深度挖掘和拓展延伸，肯定成绩，分析问题，提出建议，督促改进。

<u>从成果产出效益观察</u>，从 2018 年开始，长沙市连续 6 年发布市级、区县级、校级 3 个层面的评价报告。评价报告覆盖了长沙市 10 个县市区和 255 所普通初中、78 所普通高中，每一个县市区、每一所普通中学都有一份详细报告，"相当于给了学校一个'教育体检报告'"。成果还产生了以下效益：①促进了学生全面发展健康成长，2022 年全市学生体质健康合格率、优良率分别为 96.83%、51.79%，同比提高 2.13、9.76 个百分点；72.56% 的初中生和 78.90% 的高中生至少有 2 项爱好或特长；60% 以上的中学生学习兴趣高、自信心强。②提升了教师育人理念和专业素养，76.65% 的初中生、76.81% 的高中生反映教师注重学生全面发展，分数不再是评价学生的唯一标准；94.20% 的初中教师、93.65% 的高中教师经常深入分析学生学习状况，反思教学，教学相长；71.52% 的中学教师职业幸福感较高。③促进了区域教育公平，全市初中和高中历史类、物理类抗逆学生人数占处境不利

人数的比例分别为35.26%、22.86%、25.68%，高于全国平均水平。④激发了学校办学活力，全市高效轻负型中学达到55所，低效重负型中学同比下降4.36%。⑤服务了教育行政决策，例如，针对数据显示的学生睡眠时间不足、学业负担偏重问题，2016年全市将城区小学生上午上课时间调整到8：30，并出台"减负六条"；2019年对比分析智慧课堂对视力与学业提升情况的影响，坚定推进全国智慧教育示范区创建；针对数据提示的"部分学生劳动习惯有待加强"，2020年发布中小学校劳动教育状况评价指标。总体而言，数据显示，长沙教育质量综合评价改革正带来正效应。

从应用推广观察，2019年，长沙入选全国首批"智慧教育示范区"创建区域。2023年11月，受邀参展第六届中国教博会，并荣获本届教博会最高奖SERVE奖。长沙市教育局举办"共话教育质量综合评价 助推学生全面个性发展"论坛，全国各地教育同仁约200人参加。项目组成员向观展嘉宾介绍长沙市教育质量增值评价体系构建的实践探索，获得与会同仁的高度评价。论坛也得到北京师范大学、红网、长沙晚报网、长沙教育、长沙教研等媒体的公开报道。

进一步观察的资源包：

[1] 王建华，卢鸿鸣，缪雅琴. 基础教育质量综合评价理论与实践研究[M]. 长沙：湖南教育出版社，2019.

[2] 孙传贵. 湖南长沙：基础教育质量增值评价的区域实践探索[J]. 人民教育，2023（20）：37-40.

[3] 阳锡叶. 长沙探索"从入口看出口、从起点看变化"的教育质量增值评价——"唯升学率"顽疾这样被打破[N]. 中国教育报，2023-10-30（1-2）.

案例55　小学分项学业评价的十年探索

成果完成单位：嘉兴南湖国际实验学校。

成果持有人：王建良，冯霞，孙炳海，姚媛，杨海群，孙长康。

成果概述：传统评价往往依靠"一张卷子、一个分数"。但一张纸质试卷难以全面测评学生核心素养，一个笼统分数无法有效发挥针对性反馈功能。围绕上述问题，自2012年开始，嘉兴南湖国际实验学校不断探索实践以学生核心素养为导向的小学分项学业评价。分项学业评价是指在对标课程标准的基础上，从学科能力（含知识与技能）、情感态度、学习方法3个维度建构评价内容，选择适切的评价方法，统筹教学与评价活动，让评价回归诊断、激励与改进功能。学校通过实施分项学业评价新主张、新做法，形成评价育人新理念；通过"统筹评价协调发展"，形成小学分项学业评价运行机制；通过研发平台、研制文件，助推全省全国小学评价改革，实现轻负高质。

从形成过程观察，2012年开始，学校不断探索实践以学生核心素养为导向的小学分项学业评价，总共经历了如下过程。①游园活动：从纸笔测试走向表现性评价。2012年起，学校逐年深化在一二年级以"游园活动"代替期末考试。先组织分学科的表现性评价活动，学科组根据学期目标梳理适合以表现性方式展示的课程内容，设计学科评价项目。在分学科评价项目确定之后，研究年级大主题式的综合表现性评价活动，年级组根据社会时事、校园场景、年级特点设置具有统整性的"游园"活动主题和评价活动。②分项评价：从重结果走向重过程。游园活动开启了一种新的学业评价方式，同时引发了学校新的思考：只改变期末测试方式意义有多大？因此，学校希望能寻找一套更优的学科常态化评价体系，取代以往"单元+期末"

为主要特征的学业评价方式，回归评价的诊断与激励功能，注重以过程性评价反映学生学习过程中的动态发展及获得。小学分项学业评价在明晰了"为什么评"的基础上，建构"评什么""怎么评""评了怎么用"的一体化实践路径。③素养导向：从"学会会用"走向"爱学会学"。随着2022新课标的实施，强化素养导向的评价成为共识。学校既有的分项学业评价指向还是聚焦学生"学会了没有，会用了没有，熟练到了什么程度"，对学生学习情感以及学习方法的评价涉及依然较少，分项学业评价新阶段探索的主要方向：一是研究以评价促进学生习得学习策略和方法，提高学生自我反思和自我学习的能力；二是深入研究质性评价、增值评价和表现性评价，关注学生真实发生的进步。

从成果产出效益观察，该成果在国内率先倡导分项学业评价理念，形成小学全学科分项评价的指标、方法和测评工具，生成测评样例50多个，评价运行制度10多个。相关成果在《人民教育》《基础教育课程》《课程教材教学研究》等刊物上发表，专项成果70多个。该成果让每个学生都能找到自信的理由。评价项目的全面性，学习反馈的针对性，既促进了教师的教，又激励了学生的学，还引导了家长的管。在近10年的全区同类学生体质测试报告中，BMI指数、肺活量、50米跑、坐位体前屈等所有项目的合格率、优秀率都稳居全区前列。网球健将5年内获得省级以上金牌17枚。为落实教育部"小学阶段作业不出校门"的规定，学校实行周末无书面作业制度，每学期开展15次左右综合实践活动。学生近3年原创手绘童书100多本，校内发行10万多册。学生在环球自然日比赛中捧回了全球赛金奖，在全国青少年教育机器人奥林匹克竞赛中获一等奖，在中国青少年戏剧大赛中屡获特等奖。原创歌曲《爱有万万千》倡导"厉行节约、反对浪费"，唱响大街小巷，一个月点击量突破60万。

从应用推广观察，本成果改进结果评价，强化过程评价，建立小学分项学业评价体系。学校向省内外公开讲座、推广报告43场，受益教师2.5万人，为推动区域评价研究形成可复制、可操作的校本样例，也为全省研制《小学生综合评价改革的指导意见》提供蓝本。该成果被《中国教育报》《浙江教育报》《南湖晚报》等媒体多次报道。

进一步观察的资源包：

［1］　王建良. 基于学科核心能力的小学数学分项学业评价［J］. 小学教学研究，2019（25）：8-12.

［2］　王建良. 以分项学业评价实现轻负高质教学［N］. 中国教育报，2023-01-11（5）.

［3］　王建良. 聚焦：全国基础教育成果奖是这样做出来的⑬——嘉兴南湖实验学校《小学分项学业评价的十年探索》［EB/OL］. （2023-11-06）［2024-02-22］. https://mp.weixin.qq.com/s/FYKEOOPVT4wtmbp0GlrDnA.

案例 56 "多元交互式"教学评价体系的建构与实践——基于地理教学观察的行动研究

成果完成单位：江苏省扬州市教育科学研究院，江苏省扬州中学，江苏省扬州大学附属中学，江苏省扬州市第一中学，江苏省邗江中学，江苏省扬州市竹西中学。

成果持有人：朱雪梅，陈桂珍，陈茜，吴春燕，潘竹娟，陈彩霞。

成果概述：本成果立足教师专业发展、学生素养提升，基于互联网、云计算、大数据、人工智能等技术，对经典教育评价理论进行改造，倡导教育评价走向数据分析云时代，建构"教—学—评—研—管"一体化机制与"数据驱动决策"教学评价模型，设计多元主体交互协同的课堂教学评价内容体系，研发数字化课堂教学观察大数据平台，研制专题评价量表及教学行为评价标准，建成 2 万多节课的课堂教学行为数据库，使评价具有多元化、网络化、可视化、数字化、精准化、交互性等新特点，从而实现了从经验判断型走向数据决策型的转变，被媒体誉为"课堂教学评价的数字化革命"。

从形成过程观察，本成果从提出问题，到理论构建、平台研发、实践检验、成果总结、推广应用，主要经历了四大阶段。①问题诊断与顶层设计阶段（2005 年 3 月—8 月），调研区域地理教学现状，确定以评促改思路，设计评价改革实验方案与评价手册；进行培训。②两轮实践与初步总结阶段（2005 年 9 月—2011 年 8 月），基于 3 项省级重点课题研究，在高中学段进行两轮评价改革实验；提出"多元交互式"教学评价体系，在核心期刊开辟的"课堂行动研究"专栏中发表论文，出版专著 3 部；通过教育部等评价专题培训课程进行辐射。③理论提炼与实践检验阶段（2011 年 9 月—2014 年 8 月），高中第三轮实验，初中学段实验；进行成果的理论提炼；开设"国培计划"相关专题培训讲座；从地理教学评价推广至全学科、全学段教学评价，并从扬州辐射至福建、珠海等多地进行实践检验。④拓展研究与推广应用阶段（2014年9月—2022年），获得国家成果奖后拓宽拓深研究领域，申报了全国"十三五"规划教育部重点课题"基于大数据平台的课堂教学行为评价研究"，南京师范大学成立了"数字化教育评价研究中心"，在全国建立了50所实践基地学校。

从成果产出效益观察，本成果共完成了39次专项研修活动、15次专项调研、2万多节课例分析、14万名学生档案袋评价。基于3项省级重点课题研究，在高中学段进行两轮评价改革实验；提出"多元交互式"教学评价体系，完成论文发表和专著创作。申报立项了全国"十三五"规划教育部重点课题，成立了"数字化教育评价研究中心"，建立了50所实践基地学校。

从应用推广观察，本成果在全国17省的7个区域教育局、200多所中小学校开展实践研究，揭示了教育信息化对教学评价改革的重大意义，有力地促进了教研方式改进与教学质量提升。本成果扎根课堂、应用广泛，至2019年9月，实践应用单位有江苏、上海、北京、天津、浙江、广东、海南、云南、四川、重庆、贵州、安徽、河南、山东、河北、内蒙古、宁夏、吉林、陕西、新疆、青海等21个省市级行政单位的200多所学校，包括重庆巴蜀小学、成都七中初中校、江苏天一中学、华东师范大学二附中、扬州中学等名校。

进一步观察的资源包：

[1] 朱雪梅. 多元交互式教学评价［M］. 北京：北京师范大学出版社，2019.

[2] 朱雪梅."多元交互式"教学评价体系的建构与实践——基于地理教学观察的行动研究［J］. 课程·教材·教法，2014，34（11）：

63-68.

[3] 基础教育国家级优秀教学成果资源服务平台. "多元交互式"教学评价体系的建构与实践——基于地理教学观察的行动研究[EB/OL]. (2020-02-03)[2024-02-22]. http://s.enaea.edu.cn/h/gjjzyfw-pt/jxcgzy/2020-06-12/11751.html.

五

教研

教研工作是保障基础教育质量的重要支撑，在推进课程改革、指导教学实践、促进教师发展、服务教育决策等方面发挥了十分重要的作用。本章立足教科研机构的主责主业，从教研视角，呈现出区域、学校和学科教研工作的5个典型案例。

案例57　提升中小学作业设计质量的实践研究

成果完成单位：上海市教育委员会教学研究室。

成果持有单位：上海市教育委员会教学研究室。

成果概述：针对作业观念滞后、作业负担繁重、作业效果欠佳等教育难题，上海市采取落实整体要求、转化研究成果、荟萃一线经验、强化实践研究的策略，开展了历时10年系统深入的实践研究，该项目确立了作业设计与实施的基本理念，研制了单元作业设计的质量标准，形成了各学科作业调研问卷与作业文本分析方法，研发了作业设计与实施可视化技术路径，提炼了有效的学校作业管理措施，取得了较大突破，凝结出大量学科应用成果。

从形成过程观察，自2009年开始，上海市教育委员会教学研究室组建了横跨8个学科、纵跨2个学段、市区校联动的研究团队，应用理论研究、问卷调查、文本分析、模型建构、路径研发、实证检验等方法，持续形成系列成果。其发展历经5个阶段。①第一阶段：解决对作业应用现状缺乏了解的问题。提出作业关系假设、设计作业调研方法、系统调研作业现状、进行数据统计分析。取得的突破是：作业系统关系模型体现了理念创新，作业文本分析方法体现了研究方法创新。②第二阶段：解决对作业的基础研究较为薄弱的问题。研究作业理论、分析课改政策、荟萃基层经验。取得的突破是：课程视域下的作业设计理念凸显整体性，作业设计质量标准体现引领作用。③第三阶段：解决作业设计过程缺乏方法应用的问题。构建作业设计可视化技术路径、进行路径应用的实证检验。取得的突破是：可视化技术路径体现实践操作创新。④第四阶段：解决作业设计路径辐射作用不够的问题。设计学科单元作业、编制教材配套练习、建设学科作业库、开展单元作业评选。取得的突破是：单元作业整体设计体现认识深化，综合性、实践性作业设计促进研究深化。⑤第五阶段：解决对作业实施管理研究不够的问题。提炼学科作业实施要点、总结学校作业管理经验。取得的突破是：作业设计与实施指导意见覆盖全学科，且凸显其学科特色。

从成果产出效益观察， 该项目的具体效益如下。①确立了作业设计与实施要坚持立德树人、基于课程标准、体现单元意识、创新作业实践等基本理念，以指引作业设计与实施的方向。对于每个理念，均进行较为细致的说明。②研制了单元作业设计的质量标准，形成育人为本、目标一致、设计科学、类型多样、难度适宜、时间合适、结构合理、体现选择8个系列指标，以及相应的质量标准，作为判断作业质量的依据。③形成了各学科作业调研问卷与作业文本分析方法，研制了7门学科结构化的作业问卷、访谈提纲等调研工具，还将文本分析方法创造性地用于作业分析，建立作业文本分析的基本过程，可以更精准地把握作业的结构与特征，促进教师进行基于证据的分析与思考。④研发了作业设计与实施可视化技术路径，主要包括作业设计流程、作业目标设计表、作业属性表、作业质量评价表、作业完成情况数据分析表等思维支架性工具，表征了作业设计的思考视角、思考过程、思考方法，将理念、思路、要求、标准巧妙整合于作业设计过程中，提升教师作业设计能力，减轻教师认知压力和工作负担。⑤形成了分学科作业设计与实施建议，针对小学语文、数学、英语、初中语文、数学、英语、物理、化学等8个学科段，形成学科作业设计与实施建议，明确学科作业整体要求，说明学科典型作业设计与实施路径，提出作业应用注意点。例如，小学语文学科，围绕识字写字、阅读、习作、口语交际、综合性学习等，指明作业设计、批改、讲评、辅导的具体建议，并通过案例说明。⑥提炼了有效的学校作业管理措施。围绕建章立制、作业积累、分析与优化、作业备案等关键点，提出加强作业内涵管理、建设校本作业体系、加强过程指导等学校管理措施。目前，已经出版了《透析作业：基于30000份数据的研究》《学科单元作业设计的案例研究》《小学作业设计与实施指导手册》《初中作业设计与实施指导手册》等针对作业的专门著作。此外，在 27 个学科段的《单元教学设计指南》中涉及作业相关内容。项目组主要成员在各类刊物上发表各类论文超过 40 篇。2018 年，该项目荣获国家级教学成果奖一等奖。

从应用推广观察，成果参与范围遍及上海市小学、初中、高中 3 个学科段，直接受益面超过 700 所学校、3000 名教师、10 万名学生。人民网、《文汇报》、东方网、《中国日报》、腾讯网、搜狐网等各类媒体报道超过 10 次。最新进展显示，教育部基础教育司委托上海市教委结合推广基础教育国家级教学成果奖一等奖——提升中小学作业设计质量的实践研究，研制高质量基础性作业。基础性作业研制团队由上海、河南、广东、浙江、福建、四川等省市近 310 名教研员、教师组成。经过 2 年时间，首先完成了小学语文、小学数学、小学英语、初中语文、初中数学、初中英语、初中物理、初中化学 8 个学科段所有年级的基础性作业，并在 22 个基础教育国家级优秀教学成果推广应用示范区试用。在 2019 年中国教育学会年会上组织专题论坛；在江苏、上海、北京、浙江、新疆等地组织专题培训活动，推广应用作业工具。

进一步观察的资源包：

[1] 上海市教育委员会教学研究室. 学科单元作业设计的案例研究（第一辑）[M]. 上海：华东师范大学出版社，2018.

[2] 上海市教育委员会教学研究室. 学科单元作业设计的案例研究（第二辑）[M]. 上海：华东师范大学出版社，2020.

[3] 上海市教育委员会教学研究室. 学科单元作业设计的案例研究（第三辑）[M]. 上海：华东师范大学出版社，2021.

[4] 上海市教育委员会教学研究室. 小学作业设计与实施指导手册[M]. 上海：华东师范大学出版社，2019.

[5] 上海市教育委员会教学研究室. 初中作业设计与实施指导手册 [M]. 上海: 华东师范大学出版社, 2019.

[6] 王月芬, 周坤亮. "提升中小学作业设计质量的实践研究" 教学成果推广应用的实践路径 [J]. 中国教育学刊, 2022 (S1): 9-11, 15.

[7] 基础教育国家级优秀教学成果资源服务平台. 提升中小学作业设计质量的实践研究 [EB/OL]. (2020-01-09) [2024-02-24]. http://s.enaea.edu.cn/h/gjjzyfwpt/jxcgzy/2020-06-12/11768.html.

案例58　落实课标、学为中心：高质量实施国家课程的区域课堂变革实践

成果完成单位：成都市温江区教育科学研究培训中心。

成果持有人：王毓舜，鄢亮，曾宏，张周，张光伟，李霜玉。

成果概述：针对课程标准落实不够、学为中心体现不够、区域整体推进效度不高等区域课堂变革深层次问题，成都市温江区以区域推进学历案为载体深化课堂变革。经过多年实践，创新形成了区域推进"落实课标、学为中心"课堂变革的实践模型：以"构建设计模式、开发专业支架、研制评价量表"三大策略推进教学方案变革，解决"落实课标、学为中心"理念在教学方案中落实的问题；以"构建实践模式、推广研究范式、培育研修文化"三大路径推进教学行为变革，解决"落实课标、学为中心"从教学方案向教学行为转变的问题；以"学用融合循序推进、多主体联动协同推进、区域活动引领整体推进"三大机制推进区域课堂变革，解决区域整体推进效度不高的问题。本成果在区域推进课程改革、提高教育质量、促进教师队伍专业成长等方面取得了显著成效。

从形成过程观察，2012年至2022年，该区域推进"落实课标、学为中心"课堂变革经历了4个阶段。①明确价值追求，解决课堂变革推进方向的问题（2012—2016年）：回顾历史，明确"学为中心"的课堂教学追求；紧跟前沿，开启"落实课标"的课堂教学实践；谋划未来，锁定"落实课标、学为中心"课堂变革方向。②设计变革方案，解决课堂变革推进路径的问题（2016—2017年）：审慎选择实践载体；精心谋划顶层设计。③落实变革举措，解决课堂变革有序推进的问题（2017—2020年）：培训学习，凝聚课堂变革共识；编用同步，稳步推进课堂变革；活动引领，逐步深化课堂

变革。④总结提炼运用，解决课堂变革持续深化的问题（2020—2022 年）：系统梳理课堂变革实践经验，提炼教学方案变革策略、教学行为变革路径、区域整体推进机制，构建起学历案课堂实践模式，形成了具有引领性、操作性的区域深化课堂变革实践模型。

从成果产出效益观察，该成果产生以下效益。①课堂发生预期变化。"学为中心"特征更加鲜明，课程标准指向更明确，课堂教学效益明显提升。②学生素养明显提升。数据显示，学历案使用明显提升了学生课堂学习兴趣、课堂活动参与水平、自主学习能力。③教师专业有效发展。该区教师研修平台数据显示，近 5 年，参加聚焦学历案的区级研修的教师 20 万多人次、校本研修 66 万多人次，每年人均超 30 次。聚焦主题的研修活动，有效提升了教师的学历案设计与实施能力。④研究成果丰富多样。该区推动学历案深化区域课堂变革的探索与实践取得了丰硕的研究成果。例如，创编《学历案设计与实施指南》《课程纲要》，以及 4～9 年级 23 个学科的学历案；汇编《基于课程标准的学历案：课例研究报告》《温江课堂变革年度报告》《学历案优秀成果集》；相关论文先后发表在《中学生物教学》《中学体育》《时代教育》等期刊，并被中国知网、《人大复印报刊资料》收录转载；出版全国义务教育阶段第一本学历案范例集《基于课程标准的学历案：温江经验》。这些蕴含教师实践智慧、近 1000 万字的文本成为传播课改经验、深化课堂变革、开展教师研修的宝贵资源。

从应用推广观察，该区义务教育阶段学历案的推广经验产生了广泛影响。百度搜索"温江学历案"，结果达 133 万条。该区经验先后在全国学历案联盟第二届、第三届论坛上交流。华东师范大学、北京师范大学、陕西师范大学、成都师范学院等高校及重庆巴南、广州天河、四川省内多地教育部门先后邀请该区做学历案经验交流；省、市教科院特地赴我区开展专题调研。同时，该区各项研究活动及成果被中国网、人民网、省市电视台等多家媒体报道。此外，该成果受到多位专家高度评价。成都市教科院专家认为"温江课堂变革经验为纵深推进课程改革提供了典型经验，非常值得推广借鉴"；四川省教科院专家认为"温江课堂变革经验对全省基础教育教学改革具有引领作用"。课题结题鉴定专家组认为，该成果"理论意义重大，实践价值非凡，社会影响强烈"；国家课程标准编制专家组核心成员、华东师范大学崔允漷教授盛赞该区"开展了基于课程标准教学的先锋式探索，开创了'落实课标、学为中心'课堂教学新局面，形成了区域深化课程改革的温江经验"。

进一步观察的资源包：

［1］ 鄢亮，曾宏，王毓舜. 基于课程标准的学历案：温江经验［M］. 上海：华东师范大学出版社，2020.

［2］ 王毓舜. 落实课标、学为中心：区域推进课堂变革的实践探索［J］. 全球教育展望，2022，51（4）：84－100.

［3］ 陈培林，王毓舜. 以"学历案"为载体推进基于课程标准的体育教学——以小学《山羊—分腿腾越》为例［J］. 体育教学，2020，40（12）：44－47.

案例59　学导型教学：推进课堂转型的区域实践

成果完成单位：浙江省嘉兴市南湖区教育研究培训中心。

成果持有人：朱德江，魏林明，陈尔胜，费岭峰，朱文平，沈李琴。

成果概述：当前的课堂学习中，以传授为主的教学方式仍然大量存在，知识碎片化、零散化现象仍然较为严重，学生的学习仍然面临着机械学习、虚假学习、浅层学习等困境。想要改变这样的现状，就需要不断推进课堂变革。南湖区教育研究培训中心历时12年，构建形成了"以学为主，为学而导"的学导型教学新体系。该项目组提出"学为中心、学导融合"的教学理念，建构了"目标导向＋多元方式＋学导模块"的组合式教改实践模型，提出了包括"积极而理性""联动式引领"和"渐进式推进"在内的基本原则以及"双轨行动""技术攻关""评价跟进""研训支持"在内的推进策略。项目以"丰富灵动的学习"促进学生全面且有个性的成长，积淀了可操作、可推广的区域教改经验，形成了推进区域教改的实践样本。

从形成过程观察，该项目主要经历了如下阶段。①理论积淀阶段（2010—2011年）。2011年，南湖区成为浙江省中小学教学改革试点区，通过深入调研，项目组提出教改思路：变"教的活动为主"为"学的活动为主"，从研究学生"学"的角度，转变教师的教学方式，开辟"教改学习专栏"，启动专项课题群，开展专题研训。②研究探讨阶段（2012—2014年）。2012年，举办南湖区第一场"学导课堂"教改实践研讨活动，开始第一轮学校教改项目。就此，南湖区"学导型教学"教改实践之路正式启程。研制出版《学为中心课堂变革实践指南》。③全面实践阶段（2015—2016年）。研制《学导课堂评价标准与核心要素1.0版》，启动"综合学习"创意实践案例评比活动，汇编《学导课堂多元转型的实践智慧》。④推进常态化阶段（2017—2019年）。开展"教学型一致性"探索，进行"学导课堂"新教案的改进，开启第三轮学校教改项目，进行教学改革常态化实施的机制建设。历经10多年的探索，独立学习、共同学习、实践学习、综合学习已成为南湖区"学导型教学"的立体化学习方式体系，教改的操作系统也日趋成熟。

<u>从成果产出效益观察</u>，该成果产生以下成效。①有效引领区域中小学教育教学变革，呈现出丰富的教改实践样态。例如，嘉兴市实验初中的"展评学习"，余新镇中心小学的"生动课堂"，嘉兴市实验小学的"数字化学习"，辅成教育集团的"翻转课堂"，南湖国际实验学校的"全科阅读"，东北师范大学南湖实验学校的"PBL项目化学习"等丰富的实践样态，有效促进了学校教改的积极性和多样化发展。②学生的学习方式发生了真正的变化，有效促进了学习力的发展。随着教改进程的推进，越来越多的学校和教师投入到教学改革实践中，使得学生学习方式更加丰富，课堂参与更加积极，逐步实现了"会自学、会思考、会倾听、会表达、会提问"，在"学会"中逐步走向"会学"。③从技术层面为教师开展教学变革提供了专业支持，区内越来越多教师的教学改进做到了"心中有目标，手中有策略，实践有路径"。区内大部分中小学教师参与到"学导课堂"的教改实践中，研究与实践更新了教师的教学观念，研究成果产生的过程就是教师专业同步发展的过程。据不完全统计，近几年来，在区级及以上平台执教"促进学习真实发生的学导课堂"研究课的教师达到300多人次。

<u>从应用推广观察</u>，区域整体推进"促进学习真实发生的学导课堂"以来，积累了丰富的研究与实践成果，产生了较大的影响力和辐射力。南湖区多次在省级各类研讨会上介绍、交流典型经验。2017年3月，南湖区域教学变革项目入选了教育部基础教育课程教材发展中心的基础教育课程改革典型案例库。2017年12月，"南湖研训团队"荣获浙江省教育厅教研室授予

的浙江省中小学教改项目突出贡献奖。该成果也被中国教育新闻网、《浙江教育报》、《中国教育报》、《人民教育》、《基础教育课程》等多家媒体报道，其中《基础教育课程》以"区域如何引领课堂变革"为主题，以20多页的篇幅专题推介南湖区推进区域课堂转型的教改经验。《中国教育报》以《嘉兴南湖："为学而导"的课堂新生态》为题，从找问题、找路径、找策略3个维度采访报道了南湖区"学导型教学"区域教学改革的"南湖经验"。

进一步观察的资源包：

[1] 朱德江，魏林明. 学为中心课堂转型实践指南［M］. 杭州：浙江教育出版社，2014.

[2] 朱德江，费岭峰. 变革与寻衡："学导课堂"教改实践的区域探索［J］. 基础教育课程，2020（12）：5-11.

[3] 蒋亦丰. 嘉兴南湖："为学而导"的课堂新生态［N］. 中国教育报，2021-04-05.

案例60　事实和证据视野中的课堂教学诊断

成果完成单位：上海市洋泾中学。

成果持有单位：上海市洋泾中学。

成果概述：事实和证据视野中的课堂教学诊断是借鉴医学临床方式，运用"初诊—复诊—会诊"递进式流程，以事实证据分析为核心依据的课堂教学研究方式，对教师理解、评价、改进课堂，改善教学思维起到了积极的推动作用。该成果从教学要素、环节、结构、行为出发，研发其学术标准和评价量规，创建了教学诊断实验室和网络评课系统，开发了点式、横式、纵式、逆式4种切片类型，改变了教师从个体判断出发，对教育教学现象做主观评价的思维定式，把课打开、深度析理，实现了课堂教学的优化。同时创设了鉴赏性、探究性和问题性3种诊断类型，形成了学科、教师、主题、文本4类可检索的课例库，成为校本研修的重要资源，广泛用于不同层次的教师培训和课堂改进指导活动，突破性地提升了教、研、修三位一体的校本研修质量。该成果形成了四大模型：操作模型、思维模型、技术模型、管理模型，具有广泛的实践性、应用推广性。

从形成过程观察，本研究从2007年起步，主要经历2个阶段。①第一阶段："前研究"阶段（2007—2011年）。主要针对传统的听评课进行技术和流程改造。建成数字化自动录播教室和"听课教室"，开发了听与评即时交互的环境，解决了"沉默听课"单向接收信息、缺乏判断交流的问题；研制9种教学诊断量规、开发4种"切片技术"，解决了"笼统评课"粗放、不精准、不聚焦的问题；创新评课流程，一课三诊，多元互动，优化课堂教学分析路径；细化评课类型，增强评课的针对性，促进教师专业发展。②第二阶段："课题化研究"阶段（2011—2018年）。在上一阶段的基础上，聚焦亟待解决的四大问题，逐一解决。构建课堂教学诊断操作模型，实现了把课打开、评课析理的目标；构建思维模型，为实现教师思维方式改善寻找到一条可操作性路径；构建技术模型，实现了信息技术与课堂教学研究、教师专业成长的无缝衔接；构建管理模型和学科、教师、主题、文本4类可检索的课例库，保障了课堂教学诊断成为常态化、学术化的校本研修方式。随后被列为市级重点课题，进入深化研究和成果实践应用阶段。前后历时10年，历经4位校长，研究成果于2018年荣获国家级基础教育教学成果奖一等奖。10年的研究历程，就是一个不断遇到问题，不断努力去解决问题的过程。

从成果产出效益观察，本研究总课题组修订了诊断标准，优化了诊断流程，升级了诊断技术环境，创制了四大模型，构建了学科、教师、主题、文本4类可检索的视频课例库。13个子课题组按照总课题组的目标和任务，通过备课、上课、自评、互评、切片、分析、反思、改进等途径和方法，在诊断了75位教师视频课例的基础上，判断课堂教学现状，剖析存在问题，探索教学规律，助推教师熟练掌握基于视频课例的课堂研究方式，学会"像专家那样思考"，形成"面向事实、基于证据、关注细节"的反思方式。10多年来，受益于课题研究及成果应用，学校教师专业发展水平明显提升。学校荣获首届"长三角地区教育科研优秀团队"。3位教师获上海市中青年教师课堂教学大赛一等奖，4位教师获评上海市特级教师，5位教师获评上海市正高级教师，11位教师成为市、区名师名校长工程（基地）主持人，30多位教师获评区学科领军人物、学科带头人或骨干教师。教师在各级各类刊物发表论文、课例等400多篇。成果专著和课例集共90万字，先后由上海教育出版社和华东师范大学出版社出版，并荣获国家级教学成果奖一等奖、上海市级教学成果奖一等奖等多项奖励。该成果同名专著《事实和证据视野中的课堂教学诊断》于2016年由上海教育出版社出版。

从应用推广观察，2013 年，上海市洋泾南校史克老师带领浦东新区部分物理教师开展"基于诊断的中学物理教师教学技能提升实践研究"的项目研究，其成果荣获 2017 年上海市级教学成果奖一等奖。2013 年 10 月始，徐州大屯煤电公司教卫办引入基于数字化视频课例的课堂研究方式及相关平台，构建了教师间互帮互助的学习圈，形成了基于教学诊断活动的教研新模式，培养了一大批优秀教师。2015 年，本成果中的培训课程"从数字化视频课例走向专业化教学反思"和"高中物理活动化教学设计"双双被评为"十二五"浦东新区教师继续教育精品课程和见习教师规范化培训优秀课程，6 年来共培养了 500 多名中小学教师。2021—2024 年由教育部组织面向全国推广。

进一步观察的资源包：

[1] 张少波，李海林. 事实和证据视野中的课堂教学诊断——基于数字化视频课例的课堂教学实践研究［M］. 上海：上海教育出版社，2015.

[2] 李海林. 事实和证据视野中的课堂教学——课堂教学诊断实践研究［J］. 新课程评论，2017（12）：68 – 82.

[3] 基础教育国家级优秀教学成果资源服务平台. 事实和证据视野中的课堂教学诊断［EB/OL］.（2020 – 01 – 19）［2024 – 02 – 24］. http://s.enaea.edu.cn/h/gjjzyfwpt/jxcgzy/2020 – 05 – 22/7532.html.

案例61　现场改课：促进教师全员专业成长的小学数学教研范式

成果完成单位：浙江省教育厅教研室。

成果持有人：斯苗儿，杨海荣，柳敏敏，袁晓萍，俞正强，骆玲芳。

成果概述：长期以来，教研实践存在着以下问题。①关注"好课"，但"好课"的定位存在偏差，且"好课"的形成过程不可见。②活动设计更多关注组织者、开课者的需求，缺少观照观课者的需求。③活动推进机制单一，限于专家意见的单向传递，局限了广大参与者的能动性。针对这些问题，项目团队在历经20多年持续的创新性实践的基础上，总结提炼出一条以"课"为本的教师研修新路径：①不分年龄、教龄、职称和职级，把新手教师、普通教师和专家进行"混搭"；②融"备课、上课、说课、听课、评课"为一体的"三段十步""现场改课"教研新范式；③重建活动机制，变革场景，教研员、专家全程陪伴，适时示范；④教师"抽签＋自荐＋推荐"，人人参与，深度合作，全程全面参与改课。把教师从听众、看客带回教育现场，在研究课、改进课中，触动教师群体思维方式的转变，自觉改进课堂实践，提升能力，实现教师全员专业成长。

从形成过程观察，从2000年开始，该团队综合运用基于设计的研究、行动研究等多种方法，逐一突破常规教研活动中的难点和痛点，形成了全新的教研范式，主要历经4个阶段。①"好课"研究阶段（2000—2005年）：研究好课要素，引导教师明确好课导向，优化教学设计。②"好教研"探索阶段（2006—2015年）：变革听评课方式，营造协作共享的教研文化，引导教师从参与者变成研究者。③"现场改课"阶段（2016—2019年）：人员混搭，重建机制，专家全程陪伴，人人相互改课。④"好课燎原"阶段

（2020—2022年）：多途径推广、应用与转化，辐射全国，走向国际。

从成果产出效益观察，"现场改课"教研范式形成了"好教研"与"好课""好教师"的耦合机制，走出了一条教研创新之路，取得了非常明显的成效。①推动了全省学科教研转型。以点带面从区域实验走向全省行动，助推了平等合作共赢的教研文化，教师全员专业成长成效显著。②促进了全省学科教学的优质均衡。200多场区域现场研讨，面向普通教师和常态课堂，研究形成的单元开启课、主题活动课、史料交流课、自主整理课、单元拓展课等新课型，增强了学生学习的挑战性和兴趣，也刷新了教师对课型的认知。③创生了一批高质量的研究成果。积累了大批好课、好教研和好教师的案例，共同体成员在《人民教育》《课程·教材·教法》《教学月刊》《小学数学教育》等刊物上发表文章350多篇，为教研转型提供了实践样本。出版的《好课多磨》《好课燎原》《种子课》《学会向学生借智慧》等18本书，畅销全国。

从应用推广观察，该成果在全国产生广泛的辐射和影响力。"现场改课""好课燎原"成为教研热词。在全国小数会学术论坛上4次应邀做专题分享，走进云南、广西、成都、青海等西部地区，进行现场活动20多场。活动中，教师改变了"听听激动、想想感动、回去不动"的被动状态。活动后的问卷调查表明，教师对活动形式的认可度达95%，对活动实效的满意度达98%，愿意把"现场改课"应用到日常教研的达74%。2019—2022年，参与教育部课程教材研究所主题教研活动直播4次，北京明远教育书院直播10期，浙江省学科关键问题研训直播2次，超150万人次参与，覆盖全国20多个省份，网络资源成为全国共享的优质资源。此外，特色教研还走向国际。2021年，"现场改课"作为中国唯一由省级教研部门组织的特色主题活动，应邀参加第14届国际数学教育大会现场展示。线上线下结合，向世界129个国家和地区展现了中国教研的独特魅力，讲述了中国的教研故事。真实生动的活动过程，改变了国内外专家和教师对教研活动的固有印象，见证了教研的新样态。许多学者专家高度认可这样的教研方式，认为"这样的活动很好玩，玩得起，玩得有力道，希望持续助力教师享受教研好玩，由此让学生感受学习好玩"。

进一步观察的资源包：

[1] 斯苗儿. 好课多磨 斯苗儿现场改课理念与实践［M］. 北京：人民教育出版社，2022.

[2] 斯苗儿. 现场改课：促进教师全员专业成长的小学数学教研范式［J］. 全球教育展望，2023，52（11）：116-128.

[3] 斯苗儿. 小学数学"三段十步"改课的教研范式探析［J］. 课程·教材·教法，2020，40（9）：81-87.

六 教师专业发展

百年大计，教育为本；教育大计，教师为本。教师队伍是基础教育高质量发展的根本保障。本章从集团化学校教师共同体发展、农村学校教师研修团队建设、数字化教师研修网络构建等多个方面，呈现了数智时代教师专业发展的多种途径。

案例62　重组·互融·共生：集群教师发展共同体创新实践

成果完成单位：北京市第十八中学。

成果持有人：管杰，赵学良，刘晓鸥，郭秀平，魏韧，杨进基。

成果概述：教育集团一手连着"学区、集群"，一手连着"学校、社区"，处于此次区域教育改革大局中"四梁八柱"的核心位置，如何办好教育集团是关乎区域教育改革质量的重要问题。项目团队依托方庄教育集群，基于生态性、内生性、结构性，开展了持续的"135"（1个机制，3个策略，5个数字化支撑工具）教育集群教师发展共同体实践和研究，即：①以新时代培根铸魂育新人为导向，建构了旨在激发教师岗位效能感、事业成就感、生命意义感的集群教师共同体发展机制。②以学习者需求为中心，提出了"需求牵引促重组、问题牵引促互融、价值牵引促创生"3个策略，重组区域教师发展的空间结构、组织结构和资源供给结构。③基于集群资源，开发了数字化档案、教师发展周期诊断、教师发展共同体协同数字平台、伴随式教师课例研究、个人发展成就与路径画像等五大数字化支撑工具，全面推动集群教师发展，促进了区域教师队伍建设质量的整体提升。

<u>从形成过程观察，</u>2010年，北京市最早的教育集群——方庄教育集群成立。从2014年起，集群以新时代培根铸魂育新人需求为导向，探索重组、互融、共生的教师个体发展与群体发展融合推进策略，其创建过程经历了3个阶段。①发展结构重组凝聚区域教师共识阶段（2014—2016年），集群逐步打破学校间界限，以学习者需求为中心重组区域教师发展的空间结构、组织结构和资源供给结构，建立了新型教育集群教师发展中心。②3类学习共同体实现区域教师互融阶段（2016—2018年），通过教师发展周期挖掘

集群教师真实需求，"以学习者为中心"改革教师研修的设计模式，构建3类学习共同体样态，实现教师个体发展与群体发展融合。③数字化发展工具助推区域教师共生阶段（2019—2022年），集群以实施与建设教育部中小学教师信息技术应用能力提升工程2.0为契机，开发了五大数字化支撑应用，与原有教师发展场域相伴共生，助推区域教师队伍建设。

从成果产出效益观察，经过10年探索，方庄教育集群建构并逐步完善了能够激发教师岗位效能感、事业成就感、生命意义感的集群教师共同体发展机制，通过不同的角度与路径，不断激发教师发展的内生动力，集群教师发展实现了6个转变。①在专业发展的核心动力上，从2016年的以认同感为驱动，发展为今天的以认同感、效能感、价值感为驱动，教师发展内驱力更多元、更强劲。②在研修目标上，由最初的促进教师观念转变为主，转向现在的以提升教师的实践融合能力为主。③在研修课程上，由过去的课程内容散点化、不聚焦，转向现在的课程内容体系化、结构化，能够满足不同发展需求教师自我提升的需要。④在研修重点上，由过去的强调专项内容的学习，转向现在的关注教师知识能力的融合提升。⑤在研修方式上，由过去单一的线下学习，转向现在的线上线下混合式学习为主。⑥在研修成果上，由过去的以实践经验总结为主，转向现在的理论与实践成果并重。在2018年丰台区督导室进行的满意度测评中，该校教师的职业归属感持续提升，获得93.5分的高分。该校校长也荣获第五届全国教育改革创新杰出校长奖。

从应用推广观察，方庄教育集群已发展为涵盖高中、初中、小学、幼儿园、职业学校、民办教育机构共46所单位的区域教育共同体，同时有18个集群成员校先后纳入十八中集团化管理。与北京教育学院丰台分院合作促进青年教师成长项目，与首都师范大学合作建设实践性教师专业发展社区，邀请专家培训以学习者为中心教学法［SCL（student-centered learning）项目］，吸引了世界银行《2018世界发展报告》专家组前来考察方庄教育集群。同时，借助方庄教育集群云平台，一批教师已经把精品教学设计、优秀课件、微课视频、作业设计等存储在云平台的资源库中，并对集群师生开放共享。

进一步观察的资源包：

［1］ 管杰. 重组·融合·共生：集群教师发展共同体创新实践［J］. 中国基础教育，2023（9）：22-27.

［2］ 管杰. 区域教师个体发展与群体发展融合推进——北京方庄教育集群教师队伍建设10年实践［J］. 人民教育，2023（21）：57-59.

［3］ 丰台教育. 高质量教育体系大家谈｜管杰：培养高素质专业化创新型区域教师群体［EB/OL］.（2022-11-08）［2024-02-21］. https://mp.weixin.qq.com/s/DFmIOpk-lyoRv5lhOdnjOg.

案例63　提高农村教师执教能力的团队研修实践——吴正宪小学数学教师工作站的五年探索

成果完成单位：北京教育科学研究院，北京开放大学，北京市海淀区中关村第二小学，北京小学长阳分校，北京市顺义区教育研究考试中心。

成果持有人：吴正宪，张铁道，李兰瑛，武维民，张秋爽。

成果概述：为了激发广大基层教师内在的自身专业发展需求和教学工作积极性，缓解教师的职业倦怠，吴正宪老师及其团队开启了尝试探索骨干教师团队研修的创新实践。该实践改变了教师被动培训的现状，用全新的教师团队研修模式创设生动的课例比较环境，教师们变"被设计、被培训"为"我设计、我研修"，有效调动他们全程参与问题解决；同时还采取后续支持、连续干预等方式，引领教师的实践改进，为有效促进教师教学能力的发展，提供了成功的范式。改变了教师凭借感觉、经验积累经验的习惯，通过写教学反思、随笔、论文、参与课题研究等方法，促使老师们在研究中工作，在工作中研究，不断梳理、总结、提升自己的教学实践。克服了面授教学的规模限制，创建吴正宪小学数学教师网络研修课程，先后为北京市远郊区县5100名和全国数万名农村一线数学教师提供了有质量保障的新课标研修服务，也帮助在职教师有效解决了工学矛盾。吴正宪小学数学教师工作站经过多年实践，在培养大批优秀教师的过程中创造了小学数学教师团队研修模式。

从形成过程观察，该成果的形成大致经历了3个阶段。①"团队研修"实践主张的提出与初步探索阶段。工作站提出了"团队研修"的行动主张，制定了《工作站实施方案》《工作站成员进站标准》《工作站团员职责》等一系列研修制度，制定了明确清晰的团队研修目标：一是满足农村和偏远山区教师的专业发展需要；二是在团队研修实践中积累优质资源。在这一阶段，确定了"团队研修"的基本理念。②系统实践与形成"团队研修"实践策略的阶段。为了有效地开展主题研修活动，提升一线教师的实践能力，工作站（学习共同体）创建了团队研修的专业课程：以"七个聚焦"为主题的课程规划，引领教师开展专业学习、发展教学能力。以吴正宪老师"好吃又有营养"的儿童数学教育理念与实践策略为资源，构建了吴正宪儿童教育思想及其实践策略，组织团队成员秉行在为基层教师服务中培养优秀教师的专业能力，开展了丰富且有成效的研修活动。③成果推广应用阶段。全国越来越多的区域、学校参与团队研修的实践，不仅在北京远郊区县成立了吴正宪小学数学教师工作站的分站，而且在全国各地纷纷成立分站，定期召开全国研讨会和全市研讨会，参加全国的课堂观摩活动和学术论坛活动等来传播成果，将成果推广到国内的多个省市，"团队研修"的实践策略也在此过程中不断得到完善。

从成果产出效益观察，该成果明确了"团队研修"的基本理念，提出了团队研修的六大策略。①研修策略一，名师引领从成功经验中汲取专业养料。②研修策略二，课例研修借助精心组织的教学过程开展行为干预。③研修策略三，课后访谈、学生体验是教师专业成长的重要资源。④研修策略四，同伴研修在互动建构中生成教学实践知识。⑤研修策略五，"1+5+N"发挥专业服务的辐射合作机制。⑥研修策略六，资源建设增强对于实践过程的理性认识。10年来，团队尝试变革教师的研修方式，变"被设计被培训"为"我设计我研修"，吸引教师全程参与；经历了一次次基于为基层教师提供专业服务的团队研修，收获了丰富的创新实践资源，培养了大批优秀教师。出版和发表了多部著作和多篇文章，出版了团队研修系列丛书共20多本，发表了系统反映成果的期刊论文，相关成果在《小学教学》《小学数学教师》等期刊发表。

从应用推广观察，该成果在全国范围内得到了高度评价和广泛应用。2008—2019 年，吴正宪带领团队教师先后主持参与了"义务教育新课程远程研修项目""农村中小学现代远程教育工程教育资源开发项目"等数十个教育部项目，不少区域和学校结合自身情况，将成果转化为富有特色的实践和成果，把团队研修机制本土化。2010—2013 年，北京市教委人事处、北京广播电视大学共同承担的项目"小学数学教师专业研修远程培训"共引用小学数学团队的优秀资源 600 多个，借助北京开放大学的远程教育网络培训系统，对北京市 18 个区县的 5100 名小学数学学科教学带头人和全国骨干教师进行培训。吴正宪及其团队成员应邀在东北师范大学、陕西师范大学等高校为教育部组织的"培训者培训"做团队研修专题报告，引起与会教师的强烈反响。成果在日本进行了交流和传播：2008—2018 年，吴老师带领团队成员应邀到日本讲学，日本的 NHK 电视台和《秋田新报》对活动进行了专题报道。该成果成为全国一线教师专业发展的重要资源，2008 年 11 月，中国教育报刊社组织了"吴正宪数学团队成果展示及其教师成长范式解读"专题教研活动，团队走遍了北京的各个区县和全国 20 多个省市，举行了数十次团队研修活动，听众规模超过数万人次，一大批一线教师利用这项成果改进了自己的教学。

进一步观察的资源包：

[1] 张铁道，吴正宪. 团队研修的实践探索［M］. 北京：北京师范大学出版社，2012.

[2] 吴正宪，李兰瑛，武维民. 创建研修共同体——吴正宪小学数学教师工作站的实践探索［J］. 中国教师，2016（15）：25–29.

[3] 基础教育国家级优秀教学成果资源服务平台. 提高农村教师执教能力的团队研修实践——吴正宪小学数学教师工作站的五年探索［EB/OL］.（2020–01–18）［2024–02–22］. http://s.enaea.edu.cn/h/gjjzyfwpt/jxcgzy/2020–04–28/5019.html.

案例64 数字化全域共享：小学科学网络研修共同体建设十七年探索

成果完成单位：湖州市爱山小学教育集团。

成果持有人：黎作民，喻伯军，陈建秋，朱钻飚，朱斌，陈梅娟。

成果概述：针对小学科学教学存在的师资力量薄弱、教学配套资源不足、教师研修机会少、农村及偏远地区科学教师获取前沿信息不及时、传统教研难以支持大规模和跨时空培训等问题，该成果从多个方面，进行了包括理论模型、实践场域、研修策略的小学科学网络研修共同体建设。①该成果坚持"共创·共建·共进"理念，建设"小学科学教学网"研修平台，借助"一轴六轮"研修平台，线上线下有机结合开展研训活动，创设教师与教师、教师与专家及时交流、高效探讨的教研环境，为教师提供多样化的学习场域。②该成果应用融合研修模式，逐步形成了包括自主引导、群体辩论、师演师评、大众向导、项目驱动、平行成长在内的六大网络研修策略，用以支持科学教师的日常研修。③团队依据学科基础，建构教学设计、课件、拓展性课程、专题资源若干内容线，以项目驱动为手段，鼓励全员互动审核，制作了小学科学教材配套教学网课、小学科学教材重难点微视频和教材配套课件等精品资源。④团队加强网格化管理、多样态组织并实行进阶式激励机制，吸引了大量教师主动加入网络研修共同体，长期坚持研修，增强了网络研修的"黏性"。

<u>从形成过程观察</u>，在研究实践中，项目组针对小学科学教师在不同阶段的困难，不断提出问题、解决问题。成果以"共创·共建·共进"为理念，通过数字化全域共享，共历经3个阶段。①探索阶段（2005—2012年）：更新研修理念，组建数字化全域共享研修共同体。本阶段针对教师缺乏学习机

会的问题，创建网络新平台，建立网络研修共同体，探索以论坛研讨与信息群交流为主的研修新方式。②优化阶段（2013—2016年）：拓展研修途径，创构数字化融合式同频研修策略。本阶段针对教师个性化研修需求和共同体持续成长的问题，拓展研修新途径，形成了以微信公众号为纽带的六大立体交互研修平台。提炼并优化网络研修策略，实施"理念先导"自主研修、"群体辩论"即时互动、"项目驱动"集体攻关、"同步课堂"平行成长和"共同成长"黏性管理等策略，形成了成熟的融合式同频研修模式。③引领阶段（2017—2022年）：引领全国教研，实现优质资源的数字化全域共享。本阶段与研究阶段交叉，一边研究一边引领辐射。主要以优质学科资源共享引领学教方式的改进，数字化全域共享从优到创，学科资源不断迭代、始终免费共享，推进了城乡教育均衡发展、东西部携手进步。

从成果产出效益观察，在探索实践中，成效逐渐凸显。在无行政要求、无经费支持、无编制人员的条件下建设了小学科学教学网，把公众号、每月研修、研讨群等打造成特色品牌，获美丽乡村建设特殊贡献奖。网页注册会员近4万人，其中农村教师占56.1%；微信公众号关注量21.64万人次，其中西部地区占23.4%。

从应用推广观察，该成果辐射到全国34个省级行政区，浙江、贵州、福建、河北、辽宁、青海、山东和河南等省份的教师尤为积极。其中连续参与时间超过5年的达11.4%。对于每月研修活动有1000多名教师坚持每次参加，网站资源每年阅读下载量超500万次，精品资源总下载量超1000万次。小学科学教学网已成为多地小学科学教师首选的学习平台，每天参与研讨已成为教师的日常习惯，"有困难找小科网、要资源上小科网"已成共识。每月开展研修123期，累计参与教师100多万人次；面向西部地区同步课堂121期，受益学生超50万人次。刘力教授评价说：该教学成果是在浙江大地上开展的，以乡村小学科学教师为主要对象的公益型网络研修实践，它不仅培养出一大批乡村小学科学教师，更以长达17年的公益方式为促进城乡教育公平做出重大贡献，同时也成功实现了学科教研的数字化转型，为全省其他学科教研乃至全国送教工作探出路子、做出示范，是我国教育公益专业项目的创新实践。

进一步观察的资源包：

［1］ 喻伯军. 小学科学教师网络研修共同体建设的探索和实践［J］. 中小学数字化教学，2022（1）：5-9.

［2］ 黎作民. 聚焦：全国基础教育成果奖是这样做出来的④——《数字化全域共享：小学科学网络研修共同体建设十七年探索》［N］. 浙江教育报（前沿观察），2023-09-06.

［3］ 小学科学教学（微信公众号）.

七 教育综合改革

促进基础教育质量全面提高，必须以深化基础教育综合改革为强大动力，以教育系统的全面变革为重要目标。本章既涉及"新基础教育""新教育实践""情境教育""行知教育"等影响和辐射全国的教育实验，又关涉中小学校实现优质均衡、技术赋能、人才培养、整体育人和五育融合等综合改革的重要问题，是学校教育全方位、高质量发展的具体实操蓝本。

◎ 教育学理

案例 65 "新基础教育"学校教学改革研究

成果完成单位：华东师范大学，上海市闵行区教育局，江苏省常州市教育局。

成果持有人：叶澜，李政涛，吴亚萍，卜玉华，王浩，丁伟明。

成果概述："新基础教育"学校教学改革研究，是一项中国社会转型时期的学校转型性变革综合研究，以"培育生命自觉""成事成人"为核心价值，以实施义务教育的中小学为对象，以实现当代中国学校整体转型性变革为目标，通过学校整体转型变革、校际生态区建设等实现区域教育内涵优质均衡，由华东师范大学叶澜教授率队主持。本成果根据当代中国社会转型对学校培养新人的改革要求，主要解决当代教学理论与学校教育实践重建、新型教师队伍培养、课堂教学形态改造等一系列基本问题。针对学校教学普遍存在的重知识，忽视人，忽视学科教学育人价值，忽视学生积极、健康、主动发展等根本问题，采取整体综合改革，理论适度先行、理论与实践交互生成，贴地式深入学校教学实践、日常化高频现场研讨等方式，在持续不断的日常反思与重建中提升教师教学智慧与变革内生力。

从形成过程观察，该成果先后经历 5 个研究阶段。①探索性阶段（1994—1999 年），以改变原有课堂教学中"教师一言堂，少数好学生唱主角"的格局为突破口，把"时间""空间""工具""提问权"和"评议权"等还给学生，形成新的课堂时空结构。对教学内容进行结构性调整，提出在课堂上"教结构"，让学生学会"用结构"，形成了"长程两段式教学"。②发展性阶段（1999—2004 年），将关于教学改革的研究深入到教学价值观、教学过程观和以推进教学改革为目标的评价观的系统重建中，形成系列化的教学评价新指标，引导教师的教学设计、教学过程和教学反思发生整体变化。③成型性阶段（2004—2009年），提炼形成语文、数学、英语等学科教学改革指导纲要，将"新基础教育"日常教学改革研究中丰富的原创经验与典型案例进行系统化、结构化。④扎根性阶段（2009—2012年），将已有成果，以"前移后续"式研讨转化到日常教育教学研究过程中去，成为校长和教师的自觉改变行为，并推广到所有学科，以课型研究与精品课为载体，深化提升研究成果。⑤生态式推进阶段（2012—2015年），以培育出来的合作学校（目前28所）为核心，在闵行、常州分别创设多个内部教学改革生态区，形成生态区梯队发展格局，推广改革成果，走出教育内涵优质均衡的新路。目前处于生态式推进共生体建设的第二阶段。

从成果产出效益观察，本成果经过20多年的研究积淀，形成了"新基础教育"重建课堂教学价值观、过程观、评价观等教学改革系列理论；创生了以"有向开放—交互反馈—过程生成—开放延伸"等为展开逻辑的互动生成的课堂教学新形态；创制了为教师日常改革所用的"教学设计评价表""教学过程评价表""教学反思与重建评价表""教研组建设评价表"等系列"新工具"；出版了直接指导中小学语、数、英3门学科的教学改革指导纲要和系列课型（广西师范大学出版社2009年出版，福建教育出版社2016年再版）；闯出了区域内以校际合作为载体共建区域基础教育改革生态圈，生态式推广改革成果，提高学校内生力的实现教育均衡发展的新路径；创造了在日常研究性教学改革实践中培养新型教师的新理论和新经验。全国十余地区、百余学校、数千教师、数万学生参与研究，研究团队研课达3万多节。本成果经过多年的研究积淀，形成了一套教学理论、一套推进原则与策略、一种教学新态、一种研究机制和一支研究队伍。

从应用推广观察，多年改革研究，在国内外产生广泛影响。在上海，通过参与"新基础教育"研究,上海市闵行区等地的基础教育质量明显提升,涌现出省(市)优秀教研组22个,校长培训基地、学科名师工作室等28个,3位合作校校长成为上海市特级校长。2014年,闵行区"新基础教育"教学改革研究,与华东师范大学"新基础教育"研究,同获上海市教学成果奖特等奖。同年,"新基础教育"研究获国家级教学成果奖一等奖。在常州,常州市第二实验小学、局前街小学等,成为常州当地基础教育改革的领头雁和标杆学校,先后涌现出未来教育家培养对象、特级教师、省(市)级学科带头人和骨干教师等100多位。在全国,20年来,以研究成果为教材,华东师范大学研究团队先后10次参与国培计划,培训次数达2000多场,培训人数不低于10万人次。各区域试验学校已组织近300次"精品课""专题研究"等开放式研讨,参与人次达5.4万,积累优秀教案近700份。合作学校的"新基础教育"网站点击率超过520万次。在国际上,上海市闵行区华坪小学、实验小学、闵行四中等在以"新基础教育"研究为载体的"中加互惠学习"国际合作项目中,多次向来自加拿大、美国、新西兰、新加坡等国家的国际专家团队开放学校教育教学现场研讨,多次在国际学术研讨会上做专题报告并在SSCI期刊介绍推广,扩大了国际影响力。

进一步观察的资源包:

[1] 张向众,叶澜."新基础教育"研究手册[M].福州:福建教育出版社,2015.

[2] 叶澜.生命中难忘的25年 关于"新基础教育"研究独特性的感悟[J].上海教育,2020(31):40-41.

[3] 基础教育国家级优秀教学成果资源服务平台."新基础教育"学校教学改革研究[EB/OL].(2020-02-02)[2024-02-22].http://s.enaea.edu.cn/h/gjjzyfwpt/jxcgzy/2020-05-22/7527.html.

案例66 "新教育实验"的教学改革实践

成果完成单位：苏州大学。

成果持有单位：苏州大学，苏州市教育局，海门市教育局。

成果概述：21世纪以来，"新教育实验"坚持以执着坚守的理想主义、深入现场的田野意识、共同生活的合作态度和悲天悯人的公益情怀为价值准则，以教师成长为逻辑起点，以营造书香校园等"十大行动"和相关课程为路径，以帮助新教育共同体成员"过一种幸福完整的教育生活"为目标，进行了20多年的田野实践探索。新教育实验提出的教师专业成长"三专模式"使数以千计的普通教师成长为卓越教师，在国内率先开展的"营造书香校园""家校合作共育"等教育理念与行动实践，为建设书香社会、推动家校社政共育提供了强大助力。在促进教育理论与实践相结合，对抗教育异化、回归教育本质以及大面积改善区域教育生态等方面，新教育实验也进行了颇有成效的探索。

从形成过程观察，"新教育实验"作为一种由民间力量自我觉悟、自发组织与自主推动的教育改革行动，在共同愿景的引领下，通过20多年的实践探索，逐步建立了自身的价值系统，发展历程大致可以分为4个时期。①酝酿期（1986—1999年）：在对中外教育思想和教育实践进行了充分的调研之后，受管理学大师德鲁克的思想影响，萌发了开展教育实验的想法。②初创期（1999—2002年）：1999年，成果主要完成人朱永新在江苏武进湖塘桥小学担任教师，这一段授课带徒经历进一步促成了他实施理想教育的想法；2000年，《我的教育理想》一书出版，新教育理念有了雏形；2002年，"教育在线"网站正式创办，点燃了许多校长和教师的教育激情。③深化期（2002—2013年）：探索出了职业认同与专业发展的教师成长模式，其中"三专"教师专业发展模式被新教育人称为教师成长的"吉祥三宝"。④完善期（2013—2018年）：2013年，新教育教师成长学院成立。此时，已有1764所实验学校开展了"新教育实验"，通过一系列举措，促进了教师专业素养的全面提升。

从成果产出效益观察，经过20多年的发展，新教育实验从2002年的1所学校，到目前的5600多所学校、160个实验区、620多万实验教师和学生，遍布中国除香港、澳门、台湾外的所有行政区域。事实证明，新教育实验是一个比较受师生和学校欢迎，可推广、可复制性比较强，具有生命力的教育实验。通过教师"三专"培养模式，大批普通教师得以成长提升。20多年来，5600多所学校的近50万教师成为新教育实验的直接受益者，涌现出大批在中国基础教育界颇有影响的专家和一线教师。通过书香校园建设，大批乡村学校、普通孩子获得优质发展。通过家校社政共育，形成多元协同教育效应，使许多实验区教育生态得以改变。新教育实验较早提出了家校合作共育的理念，不仅在许多学校开设了新父母学校，还在中国100多个城乡创办了有15万多名教师与父母参与的"萤火虫工作站"，帮助家庭开展亲子阅读、亲子游戏等，直接动员和组织了1000万人次的父母与儿童参加阅读活动。通过加强理论研究，形成了一系列较高水平的研究成果，20多年来新教育人累计出版著作420多部。

从应用推广观察，"新教育实验"先后召开了19次全国新教育研讨会、11次实验区会议、9次新教育国际高峰论坛、6000多场公益活动，超过1000万人次的教师、学生、学生父母参加了会议和活动。新教育实验已经渐渐变成了一个合作性的教育行动，受到了国内外的广泛关注。2014年，新教育实验入围世界教育创新峰会（world innovation summit for education，WISE）教育项目奖15强。2015年，获得第四届全国教育改革创新特别奖。2017年，获得江苏省基础教育优秀教学成果奖特等奖。2018年，获得国家基础教育优秀教学成果奖一等奖,新教育研究院获得网易教育金翼奖年度教育创新团队。2019年,新教育实验获得第五届中国教育创新成果公益博览会最高奖SERVE奖、2019搜狐年度影响力教育品牌。20多年来,新教育团队的同仁多次应邀走出国门,在美国、日本、韩国、俄罗斯、澳大利亚、卡塔尔、泰国等亚欧美各地分享新教育的探索,分享新教育实验的理论与实践探索。

进一步观察的资源包：

[1] 朱永新. 与理想同行"新教育实验"指导手册[M]. 2版. 福州：福建教育出版社,2006.

[2] 朱永新. 新教育实验二十年：回顾、总结与展望[J]. 华东师范大学学报（教育科学版）,2021,39(11):1-44.

[3] 苏州市新教育研究院[EB/OL]. [2024-02-22]. http://www.eduol.cn/.

案例67 情境教育实践探索与理论研究

成果完成单位：江苏省南通师范学校第二附属小学。

成果持有人：李吉林。

成果概述：情境教学是儿童教育家李吉林1978年创立的，至今已有40多年。针对学校教育教学中长期且普遍存在的学生学习被动，效率低下，负担沉重，潜能得不到激发，个性发展受到压抑等问题，李吉林通过优化情境塑造儿童善良的根性、强健的体魄和各异的个性，取得了很好的成效。情境教学发端于语文学科，后拓展至各学科教学，继而运用于学校教育教学的各个领域。情境教育以促进儿童充分发展为宗旨，汲取中国古代"意境说"的理论滋养，突出"真、美、情、思"四大元素，以儿童、知识、社会3个维度作为内核，择美构境，以情启智，把情感活动与认知活动紧密结合，让儿童在优化的情境中学、思、行、冶，在涵养儿童的德性、启迪儿童的悟性、舒展儿童的灵性等方面取得了卓越的成效，得到了社会各界的广泛认可。

<u>从形成过程观察</u>，该成果经过40多年的努力，一步步构建了情境教育的理论体系与操作体系：小学作文"提早起步，提高起点"，课堂符号学习与生活链接；运用系统论的科学原理，优化教学内容结构；通过发展想象力培养儿童创造性；构建多元的网络式的情境课程，把学科课程与儿童活动结合起来；提出一系列对儿童进行审美教育的有效的主张和举措；发现儿童学习的秘密，构建儿童情境学习范式，开创让儿童快乐学习、获得全面发展的有效路径。历经情境教学、情境教育、情境课程和情境学习4个研究阶段才逐步构建起情境教育理论："择美构境，以境生情，以情启智，情感与认知结合，引导儿童在情境中学、思、行、冶，促进其素质全面发展"的教育

教学模式。它吸纳古代文论"意境说"的理论滋养，提炼出"真、美、情、思"四大元素，其相互作用的逻辑关系，决定了儿童主动学、乐学的必然性。同时借鉴先进教育理论，使情境教育既具本土文化特色，又富时代气息。

从成果产出效益观察，学校情境教学研究成果丰硕，仅在第一届至第三届江苏省基础教育教学成果奖评选中，就有 1 项获特等奖，4 项获一等奖，2 项获二等奖。从教以来，李吉林发表文章 350 多篇，专著和相关书籍 28 本。学校被评为江苏省基础教育课程改革先进集体、江苏省教育科研先进集体、江苏省小学学科基地、全国中小学德育工作示范学校、江苏省未成年人思想道德建设工作先进集体等，同时学校还是江苏省学生体质健康监测学校、江苏省乒乓球传统项目学校。近 5 年，在江苏省少儿乒乓球比赛中有 32 人次获前 5 名，多人次在江苏省网球、羽毛球比赛中获第 1 名。学校还涌现了以奥运体操冠军黄旭、亚锦赛技巧冠军曹慧为代表的世界顶尖体育人才。在实践情境教学、情境教育的过程中，学校教师队伍也获得了长足发展，学校现有江苏省特级教师 7 人，市区级优秀人才 43 人，各科教师在全国、省市教学竞赛中、基本功大赛中获特等奖、一等奖 61 人次。由于办学特色鲜明，质量突出，影响深远，学校获得中国质量奖提名奖、全国少儿工作先进集体等国家级荣誉 10 项，获得江苏省文明单位等省级荣誉 13 项，获得南通市模范学校等市级荣誉 37 项，被媒体誉为全国"素质教育的典范""教育界的一颗璀璨的明珠"。情境教育 30 多年的功夫，潜心研究，为儿童探索出一条快乐且高效的路径，为培养具有审美情感、道德情感和创造力等重要素质的人才及早打好了必要的基础。其成果 2014 年获首届国家级教学成果奖特等奖，2018 年获中国质量奖提名奖，2019 年"重视情境教学"更是被写进了《中共中央国务院关于深化教育教学改革全面提高义务教育质量的意见》中。

从应用推广观察，情境教育标志着中国原创的教育思想流派的出现和成熟。从情境教育创立到现在的数十年间，无论教育教学改革进展到哪个阶段，情境教育一直为全国许多知名教育专家所认可、赞誉。全国教育科学规划课题专家组鉴定意见指出："情境教育在许多领域做了开创性、独特性的研究，丰富、发展了当代教育、教学理论和教育改革实践。为素质教育实施，探索出一条具有普遍意义的途径。" 2 次李吉林情境教育国际论坛的举办、3 本情境教育英文专著的出版让情境教育走向了世界。情境教育使中国教育在世界教育舞台上拥有了一席之地，向世界教育界发出了中国声音。情境教育范式是中国原创的，经过数十年实践检验，具有普适意义的高效的教育教学范式，被专家誉为"蕴含东方文化智慧的课程范式，回应世界教育改革的中国声音"。1998 年 10 月，江苏省教育委员会批准成立了江苏情境教育研究所。该研究所设于江苏省南通师范学校第二附属小学内，专门研究与推广情境教育。

进一步观察的资源包：

[1] 李吉林. 40 年情境教育在路上 [M]. 北京：人民教育出版社，2018.

[2] 李吉林. 中国式儿童情境学习范式的建构 [J]. 教育研究，2017，38（3）：91 – 102.

[3] 李吉林情境教育网 [EB/OL]. [2024 – 02 – 22]. http://www.qjjy.cn/NewsDetail.aspx?ID = 172.

案例 68　大情怀育人：扎根乡村 40 年的行知教育实验

成果完成单位：南京市浦口区行知小学。

成果持有人：杨瑞清，刘明祥，王祖明，葛德霞，严开宏，刘霞。

成果概述：从 1981 年行知班的开办，到 1985 年 1 月 10 日"行知小学"的命名，再到如今成为占地 300 亩、师生 3000 名，集 1 所幼儿园、3 所小学、1 所初中、1 个基地于一体的国际化教育集团，40 多年来，以杨瑞清为代表的一批乡村教师踏上"行知路"。他们以陶行知教育思想为航标，在持续的"行知教育实验"中生动践行"生活即教育、社会即学校、教学做合一"理念，在着力解决乡村学校生存问题、乡村教育公平问题、乡村儿童享受高质量教育问题等方面积累了丰厚经验。该成果形成了"教学做合一"的课程与教学范式，搭建了"社会即学校"的协同育人平台，走出了一条乡村教育现代化之路，构建了"爱满天下"的大情怀育人体系，开辟了"生活即教育"的行知教育实验道路。

从形成过程观察，40 多年的过程中，杨瑞清等一批乡村教师带领行知基地不断向中国新型学校迈进，经历了村校一体、生活育人，城乡联合、实践育人，国际交流、融合育人，文化共享、生态育人 4 个阶段。①在村校一体、生活育人阶段，杨瑞清和同学李亮主动请缨到农村学校任教，立志办一所践行陶行知教育思想、为中国乡村培养未来人才的"行知实验小学"。面对乡村学校校舍破旧、师资不足、教育水平落后，社会、家长不满意，学校、教师压力大，深陷排名末位的困境，学校开展小幼衔接、劳动教育、家长学习班、不留级等课程活动，推动村校协同，整合乡土课程资源，将乡村生活融入教育教学过程，普及了初等教育，成为孩子喜爱、农民满意的家门口好学校，解决了学校生存问题。②在城乡联合、实践育人阶段，在市场经济快速发展、城市化进程加速的时代背景下，面对乡村优秀教师理想信念受到侵蚀，持续流失，学校与家庭、教师与学生、学生与父母的关系面临新的考验的问题，学校开展"三农"体验、赏识教育、三小课堂等6项新实验，率先开展综合实践活动，形成城市带动乡村、乡村反哺城市的良性互动局面，促进了教育公平。③在国际交流、融合育人阶段，学校开启对外交流工作，已有100多名师生赴国外交流学习，校长、教师多次应邀到菲律宾、马来西亚等国进行巡回演讲，有力推动了行知学校与外界的交流。设立行知苑对外交流中心，开展世界学校共建、马来西亚行知教育携手行动、孔子课堂等6项新实验，推动国际协同，利用友好交流活动，提高了育人质量，产生广泛影响。④在文化共享、生态育人阶段，学校进入集团化办学时期，通过深化学校与家庭、中小学与幼儿园、校内与校外、乡村与城市、国内与国外教育文化的融合，实现了教育资源的融通共建、教育生态的一体建构，带动国内外200多所学校开展行知教育实验。

从成果产出效益观察，该成果的主要贡献如下。①开辟了"生活即教育"的行知教育实验道路，累计开办104个行知班，进行22项实验探索，让农村的教师学会了研究，并且习惯用研究的眼光看待现象，用研究的方式对待工作。②构建了"爱满天下"的大情怀育人体系，以赏识教育，把整个心灵献给了乡村的孩子，着力于培养大志、大气、大爱的乡村新人，使得行知小学成了3000多名学生喜欢和永远怀念的学校。③创生了"教学做合一"的课程与教学范式，其以关怀思维与实践构建能力为"大情怀育人"的题中应有之义，切实推动育人方式的深层次变革。④搭建了"社会即学校"的协同育人平台，培育了5000多名乡村儿童，接待了50多万名城市学生和1.2万名境外师生研学，成为全国研学营地、国际文化交流基地。总之，该成果让中华优秀传统文化在乡村教育中活起来，光照每一个孩子和教师,光照中国式现代化乡村教育之路。

<u>从应用推广观察</u>,该成果的背后,是行知小学从一所落后的村办小学发展成为中国新型乡村学校的经验。多年来,学校不断扩大行知教育影响力,带动内蒙古、新疆、云南等地的50多所学校开展"行知教育实验"。学校积极推动国际协同,共建令人向往的中外师生文化交流平台。2007年创建国家汉语国际推广基地,实施了新加坡学生中华文化浸濡项目、马来西亚爱心教育项目、美国孔子课堂项目、青奥会生态环保农业项目、海外华裔青少年中国寻根之旅项目、"一带一路"华文学校行知教育论坛项目、中华文化云播中心项目等,每年吸引上千名境外师生学习中华文化。2009年成为国家汉办(现教育部中外语言交流合作中心)外国本土汉语教师培训基地,为新加坡、马来西亚等国家的华文教师累计开办了40多个研修班,培训华文教师超过1000人,分享行知思想和育人经验。2010年开始,马来西亚教育部副部长办公室推动的"爱心计划",将行知学校作为"母亲校",目前已吸引了130多所华文小学参与该项计划。2020年8月6日,新建的南京行知苑云播中心正式开播,老师们通过云播中心给美国、欧洲等国家和地区的学生上中文课、书法课等,积极传播中华文化。

进一步观察的资源包:

[1] 杨瑞清. 爱满天下:建构大情怀育人体系[M]. 南京:江苏凤凰少年儿童出版社,2021.

[2] 杨瑞清,朱德成,刘明祥,等. 聚焦大情怀育人的40年行知教育实验[J]. 中国教育学刊,2023(9):1-7.

[3] 成尚荣. 大情怀育人范式:行知教育实验的扎根性与创新性[J]. 中国教育学刊,2023(9):8-14.

案例 69　乡村儿童"田野学习"20 年实践探索

成果完成单位：南京市栖霞区八卦洲中心小学。

成果持有人：蒋宁，管长龙，阮伟中，朱琍琍，施鸿梅，曹文秀。

成果概述：南京栖霞区八卦洲中心小学地处"江中鹂岛"八卦洲，是一方难得的世外桃源。学校充分挖掘八卦洲的地域特色资源，尊重儿童年龄与认知规律，借鉴苏霍姆林斯基"蓝天下的课堂"教育实践，寻找到田野学习与儿童成长之间的契合点和关联处，建立"田野里的教学"新样态，构建"鹂岛文化"，让教学场所走向田野，让教学内容走向学生生活，让学习方式走向合作探究。学校将田野资源引入课堂，研发了包括乡野童趣、"八野"情趣、田园诗文、"小小农民画"、江水探究和"小小建桥师"在内的六大课程板块，同时开发了包含纯文本形态与数字化形态的"鹂岛野韵"系列校本课程，有效解决了乡村教育发展内驱乏力、乡村课堂教学模式陈旧、乡村儿童乡土情感淡漠等突出问题。

从形成过程观察，该成果主要经历了以下 6 个阶段。①提出"田野学习"的育人理论主张：界定了"田野学习"的内涵，提出了"田野学习"的鲜明教育主张，生成了"田野学习"的育人价值。②开发"田野学习"的课程资源：建设乡村儿童"田野学习"课程的学习场景，建设乡村儿童"田野学习"的课程资源包，建设乡村儿童"田野学习"的课程智库。③建构"田野学习"的课程系统：学校聚焦课程的变革与创造，从学科浸润、学科跨界、主题拓展和项目综合四大维度进行理论与实践的深度研究。④提炼"田野学习"的基本要素：乡村儿童"田野学习"包含开放性主题、多样化场景、多样态方式、多主体对话、伙伴性组织和真实性成果六大基本要素。⑤形成"田野学习"的基本流程：确立链接点、生成问题串、聚焦研究域、融入"田野场"、亲历全过程、多维交互链、呈现真成果等是"田野学习"的七大基本流程。⑥建立"田野学习"的评价机制：学校借鉴"深描"研究法，推出"深描评价"，对学生进行深入、细致、全面的评价。学校在开展课题相关探索研究中，不断反思，内涵品质持续丰厚。

从成果产出效益观察， "鹂岛文化"特色花开满园香，获得多项荣誉：获国家级别课题立项，"十二五"省级规划课题结题，"十三五"省级规划课题立项，江苏省优秀校本课程，南京市前瞻性研究项目。学校获得省实验小学、2021年省教学成果奖一等奖、2021年省教育研究成果奖三等奖、省小学特色文化建设项目、省中小学校"一校一品"党建文化品牌项目、省中小学优秀校本课程、2020年度全省基层工会服务职工优质项目一等奖、2016年和2022年市基础教育前瞻性教学改革实验项目和市小学特色文化建设示范学校等荣誉。学校相关"田野学习"研究成果多次入选省市特色成果汇编。在各大课程中，学生的综合素养显著提升。例如，通过"小小农民画"课程，学生共创作了几百幅农民画作品，其中100多幅在全国、省、市、区获奖，《绿水青山》成功入选全国儿童公益画征集活动（全国共征集9幅）。通过"田野里的数学教学"课程，学生切身感受到数学与生活的联系，提升了数学素养，在"数学与生活"作品竞赛中，有100多人获奖。通过"小小建桥师"课程，"小小建桥师"们充分利用八卦洲丰富的桥文化资源开展各种社会实践活动，如探索桥的历史、认知桥的构造、动手制作桥模型等，提升了科技素养，在各级各类科技竞赛中也屡获佳绩。

从应用推广观察， 学校成为江苏省小学特色文化建设项目学校、南京市小学特色文化建设示范学校。其在文化建设方面起到了良好的示范辐射作用，文化建设成果先后入选省、市小学特色文化建设成果汇编和南京市小班化教育样本。学校还在全市特色文化建设推进会上做了专题介绍，先后接待本市各区，国内海南、四川、重庆、青海、福建、江苏等地以及丹麦、美国等国家的校长来校参观交流。学校多次开展省、市级特色文化展示活动，校长多次在省内外做经验分享，赢得多方赞誉，影响深远。例如，2019年3月，校长蒋宁远赴芬兰做交流汇报，介绍了学校的特色文化"蓝天下的自然教育"，得到国际友人的高度赞赏和认可。《中国教育报》、《江苏教育》、《江苏教育报》、中国文明网等多家媒体对学校"田野学习"进行了跟踪报道。

进一步观察的资源包：

[1] 蒋宁. 田野学习：让教育向广袤而宁静的大自然开放[J]. 人民教育，2021（10）：74-76.

[2] 蒋宁. "鹂岛文化"："田野学习"和儿童成长——江苏省南京市栖霞区八卦洲中心小学鹂岛特色文化建设掠影[N]. 中国教育报，2020-07-03.

[3] 栖霞教育. 八卦洲中心小学：践行田野学习 培育时代儿童[EB/OL].（2023-11-22）[2024-2-11]. https://mp.weixin.qq.com/s/ry0u83itIDIYKXP4NPUF6Q.

◎ 优质均衡

案例70 成功教育探索——薄弱初中成功路径

成果完成单位：上海市闸北第八中学。

成果持有人：刘京海，陈婷，沈敏惠，谢元，周秀茹，王广胜。

成果概述：20世纪80年代，闸北区有12所薄弱初中，约占全区初中数量的1/3。这些学校初中毕业合格率平均约为40%，个别学校只有20%。为了探索"薄弱学校质量提高"这一全球教育难题，闸北区开展了"薄弱初中实施成功教育的探索"这一课题研究。研究始于1987年，至2010年基本完成。2010年以后，闸北区借助委托管理等方式在国内、境外扩大研究。整个研究基于薄弱初中的实际情况，围绕学生、教师、学校成功3个领域展开，旨在探索成功的阶段、模型、策略与方法。成功教育的基本思想：相信每个孩子都有成功的愿望，都有成功的潜能，都能取得多方面的成功。基本要素：积极的期望、成功的机会、鼓励性评价。基本方法：调整教学要求、教学进度；实行"低起点、小步子、多活动、快反馈"。

从形成过程观察，该成果大致经历了4个研究阶段。①第一阶段是学生基本成功心理、成功方法、能力形成的研究。1987—1990年，研究起始阶段以薄弱初中代表闸北八中新入学的初一年级2个班为实验对象。通过大样本调查发现，学生的主要问题是学习积极性不够、自信心不足，主要原因是学习过程的反复失败。通过增加成功的机会，可以让学生的积极性、自信心得以恢复，让学生的基础知识、基本能力得以巩固与提高。这一改革的主题思想可以概括为"成功教育"。②第二阶段是学生高层次成功心理、成功方法与能力培养的研究。自20世纪90年代中期起，随着素质教育全面推进，为了提升学生成功层级的需要，学校进一步探索学生成功的阶段以及与之相应的课堂改革模型，使学生获得多元的成功。学校开展了从"帮助成功"到"尝试成功"，再到"自主成功"课堂改革的探索。③第三阶段是教师成功策略的研究，即如何让更多学生获得成功。面对优秀教师不断流失、新招教师起点较低的困境，首先要解决的问题在于如何帮助青年教师快速实现从不规范到规范化，为此，学校创建了数字化的教与学资源库平台，推广优秀教师的经验。平台的构建为实现将优秀教师的经验转化为普通教师的教学行为提供了支撑，帮助其快速实现从不规范到规范化的提升，并为日后的个性化奠定基础。④第四阶段是推进学校成功策略的研究。学校坚持围绕成功教育理念的整体性制度设计和变革，为教师和学生的持续性成功提供支持。

从成果产出效益观察，闸北八中从一所薄弱初中成为具有成功教育特色的国内外有较高知名度的学校。中考合格率从最开始的不到30%提升到99%~100%，前10年从最差生源达到中等水平，后10年从中等水平达到中上水平。学生特长充分发展，获得市、区各类奖项千余次。每年有近千篇学生文章在校内文学期刊发表，学生文学社、武术社等被评为上海市优秀社团，体育中考统一测试成绩名列全区第一名，武术队、击剑队的运动成绩进入全市前列。青年教师成长迅速，已有几十名教师在全国各地公开展示教学，每年近千名各地教师来校听课交流业已常态化，研究型教师队伍初步形成。在全区师资评估中，我校名列前茅。自1996—2014年，有近千篇论文在全国、市、区杂志上发表，仅近2年教师研究成果有30多项获全国、市、区奖项。95%以上的学生对学校、教师和教学工作表示满意。学校获"上海市文明单位""上海市素质教育实验校""全国体育传统学校""上海市见习教师规范化培训基地"等荣誉称号。中华人民共和国国家教育委员会（简称"国家教委"，现更名为"中华人民共和国教育部"）把成功教育列为向全国重点推广的3个教育科研成果之一。

从应用推广观察，自 2005 年开始，闸北八中先后在上海市 7 个区托管 20 所城乡薄弱学校，托管学校的教学质量大幅提高，生源回流，骨干教师队伍形成，普通教师观念转变，专业能力显著提升。在市、区托管中期与终结性评估中，均为合格、优秀。2011 年，闸北八中托管学校的评估优秀数量占全市的 1/3。我国中央电视台的《焦点访谈》《人民日报》、法国的《解放报》相继做了托管成效的专题报道。2010 年这一成果开始在 8 个区 156 所农民工子弟学校推广；同年参与台塑集团明德小学教学精进项目，惠及全国 13 个省 497 所明德小学。据明德小学精进项目组在山西等省共 114 所学校进行语数学科的调查显示，满意度分别为 100% 和 99.7%。2009 年，成功教育在马来西亚 24 所华文独立中学推广，成效显著。国际经合组织将成功教育实践制成专题片，通过官网向世界传播。

进一步观察的资源包：

[1]　刘京海. 成功教育［M］. 福州：福建教育出版社，2007.

[2]　刘京海. 成功教育探索——薄弱初中成功路径［J］. 上海课程教学研究，2018（10）：8 – 12.

[3]　潘晨聪. 上海市闸北第八中学 迈向"成功教育"数字化 2.0 时代［J］. 上海教育，2023（21）：10 – 11.

案例71　从薄弱到优质：24年落实国家课程的创造性实践与研究

成果完成单位：上海市普陀区洵阳路小学。

成果持有人：朱乃楣，郑煜，梁晓武，张爱华，曹雯婷，郑荻。

成果概述：为了解决校舍设备差、学生来源差、师资条件差、教育质量差、校风校貌差等问题，上海市普陀区洵阳路小学从学生成长需要出发，自20世纪末起，开展以结构优化为特征的学科教学范式研究，演进出"润泽生命，洵美且异"的学校文化，生成了"一样的阳光，润泽不一样的生命"教育理念。聚焦学生学习的有效性、精准性和整合性研究，创造性地实施国家课程，基于"以深带广，差异发展"理念构建"分科·综合"一体化课程实施体系，低年级开设贴近生活的主题课程，中年级开设体现多样性的广域课程，高年级开设进一步满足学生个性发展、让学生形成目标意识的模块课程。洵阳路小学走出了一条课程建构和迭代的育人之路，形成了从薄弱到优质内生性转变的研究经验，成为教育均衡化前提下办好优质学校的新典型。

从形成过程观察，本成果始终关注生命成长，以学习为中心研究学生，创造性地实施国家课程，其形成过程分为3个阶段。①开展以结构优化为特征的学科教学范式研究（1998—2011年）。33年前，朱乃楣来到洵阳路小学任教，并自1998年开始担任校长。彼时的洵阳路小学，是由5所学校合并而来的，校园硬件、软件并不理想，师资水平参差不齐，学生没有养成良好的学习习惯，基础学科学习水平处于低谷。朱乃楣主动选择和华东师范大学叶澜教授合作，参与"新基础教育"国家级课题研究，将课堂教学改革目标聚焦于"优化课堂教学结构"。依据"结构迁移"原理，尝试建立学习方法与学习内容之间的关联，探索了 6 种语文课型、5 种数学课型、4 种英语课型的内容结构和教学结构，每种课型均包含相应的子课型。进而确立不同课型的分类标准，把学习内容归入"类型"。设计对应的课堂教学基本过程，形成教学资源包和典型课例，供教师实践与学习。②实施基于诊断的画像式评估和因材施教（2012—2014 年）。借助信息化手段从"儿童发展评估数据、课堂观察信息、学习风格"3 个维度，刻画出学生在学习中表现出的一种整体性的、持久性的，并具有个性化的关键特征，科学客观解读学生学习特质，形成了画像式学生评估的新方法，再依据评估数据研究选择有效的实施策略。③构建了"分科·综合"一体化的课程实施体系（2015—2022年）。遵循"课程整合"理念统整学校课程，建立"生活世界"与"学科世界"的联系，形成了"分科·综合"一体化课程架构，并将因材施教策略运用于课程的设计、实施与评价，促进精准学习和个性发展。

从成果产出效益观察， 2011 年，洵阳路小学成为首批上海市新优质学校，跃升为上海市中小学学业质量绿色指标监测名列前茅的高质量学校；2014 年，被教育部授予"全国教育系统先进集体"，形成了具有影响力的"洵阳经验"，被誉为"上海基础教育的一张新名片"。学校成为首批全市优质学校、课程领导力项目学校、劳动教育特色学校、项目化学习种子实验校、儿童青少年近视防控示范校。相关研究获市第七届教育科研成果奖二等奖，并出版了 4 部专著。学生的综合素养不断提升，孩子阳光自信，呈现出一种最真实、最自然的生活状态。校长朱乃楣先后荣获上海市教书育人楷模、市新长征突击手、市五一巾帼奖等荣誉称号。教师成长专业素养过硬，科研能力领先，共立项 79 项课题，其中国家级 3 项，市级 15 项，区级 26 项，校级 35 项，教师参与度 100%。论文发表 350 多篇。

从应用推广观察， 朱乃楣作为中国西部地区教育顾问、希望工程全国教师培训义务讲学团特邀讲师，每年寒暑假走访全国各地送教上门，云南、四川交界的偏远山区,贵州遵义等地都留下她的足迹。洵阳路小学也多次开展与偏远山区学校手拉手的联谊活动,为云南小朋友捐建图书馆,与山区小朋友书信传友情等。学校是市、区两级"新优质学校集群发展"领衔校,向市、区 26 所学校辐射成果。在全国 7 地 20 所学校开展推广性实践,为学校课程建设提供设计思路与实施策略。与加拿大、英国、澳大利亚等多国开展国际交流,接待全国各地同行参访及跟岗学习近 8 万人次。

进一步观察的资源包:

[1] 钱震华,朱乃楣. 洵美且异 新优质学校课程构建的洵阳路径[M]. 上海:上海三联书店,2022.

[2] 朱乃楣. 上海洵阳路小学:25 年持续研究引领学校由薄弱走向优质[J]. 中国基础教育,2023(3):32-35.

[3] 上海市普陀区洵阳路小学. 从薄弱到优质:24 年落实国家课程的创造性实践与研究[J]. 上海教育,2023(36):13-14.

案例 72　优质均衡发展中城乡学校教育帮扶共同体实践模式探索

成果完成单位：石家庄外国语教育集团。

成果持有人：强新志，裴红霞，李红霞，葛东莲，任克茵，王苗。

成果概述：河北省石家庄外国语教育集团（简称"石外"）坚持"大家好才是真好"的办学理念，科学诊断贫困山区教育发展落后的根源，准确评估自身的资源优势，主动担当促进城乡义务教育均衡发展的社会责任。该成果历经8年，以国家社科基金项目研究为抓手，以"九大帮扶工程"为推进路线，探索形成了城乡学校共同发展、城乡学校教育质量有效提升、学校办学活力充分激发、区域学校教育生态良性发展新机制和新经验，拓展了新时代背景下通过教育精准帮扶实现教育高质量发展的有效路径；构建了以志愿帮扶、人本帮扶、能力帮扶、常态帮扶、校际帮扶为核心特征的"城乡学校教育帮扶共同体"实践模式；建立了"手拉手、面对面、紧密型、全方位、常态化"的校际结对教育共同体，成为新时代教育精准扶贫的生力军，成效显著。

从形成过程观察，为了让贫困山区的孩子共同接受良好教育，石外主动担当社会责任，提出"大家好才是真好"的办学理念，2014年与石家庄市6个贫困县的12所中小学开展校际结对帮扶，制定了10年帮扶计划（2014—2024年），分为3个阶段。①第一阶段（2014—2016年），转变思想，夯实基础。3年来，12所山区学校校长的教育观念迅速转变，教师的业务能力明显提高，学校在当地的社会声誉和影响力显著提升。②第二阶段（2017—2019年），提升教育质量打造学校文化。12所山区学校的教育教学质量大幅提高，办学规模不断扩大，在校生人数从2014年帮扶前的9300人增加至

2019 年底的 19071 人，较好地完成了控辍保学、"义务教育有保障"的任务。学校文化建设基本完成。③第三阶段（2020—2024 年），以高质量发展为目标，推进教育现代化。努力在学生培养上实现 4 个转变：由应试能力向终身学习能力转变，由单一重视知识学习向促进德智体美劳全面发展转变，由关注提高中考成绩向做好生涯规划转变，由为改变贫困命运而学向为实现中华民族伟大复兴的中国梦而学转变。

<u>从成果产出效益观察，</u>在石外集团的帮扶和引领下，12 所山区学校办学规模不断扩大，整体办学水平和特色日渐成熟，学校综合实力和影响力连年扩大。2014 年以来，有 1 所学校被评为河北省依法治校示范学校，3 所学校被评为河北省教育系统先进集体，3 所学校被评为石家庄市平安和谐校园，4 所学校被评为石家庄市教育国际交流先进单位，7 所学校被评为市、县级文明校园。山区教师的教育理念不断更新，教育教学专业水平不断提高，教育质量显著提升。2014 年帮扶以来，山区学校教师各级各类获奖课达 1159 节，其中国家级 17 节、省级 32 节、市级 288 节、县级 822 节。山区学校教师获得各级各类荣誉称号达 792 个，其中国家级 4 个、省级 15 个、市级 165 个；获得各级骨干教师和名师称号 172 个，其中省级 3 人、市级 105 人。教师素质的提升带来山区学校教育教学质量的大面积丰收。山区学校中考成绩大幅提升，其中省级示范性高中上线人数由 2013 年帮扶前的 4 人增加到 2016 年的 481 人，2019 年达到 1191 人。山区学校的影响力也逐渐增强，成为当地基础教育的新旗帜。

<u>从应用推广观察，</u>石外集团的教育扶贫成果引起社会广泛关注。扶贫案例受到教育部基础教育司长期关注，河北省委、省政府，石家庄市委、市政府，省教育厅、市区教育局等各级领导多次对石外集团的扶贫经验作出批示。2019 年 1 月，河北省、石家庄市文明办专门到石外集团调研，研讨城市文明单位对农村地区精神文明结对帮扶"1＋5"扶智模式。石外集团教

育扶贫的实践模式和先进经验，先后在 2018 年 5 月河北省脱贫攻坚经验介绍现场会、2019 年 2 月石家庄市脱贫攻坚先进事迹报告会、2019 年 9 月河北省精神扶贫文化扶贫现场观摩暨培训活动上做典型发言和展示汇报。2019 年 5 月，教育部在青海省西宁市召开全国控辍保学暨农村学校建设工作现场推进会，石外集团作为全国唯一一所基础教育学校在会上做典型经验交流。石外集团的教育扶贫事迹和成果不断被各级各类媒体报道。2014 年以来，石外集团的扶贫事迹先后被新华社、《人民日报》、中央电视台、《中国教育报》等媒体报道 227 次。

进一步观察的资源包：

[1]　强新志. "大家好才是真好"：教育均衡发展中城乡学校共同体教育扶贫实践模式研究 [M]. 北京：研究出版社，2022.

[2]　强新志，裴红霞，李红霞. "大家好才是真好"：城乡学校教育帮扶共同体实践模式探索 [J]. 中国基础教育，2023（9）：41－45.

[3]　强新志，裴红霞，李红霞. "大家好才是真好"——河北省石家庄外国语教育集团六年教育扶贫之路 [J]. 人民教育，2020（22）：30－33.

案例 73 "互联网+"支撑省域基础教育优质均衡发展的实践探索

成果完成单位：宁夏教育信息化管理中心，国家数字化学习工程技术研究中心。

成果持有单位：宁夏教育信息化管理中心，国家数字化学习工程技术研究中心。

成果概述：发挥教育信息化"工具箱"作用，探索破解传统教育结构困境和人民群众"急难愁盼"问题的方案，既是信息时代教育数字化转型升级的大势所趋，更是公平和质量导向下教育发展的必由之路。宁夏自2018年获批建设全国"互联网+教育"示范省（区）以来，围绕破解优质教育资源短缺、教育发展不平衡不充分等问题，坚持教育公平和优质"一体两翼"、应用和机制创新"双轮驱动"的发展理念，构建"部省（区）市县校"五级联动、政校研企社多方协同、教信电研师统筹协调、幼基职高成一体推进的工作体系，探索形成了"十百千万"的"互联网+教育"经验模式，即：以"十余条工作机制"为引领、"百余个应用标杆"为示范、"千余所云上学校"为依托、"万余名教学骨干"为主体，初步实现"互联网+教育"从学前教育到高等教育、从教学科研到评价管理、从学校师生到家长社会的全方位、立体化赋能。通过推进教育教学提质增效、教育服务提标增速、教育治理提能增智，形成"互联网+教育"的宁夏经验模式。

从形成过程观察，2018年，教育部批准宁夏建设全国"互联网+教育"示范区，宁夏乘势而上、顺势而为，大力发展教育数字化，推进数字技术与传统教学深度融合，经历了以下过程。①从"一网通"到"一点通"：宁夏率先在全国以省为单位建成教育云平台，汇聚数字资源 5400 多万件，开放数据接口 500 多个，全面融入国家智慧教育平台，使优质教育教学资源和应用"串珠成链"形成了国家、自治区、市、县、校五级贯通，各类应用协同服务的大平台体系。②无边界学校、无间断学习：通过数字化赋能智慧教学，全面普及智能应用，推进课堂流程重构，形成一批新型教学模式；通过赋能智慧评价，学生综合素质、教师专业发展、学校办学质量等从总结评判走向追踪反馈、从人工耗能走向自动生成；通过数字化赋能智慧学习，依托智慧教育平台开展直播教学、在线辅导、社群答疑等，推动学习由校内向校外、由课堂向课后延伸。③示范者、推动者和践行者：宁夏围绕提升教师数字素养，推行校领导担任首席信息官（chief information officer，CIO）制度，实施校长数字化领导力和教师数字化应用能力提升专题培训，举办数字教育大讲堂，形成省、市、县、校一体化的智慧教研体系，引领教育教学水平全面提升。④数聚当下，智连未来：宁夏统筹"一盘棋"，将教育数字化示范试点建设纳入全区经济社会发展大局，写入自治区党代会、政府工作报告，列为年度重点工作予以强力推进，上下联动、齐抓共管，赋能教育数字化高质量发展。

从成果产出效益观察，在"互联网＋教育"十百千万经验模式的形成过程中，宁夏示范省（区）建设实现了"蹄疾步稳"式的发展。《中国教育信息化发展报告（2020）》显示，"十三五"期间，宁夏基础教育信息化发展综合指数排名从 2016 年的全国第 16 位上升至 2020 年的第 6 位。具体而言，示范区取得以下建设成效。①基础建设全域达标。宁夏中小学 200 MB 以上互联网接入、"班班通"数字教学设备、在线互动教室、数字校园建设实现全覆盖，"互联网＋教育"全域达标、横联纵通。②融合应用全面深化。率先在全国完成全域中小学教师信息素养全员测评，优秀率达 61.8%；遴选培育了 10 个"互联网＋教育"示范县（区）和 187 所标杆校，13 个县

（区）和 52 所学校被教育部评为教育信息化应用典型案例；基本实现"三个课堂"全覆盖建设和常态化应用，有力缓解了薄弱学校缺师少教难题，推进优质教育资源覆盖村小末端、惠及百万学子。③教育治理全链升级。实施"互联网＋"校园治理行动，构建跨层级联通、多部门联合、全链条联动的校园安全防控体系。推动学生学籍、教育督导、资助管理、营养改善等应用系统云上集成，实现 100 多个教育服务事项"线上办理"。

从应用推广观察，2023 年 4 月，宁夏"互联网＋教育"示范区建设顺利通过国家验收；同年 10 月，教育部在宁夏召开教育数字化助力中西部地区教育高质量发展推进会把"宁夏经验"树为样本向全国推广。宁夏"'互联网＋教育'助力解决学生办证难"被国家发改委列为"群众办事堵点疏解行动"优秀案例，"互联网＋教育"改革工作经验被国务院教育督导委员会作为典型案例在全国推广。教育部示范区建设专家组组长、武汉理工大学校长指出：宁夏利用"互联网＋"进行了系统性、创新性的教育改革探索实践，为中西部支撑省域基础教育优质均衡发展提供了可复制、可推广的经验和模式，为联合国 SDG4 2030 目标的实现提供了中国解决方案。"互联网＋教育"的宁夏经验，已经成为宁夏教育数字化递向全国乃至全世界的一张靓丽名片。

进一步观察的资源包：

[1] 罗恒，王骋. 标杆驱动创新 示范引领实践［M］. 武汉：华中师范大学出版社，2022.

[2] 王骋，李永涛，谢姣，等. 宁夏：以"互联网＋"推动省域基础教育优质均衡发展［J］. 中国基础教育，2023（9）：47－50.

[3] 宁夏教育信息化管理中心. 给宁夏娃娃插上"数字"翅膀［N］. 中国教师报，2024－01－03（12）.

◎ 技术运用

案例74　数智技术与情感教育双驱动的小学育人模式实践探索

成果完成单位：上海市黄浦区卢湾一中心小学。

成果持有人：吴蓉瑾，计琳，吴旻瑜，徐继红，袁秉，陆倍倍。

成果概述：上海市黄浦区卢湾一中心小学（简称"卢湾一小"）是一所"家门口的优质学校"。学校20年坚持情感教育为魂，培育小学生正确的世界观、人生观和价值观。在数字技术应用快速普及的背景下，作为上海市教育信息化应用标杆培育校，学校率先开展数据驱动的大规模因材施教，通过情感教育与数智技术双驱动，努力破解新时代小学育人模式转型难题。通过人技结合优势互补，术道相融协同共育，探索并初步提出面向新时代的情感教育新理论，构建多元向心的情感教育教学体系，建设数据驱动的情感教育技术体系，形成广泛协同的情感教育实践生态，形成"育人全过程融合、教学全流程优化、评价全要素诊断、教师全方位发展"的小学育人新模式。该模式被中国教育科学研究院院长评价为"有温度的数字教育探索"。

从形成过程观察，经历了3个阶段。①第一个阶段为"情感教育＋信息化"。2010年开始局部探索将数智技术应用于教育教学碎片化场景，主要利用信息化手段减少重复性劳动。自主研发了云笔、云手表、云课桌等诸多云产品，以信息化手段减负增效，优化教学流程。②第二个阶段为"情感教育＋数字化"。用数据对情感进行分析，挖掘学生的需求点并提供科学的帮助。通过学生数字画像系统，教师推荐系列课程。③第三个阶段为"数智技术与情感教育双驱动"，即用数智技术注入育人活力，对教育、对技术不再做简单的加法,而是将两者真正地融会贯通,以情感教育把握育人方向,形成育人新模式。在教师智慧与数智智能的共同支撑下,对学生的了解跨越全学科和教育教学全过程,并与各学科的教师和家长一起,共同参与到对某个学生的诊断与帮助中,促进课堂真正智慧互联、减负增趣、情感互通。

从成果产出效益观察,学校以 20 年情感教育研究为基础,应用最新数智技术,初步建构起育人新模式。①育人全过程融合。将信息技术融入五育全环节、覆盖学科全领域,建立学生更全面的数字画像,德智体美劳 5 个一级指标包含 130 多个具体指标。同时,依托 200 多门跨学科、融五育的特色课程,丰富学生情感体验,积极探索多学科、多主体,知行间、五育间的育人全过程融合。②教学全流程优化。学校将教学各环节的任务标准化,建立"三三制"备课要求,即以教研组(备课组)为单位,提出教学目标 3 个落脚点(知识点、情感点、技能点)、3 次备课(商讨共享、个性修改、课后反思)、3 种教学手段(传统化、现代化、个性化),切实提高课堂教学质量。③评价全要素诊断。探索含学科、行为、心理、情绪、个人特质数据的全要素评价,形成了以"数据采集—分析—干预—评价反馈"为特征的人技结合践行立德树人的运行机制,实现了从关注显性成绩到关注隐性数据,从关注学习结果向关注学习过程、个体进步、全面发展的转变。④教师全方位发展。卢湾一小鼓励教师将信息素养培育融入从教学五环节到教研活动,从第二课堂到青年教师赛课、研讨、展示等各环节。学校对全体教师开展系统性、定制性培养,打造"活力 30、实力 40,魅力 50"教师分层培训,为不同年龄层次教师量身定制培训项目与课程。自 2003 年,学校立项了"十五"全国规划课题"全面注入情感因素,系统构建完整教育"后,学校开展了 80 多项相关课题研究,出版了《全面融入情感因素 系统构建完整教育》《情满校园》2 部专著;全校教师撰写了近 3000 篇案例或小结,其中有数百篇获奖或发表。学校约50%的教师获市、区级奖项,近70%的教师参加过省市区教学展示交流。同时,学校开展"适应'云课堂'研究需要的教师专业水平提升课程"研究,细化了实务操作课程。100%的教师完成信息技术培训,65%的教师主动探索数据分析与运用。连续4年的上海市中小学生学业质量绿色指标评价结果显示,卢湾一小在保持学业水平领先的同时,学生学业负担指数持续下降;师生关系评价高;100%的学生增强了学习动机、对学校的认同度、学习自信心。学校在全国学生体质健康测试中成绩逐年递增,学生睡眠时间充足,课外运动时间全市领先。

从应用推广观察,学校积极探索信息技术与教育教学的深度融合,为每个学生提供最合适的教育,实现个性化教育教学,尝试大规模推广因材施教。学校接待了10多万人次的参观、调研。"云课堂"授课模式、"彩云图书馆"等自主研发的物联设备被许多学校借鉴使用。学校的情感教育系列课程成为区域共享课程,并通过与西部贫困地区学校结对、参与委托管理松江区项目、带教外省市骨干教师等形式,将情感教育新模式辐射到兄弟学校。2018年委托管理嘉定区卢湾一中心实验小学,该校原是一所典型的郊区薄弱校,4年间一跃成为本地优质校,从过去的"招不满"发展到现在的"抢着报",教育质量持续提升。

进一步观察的资源包:

[1] 吴蓉瑾. 云中锦书:我的情感教育手记 [M]. 上海:上海教育出版社,2023.

[2] 吴蓉瑾. 双轮驱动 立德树人 为孩子们扣好人生的第一粒扣子——黄浦区卢湾一中心小学的"情感教育"之路 [J]. 上海教育,2023(25):30-31.

[3] 计琳. 卢湾一小:"数智"与"情感"双驱动的小学育人模式新探索 [J]. 中国基础教育,2023(8):15-20.

案例 75　普通高中学生个性化学程学习的设计与实践

成果完成单位：上海市育才中学。

成果持有单位：上海市育才中学。

成果概述：上海市育才中学历史悠久，一直以"每一位学生的全面发展、个性发展和终身发展服务"为己任。本成果旨在破解学科教学存在的困境：学生存在个体差异，而课程标准内容与学习进度整齐划一，学生个性化学习需求无法满足，自主学习激情无从激发。顺应新一轮普通高中的课程变革，指向首要问题：如何为学生的个性发展、优势潜能激发提供多条路径、多种方法，让不同的学生获得不同的发展，实现自主能动的成长。育才中学的个性化学程学习的设计与实践，就是在传承学校"敢为天下先"的教改传统基础上，通过对国家课程的校本化实施，探索出了一条具有学校特色、现实可行的、符合当代普通高中教育发展要求的变革路径，使学校获得新的生长点。

从形成过程观察，上海市育才中学创办于 1901 年，著名教育家段力佩先生曾任校长，从 20 世纪 60 年代的"紧扣教材，边讲边练，新旧联系，因材施教" 16 字经验，到 80 年代的"读读、议议、练练、讲讲"有领导的"茶馆式"教学，再到 90 年代的"自治自理、自学自创、自觉体锻"之"三自"校训，都在全国产生巨大影响。从成果形成本身来看，有以下几个方面。①建构多层多向、多类别、模块化的学校课程。学校建立了由基础型课程、拓展型课程和研究型课程组成的课程体系，设置了课程群。学校借鉴"微型课程"设计思想，根据国家颁布的课程标准和不同学科特点，将统一、长跨度的课程化解为不同层次类别、既相对独立又具有内在逻辑的课程模块，学生可以根据自己的基础、水平和发展志趣进行模块选学，既表现出个性化特点，又为个性化的选课走班的实现奠定基础。②创设基于学程的课程组织方式。学校将每一学期划分成 3 段，每段称之为 1 个学程，高中阶段一共 18 个学程，每学程固定 5～6 个教学周，每个学程学生可以自主选择若干个模块。由于每一个模块所需要的教学时间都是和学程相匹配的，组合有了多种可能，课程组织的灵活性大大增强，保证了课程高选择性的实现。③实施"问题中心"的自主学习。学校实施"问题中心"教学，强调课堂教学中问题的设计，并试图通过这种课堂教学逻辑结构的变化来促进学生的个性化自主学习，强化学生对学习过程的体验。④建立个性化学习支持和服务。首先，开发了基于网络的课程管理数字化平台，实现网上选课、排课、过程管理、多元评价，使复杂的课程组织实施过程科学有序，使个性化的管理评价成为可能。其次，开发了"个性化诊断系统"，借助评阅软件，为学生的每次练习提供个性化诊断报告，当学生明确地知道自己学习存在的具体问题后，就可以进入学校的"学习资源平台"，点击相应的学习资源，得到针对性的指导和帮助。再次，成立了学生发展指导中心，为学生提供学业指导、心理辅导、生涯规划指导。以学业指导为例，高一入学，学校为每个学生建立了个性化成长档案，内容包括学习多维分析的测试报告、"学习优势"的测评报告，这既能帮助学生清晰地认识自我，科学合理地制定高中 3 年的学习规划，也为教师进一步了解学生和有针对性地开展对学生的学习指导提供了参考。

从成果产出效益观察，学校个性化的学程设计受到学生的欢迎，学生的自主规划和选择能力、学习自主性与自觉性、自学方法和能力都得到了极大提高。在 2018 年 3 月的上海市实验性示范性高中发展性督导中，问卷调查和访谈数据显示，对"校本课程门类丰富，学生有较充分的可选性"做出 A 等评价的学生占比高达 96.8%。2013 年的统计表明，72.5% 的受访学生认为在自主规划和选择能力上有很大提高，47.2% 的学生反映学习自主性与自觉性有较大提高，39.8%的学生反映自学方法和能力有很大提高。改革的实施对教师发展形成了倒逼效应。在个性化学程学习的过程中，教师不仅仅是知识的传授者，更重要的是成为学生学习活动的设计者、引导者、支持者，由此，学校自然形成了教学相长、资源集聚优化的生长机制，基本实现了传统名校向现代学校的转型。

<u>从应用推广观察，</u>成果被写入教育部《中国高中阶段教育发展报告》，成为盖茨基金会教师成长与支持项目经典案例，被全国多所学校借鉴和推广应用，2014年《普通高中学生个性化学程学习的设计与实践》荣获基础教育国家级教学成果奖一等奖、2016年《"三自"教育传承与发展的实践研究》荣获上海市第十一届教育科学研究优秀成果奖一等奖。2014年起，每一年学校接待学习交流2000多人次。《上海市育才中学发展性督导评估报告》如此评价学校的改革："育才中学自2005年被命名为上海市实验性示范性高中以来，坚持传承段力佩老校长的教育思想，努力把握其精髓，在长期形成的优秀教改传统和办学特色的基础上，顺应时代对教育改革与发展的要求，践行办学理念，不断探索和深化教育综合改革背景下的实验性示范性高中发展之路，取得了显著成效，形成了学校独特的内涵发展特色，为全市实验性示范性高中建设提供了可借鉴、可推广的经验。"

进一步观察的资源包：

[1] 张德军，张浩. 构建多元学程体系、促进学生个性发展——上海育才中学普通高中个性化学程设计的认识与体会[J]. 信息化建设，2015（12）：183.

[2] 基础教育国家级优秀教学成果资源服务平台. 普通高中学生个性化学程学习的设计与实践[EB/OL].（2020-02-03）[2024-02-22]. http://s.enaea.edu.cn/h/gjjzyfwpt/jxcgzy/2020-06-12/11767.html.

[3] 上海教研.上海市育才中学丨高中学生个性化学程学习的设计与实践[EB/OL].(2018-08-02)[2024-02-22].https://mp.weixin.qq.com/s/EgoGttWoZYcg5nN5cwNLwg.

◎ 人才培养

案例76　从这里走向世界——小学国际理解教育的"福山梦"

成果完成单位： 上海市浦东新区福山外国语小学。

成果持有单位： 上海市浦东新区福山外国语小学。

成果概述： 上海福山外国语小学对国际理解教育的研究始于2002年，在全面考察了我国基础教育所处的时代背景、新课改背景和本校的办学传统等因素后组织实施。在研究中，以自上而下、自下而上、多方联合等方式推进研究工作。到目前为止，该校已完成了小学国际理解教育课程三大体系的构建，包括由3个模块、9个方面、"五个一"组成的目标体系，以特设课程、主题活动、学科渗透为主要模块的内容体系，以整合课程资源、强化外语特色、拓宽交流管道为主要方式的策略体系等。从研究情况来看，该校的研究在学生培养、教师发展、成果推广等方面取得了实质性突破。具有全局意识的思维质量丰富了学生的学习经历、整体提升了培养效果；富有研究精神的教育实践焕发了教师的职业幸福；具有全域视野的课程成果优化了区域教育资源；既为学校课程建设提供了借鉴经验，对实施国际理解教育提供了操作策略，也为整体推进素质教育、人才培养提供了新的启发。2009年12月，国际理解教育研究中心在该校成立。"基于人文探究的国际理解教育"课题研究引领着上海福山外国语小学向建设有特色、讲人文、能探究的国际化学校迈进。

从形成过程观察，该成果共经历了3个阶段。①启动阶段（2002年2月—7月）。通过收集情报信息，学校接触到由联合国倡导的"国际理解教育"，在领悟其核心理念的基础上，发现其与学校的办学理念、办学特色有很多不谋而合之处，再审视学校既有的英语情趣教育经验，决定在小学阶段实施国际理解教育。随后，学校组建了领导小组和研究团队，聘请了专家顾问，制定课改的初步方案；进行了广泛宣传动员，组织了教师分组分批学习讨论，进一步修改方案。②实践探索阶段（2002年9月—2009年9月）。首先是通过问卷调查和咨询访谈，明确教师的教学需求和学生的学习需求；其次按照课题研究的策略与方法，逐步开发国际理解教育校本课程；最后国际理解教育进入课堂。③深化发展阶段（2009年9月—2014年）。2009年8月开始，学校联手华东师范大学，注重传承和发扬学校原有的外语教育与国际理解教育校本课程建设的特色经验，着眼于提升与创新，确立通过实施"基于人文探究的国际理解教育"课题研究，并于同年12月10日成立"国际理解教育研究中心"，用3年的时间，整体构建了一门面向全体学生和教师且充分体现学校教育哲学的"研究型课程"，全面发展每一个学生、每一位教师的人文素养和人文精神。

从成果产出效益观察，经过多年的探索与实践，国际理解教育已发展成为学校的优势和标识，成为学生、家长和社会高度认可的办学特征，成为拓展和延伸教师专业发展的空间，成为区域优质教育资源的输出载体，并且产生广泛且良好的社会反响。自2004年开始，学校已经组织了20多个团、1000多人次分别赴澳大利亚、英国、美国、德国、日本、新加坡及奥地利等国学习访问。学生参加了悉尼音乐节、奥地利音乐节，在国际舞台上表演了具有传统特色的舞蹈、民歌唱段、民乐演奏等，被香港凤凰卫视等媒体称为"中华文化的使者"。此外，全体学生还参加了爱心结对、义卖捐助、敬老服务、小区文明宣传等活动，并且在迎奥运与迎世博期间全员参与了志愿活动。学校教师自主编写了《国际理解教育小学生读本》（10册）、《牛津英语教材校本版》等校本课程，有的已经正式出版，并被各地学校引用。实践推动研究，研究深化实践，教师们的教育科研水平得到了大幅度的提升，教师群体获得了职业认同感和成就感，幸福感显著增强。

<u>从应用推广观察</u>，学校陆续接待了香港、澳门、台湾等地及新加坡、美国等国家的师生到访并入住学生家庭；学校在辐射优质教育资源、输出国际理解教育品牌方面也积累了丰富经验，该校现托管 2 所小学、1 所幼儿园，对促进区域教育均衡发展做出了突出贡献。此外，学校编写的《国际理解教育小学生读本》及教学课件被多个地区、多所学校引进使用。该校的国际理解教育还获得了社会高度认可。上海市政协副主席、上海世博会执委会副主任周汉民先生，老教育家吕型伟先生等专家和领导，英国、俄罗斯、埃及等国驻沪总领事曾多次参加学校的外语节、现场会等活动，对该校实施国际理解教育的实践给予了高度评价。加拿大政府前总理哈珀给外语节写来贺信；著名运动员朱建国、李国君等与孩子们一起参加外语节；中国教育学会会长顾明远先生题词说学校是"儿童的乐园，人才的摇篮"；联合国教科文组织中国全委会副秘书长杜越先生为学校编写的《国际理解教育小学生读本》作序。2004 年第 28 届世界遗产大会期间，世界遗产委员会官员到校参加"世界遗产与我们"主题活动。另外，外国媒体、《文汇报》等媒体多次报道该校的特色经验。

进一步观察的资源包：

[1] 浦东新区福山外国语小学. 国际理解教育课程让我们走向世界 [J]. 上海教育，2012 (Z2)：58 – 59.

[2] 石惠新. 浦东新区福山外国语小学在国际视野下创建面向未来的特色学校课程 [J]. 上海教育，2009 (22)：61 – 62.

[3] 浦东时报. 十二载坚持 助力"福娃"走向世界 (A05 教育) [EB/OL]. (2014 – 11 – 12) [2024 – 02 – 22]. http://www.pdtimes.com.cn/html/2014 – 11/12/content_5_2.htm.

案例 77　从创造启蒙到创新素养培育——四十年小学创造教育实践

成果完成单位：上海市静安区和田路小学。

成果持有人：张军瑾，倪哲宇，居宁，路赟，徐婕，杨麟。

成果概述：自 20 世纪 80 年代起进行创造教育研究以来，上海市静安区和田路小学以创造教育为办学特色已有 40 多年。学校以"让创造成为一种乐趣，让创造成为一种习惯，让创造成为一种理想。时时处处人人皆创造，随需随思随行皆学习"为办学理念，建设和谐、进取、创新的创造教育文化。深耕国家课程，以创造性学科实践活动为载体，对教材核心知识进行梳理，设计相对应的创造性学科实践学习方案，引导学生运用学科知识创造性地解决问题，培养自主学习的能力，培育学生创新素养，全面激发学生创造力。目前已形成创造性学科实践活动案例库、"六步创造学习法"和创造性学科实践活动体系，构建指向于创新素养提升的创造教育系统，从而实现为创新人才培养奠基的目标。

从形成过程观察，"创造教育"是该校 20 世纪 80 年代初在全国率先推出的对学生开展创造发明启蒙教育的特色教育品牌。"创造教育"经历了 4 个实践阶段。①初探阶段（1980—2001 年）：形成以"和田十二技法"为核心的创造方法。围绕小学生创造力是否可以培养、如何培育，学校开展科学创造发明比赛，提炼出"和田创造十二技法"，开发"五小"活动。②再探阶段（2002—2013 年）：探索以创造教育课程群为载体的培养序列。旨在将零散的方法系统化、将孤立的活动体系化、将分立的目标序列化，学校以课程为抓手，从创造技法训练课程到创造教育课程群，从单一课程走向多类课程，从多类课程走向课程体系，从课程体系走向教学统整，形成完善的小学创造教育课程体系。③融合阶段（2014—2018年）：建立以"3C-POWER"创造动力系统为路径的人才培育模式。旨在将创造教育各要素融合，形成系统、广域的学校培养方式，学校从目标、方法、内容、评价、环境5个方面开展新实践。④跨界阶段（2019—2022年）：搭建以多元创造格局为机制的无边界创造平台。为了激活学校创新活力、整合学校实践经验、打通辐射推广界限，学校以"工具、载体、平台"为支持，建立辐射机制，搭建"少创联萌"传媒中心和共享平台；建设小学生创造学院；开展"创造魔力营"品牌活动；建立创造智库；组建全国创造集群学校，建立创新者联盟。

从成果产出效益观察，自2020年底上海静安创造教育研究院在和田路小学揭牌成立后，该校"创造教育"的能量进一步释放。①建立专业智库，集聚创造资源，开展深度研究，建构实践共同体。②通过举办全市、全国青少年学生的创新创意活动，促进创新性学校的建设，培养创新型人才，目前已集合起覆盖全国22个地区的99个集群学校。③学校提炼出"和田创造十二技法"，开发"五小"活动，该成果被原国家教委列为向全国基础教育领域重点推广的教改成果之一。④学校形成完善的小学创造教育课程体系，该成果获得上海市教育科研成果奖二等奖、2013年上海市基础教育教学成果奖一等奖、2014年国家级基础教育教学成果奖二等奖，小学生创造学院作为创造教育课程资源载体被列为上海市创新实验室重点项目。

从应用推广观察，如今"创造教育"已成为静安教育优质、均衡发展的名片，也是全国基础教育领域中的一个响亮品牌。2021年5月20日下午，上海市教育学会、《上海教育丛书》编委会、静安区教育局联合在和田路小学举行"创造·新·教育"——《创造的力量》新书发布会，向全市中小学推广静安区和田路小学开展"创造教育"40年取得的成功经验，同时进一步探讨新时期开展创造教育的新路径，从而推动上海基础教育高质量发展。中国创造学会常务副理事长兼秘书长、同济大学工程与产业研究院院长充分肯定了和田的师生们坚持在小学阶段扎实地做好青少年科技创新教育的做法。和田路小学成为上海乃至全国进行"创造教育"最有影响力的学校之一,在推进全领域的教育实践改革中有着非常好的责任担当。

进一步观察的资源包:

[1] 张军瑾.创造的力量[M].上海:上海教育出版社,2020.

[2] 张军瑾.走向创造教育的理想境界 创造教育40年为创新人才培养奠基[J].上海教育,2022(34):54.

[3] 王雨童.人人都是"梦想改造家"!一所普通小学为何要坚持创造教育40年[EB/OL].(2021-06-19)[2024-02-26]. https://mp.weixin.qq.com/s/yxkWJDRpZNOgfla5Io_kbw.

案例 78　构建基础学科拔尖人才早期培养体系——高中基础学科拔尖学生培养 30 年实践

成果完成单位： 华东师范大学第二附属中学。

成果持有人： 李志聪，戴立益，施洪亮，娄维义，周敬山。

成果概述： 基础学科拔尖人才培养关系到国家的明天和民族的未来，是深入实施新时代人才强国战略的迫切要求。华东师范大学第二附属中学（简称"华东师大二附中"）围绕构建基础学科拔尖学生早期培养体系，着力破解三大难题：一是如何及早识别、发现和发展学生基础学科的潜能特长；二是如何创设有利于拔尖学生培养的机制和平台，形成符合基础学科人才成长特点和规律的培养方式；三是如何培育学生的理想信念、家国情怀，引领学生自觉把道德、学识和事业追求统一起来。30 多年来坚持"追求卓越，培养创造未来的人"的育人理念，创设发现发展学生潜能特长的机制和平台，形成以"使命驱动、通识筑基、特长发展"为特点的"志向+通识+特长"培养模式；打破年级界限，探索契合个性化发展需求、以学院课程为纽带的学习形态，建设有利于拔尖学生分类培养的三大平台；深化基础学科课程建设，形成涵育家国情怀、凸显学科关键能力、有影响力的校本课程，打造了一支人才培养队伍。

从形成过程观察，从 20 世纪 90 年代开始，华东师大二附中历经长周期、系统化实践，打造了拔尖学生培养平台，不断完善有利于人才脱颖而出的培养机制，构建了具有校本特色的基础学科拔尖学生培养体系。研究实践主要经历了 3 个阶段。①前期探索阶段（1990 年 10 月—2010 年 9 月）。从 1990 年开始，面对教育部和上海市委托举办"理科实验班"的任务要求，学校围绕如何培养具有国际竞争力的拔尖学生开展教学研究。②研究完善阶段（2010年10月—2017年9月）。2009年，国家启动基础学科拔尖学生培养试验计划，针对如何培养德才兼备、志向远大、具有学科兴趣潜质且综合能力突出的拔尖学生，学校采取理论研究与培养实践相结合的方法，探索构建基础学科拔尖人才培养体系。③全面系统实施阶段（2017年10月—2022年10月）。近年来，学校全面推进基础学科拔尖学生早期培养体系的系统实施，基础学科拔尖学生的培养呈现出数量和质量双增局面，重点策略包括：一是在潜能特长的早期发现与选拔阶段，关注学生的学科兴趣与潜质；二是在潜能特长培育阶段，关注学科思维方式和思维品质；三是在学科攻关和迎接挑战阶段，关注学生的意志品质。

从成果产出效益观察，学校取得了下列成就。①基础学科拔尖学生早期培养体系建设取得重要进展。学校在30多年实践中为国家培养了一大批获得国际、国内认可的综合素质优秀或学科特长突出的学生，有30名学生获得国际高中基础学科奥林匹克竞赛金牌；促进了大文科教学和大理科教学的同步发展，立志投身于哲学、历史学、医学、中国语言文学等基础学科研究的学生数量显著增加，被"强基计划"基地录取的综合素质优秀的学生数量在上海市名列前茅。②全校育人方式变革与教育质量得到整体提升。学校以创新高中学段育人模式为目标，努力将国家层面的素质教育战略要求转化为学校生动具体的办学实践，探索实践了"N个百分百"的育人模式，为每位学生的终身发展奠基。例如，100%的学生做100课时志愿者、100%的学生参与"小课题研究"、100%的学生选修校本综合课程、100%的学生参与学校社团活动、100%的学生完成100个实验、100%的学生学会游泳和太极拳、100%的学生参加"晨晖讲坛"、100%的学生课外精读推荐名著等。③持续探索深化基础学科拔尖人才培养的规律。30多年的实践经验表明，基础学科拔尖学生的培养要取得实效，必须做到以下几点：一要尊重、遵循人才成长规律；二要构建和完善可持续培养的机制和平台；三要关注"学科特长",注重"价值导向";四要注重探索在统一高考背景下的多维度考核评价模式。

从应用推广观察, 经过长期的探索,学校形成了具有鲜明上海特点、中国特色的基础学科人才培养路径,构建了具有校本特色的基础学科拔尖学生早期培养体系。学校入选首批全国中小学科学教育实验校、首批中国大学先修课程试点学校示范基地。

进一步观察的资源包:

[1] 李志聪. 构建基础学科拔尖人才早期培养体系的30年实践[J]. 中国基础教育,2023(10):39-44.

[2] 华东师范大学第二附属中学. 追求卓越,培养创造未来的人——华东师范大学第二附属中学拔尖创新人才培养的探索实践[J]. 人民教育,2021(1):45-48.

[3] 李志聪. 基础学科拔尖人才早期培养的30年之探[J]. 上海教育,2023(28):10-11.

◎ 整体育人

案例 79　成志教育：小学立德树人的校本实践

成果完成单位：清华大学附属小学。

成果持有单位：清华大学附属小学。

成果概述：清华大学附属小学从 1915 年的成志学校历百年而成今天的成志教育，率先提出兼具理论性与实践性的成志教育系统育人模式。以成志为纲，厘清立德树人的小学价值追求；丰富"成志"的时代内涵，明确"有理想、有本领、有担当"的成志使命；确立"儿童站立在学校正中央"的教育哲学，形成指向理想与抱负、意志与品质、实践与行动的成志方略。成志育人实践中，具化"十个一"成志教育目标，细化标准，保证国家课程高质量实施，确立"启程—知行—修远"学段三进阶、学科与活动育人的"1+X 课程"、主题课程群立体化实施路径；建立具有挑战性、周期性的问题驱动、工具撬动等策略体系；创新儿童内生机制，形成"过程数据+关键事件+榜样引领"评价系统。在理论与实践的双向建构中，学校明确成志教育的内涵与时代价值，挖掘成志与立德树人的内在联系，使之成为逻辑主线和核心机制，揭示了立德树人的基本规律。

<u>从形成过程观察</u>，主要经历了 4 个阶段。①酝酿构建阶段（1997—2010 年）：提出"语文主题教学"立人主张，在人民大会堂宣讲，推进全学科育人；2010 年构建"1+X 课程"，高质量落实国家课程，细化标准，研制质量目标指南，具化"十个一"目标，成志教育初现雏形。②实践探索阶段（2011—2013 年）：聚焦课堂，深化学科育人，构筑学段"三进阶"，整体开展课堂教学实践研究，形成主题课程群。2013 年正式提炼"成志教育"

发表于《教育研究》。③完善提高阶段（2013—2015年）：完善理论与实践模式。创新儿童内生与师德养成机制，形成"过程数据＋关键事件＋榜样引领"评价系统，构建成志教育系统育人模式。2015年《人民教育》《人民日报》专题推广，召开国内外研讨会。④验证推广阶段（2015—2018年）：优化模式，研发《成志教育行动纲领》《成志教育指南》等实操工具，建立互联网学校，全国应用推广。《成志教育：小学立德树人的校本实践》获北京市教学成果奖特等奖。《中国教育体制改革简报》2次报道、《新闻联播》5次报道。

从成果产出效益观察，成志教育系统育人模式兼具理论性与实践性，提供了可借鉴、可推广的立德树人小学样本。①拓展了小学立德树人的理论视野。根植中国，激活传统文化和红色基因并链接国家未来需要，总结百年成志育人经验，率先提出具有理论原创性的成志教育，明确内涵与时代价值；挖掘出成志与立德树人的内在联系，使之成为逻辑主线和核心机制；在整体设计中，突出以社会主义核心价值观为导向。突破性实现了立德树人规律的新揭示。②推动了育人方式的系统创新。遵循儿童身心发展规律，以培养时代新人为着眼点，细化育人目标，整合相关要素，实现全员、全过程、全方位育人；构筑学段"三进阶"，组建横纵联合的主题课程群；适性扬才，创建呵护兴趣、培养乐趣、激励志趣的儿童内生机制，激发内在潜质，自觉成志。找到了儿童发展与落实立德树人相统一的实践路径。③构建了学生6年完整周期成长的评价系统。德智贯通，"过程数据＋关键事件＋榜样引领"，推动学生完整发展，成为别人的榜样；节点跃升，"启程—知行—修远"三学段形成进阶跟踪成长报告，激活内驱力，促进学生自我超越；第三方6年周期性评估，参照数据促进成志教育发展，实现个性化精准服务。提供了儿童自我价值塑造与内驱发展的评价改革样本。学校先后走出6位院士、3位共和国将军、6位奥运冠军及大批成志少年，53名少年科学院荣誉小院士受到党和国家领导人接见，60 人成为 2022 年冬奥会冰球少年形象大使，多名学生获国际科技创新与艺术大赛金奖以及红领巾奖章；诞生了当代教育名家、全国模范教师、全国师德标兵、全国十佳教师，见义勇为的赵辉，援藏的韩冬，引领全国。在《教育研究》等刊物发文 115 篇，出版专著 32 部，学生、家长对教师满意度逐年上升，总均分由 93.2 上升到 99.5。

从应用推广观察，形成了成志教育集群，在国内外产生了广泛影响。从扶贫到扶志 10 多年，承办了北京 5 处城乡差异巨大的实体校区，全国 20 多所协作校和实验基地，空中课堂辐射 90 个贫困县、380 个远程教学站；召开 7 次国内现场会，受邀在联合国校长论坛等国际会议分享成果，成立"未来教育联盟"；获得了多方媒体系列报道，专家高度赞誉，教育部官方网站转载成志教育系列成果数十条，中央电视台《新闻联播》5 次报道学校社会主义核心价值观教育成果（其中连续 3 年报道学校立德树人的"开学第一课"），《人民日报》《光明日报》《中国教育报》等多次报道推广；教师个人及团队获得多项国家级荣誉称号，并多次受党和国家领导人的接见。

进一步观察的资源包：

［1］ 窦桂梅. 从成志学校到成志教育：百年清华大学附属小学的育人历程［M］. 北京：北京师范大学出版社，2016.

［2］ 清华大学附属小学. 成志教育：小学立德树人的校本实践［J］. 人民教育，2019（2）：4.

［3］ 基础教育国家级优秀教学成果资源服务平台. 成志教育：小学立德树人的校本实践［EB/OL］.（2020 - 01 - 18）［2024 - 02 - 24］. http://s.enaea.edu.cn/h/gjjzyfwpt/jxcgzy/2020 - 04 - 28/5006.html.

案例 80　普通高中育人模式创新及学校转型的实践研究

成果完成单位：北京市十一学校。

成果持有单位：北京市十一学校。

成果概述：随着新一轮高中课程改革的不断推进，在教育理念、教学内容、教育途径等方面没有取得内源性、结构性、系统性的突破与进展，单一、僵化的育人模式亟待变革，学校转型任务紧迫。《国家中长期教育改革和发展规划纲要（2010—2020 年）》的颁布为育人模式创新搭建了宽阔的政策平台，也对教育提出了更高的要求。在这种背景下，2007 年北京十一学校开始了育人模式创新的实践，呈现了学校转型的思路、阶段和变革的策略方法，提供了一套具有实践操作性和普适性的实践模式。

从形成过程观察，学校转型是整个学校教育整体形态的根本性变革。北京十一学校首先确立了共同的价值观，以让每一位学生成为自主发展的主体为价值追求。确立变革的价值观，围绕"志远意诚、思方行圆的社会栋梁和民族脊梁"的育人目标，立足每一位学生自主发展的内动力。①对国家课程的校本化，构建了一套分层、分类、综合、特需的课程体系。有 265 门学科课程、30 门综合实践课程、75 门职业考察课程、272 个社团、60 类学生管理岗位，提供给学生选择。这套由分层与分类、专项与综合相结合的课程体系，突出以学生个体为单位的选择性；同一课程在不同的时段重复开设，学生不仅可以选择课程，还可以选择学习时段；所有的课程排入每周 35 课时的正式课表，实现了"一位学生一张课表"。②构建全面实施选课走班的教学管理体系。首先，把传统的行政班转变为教学班，任课教师的教育和管理责任大大增加，成为教学班的领导者。实施 24 人的小班教学，按照教室分区，学生分类，形成自修、讨论、互助、辅导等多种学习方式并行的课堂教学模式，让因材施教落实到教学过程之中。其次，探索全员育人与学生自主管理相结合的管理机制。实施了年级"分布式领导"模式，把年级层面上的教育教学管理事务分解为咨询师、教研组长、过程性评价主管、终结评价与诊断主管、选课与排课主管、教育顾问等多个岗位，形成了人人都是教育工作者的全员育人网络。立足学生的自主管理，探索建成了"优秀学生引领+基本行为规范为底线"的评价机制。同时，立足每一位学生的动力机制，构建过程性评价与诊断系统。在大数据下，生成每一位学生的成长数据系统，通过网络反馈给学生和家长，为学生的自我反思和制定有效的自我规划提供帮助。③探索一套领导学校的组织管理制度，实现从管理走向领导。首先，建立扁平化组织结构，确保教学一线的需求能够得到快速及时的响应。其次，建立各种激励机制，让每一个人都成为领导者。淡化行政管理，让更多的优秀教师参与学校管理；构建可选择的专业成长课程体系，以满足每一位教师专业成长的不同需求。搭建各种沟通的平台，建立沟通、对话、协商机制。④构建强化学生社会责任感和社会实践能力的活动体系。通过25门艺术课程、14门技术课程、272个学生社团以及75门职业考察课程，丰富学生的体验，引导每一位学生在选择中发现和唤醒自我，形成责任意识。实施"大小学段制"，增加学生进行校外社会体验和个性化学习的机会，也使学生的自主学习能力得到锻炼和提升。扩大学生的交往范围，为每一位学生的社会化提供帮助，选课走班使每位学生的交往范围由原来的40人，增加到300多人。每位学生在各种不同的集体中找到自己的位置，在与同伴的比较交往中认识自我；主动寻找志同道合的伙伴，形成了新型的同伴关系。

从成果产出效益观察，成果相继出版和公开发表，出版专著《学校转型：北京十一学校创新育人模式的探索》，《构建可供学生选择的普通高中学校课程体系的实践研究》等多篇论文在《教育学报》《课程·教材·教法》《人民教育》等刊物上公开发表。成果自实施以来，受到社会和媒体的广泛关注。2014年2月27日，教育部在北京十一学校召开有40多家媒体参加的新闻发布会，全面介绍学校的改革做法和成功经验。新华社、《人民日报》、中央电视台、《光明日报》、《中国教育报》等进行了大幅报道。

从应用推广观察，该成果先后在一些地区和学校推广应用。2012年，选课走班先后在新疆克拉玛依一中、北京太平路中学、上海育才中学、北京21世纪国际学校、大连红星海实验学校、北京亦庄实验学校等相继借鉴实施。

进一步观察的资源包：

[1] 李希贵. 学校转型：北京十一学校创新育人模式的探索［M］. 北京：教育科学出版社，2014.

[2] 北京十一学校. 普通高中育人模式创新及学校转型的实践研究［J］. 中国教育学刊，2016（1）：38－44.

[3] 基础教育国家级优秀教学成果资源服务平台. 普通高中育人模式创新及学校转型的实践研究［EB/OL］.（2020－01－15）［2024－02－22］. http://s.enaea.edu.cn/h/gjjzyfwpt/jxcgzy/2020－04－28/5003.html.

案例81　基于学科育人功能的课程综合化实施与评估

成果完成单位：重庆市巴蜀小学校。

成果持有单位：重庆市巴蜀小学校。

成果概述：基于学科育人功能的课程综合化实施与评估是针对"唯学科"与"去学科"2种典型倾向，以立德树人为导向、国家课程为主干、学科育人为基础，以"学科＋"为主要特征，通过学科内融合、学科＋学科、学科＋生活、学科＋技术、评价协同、管理护航等要素的综合化实施，一方面注重发挥各学科独特育人功能，防止"去学科化"倾向，强调国家课程的权威性；另一方面加强跨学科教育教学活动，充分发挥学科间综合育人功能，提高学生综合分析问题、解决问题的能力，培养学生综合素质。经过18年渐进式的整体改革，学校总结形成了课程综合化实施模式；提供了国家三级课程管理在一所学校落地的系统解决方案；探索了发展素质教育的可操作、可复制、力求把握综合化实质的行动路径，破解了长期困扰基层学校的分科与综合不平衡、实施与评价不协同的问题。

从形成过程观察，学校依托全国教育科学规划课题和重庆市教育科学规划重点课题，一手抓团队，一手抓课程，通过问题驱动、目标导向和选点突破，边实践边总结、边深化边推广。本成果历经4个阶段。①第一阶段（2001—2004年），推动"学科＋技术"教学变革。这一阶段的特点是：结合学科内整合，推进了学科与信息技术的融合，改革了教学方式、学习方式以及教学组织方式，开启了第二轮基于学科育人功能的课程综合化实践探索，为后续的课程综合化探索奠定了坚实的基础。②第二阶段（2004—2009年），探索"学科＋学科"主题融合。这一阶段的标志性事件是提出了"学科＋学科"的课程综合化的范式：一是形成了《综合实践活动大单元课程模式纲要》；二是制定了《综合实践学科行动手册》；三是开发了综合实践活动大单元课程模式资源包。③第三阶段（2009—2012年），发展"学科+生活"项目学习。这一阶段的特点是：研制了《生活实践课程行动指南》，推进了"学科+生活"的项目学习、"小中大课堂"一体化实施，开发了"学科+生活"系列课程。其标志性成果是：研制了《律动教育实践指南》，发布了《律动教育思想哲学与畅想》，在基于学科育人功能的课程综合化上取得了突破。"小学生活德育课程的实践研究"获得重庆市教学成果奖一等奖。④第四阶段（2012—2022年），深化"学科+"研究与成果推广。这一阶段，项目组将评价作为与课程现场改革协同研究的重点，通过"学生评价的校本研究"，推动学生"学力、活力、潜力"评价、教师"四段三维"评价、学校影响力评价，出版了专著《评价引领学校发展》。在这4个阶段中，虽然每一个阶段有不同的侧重，但学校始终把课程综合化实施作为系统工程，将目标、评价、课程、教学、教师、管理等要素综合起来，形成了一个不断深化、不断验证、螺旋上升的实践整体。

<u>从成果产出效益观察，</u>2014年，学校依托重庆市教育规划课题"小学学科课程综合化实践研究"，发布《巴蜀文化标准》《基于学科的课程综合化实施（1+10）行动指南》等。2015年，开展"跨学科的德育实践探索"研究，构建了四季、班队教育、"开学节"主题活动等课程以及学科课堂教学范式。开展"基于'互联网+'的泛在学习资源建设策略研究"，推动"学科+技术"教学变革的提档升级。实施"城市小学生人际状态观察及调节策略研究"，对学生的合作能力进行深入研究。2016年，开展"核心素养视角下的小学课程体系建构与实践研究"，发布成果《学科素养的校本表达》。该成果提升了学生发展质量。儿童剧团的剧目《抉择》获邀到英国演出，庆祝莎士比亚诞辰400周年。先后走出故事大王、电视节目小主持人10名。参加创新思维（destination imagination, DI）大赛，获全国一等奖；

参加全国机器人竞赛获一等奖；管乐、合唱、篮球、排球等集体项目获得全市一、二等奖41次。成果还促进了教师专业发展。成就语文、英语、科学等全国优秀学科教师12名，学科赛课一等奖25名，全国、市、区优秀班主任7名，重庆市未来教育家培养对象4名，重庆市学科骨干教师47名，重庆市名师4名。教师中有167人次在中国教育学会及各学科专委会上做论坛发言、主题报告。学生满意指数平稳在99.6%以上，学校的教育教学工作受到学生的肯定。

从应用推广观察，本成果在《人民教育》《中小学管理》等期刊上发表相关论文20多篇，出版《评价引领学校发展》《律动教育实践指南》等专著6本、教材5套。《中国教育报》、《重庆日报》、新华网等15家媒体进行了全方位报道。顾明远等一大批教育名家走进巴蜀，高度肯定本成果是一个创意、务实及未来之举，是一场有效的变革性的实践，并由此获得了"素质教育看巴蜀"的赞誉。本成果被应用到重庆33所学校以及全国数10所学校的实践中，辐射影响英国、美国、新加坡等国家，在国家"一带一路"倡议中发挥了积极作用，收到了很好的效果。2020年初，教育部启动基础教育国家级优秀教学成果推广应用计划，7个成果应用示范区选择巴蜀小学。

进一步观察的资源包：

[1] 马宏，李永强. 评价引领学校发展——律动教育质量评价改革实践研究 [M]. 重庆：重庆大学出版社，2018.

[2] 马宏，张超. 基于学科的课程综合化实施探索——以重庆市巴蜀小学为例 [J]. 基础教育课程，2015（9）：7-11.

[3] 重庆市巴蜀小学 [EB/OL]. [2024-02-22]. http://www.cqcdbs.com/.

案例82 跨界学习，奠基大成——小学育人路径探索20年

成果完成单位：江苏省如皋师范学校附属小学。

成果持有人：朱爱华，钱祖宏，章小英，石春红，顾本华，周小艳。

成果概述：江苏省如皋师范学校附属小学恪守立德树人宗旨，传承"大成"传统文化，倡导"完整育人，成己成人"的"大成教育"。历经20多年的探索，从"语文+"到"学科+"，再到"跨界整合"，直至"跨界学习"，从"大成语文"到"大成教育"，走出了一条"通过跨界学习，为儿童大成人生奠基"的育人路径。成果以国家课程为主干，跨越学科、时空、角色、技术等研制了一套跨界学习指南，探索了内容融通、活动统整、物型重构、换位体验、联通生活等5类实施策略，研创了12门"学科+"教学思维载体样式，研发了60组主题整合校本微课程群（校本、师本、生本、家本）等课程载体范式，创设了100个"大成小秀"活动平台，并建立了关注兴趣值、方法值、意义值的跨界学习评价体系。成果解决的主要问题是：如何优化协同，确立小学奠基大成的育人理念？如何打破壁垒，增强教师跨界融通的构建能力？如何创新评价，提升儿童完整生长的综合素养？成果通过整合融通，破解学科壁垒，助推了师生"系统性思维—结构性知能—完整性人格"的有效形成，促使儿童学习真正成为领域互通、体验完整且创生频发的学习，促进了儿童完整生长。

从形成过程观察，从1997年以来，成果发展历经了3个阶段的研究。①"大成语文"教学改革阶段（1997—2003年），开展跨界学习的"语文+"教学策略实践。②"大成教育"课程探索阶段（2003—2012年），开展"跨界整合"的语文系列校本主题微课程研发实践。③"大成育人"

整体推进阶段（2012—2018年），从"语文+"到"学科+"，从"大成语文"到"大成教育"。在此历程中，一是以点带面。该成果从语文学科开始，逐步覆盖所有学科，使本探索的育人价值得到真正认同。二是协同探路。所有学科整体联动，使本探索的育人价值得到深度认同。三是聚力辐射。构建五级联盟体系，使本探索的育人价值得到广泛认同。成果提出了小学奠基大成的育人理论主张，阐明了这一主张的系列理论观点，包括小学教育应为人的一生不断走向大成奠定坚实基础，完整育人是助推学生走向大成的根本选择，引导学生"跨界学习"是完整育人的基本路径等。形成了统整融通的思维观，创生出"学科+"的一般教学样式，通过师本、生本课程赋权增能，实现师生持续生长。创新了评价维度的视角，突出关注学习的兴趣值、方法值、意义值；改变了评价主体的结构，让学生（不限本年级自评）、教师、家长共同成为评价主体；丰富了评价载体的类型，包括创新标准手册类、作业改革类、考试评价类、道德成果类等。

从成果产出效益观察，该项目以国家课程为主干，研制了一套跨界学习指南，探索了5类实施策略，研创了12门"学科+"教学思维载体样式，研发了60组主题整合校本微课程群，创设了100个"大成小秀"活动平台，并建立了跨界学习评价体系。学校"大成教育"产生了显著的效应，跨界统整带动学校整体改革，有效实现了国家课程、地方课程、校本课程一体化。学校先后获得市、省、国家级荣誉100多项。教师发展朝向大成境界，普遍实现了从"单科片面"向"复合发展"、从"任务驱动"向"价值认同"的转型。129位教师获各级人才称号，9位教师成为省特级教师，10位教师出版专著12本。学生成长也呈现大成活力，学生集"课程学习者和设计者"于一身，综合素养全面提升。两万多人次在省市各项竞赛中获奖。

从应用推广观察，从1997年到2009年，成果在如皋市初步推广，直到

2019年，成果已逐步推向南通、全省、全国，走向国际。形成了由如皋市级联盟、南通市级联盟、江苏省级联盟、国家级联盟和跨国联盟组成的5级联盟，涉及30个省区、9个国家，每年来校观摩逾万人。多次承办全省、全国课改现场会，并应邀参加全国课博会、国际论坛、国家教学成果奖全国推广等高层次活动，得到国内外名家的高度评价。成果多次在全国全省现场会推广，并走向国际论坛，获小威廉·多尔等中外名家首肯，中央电视台、《人民教育》、《中国教育报》等主流媒体多次报道。成果先后获江苏省教学成果奖特等奖、基础教育国家级教学成果奖一等奖，受到习近平总书记等领导的接见表彰。

进一步观察的资源包：

[1] 朱爱华. 大语文：主题整合下的微课程［M］. 南京：江苏人民出版社，2015.

[2] 朱爱华，石春红. 系统迭放：让跨界学习不断发生——"跨界学习，奠基大成"项目成果推广纪要［J］. 中国教育学刊，2022（S1）：55–58.

[3] 基础教育国家级优秀教学成果资源服务平台. 跨界学习，奠基大成——小学育人路径探索20年［EB/OL］.（2020–02–04）［2024–02–24］. http://s.enaea.edu.cn/h/gjjzyfwpt/jxcgzy/2020–04–28/5013.html.

◎ 五育融合

案例 83　让每位学生都"有戏"——初中戏剧教育"五育"内涵的挖掘与延伸

成果完成单位：上海市虹口区教育学院实验中学。

成果持有人：全迅，龚燕霞，楼达宇，梁菁菁，陆燕雯，朱晓音。

成果概述：作为上海戏剧专科学校旧址所在地，上海市虹口区教育学院实验中学素以"有戏"教育（京剧特色）闻名。在历史文化的沉淀、戏曲文化的浸润和新时代精神的推动下，虹教实验中学以培育现代公民和提高学生艺术素养为出发点，传承戏剧教育，深挖"有戏"内涵。学校确立了"'有戏'的校园，精彩的人生"办学目标，形成了"一个追求"（让"有戏"校园成就每一名师生）、"两个平台"（生涯课程学习平台、艺术校园成长平台）、"三管齐下"（以德育为先、以课程教学为主渠道、以师资队伍建设为关键）、"四大保障"（党建引领、专家指导、课题研究、多元评价）的"有戏"办学体系。学校从戏剧教育出发挖掘"五育融合"内涵，不仅把戏剧教育元素融入校园环境、各年级学生课表，还因材施教鼓励不同基础学生看、学、演、编，边创排、边思考、边成长，培育出了一批又一批出彩的"有戏"学子；开发生涯指导课程，推动师资队伍发展。学校办学质量和口碑明显提升，家长和学生的满意度明显增高。

从形成过程观察，回顾过往，在 30 年扎实推进戏剧教育的路上，学校经历了 5 个发展阶段。①第一阶段：传统文化熏染，构建教育场景。这一阶段的任务是戏剧进课堂，学校聘请优秀京剧表演艺术家和戏剧院校教师来校上课，充分利用大课、小课和课外活动对学生进行艺术熏陶。与此同时，学校积极营造戏剧教育环境，将校园环境进行统一规划，将戏剧的观赏性、教育性、人文性、知识性与校园环境融为一体。②第二阶段：打造戏剧特色，创新戏剧课程。为顺利推进戏剧教育特色发展，学校将特色发展写进章程并将打造戏剧教育特色作为学校工作的重要部分。按照课程设计的要求进行开发和加工，最终确立了学校戏剧教育课程（2011年版），以拓展课程、专家讲座和学生社团活动为主。③第三阶段：学科课程渗透和精品打造。在初步完成学校戏剧教育课程的基础上，本阶段重点从课程渗透和打造精品两方面着手，采用点面结合的方法，让所有学生通过戏剧教育学有所得，并从中发现戏剧好苗子加以培养。④第四阶段：坚持戏剧教育成人成事。随着学校外来务工随迁子女数量的不断增加，生源结构变化明显。学校聚焦学生希望"被看到""被理解""被支持"的发展需求，修订、完善戏剧教育课程，鼓励不同基础的学生看、学、演、编，坚持戏剧教育成人成事。⑤第五阶段：戏剧教育助力学生"有戏"生涯。学校以"五育融合"为主要策略，将戏剧教育与学生生涯规划有效结合，形成跨越4个年段的戏剧教育序列。经过多年研究和实践，学校戏剧教育有了长足的发展。

从成果产出效益观察，经过师生20多年的共同努力，学校获得了极大发展。如今，走进校园，戏剧艺术的文化氛围无处不在：体现办学理念与办学特色的"和·韵"浮雕墙，展现各种"艺"字书写体的"艺墙"和展示祖国优秀地方剧种的"中华戏曲文化墙"，介绍西方著名戏剧家的大理石雕塑群，介绍中国古典戏曲、西方戏剧的"楼道戏剧窗口文化"……如一个个"活动场""交流场"和"文化场"，潜移默化地熏陶着每一位师生的身心情操。在"有戏"艺术校园成长平台的影响下，学校收获了"有戏"教育丰硕的育人成果。学校京剧队屡获市区级戏曲比赛奖项。学生在各级各类竞赛活动中获奖400多人次，参加2022年世界头脑奥林匹克决赛获得铜奖，戏剧社团受邀在2021年上海教育博览会进行红色研学项目成果展示，初中毕业生整体学业水平明显提高，98%的初中毕业生通过导师精心的生涯指导被心仪学校录取。

从应用推广观察，学校获得了中国关心下一代工作委员会、中央文明办授予的"全国关心下一代工作先进集体"的荣誉称号。学生获邀参加第十八届中国上海国际艺术节，承办 2017 上海少儿戏曲"小白玉兰"颁奖活动，这也是"小白玉兰"颁奖典礼首次在中学举行。学校被教育部确定为"京剧进校园"首批试点学校，《姹紫嫣红京韵起 西皮二黄韵味浓》《古韵京腔滋润心田》等都是戏剧渗透国家课程的优秀课例。

进一步观察的资源包：

[1] 陈之腾. 虹口区教育学院实验中学：挖掘"五育"内涵，点亮孩子的"有戏"人生［J］. 上海教育，2022（34）：18.

[2] 全迅. "有戏"校园 让每位学生都出彩［J］. 上海教育，2022（13）：71-72.

[3] 全迅. 让每一位学生都"有戏"［N］. 中国教师报，2024-01-03（11）.

案例84　以美融通五育：一体化育人体系的实践探索

成果完成单位：厦门英才学校。

成果持有人：付晓秋，吕云萍，朱黎兵，伦涛，姜源，张泽。

成果概述：厦门英才学校着眼全面育人，在大美育观的引领下，选择从"美的教育"发力，持续向五育并举拓展，探寻美育的本质与原理，厘清美育与德育、智育、体育、劳动教育的关系，拓展美育的实践路径，构建并践行独具特色的"以美融通五育：一体化育人体系"。该体系主要由目标、课程、资源和评价四大体系构建而成：以立德树人为指针，根据办学传统归纳五育培养目标中的高频词，将其中的结果性描述与学校美育特色相整合，推出学校的育人总目标；围绕"以美融通五育"，根据"五育"时间配比，对国家课程、地方课程和校本课程进行科学整合，形成"共同基础、英才特质、个性发展"3级课程结构，构建了符合学段特点的4大板块24类180门课程。形成"大爱大美"的资源体系，塑造美的教育生态，营建"美的课堂"文化。以"美"描述课堂教学要素（教师、学生、教学过程、场域等）的良好样态，依据学习（信息加工）过程组织教学，保证课堂教学理性与感性、科学性与艺术性相统一，打造适应身心发展的教育场域，形成生机盎然的"大爱·大美"教育生态。此外，学校还与哈尔滨工业大学进行协同攻关，共同开发了"各美其美综合评价系统"信息化平台，为每个学生建立数据化、电子化、过程性、全面性档案，切实践行增值评价，形成3级（学生、学段、学校）评价报告，并能够依据分析结果制定后续的个体化服务的相应策略与具体方案。

从形成过程观察，该成果不仅符合学校自身优质办学、特色育人的现实需要，更契合新时代国家高度重视学校美育工作、推进五育并举的教育形势发展要求。1995—2001年，是厦门英才学校的初创探索期，也是育人模式的"萌芽"孕育期。在这一时期，举办者倾资兴学、大爱办学，为学校未来发展奠定了"爱"的坚实根基，打下了"美"的浓厚底色。基于学校特定生源与特殊学情，学校很快把艺术教育作为重点特色项目而全力加强建设。学校进一步扩充了音乐、美术教师队伍，招聘了专业的形体、书法教师，先后组建了舞蹈队、民乐队等学生艺术团队，快速建立了国画室、陶艺室等专用教室，极大地改变了学校单一的课程设置结构，积极且有效地改善了学生学习与生活的状态。厦门英才学校在这一时期也被中国教育协会授予"艺术教育先进单位"称号。发展到后期，学校破解了五育并举的评价难题。通过与清华大学美术学院、哈尔滨工业大学等高校合作，确定了相关评价准则和指标体系，并采用主动报告、增值分析、情景判断等方法，推动以美融通"五育"评价的个性化、多元化。

<u>从成果产出效益观察</u>，本成果是超前落实、率先落地当前国家所倡导的各项学校美育浸润行动。①坚守教育方针"核心导向"。学校在"崇高·优美"目标体系指导下，积极借助"六个100%"的育人基线目标（100%的学生要有明确的阶段阅读量要求；100%的学生要有2项体育锻炼兴趣技能；100%的学生要有2项艺术审美兴趣技能；100%的学生要在近视、肥胖等达标率上有明确的健康数据指标要求；100%的学生在生活能力、理财意识上要有1项技能及相关课题研究活动；100%的学生要围绕国际化能力有实际研学活动经历与体验），落实每个学生掌握4项艺体特长、提升阅读力、扩大研学量、控制近视率与肥胖率等指标。②凸显课程体系"融美育美"。学校打破学科与领越界限，构建了国家课程与校本课程"上下衔接、学科联通、审美与核心素养一体"且贯通并衔接幼小初高各学段的"融美·育美"课程体系。该课程体系包括4大板块24类180门课程，通过把"美"作为融通的切入点，在各学科课堂教学中能呈现出形式多样、形态各异的14种

"美"。③推动教师素质"向美成长"。通过举办十数次大型高端论坛、引进大批专家驻校培训、引导广泛开展教学教研探索及专项教学比赛等方式，全校教师的爱美意识、寻美自觉和育美能力得到了提升，为全校大美育人提供了坚实的师资保障。④致力课堂教学"思维融美"。在育人体系引领下，英才创新性提出"思维融美型教学"，获评"全国首届优秀民办中小学""国家创新拔尖人才培养成员校"等荣誉称号。该体系转化的教学成果获得2022年度基础教育国家级教学成果奖一等奖，实现了中国民办学校在该奖项零的突破。⑤彰显大美育人"四季芬芳"。通过对美的充分感知与广泛体验，学生的思维更为开放、灵活，身心更加健全、健康，审美素养普遍高于同类学校，在学业水平、升学考试中持续不断创造新辉煌。

从应用推广观察，历经20多年的不断探索，伴随学校的深入实践，该体系先后推广并辐射厦门市全域以及福建、北京、黑龙江等11个省市530多所学校，产生了较好的育人效果。该校也成为2024年第五批福建省美术学科基地学校，彰显了英才"以美育人、立德树人"的品牌特色，对全省乃至全国起到了良好的引领示范和辐射作用。

进一步观察的资源包：

[1] 付晓秋. 以美育人、五育并举的一体化育人模式［M］. 北京：清华大学出版社，2022.

[2] 付晓秋. 以美融通五育：五育并举的理想与现实路径［J］. 上海教育，2023（36）：60－62.

[3] 厦门英才学校. 厉害啦！英才：超前国家文件，先树美育样板［EB/OL］.（2024－01－12）［2024－02－07］. https://mp.weixin.qq.com/s/OXGNscgDCq6SkgoLOhv57w.

案例85 梨园撷芳·向美而行：小学京剧育人的校本实践

成果完成单位：济南市营市东街小学。

成果持有人：董庆峰，张青，戴和连，唐汉卫。

成果概述：该成果系统总结了济南市营市东街小学17年京剧教育的创新实践。学校全面落实"立德树人"根本任务，响应国家"京剧进校园"倡议，挖掘京剧的当代育人价值，建构校园京剧育人体系，以"文化传承、习剧养德、五育融合"为价值引领，确立京剧育人理念；打造京剧"课程育人、环境育人、学科渗透育人"路径；构建"京韵童声"3级京剧课程；立足传统与现代相结合，以融合、改编、创作为基本方式，建设多样态京剧学习资源库，开发京剧知识类、京剧表演类、京剧益智类、京剧活动类、京剧体验类等学习资源。为助力中华优秀传统文化传承与创新，提升学生艺术素养和学习动力，引领省内外多所学校京剧教育健康发展，提供了可复制的经验。

从形成过程观察，经历了如下发展历程。①课题引领梨园撷芳，校长课堂让京剧国韵溢满校园。2005年，董庆峰初任纬十路小学校长之时，组织成立了研究团队，牵头开展小学京剧学习资源的开发应用的教学研究，以课题为引领，为小学京剧育人校本化实践进行积极探索。2009年，董庆峰调到了营市东街小学任书记。彼时营市东街小学成为济南市首批京剧新校园试点学校。董庆峰结合纬十路小学、新世界小学的成功经验以及营市东街小学的基本情况，开设校长课堂，坚持每周在学校大礼堂讲课，向学校学生普及京剧基本知识，帮助学生全方位了解京剧、感受京剧、欣赏京剧。②京剧融入课堂主阵地，跨学科教学提升学生核心素养。董庆峰秉持基于"厚生教育"思想的"让每个生命都精彩"的办学理念,根据学生的不同需求,对学校课程体系进行重新建构,打造了可供学生选择的多元课程模块,即"魔方型"课程体系结构。在"魔方型"课程结构下,学校的京剧教学也逐步融入各学科教学过程,成为串联各学科知识,帮助学生建立完整知识结构的"桥梁"。③以京剧促五育融合,学生在"潮玩"京剧中收获成长。近年来,学校以"以生为本、多元主体、素养导向、兴趣驱动、传统与现代相结合"为理念,以"德育融通、以剧益智、以剧健体、以剧促艺、以剧逸劳"为原则,以"目标取向—具体内容—使用要领"为主线,创建了五育融合的小学京剧学习资源开发模式。该模式通过京剧剧目的创作与排演和以京剧资源为主题的项目式或主题化学习融合五育,达到整体育人的效果。④发挥京剧立德树人价值,引导学生向美而行。在京剧育人的校本化实践过程中,董庆峰还组织编创了符合济南地域文化特点、展现济南历史文化名人优秀精神品质的少儿京剧剧目,如《少年辛弃疾》《二安煜志》等,推广"二安"文化。此外,董庆峰还牵头创办了"二安"讲坛、编创"二安"国学操,并举办了一系列"二安"故事、诗词诵读、书写大赛,引导学生在参与过程中,既了解祖国和家乡的历史文化名人,体验京剧与古诗词中的文学与旋律之美,也切身体会到历史人物的人格之美,从而达到"以美育人"的效果。

从成果产出效益观察,本成果打开了学校艺术特色工作新局面,有效提升了育人效果,极大提升了学生的文化自信、人文素养和艺术才能。教师传统文化素养及教育情怀日渐丰厚,学校办学特色更为鲜明。学校的新编历史儿童京剧《少年辛弃疾》获得山东省中小学艺术展演一等奖,学生获得中国第十九届少儿戏曲小梅花荟萃大赛最高奖——金花奖。项目组教师出版著作《问路经典:区域传统文化教育的"破冰"实践》,在《人民教育》等多个刊物上发表论文。

从应用推广观察，学校获得了全国首批京剧文化传承基地、中国李清照辛弃疾文化传承示范学校、山东省京剧进校园重点实验基地、山东省优秀传统文化体验试验学校、山东省艺术教育示范学校、济南市非物质文化遗产传承基地等。此外，学校积极将教学成果向省内外推广，山东省金乡县实验小学、甘肃省和政县三合学校等多所学校借鉴应用"营东经验"。《中国教育报》及央视10多次报道，师生5次登上央视舞台。书法家及京剧奚派传人欧阳中石、京剧名家于魁智、李胜素等给予高度评价。与美、英、韩等国交流，接待参观学习者3000多人次，引领省内外多所学校京剧教育健康发展。

进一步观察的资源包：

[1] 济南市槐荫区教育和体育局. 问路经典：区域传统文化教育的"破冰"实践 [M]. 北京：新华出版社，2023.

[2] 董庆峰. "京剧进校园"的内涵探索与实践落地 [J]. 人民教育，2023（21）：75-76.

[3] 董庆峰. 发现"京苗"培养"京苗" [N]. 山东教育报，2016-07-18（6）.

案例 86　基于创新阮乐的传承优秀传统文化艺术的探索与实践

成果完成单位：北京师范大学南山附属学校。

成果持有人：程娅，曾伟红，李春雨，付雪春，张洁，周宁。

成果概述：中国民族乐器饱含着丰富的中华优秀传统文化内涵，是美育的重要载体。为解决因缺乏儿童启蒙教学体系导致优秀传统文化艺术无法大面积传承、因长期忽视以美育人功能出现的民族乐器教学重技艺轻育人的问题，贯彻落实国家关于传承中华优秀传统文化和加强学校美育改革的指示精神，深圳北京师范大学南山附属学校（简称"北师大南山附校"）坚持"五育并举"，秉承"个性化的全面发展"办学理念，于 2009 年开启"少儿阮乐"中华优秀传统文化艺术传承项目的研究。经过 10 多年的实践探索，学校从育人目标、传承路径、教学模式、课程资源、艺术形式等方面做了创新研究，构建了"三三四"中华优秀传统文化艺术传承体系，梳理出"三段三阶"中华优秀传统文化艺术传承路径，实现了提高学生艺术素养、传承文化根脉、以美育人的目标。

从形成过程观察，学校于 2012 年率先开启基于创新阮乐文化的少儿美育探索与实践，该成果经历了寻根期、播种期、绽放期、结果期 4 个阶段。①寻根期（2010—2012 年）：追根溯源，坚定传承。"阮"起源于秦汉、兴盛于魏晋，是中国民族乐器海洋中的一块瑰宝。项目主持人程娅老师从阮乐传承人宁勇教授，对中华传统的乐器有着根深蒂固的热爱。因此，其与团队成员曾伟红、付雪春、张洁、李春雨、周宁老师等学校一线教师一起，本着对优秀传统文化艺术的热爱，踏上了阮乐寻根之旅。②播种期（2012—2015 年）：开发资源，创新实践。项目组的老师通过创造性地使用阮族乐器，把伴奏为主的"阮"发展为主奏乐器，与多种艺术和多元文化融通，形成了全新的"阮乐＋"的表演形式。通过创造性转化成人资源，开发少儿阮乐系列课程，创编曲谱、微课、案例等，构建了少儿阮乐教学资源库。③绽放期（2015—2016 年）：圈层深化，传承发展。项目组探索出基于阮乐的"三三四"优秀传统文化艺术传承模式：以提升艺术素养、传承文化根脉、实现以美育人的三维目标，通过 3 个"圈层"的传承路径，构建"四步"课堂教学范式，实现整体育人。④结果期（2017—2021 年）：辐射推广，传播文化。经过多年的实践研究，该项目在学生身上播下了"文化立身"的种子，显著提升了学生审美素养，同时项目的发展也促进了学校的发展。

从成果产出效益观察，项目探索出"四步八法"艺术课堂教学范式，开发了系列儿童阮乐教育资源，编写了《少儿阮乐》（入门篇、提高篇）及其相关教师用书，创编了几十首具有家国情怀、民族风情的儿童阮乐启蒙乐曲。在少年儿童中普及了"阮"这一民族乐器，并为音乐教师提供了高雅民族乐器进课堂的可操作范本。2016 年 11 月，少儿阮乐课程被评为"2016 深圳市委托开发好课程"，全校参与少儿阮乐课程学习的学生达 1000 多人。项目多年的实践研究，在学生身上播下"文化立身"的种子，学生审美素养显著提升。众多的荣誉绽放着乐团的发展成就和艺术风采，成就着北师大南山附校的内涵提升和特色发展。2016 年 5 月，参加广东省第三届中国民族器乐大赛荣获 5 块金牌。2018 年 5 月，在广东省第五届中国民族器乐大赛获金奖；2018 年 6 月，在深圳市中小学生艺术展演比赛中获一等奖；2018 年 10 月，在广东省第六届中小学生艺术展演比赛中获一等奖。此外，项目的发展也促进了学校的发展，"少儿阮乐"项目已经成为北师大南山附校一张闪亮的文化名片。学校先后以该项目获评"全国中小学中华优秀文化艺术传承学校""广东省中小学艺术教育特色学校"等殊荣，成果荣获

2021年深圳市教育教学科研成果奖一等奖和2021年广东省教育教学成果奖一等奖。

<u>从应用推广观察</u>，随着阮乐项目的不断成熟和发展，其影响力也越来越大。项目组成员多次应邀参加各级各类学术报告、成果分享，成果经验在深圳基础教育国际论坛上向海内外专家同仁分享，同时也吸引了全国各地的同行到校观摩学习，广受好评。作为国内第一支受邀在巴黎市政厅演出的少儿阮乐团，接受驻法大使翟隽和巴黎市长的亲切接见，巴黎市长盛赞阮乐团是"中华文化交流的使者"。著名教育家顾明远为项目题词"国乐传风雅，阮韵留芬芳——北师大南山附校积极传承与发展中国优秀传统文化"。继《阮乐教学入门篇》登陆《强国慕课》栏目后，2023年5月29日起，阮乐团新作品《万疆》登陆"学习强国"平台广东音乐栏目，并被推送到"学习强国"总台，播放量高达10万。传统乐器与现代音乐相结合的表演方式让阮这一传统乐器熠熠生辉，彰显独特魅力，收获了越来越多的粉丝和关注。中华优秀传统文化艺术在阮乐的创新传承中，焕然一新，发扬光大。

进一步观察的资源包：

[1] 曾伟红，程娅，周宁. 品中华民族阮乐 传中华文化精粹——深圳北京师范大学南山附属学校"少儿阮乐"项目的传承实践［N］. 中国教育报，2021-12-22（12）.

[2] 周宁. 阮乐有声，育人无痕——以北师大附小少儿阮乐传承模式为例［J］. 新教育时代电子杂志（教师版），2020（44）：42.

[3] 北京师范大学南山附属学校.【捷报】北师大南山附校喜获国家级教学成果奖［EB/OL］.（2023-07-05）［2024-02-11］. https://mp.weixin.qq.com/s/UbtXEtfDHLmirFKsOeemvw.

案例87 给孩子一个完整的劳动经历："五一协同"劳动教育实践范式的市域探索

成果完成单位： 常州市教育局。

成果持有人： 完利梅，杨文娟，庄惠芬，韩志祥，徐燕娟，孙美荣。

成果概述： 长期以来，劳动教育面临着劳动实践场地不足、专业设施设备不全、专业师资缺乏等问题。作为全国首批中小学劳动教育实验区、全国唯一劳动教育与综合实践活动课程标准实验区，江苏省常州市劳动教育始终走在全省前列，市教育局遵循区域劳动教育发展实际和学生成长规律，积极探索政府统筹、基地拓展、课程建设、融合创新和评价改革，创新创建市域"五一协同"劳动教育实践范式，即：以"给孩子一个完整的劳动经历"为核心理念，开发一门"学校—基地—家庭"劳动大课程，凝练一种"做—研—创"劳动教学新样态，研发一组素养导向评价体系，建立一套全方位保障支持系统，成为区域推进劳动教育的"常州样本"。

从形成过程观察， 2015年，常州市教育局创新思路，将局属初中劳动、高中通用技术课程集中到常州市青少年活动中心开展。2018年，常州市政府印发了《关于加强中小学劳动实践教育的实施意见》。2019年，常州市政府出台了《关于加强中小学劳动实践教育的实施意见》，每年设立100万元的劳动教育专项经费，用于课程研发、师资培训、绩效奖励等，同时，启动劳动教育"百千万工程"。2020年，在市青少年活动中心实践经验的基础上，由政府主导打造了"升级版"——太湖湾教育大营地，开设"先进制造、现代服务、非遗传承、文化艺术"四大类共17门课程，拥有23间实践工坊。2023年，常州市正式发布了《常州市劳动教育促进条例》，从全市域范围统筹解决区域发展不平衡、专业师资队伍建设薄弱、劳动教育经费难以保障、评价指标体系不明确等现实问题。

从成果产出效益观察，作为首批全国中小学劳动教育实验区以及全国唯一的劳动课程标准实验研究项目实验区，常州市以"劳动教育百千万工程"为抓手，从全市各个市域通过自我申报、双向选择、自主定向成立了467个"五业+"劳动课程基地，也从5个维度遴选了100多所有着开拓精神、研发能力的劳动教育基地学校，率先促进这些学校自我建构、发展、完善，真正成为高标准的学校劳动教育先行样板。这些基地、学校再形成劳动教育联盟，共同研发劳动教育基地指导手册、学校劳动指导手册、教务劳动指导手册，并通过结对共建的方式，让这些基地、基地学校关联更多的基地群的叠加。同时，形成一百门精品课程，评选一千名优秀导师，表彰一万名劳动实践优秀学生。建成98个劳动基地，包括工、农业生产劳动、职业体验探索、技术体验应用等类型，全市中小学每学期都会组织学生走出校园，走向基地。其中，初高中学生要完成2次、每次2天的劳动实践学习，截至2022年11月，已有12万名中学生完成了基地劳动学习。此外，常州于2023年8月正式发布了《常州市劳动教育促进条例》，该条例是全国首部劳动教育方面的地方立法。

从应用推广观察，常州市以市域推进的方式全学段、立体化、系统性建立劳动教育体系，在劳动目标的厘定中丰富认识，在贯通式的劳动课程的建立、实践、评价以及机制的创新建构中形成了中国劳动教育的"常州样本"。教育部中小学劳动教育实验区座谈会在江苏常州召开，常州市做了《强化政府统筹和内涵建设，合力打造区域推进劳动教育的"常州样本"》的交流发言。其成果被《人民日报》《江苏教育报》和《新华日报》等媒体推广。

进一步观察的资源包：

[1] 庄惠芬. 市域"贯通式劳动课程群"的建构与实践——以江苏省常

州市为例[J]. 文教资料, 2022 (16): 56-61.

[2] 常州市教育局. 江苏常州：打造区域推进劳动教育的"常州样本" | 基础教育综合改革典型案例②[EB/OL]. (2022-12-10) [2024-03-02]. https://mp.weixin.qq.com/s/_-ejfQZbkzuhPr0l5w9tpg.

[3] 常州市人民代表大会常务委员会.《常州市劳动教育促进条例》(2023年制定) [EB/OL]. (2023-08-09) [2024-03-02]. https://rd.changzhou.gov.cn/html/rd/2023/OQQQJQEM_0809/31758.html.

案例88 从小热爱劳动：小学生新劳动教育的实践探索

成果完成单位：杭州市富阳区富春第七小学。

成果持有人：章振乐，戴君，夏建筠，洪玉芬，许佳奇，章红英。

成果概述：为了响应习近平总书记提出的"要教育孩子们从小热爱劳动"的号召，针对先富起来的地区学校普遍存在的"富后不劳""五育缺劳""以动代劳"三大问题，杭州市富阳区富春第七小学从"开心农场"这一劳动教育的载体出发，率先提出"新劳动教育"概念。历时12年，该成果逐步明确了以"从小热爱劳动"为宗旨的学校劳动教育新内涵，建成了新劳动教育课程体系，创建了目标清晰、内容丰富、途径鲜明、方式多样的实施模式，整合了劳动教育新资源，形成了学校主导的"学校+农场""学校+农户""学校+企业"等劳动教育新共同体，实现了劳动教育的新样态。同时，本成果形成了"价值创新、课程引领、系统实施、区域推进"的改革经验与方法，打造了小学劳动教育的实践样本。

从形成过程观察，该成果经历了12年4个阶段。①第一阶段（2009—2012年）建场地：解决劳动教育实施中的场所问题。2009年，学校向社区租用20亩土地，开辟"开心农场"，用于组织学生开展种植劳动，为劳动教育实施提供场地支持。2011年，依托浙江省规划课题"基于育人模式转换的'开心农场'设计与实施的研究"展开研究，推进"开心农场"建设，开展多样化的劳动实践。②第二阶段（2012—2015年）创课程：解决劳动教育实施中的内容问题。2013年，为解决劳动教育实施内容问题，突破劳动教育缺乏顶层设计和系统规划，缺乏课程标准的指引等难题，学校依托浙江省级规划课题"田野大课堂：'农事'特色课程群的架构与实施"，开始学科融合的劳动教育实践探索，突破传统教学模式，以项目化形式实施劳动教育。2015年，学校开展"基于选择性思想的新劳动教育课程的架构与实施"课题研究，通过选课、选项、选群、选师、选法及选评价的实施方式，突出了课程的选择性。③第三阶段（2015—2018年）成模式：解决劳动教育实施中的整体实施问题。2015年，学校响应习近平总书记的号召，从新时代"立德树人"的视角，结合本校多年实践对劳动教育进行新诠释和架构，重新界定劳动教育内涵，从目标、内容、环节等方面形成实施纲要和"学校＋农场""学校＋农户""学校＋企业"等实施模式；整合新资源，将培养学生勤俭奋斗的传统美德与现代教育新技术新手段相结合，让学生学会主动选择和实践；打通学校与社会、教育与生活的围墙，形成学校推动下的劳动教育新共同体。④第四阶段（2018—2021年）重辐射：解决新劳动教育的示范引领问题。2018—2021年，学校"新劳动教育"在课程优化、基地升级、家校协同等领域不断深化，逐步完善新劳动教育的新认识以及学校劳动教育的实践模式，在多元评价、协同育人、区域推进、助力乡村4项机制的保障下，落细落实劳动教育。发布"小学生劳动清单"，明确各年级劳动教育目标和内容；推出"新劳动教育"实践体验活动，走进乡村，开辟与农民同吃同住同劳动的新途径。

从成果产出效益观察，该成果为区域开展劳动教育提供了典型经验，富阳区发布《杭州市富阳区中小学生"新劳动教育"实践体验活动方案（试行）》，正在打造100个各具特色的"新劳动教育"实践体验活动精品村；培育1000个接待规范和教育有效的"新劳动教育"实践体验活动示范农户，建立"企业＋""农户＋""村镇＋""工厂＋"等模式的"新劳动教育"实践基地，为更多学校的学生提供多样化的劳动实践平台。在富春第七小学的引领下，富阳区成立了新劳动教育联盟，建构起标准化、课程化的体系，让孩子除了收获快乐，更能收获知识，树立正确的价值观，劳动教育实践逐渐走上课程化、区域化发展道路。据了解，富阳区设立以"新劳动教育"为重点品牌的美丽学校75所，推出实施项目149个。

<u>从应用推广观察</u>，2015年，富春第七小学被教育部认定为全国劳动教育实验单位，被评为全国中小学德育工作优秀案例，并作为基础教育典型案例入选《2019年中国基础教育年度报告》和教育部全面加强新时代大中小学劳动教育14个典型做法之一。学校的相关成果在全国范围内示范、辐射与推广，《光明日报》头版头条报道，在教育部2020年工作新闻发布会上作为亮点发布，在2021年全国中小学劳动教育现场推进会上作为"全国中小学劳动教育典型案例"发布，并做视频经验交流，对推进我国中小学劳动教育发挥了重要影响。

进一步观察的资源包：

[1] 章振乐. 新劳动教育：时代意蕴与实践创新［M］. 上海：华东师范大学出版社，2023.

[2] 章振乐，戴君，夏建筠，等. 从小热爱劳动：小学生新劳动教育的实践探索［J］. 全球教育展望，2022，51（7）：76-92.

[3] 章振乐. 正心立德 劳动树人——小学"新劳动教育"的实践与思考［J］. 中国特殊教育，2017（5）：27-29.

八

学前教育

学前教育是终身学习的开端，是国民教育体系的重要组成部分，是重要的社会公益事业。本章通过幼儿园保教质量的总体提升、幼儿园综合课程的实践创新、绿色课程的创生发展、活动课程的探索实施、心理健康教育的有效经验、教师专业发展的成长路径，以及幼儿发展的评价模式，呈现出实现儿童健康成长的9条有效路径。

案例89　整体提升幼儿园保教质量的上海实践

成果完成单位：上海市教育委员会教学研究室。

成果持有单位：上海市教育委员会教学研究室。

成果概述：保教质量是园所生存发展的生命线，更关系到每个家庭的幸福和民族的未来。针对园所和教师保教质量观科学性有待提升的现状，上海市教育委员会教学研究室系统思考、整体规划，紧扣提升质量的关键路径与核心抓手，以夯实园所和教师的主体意识为目标，聚焦保教质量提升过程中存在的主要问题：一是树立提升保教质量的新观念，二是构建幼儿为本的活动课程，三是以游戏作为保教质量提升支点，四是构建保教质量持续提升的教研支持系统，五是推动园所和教师的自我评估与主动发展。以一日生活为主阵地、以游戏为支点、以教研为依托、以激活发展内驱力为追求，努力转变儿童观、课程观、质量观，推进园所和教师主动发展，实现市、区、园三级同频共振，同生共进，在持续提质增效中满足人民群众"入好园"的愿望。

从形成过程观察，2001年起，上海市学前教育响应国家提高保教质量的政策要求，顺应学前教育课程改革趋势，开始了提升幼儿园保教质量的实践，该成果主要经过了如下阶段。①第一阶段（2001—2008年）：以幼儿为本，注重一日生活，为整体提质固本强基。编制《上海市学前教育纲要指导用书》《上海市学前教育课程指南解读》《幼儿园教师参考用书（2～6岁）》等系列文本，从一日生活入手、以活动形态为基本类型的课程体系，保障生活和游戏在课程中的重要地位，推动园所和教师实现从"分科教学"向"一日生活皆课程"转变。②第二阶段（2008—2016年）：依园所实际，夯实质量意识，提升保教管理能级。研制并发布《上海市幼儿园保教质量评价指南（征求意见稿）》《上海市幼儿园教师成长手册（试行）》等文本，树立各级各类园所的"质量意识"，激励园所围绕一日活动质量、教师专业发展、课程持续优化等方面，扬优势、补短板、强弱项。③第三阶段（2016—2022年）：激发教师内驱，强化科学评估，孕育提质生态环境。研发了嵌入园所发展方案、保教实施和教研过程的自评工具，为园所和教师提供可行可信的自评操作支架。全市各区、各园认真领会科学评估的内涵，努力提升园所和教师的自评意识和能力，助推科学评估落实到位。

从成果产出效益观察，高质量幼儿园建设以来，各区政府主动落实主体责任，努力提升学前教育水平，越来越多的幼儿园环境变美了，游戏活动更丰富了，教师的专业能力提高了，家长的满意度更高了，孩子们越来越喜爱幼儿园了。截至2023年底，全市公办幼儿园在园幼儿占比80%，比"十三五"末提高了10个百分点；幼儿园教师接受专业教育的比例达到了98%；全市普惠性幼儿园覆盖率达93%，比"十三五"末提高了5个百分点；全市幼儿园班额达标率为97%，且总体上各区的达标水平较均衡；开设托班的幼儿园占比已达到75%，普惠托育服务资源迅速增加。全市首批98所幼儿园在高质量幼儿园建设工作中成效显著，呈现出一批教师爱岗敬业、保教质量不断提升、具有良好口碑的家门口幼儿园。

从应用推广观察，整体提升幼儿园保教质量的上海实践，是上海教改坚持站高一步、先行一步的生动诠释。当前在实施教育强国的战略背景下，该学前教育的成果经验能不断地为基础教育持续改革发展提供借鉴。普陀、嘉定、金山、崇明4区被教育部认定为学前教育普及普惠区，金山区的建设举措和经验还被教育部作为典型案例在全国推广。黄浦、奉贤2区被确定为全国普惠性学前教育保障机制实验区，浦东、静安、嘉定3区被确定为幼儿园保育教育质量提升实验区。

进一步观察的资源包：

［1］ 上海市教育委员会教学研究中心. 整体提升幼儿园保教质量的上海实践［J］. 中国基础教育，2023（8）：41－44.

［2］ 杨振峰，孙磊，陈小华，等."为了每一个 发展每一个 成就每一个——上海全面推进高质量幼儿园建设行动"专题［J］. 上海托幼，2024（Z1）：6－23.

［3］ 季昕. 新学期，上海全力办好家门口的每一所幼儿园［EB/OL］.（2024－02－19）［2024－02－25］. https://mp.weixin.qq.com/s/X87gebPwT-1V4Nm-_FqHHQ.

案例 90　融入民族文化的幼儿园综合教育课程创新与实践

成果完成单位：广西师范大学，广西民族大学，广西区直机关第三幼儿园。

成果持有人：侯莉敏，吴慧源，冯季林，雷湘竹，林丽。

成果概述：2003年初，广西的幼儿园课程从分科走向综合，形成了以主题活动为载体、共同性活动与选择性活动相结合的综合教育课程模式。在这一课程实施3年多以后，研究团队在2006年7—8月对广西60所幼儿园的1200多名教师进行了问卷调查，发现在课程实施过程中存在一些问题。为了有效解决问题，研究团队以广西多元民族文化为教育背景，以幼儿园艺术教育为切入口，重新构建综合教育课程体系。

从形成过程观察，2006年始，研究团队首先在艺术领域展开了以多元文化背景下综合教育课程领域课程资源开发为主线的实践。通过2年多的研究，各实验园基于课程资源的建设开发出系列独具特色的主题系列活动。2008年始，又将研究内容扩展到语言、科学等领域，开发出了一系列融入民族文化的适合本地幼儿的数学游戏活动、科学探究活动、阅读与学前书写活动等，进一步完善并充实了幼儿园综合教育课程内容。同时，以课题实验园为中心向周边地区幼儿园推广和应用。2010年，研究团队在进一步完善和补充了综合教育课程的内容和资源后，就把成果及时运用和推广到农村幼儿园。

从成果产出效益观察，研究团队创新了"综合教育课程"理念，提出了与儿童发展相关联的幼儿园课程内容，建设了具有民族文化特色、适合不同地域幼儿园发展需要的课程资源平台。成果的社会意义重大，不仅关注民族地区的文化资源多样性，也关注学前教育发展的弱势群体即农村幼儿园教师的发展，这实际上是关注了学前教育在民族地区发展不平衡、资源建设不均衡的问题，成果无疑对我国学前教育在民族地区如何发展提供了一个较好的样例。除此之外，团队的理论科研成果同样突出，近10年来共获得相关课题、项目立项20多项，出版著作10本，发表相关研究论文30多篇，集结幼儿园教育教学案例集五大系列500多个，幼儿园教育教学视频案例上百个。

从应用推广观察，通过"点—线—面"的辐射推广方式，共有200名骨干教师参与了课程构建的实验工作。再通过课题研究等方式，影响了100多所幼儿园课程的园本化实践。成果在遍布广西所有地（市）的幼儿园中推广使用，惠及幼儿十几万人，教育教学研究与指导活动惠及教师上万人次，带动了一大批幼儿园及一线幼儿教师的进步与成长，为广西迎接新一轮学前教育发展创造了有利条件。

进一步观察的资源包：

[1] 侯莉敏. 幼儿园课程与教学理论 [M]. 北京：高等教育出版社，2016.

[2] 侯莉敏，罗兰兰. 从"立场彰显"向"科学发展"迈进：我国幼儿园课程实践的十年变迁 [J]. 学前教育研究，2022（1）：1-9.

[3] 基础教育国家级优秀教学成果资源服务平台. 融入民族文化的幼儿园综合教育课程创新与实践 [EB/OL]. （2020-02-05）[2024-02-22］. http://s. enaea. edu. cn/h/gjjzyfwpt/jxcgzy/2020-05-14/6444. html.

案例91　以综合的教育造就完整的儿童——"幼儿园综合课程"35年的探索与建构

成果完成单位：南京市实验幼儿园。

成果持有单位：南京市实验幼儿园。

成果概述："幼儿园综合课程"是南京市实验幼儿园历经35年，坚持走课程的科学化、中国化之路的教学成果。该成果建构了一种打破科目界限，有机组织课程内容，灵活使用多种教育手段和方法，让幼儿在与周围环境的相互作用中获得完整、有益经验的新型课程，形成了富有特色的幼儿园综合课程实践模式和观念体系。该成果突破学科相互割裂的现状，遵循儿童学习与发展的整体性，在超越分科课程的基础上，创建了以"主题活动"为形式的，涵盖课程理念、目标、内容、组织及评价的综合课程实践模式。"主题活动"是指将各种学习内容围绕一个中心有机连接起来，让幼儿在一段时间内，通过对中心话题中蕴涵的问题、现象、事件等进行持续、深入的探究，获得新的、完整的、有益经验的课程组织形式。

从形成过程观察，从1983年以来，成果发展历经了4个阶段的研究。①从"分科"到"综合"（1983—1995年）：针对学科割裂问题，分别以1983年、1984年入园的小班为实验班和验证班，借鉴系统论、陈鹤琴整个教学法，从整体性入手合理的组织内容和方法，初步探索以"主题活动"为形式，涵盖目标、内容、组织与评价的综合课程体系。②从"重教"到"重学"（1995—2003年）：针对"教师中心"现象，借鉴建构主义发展观和学习论等理论，以1999年、2002年入园的2个小班为实验班和验证班，进行以"自主创新性学习"为突破口的课程研究。尊重幼儿的主体地位和学习方式,改革一日活动的组织形式,减少集体教学,增加一日活动中幼儿自由选择、自主学习的机会。③从"拼盘"到"有机联系"(2003—2015年):针对"拼盘现象",借鉴杜威经验课程观、项目活动等理论,建立多形式、多层次的研究团队,从儿童的兴趣和需要出发,真正找到课程内在的有机联系,形成综合机制,实现主题实施从"知识逻辑"到"心理逻辑"的转化;关注幼儿经验的连续生长,使主题更具内聚力、更加适应儿童文化。④从"结果性评价"到"形成性课程评价"(2015—2018年):针对形成性课程评价关注不够的问题,借鉴布鲁姆教学评价理论,建立完整儿童与课程改进之间的紧密联系,依托国家社科基金十三五规划课题,借助大数据等现代化手段,重视形成性课程评价,反思课程实施,调适课程,真正关照每一个幼儿。

从成果产出效益观察,有以下几个方面。①建构了遵循幼儿身心发展规律的综合课程新模式。明晰了综合课程的理念——整体、生活、经验;确立了课程目标——身心健康、和谐发展的完整儿童;以儿童的生活为基点,选择课程内容,例如,既有与周围自然环境相互作用的主题,也有与幼儿社会性发展相关的主题,还有从幼儿自我认识角度开展的主题等;以实施路径多样化为载体,优化课程组织,强调综合利用和系统把握实践、参观、探索、体验、表达等学习过程的教育力量,以儿童心理逻辑为线索,展开主题活动。②确立了以完整儿童发展为导向的价值立场。形成了包含"以整体发展为核心"的儿童观、"注重有机联系"的课程观、"以幼儿经验生长为主旨"的教学观、具有"课程整体建构意识和建设能力"的教师观等的稳定的观念体系。明确提出幼儿园整体生活是培育完整儿童的基础,体现了人的完整性培养具有延续终身的特质。③创新了促进课程持续发展的制度体系。聚焦课程实施的关键问题,形成了以"互动式研讨"为提升途径,突显人人参与、循环往复推进特征的课程研究机制；通过"课程研究组""课程审议""教师成长组"等园本教研，创新了教师专业成长的系统路径；确立了"群体协作、共进为主"的课程管理理念；孕育与弘扬了具有"自信、自新"特质的综合课程文化。出版了《幼儿园综合课程》专著，该书近 40 万字。编著了《记录幼儿成长的 100 种语言》《和谐教育文化润泽》《幼儿发展评估手册》等 11 项研究成果，发表了 200 多篇研究论文，研发了 30 多个基于幼儿生活与本地资源的经典主题案例。幼儿园先后获得全国三八红旗集体、全国教育系统先进集体、省基础教育课程改革先进集体等称号。多次荣获省基础教育教学基本功大赛、省优秀教育活动评比一等奖。2018 年，荣获国家级教学成果奖一等奖。

从应用推广观察，1986 年 12 月在上海召开了全国普通教育整体改革学术研讨会，以《全国普教改革出现四种新模式》为题报道了该园综合课程；《中国教育报》、《南京日报》、江苏教育频道等数家新闻媒体进行了专题报道。35 年来，举办全国性的学术研讨会 12 场，与会代表 3000 多人；多位教师受邀到中国香港、日本、克罗地亚等地举办的国际会议上交流。1988 年，该园与省幼教研究会联合举办 2 期"综合课程"培训，全国 20 多个省市 150 名幼教同行参加。研究成果通过可视化视频信息、在线直播、课程数字化资源共享等方式得到全国 20 多个省教育主管部门的认可与推广，相继被香港、台湾等地区所借鉴。

进一步观察的资源包：

[1] 南京市实验幼儿园. 幼儿园综合课程［M］. 南京：南京师范大学出版社，2016.

[2] 章丽. 以综合的教育造就完整的儿童——"幼儿园综合课程"的探索与建构［J］. 幼儿教育，2023（Z1）：8-11.

［3］ 基础教育国家级优秀教学成果资源服务平台. 以综合的教育造就完整的儿童——"幼儿园综合课程"35年的探索与建构［EB/OL］. (2020-02-04)［2024-02-24］. http://s.enaea.edu.cn/h/gjjzyfwpt/jxcgzy/2020-05-18/6705.html.

案例 92　自然天放·尽性成德：幼儿园绿色课程 25 年创生实践

成果完成单位：青岛西海岸新区第一幼儿园。

成果持有人：邵瑜，蒲倩倩，孙虹钰，杨利民，官姗姗，任晓红。

成果概述：青岛西海岸新区第一幼儿园扎根绿色教育实践研究 25 年，创造性吸收了《庄子》中"天人合一"的优秀传统思想，借鉴可持续发展理念、卢梭"自然主义"教育观、"儿童中心主义"教育思想等教育理论，经过多年实践与理论的不断磨合，形成了独特的绿色教育理念体系。绿色教育的实质是一种自然的教育活动，是指遵循人的自然成长规律和教育规律，尊重幼儿天性、个性和主体性，通过创造一种自然、自由、平衡、和谐、无污染的教育环境，使幼儿园充满生命活力，富有人文气息，为幼儿一生的可持续发展奠定基础。在"自然天放 尽性成德"的核心理念下，充分挖掘中华文化元素，将顺应天性、涵养德性有机融入绿色教育，解决"顺天性"与"立德性"的融通问题。该成果形成了一套寓教于乐的"三层五域"绿色课程体系，将健康、语言、社会、科学、艺术五大领域内容贯穿于基础性课程、选择性课程和个别化课程三层课程当中，形成以"理念—内容—实施—评价—生态"为一体的课程创生实践模式，培养了"尚自然、慧生活、有爱心"的儿童。

从形成过程观察，幼儿园在确立绿色教育的办园教育理念后，进行了长达 20 多年的实践与探索，主要经历了以下 3 个阶段。①提出理念。"绿色教育"理念 1998 年就提出来了，当时普遍存在孩子远离自然、承受过早的知识灌输、过多的技能培训、过于机械的习惯塑造以及小学化的教育方式等状况，为解决这些问题，幼儿园开始进行"绿色教育"理论研究和实践探索。

在"自然天放"核心思想的引领下,幼儿园为绿色教育提炼升华了八大核心理念——天人合一、和谐均衡、个性张扬、身心健康、主动探究、寓教于乐、开放整合、持续发展。这一理念后被升级为"自然天放 尽性成德"。②课程构建。自 2000 年起,幼儿园就在绿色教育理念的引领下,初步构建起绿色教育课程。此后,为了让绿色教育课程更适合一幼孩子的发展,幼儿园最终确定以园本课程资源的有效开发与利用为切入点,遵循生活即课程的理念,充分挖掘利用园内、园外、显性或隐性资源,创造性地将各种有价值的教育因素作为延伸和拓展园本课程新的生长点,建构了许多立足幼儿生活的、具有园本特色的经典主题,彰显绿色教育的独特性、生态性和开放性。③课程实施。随着绿色教育课程方案文本的不断完善,课程建设仿佛进入了"高原期"。教师们参与课程建设的热情开始下降,课程实施变成从文本方案到现实实践的简单复制,缺少创造性再建构过程。在此背景下,幼儿园尝试班级主题项目制,通过"优势互补,确立主题""智慧共享,优化主题""组织调控,实施主题""合作研讨,反思完善"4 个步骤有序高效实施,使课程实施既有预设课程的稳定性,又有生成活动的创造性。

从成果产出效益观察,作为幼儿园绿色教育理念的践行者,团队从课程资源的开发与利用入手,形成了"渔村探秘""柿子熟了""幼儿园过生日了"等立足幼儿生活、具有园本特色的主题。《一双嫩足踏绿色——绿色教育课程资源的有效开发与利用》等多篇课程管理论文发表。在绿色教育理念的指导下,第一幼儿园出版了《绿色教育自然天放》等专著,《幼儿园绿色教育课程建设研究》荣获青岛市教学成果奖一等奖。团队还承担了国家级课题——"蓝色海洋教育课程资源的开发与利用研究",为绿色教育注入了新的生长点。其凝练的经验《蓝绿交融照耀未来希望》在山东省特色教育活动展评中获一等奖,《在蓝色海洋教育中探索前行》一书由中国海洋大学出版社出版。"绿色教育视野下的幼儿园 STEM 探究活动研究"成为中国教育科学研究院立项课题。此外，幼儿园以观察为手段、成长档案为载体，引入信息技术识别支持幼儿发展，形成了幼儿发展与课程建设相互作用的评价系统。目前，已形成10万多条幼儿发展数据。同时，幼儿园还开发了5个模块电子成长档案，包括"自我介绍+精彩瞬间+喜好""朋友收集表+五大领域发展解读+反思与计划"。运用多元评价模式对幼儿进行全面观察与评价，目前形成个性化成长档案6000多册。幼儿园获省最具特色的十佳幼儿园等荣誉称号，成果荣获2022年国家级基础教育教学成果奖一等奖，是山东省唯一获此殊荣的幼儿园。

从应用推广观察， 幼儿园为国家、省市研讨会提供教育现场60多次，接待上千名省内外同行观摩，受邀到大连、内蒙古、成都、贵州、甘肃等13地进行绿色课程推广。《中国教育报》、中央电视台等媒体进行了20多次报道。2018年全国教育大会当天，中央电视台连线直播了第一幼儿园的绿色教育成果；2019年中央电视台教师节专题报道中，连线直播介绍绿色教育。2021年幼儿园绿色教育经验在"中国—新西兰"学前教育研讨会上作为中国唯一幼儿园代表发言。在2016年的"全国学前教育宣传月"启动仪式上，幼儿园绿色教育成果受到了时任教育部刘利民副部长和省、市领导的高度评价。联合国儿童基金会教育专家苏利文女士感叹道："我看到了一个全球高水平的幼儿教育场景。"

进一步观察的资源包：

[1] 邵瑜，南海玉. 在蓝色海洋教育中探索前行 [M]. 青岛：中国海洋大学出版社，2018.

[2] 赵彩侠，孙军. 绿色教育：顺天性 立德性——探访山东省青岛西海岸新区第一幼儿园 [N]. 中国教育报，2023-10-08（1）.

[3] 邵瑜园长工作室（微信公众号）.

案例93　以幼儿自主学习为核心的幼儿园低结构活动探索

成果完成单位：上海市闸北区芷江中路幼儿园。

成果持有单位：上海市闸北区芷江中路幼儿园。

成果概述：课改数十年，幼儿被动学习现象依然严重，原因是幼儿园仅重视高度结构化的封闭性活动，即过程规定多、评价一刀切、远离生活情景、忽视直接体验，无法真正从幼儿的特点和需要出发。本研究经历由"教"到"学"的视角转变，从教师主控到幼儿自主的活动环境探索，最终形成了目标内隐、过程开放、结果多元的低结构活动范式（活动设计样式、操作要点、实施策略、支持性环境与"幼儿材料超市"的创设方法、实践环节模型、自主评价体系），研发了一系列低结构活动内容、独创开放性的经典玩教具，真正实现"让孩子表现自己，让教师发现孩子"，促进幼儿自主发展。

<u>从形成过程观察</u>，关于低结构活动的研究历时15年，主要采用行动研究法，形成了一个"寻找真问题—行动中研究—反复验证—调整改进"的循环、递进过程，大体分为3个阶段。①第一阶段（1999—2004年），这一阶段要解决的问题是教师如何从关注"教"向关注"学"的视角转变。形成了以幼儿为主体的探索型主题活动的操作框架；出版了《奇迹，其实它很平凡》，获上海市教科研成果奖一等奖；突破和创新点是从关注教师的"教"转向幼儿的"学"。②第二阶段（2004—2009年），这一阶段要解决的问题是如何创设能让幼儿表现自己的可选择性环节，让教师发现孩子。形成了"幼儿材料超市"的操作体系、一套环境创设的方法以及3种样式的活动类型；出版了《幼儿园自主性"探索—表达"教育活动》，获上海市教

科研成果奖二等奖；突破和创新点是以可选择性的材料系列丰富了课程资源，保障了幼儿的自主学习。③第三阶段（2009—2013年），这一阶段要解决的问题是如何平衡课程目标要求与幼儿自主探索的关系，处理活动过程与结果的关系。形成了低结构活动的范式、评价指标和操作指引，研发系列内容、经典玩具与案例集；建构了课程质量监察与管理机制；出版了《让评价成为一种专业行为》，获得上海市教科研成果奖二等奖；突破和创新点是建构了有别于中小学教育的活动范式——低结构活动，回归幼儿教育原点，真正实现幼儿自主学习。

从成果产出效益观察，出版了《奇迹，其实它很平凡》，获上海市教科研成果奖一等奖；出版了《幼儿园自主性"探索—表达"教育活动》，获上海市教科研成果奖二等奖；出版了《让评价成为一种专业行为》，获上海市教科研成果奖二等奖。此外，该成果还转化为2019年幼儿园优秀游戏案例国家级培训、国培计划、香港教育局幼稚园特级校长培训等培训课程，累计培训全国幼儿教师、园长8000多人，被国内外专家誉为中国的"瑞吉欧"。该成果还荣获首届国家级教学成果奖一等奖等多项奖励。

从应用推广观察，研发"产品+课程"，借力上海市"双名"培养基地学校、上海市课改实验基地来面向全国、市区公开观摩展示活动。在幼儿园优秀游戏案例国家级培训、国培计划、长三角名园长培训、上海市教师培训等培训课程中推广辐射。将专著等课题成果物化为培训课程内容，探索优秀成果与日常工作的深度融合，建立完善与之相匹配的教师专业发展培训课程，坚持以点带面、循序渐进原则，第一阶段在区域及全市的示范性、一级园、二级园进行试点推广；第二阶段通过立体的、分层的课程培训进行分片选点推广；第三阶段开展全方位、多层面的大面积推广。

进一步观察的资源包：

[1] 郑惠萍. 幼儿园自主性"探索—表达"教育活动[M]. 上海：上海

社会科学院出版社, 2007.

[2] 上海市闸北区芷江中路幼儿园. 教、学、管合一 有序开展教学[J]. 现代教学, 2011 (Z2): 99.

[3] 基础教育国家级优秀教学成果资源服务平台. 以幼儿自主学习为核心的幼儿园低结构活动探索 [EB/OL]. (2020-02-03) [2024-02-22]. http://s.enaea.edu.cn/h/gjjzyfwpt/jxcgzy/2020-05-22/7534.html.

案例94　循道返本：幼儿园学习中心活动的组织与支持

成果完成单位：深圳市教育幼儿园。

成果持有人：王翔，陈菲菲，叶玉云，张如楠，胡振军，卢晓霞。

成果概述：为了解决"如何让每一个儿童热爱学习""如何让课程更具适宜性与有效性""如何建构师幼对话的学习共同体"等系列问题，广东省深圳市教育幼儿园经过近20年的实践探索，构建了"返本"理念下的"儿童学习中心课程"。课程践行回归儿童本质的"返本"理念，尊重儿童的天性，关注童年本质和儿童幸福，打破了传统幼儿园教育的"壁垒"，融合中西方教育思想和方式，跨越了领域、年龄、教室、教师、家园、虚实等界限，是一种以儿童经验为基本逻辑起点，以儿童生活为现实背景，以培养和谐、智性、本真、喜乐的儿童为育人目标，以多样性、共享性学习环境为基础，以学习中心活动为载体的中国化经验课程模式。课程采取中心制、混龄制、走班制相结合的组织方式，满足儿童个性化、差异性的学习需求。此外，该幼儿园还自主研发与课程相匹配的App评价系统，动态评价儿童学习发展，实现了跨越时空的家园合作，真正促进了每个儿童的全面发展。

从形成过程观察，深圳市教育幼儿园在《幼儿园教育指导纲要》（简称《纲要》）和《3～6岁儿童学习与发展指南》的指引下，通过不断实践探索，打破原有的课程框架，逐步形成了支持儿童多元化学习的混龄、走班课程体系。①打破班级界限，创设学习中心走班的学习方式。从2005年开始，该幼儿园尝试创建了机械建构、美劳创意、生活体验、科学探索4个学习中心，2007年又增设语言表达、音乐韵律、戏剧扮演、民间游戏4个学习中心。儿童的学习由班级轮流制转变为8大学习中心整体走班。2009年又增设自然博物、社会人文、数学感官、思维益智中心4个学习中心，形成内容全覆盖的12个学习中心，满足儿童各方面的学习需求。②建立微型社区，打造全方位的混龄课程生态。从2012年开始进行全园混龄编班，每个班级都由比例均衡的3～6岁儿童组成，开展全混龄走班模式。同时创建微型社区，让儿童体验各种社会角色，将儿童的社会性学习与发展融入课程。③研发核心经验，塑造高素质的教师专业团队。2014年开始，该幼儿园以园本行动研究的方式，让教师们在实践中观察儿童，从大量的儿童行为表现中提取儿童学习的核心经验，区分各年龄段儿童行为特征的水平差异。到2017年，幼儿园建成了全部学习中心的核心经验体系。

从成果产出效益观察，经过多年的实践探索，该幼儿园儿童学习中心课程取得了显著成效，于2019年荣获广东省基础教育教学成果奖特等奖，具体体现如下。①构建了稳定的课程支持系统。幼儿园构建了观念系统、空间规划和调度系统、资源材料供给系统、教师支持引导系统、过程性评价系统等相互呼应、互相关联的五大课程支持系统，解决了课程改革中从观念到技术的关键问题。②为儿童学习创造了无限可能。学习中心为儿童提供了最大化的教育资源，赋予了儿童最大限度的自由，使儿童跨越最大范围进行人际交往，为儿童创造了无限可能的学习机会。③打造了专业过硬的教师队伍。教师团队在课程建设中形成成长思维和创新人格，他们以儿童视角、专业智慧支持儿童学习，享受教育乐趣和喜悦，也不断自我超越取得成就。出版《返本课程》等专著2部，开发12本学习中心资源册；在国家级、省级学术刊物公开发表论文22篇，获奖论文187篇；27位教师独立主持研究课题，省、市、区级结项课题34项；园长任省名园长工作室主持人及地方领军人才，共220名教师获省专业技能大赛冠军、省五一劳动奖章、特级教师、南粤优秀教师等称号。④促进了儿童全面可持续发展。对100多名毕业生6年的追踪调查结果显示，97%的儿童在学习能力、社会适应、交往合作方面表现突出，学业成绩优秀。这在一定程度上表明儿童学习中心课程为儿童未来的学习与生活奠定了良好基础。

从应用推广观察，该课程发挥了高质量教育示范作用。成果受到国内同行广泛关注，其跨界融合、资源共享、学习中心走班等理念和方式被广泛学习借鉴。该成果在"南方教研大讲堂"栏目中进行专场展示，获得了79.46万次的播放量，受到了国内外同行的热切赞誉。受邀参与世界学前教育组织（World Organization for Early Childhood Education，OMEP）亚太区研讨会等国内外学术研讨200多次。作为教育部园长培训中心实践教学基地，引领国内外40多个地区的幼儿园进行课程探索，开展各级各类、线上线下课程培训400多场，多次赴东南亚及国内偏远落后地区支教，成果为很多幼儿园实践借鉴和应用，均取得良好效果。同时，该课程的成效也得到了社会的高度认可。香港大学学者在《课程杂志》等国际期刊中发表相关研究成果，中央电视台、《中国教育报》等众多媒体平台报道，被评选为最受家长欢迎幼儿园等荣誉。多次接待英美、东南亚等国家和地区及港澳台等地考察团的交流访问，获海内外专家高度评价。

进一步观察的资源包：

[1] 王翔. 幼儿园返本课程 在行动中学习 [M]. 南京：南京师范大学出版社，2016.

[2] 王翔. "返本开新"：学前"儿童学习中心课程"的构建与实施 [J]. 中国基础教育，2023（3）：66-69.

[3] 王翔. 循道返本 创见未来——深圳市教育幼儿园学习中心课程的探索与构建 [N]. 中国教育报，2021-12-22（10）.

案例95 育心养正：幼儿园"全领域育心"的研究与实践

成果完成单位：深圳幼儿园。

成果持有人：宋克，贾建国，李莉，王红静，姚艳辉，袁祖英。

成果概述：当前大中小学生的心理健康问题已引起社会和教育部门的广泛关注，但幼儿的心理健康教育则处于"边缘化"地位，具体而言存在下列问题：预防性不够；课程化不足；融合性不高。为了解决上述问题，深圳幼儿园提出了"童蒙养正、全纳育心"的核心理念，将育心融入立德树人全过程，从课程、活动和环境等方面出发，形成幼儿园心理健康教育课程体系。该体系是面向全体幼儿的全域性心理健康教育体系，以核心素养导向的"四维三阶"为目标体系，其中"四维"即恰当的自我意识、有效的情绪管理、良好的社会适应和积极的学习品质，而"三阶"即针对每1个维度提出的3个层级的目标。根据"四维三阶"，建构形成了"1+1+N"的课程内容体系（第一个"1"指发展性心理健康教育课程，第二个"1"指干预性心理健康教育课程系列，"N"指渗透式心理健康课程模块），并形成与之匹配的活动设计、实施策略和资源体系等，致力于将课程、活动和环境等进行全域性整合，形成融会贯通的心理健康教育体系，真正为每一个幼儿的人格健康发展奠定基础。

<u>从形成过程观察</u>，深圳幼儿园从寻找真问题出发，在行动中研究，通过反复的实践和验证，不断优化、改革、提升、递进和迭代，使幼儿园的心理健康教育逐渐成为一个体系。①第一阶段（2004—2008年）：致力于形成面向特殊幼儿的干预性心理健康教育课程教学策略。从20世纪90年代开始，幼儿园支持让带班老师解决特殊儿童的教育问题（如自闭症、多动症、边

缘性障碍和语言发展障碍等特殊儿童），让老师用爱心、耐心、责任心和过往经验来支持儿童，但收效甚微。于是，幼儿园开始和高校的心理学专家学习，用心理学知识解读幼儿行为，并应用到教育实践。同时，也向临床心理学专家学习识别特殊儿童，并以此形成教育策略。②第二阶段（2008—2014年）：构建促进全体幼儿发展的心理健康教育课程体系。第一阶段积累和整理了丰富的教育策略后，幼儿园开始思考怎样从干预到预防，从关注少数幼儿到面向全体幼儿，从心理健康教学活动过渡到课程建构。为此，进行了大量课题研究，大量心理学知识的迭代学习，逐步建立起了幼儿心理健康教育课程体系。③第三阶段（2014—2022年）：创建了满足幼儿多元化需求的全领域育心的心理健康教育体系。从2014年开始，幼儿园站在立德树人的高度，以"童蒙养正，全纳育心"的理念面向全体幼儿，将课程、活动、空间和环境等进行全域性整合，形成育心与育人融会贯通的心理健康教育体系，走出一条以育心促育人来落实"立德树人"的教育新路径。

从成果产出效益观察， 成果共产生如下效益。①幼儿心理品质显著提升。幼儿心理健康水平呈现逐年上升趋势，幼儿任性、退缩、多动等行为偏差逐年递减，在健康、语言、社会、科学、艺术五大领域方面的能力显著增强。②教师专业能力持续提升。教师的心理健康教育教学能力、课程领导力等都得到了明显提升，全园60%以上的教师在各类比赛中获奖；已编写8部专著，研发4本配套系列教师指导用书、29项系列课题；发表论文50多篇，教师教案和论文获奖119次；市区级讲师团讲师7人。③办园水平整体提升。幼儿园先后成为高校教育实习基地、中国心理学会幼儿心理健康教育研究实验基地、省幼儿园园长培训实践基地、省随班就读示范园、市融合教育试点园；多次被评为市卫生保健优秀幼儿园，荣获市教育系统先进单位、市教育局"办学效益奖"、市巾帼文明示范岗、市教育改革创新大奖等荣誉称号；家长及社区对该园的认可度不断提升，满意度达100%。

从应用推广观察，近年来，深圳幼儿园积极发挥示范引领作用。成果在新、鲁、湘、粤、宁等17个省市幼儿园推广使用，接待全国各地及澳洲、日本、泰国等国内外园长、教师约3.1万人次参观学习；在19届上海国际课程论坛、省学前阶段融合教育交流研讨会、大湾区基础教育创新发展论坛、市基础教育国际论坛等分享经验；参与中央电教馆、国家教育行政学院、北京教育学院的专题培训项目以及市妇联、教育局举办的"育儿讲堂"等20多次；市广播电台节目直播24次，受益家长高达32万人次；《中国教育报》、人民网等28家媒体做了相关报道。

进一步观察的资源包：

[1] 宋克. 全领域育心：幼儿园心理健康教育环境创设[M]. 广州：广东教育出版社，2022.

[2] 宋克. 深圳幼儿园"全领域育心"特色教育实践[J]. 中小学校长，2022（5）：30-32.

[3] 宋克名园长工作室（微信公众号）.

案例96 成就"活教师":陈鹤琴活教育思想引领下幼儿园青年教师成长的创新实践

成果完成单位:南京市鹤琴幼儿园。

成果持有人:张俊,叶屏屏,余静雯,张倩,杨柳,徐悦。

成果概述:陈鹤琴先生在20世纪40年代提出"活教育"思想,从"一切为儿童"的立场出发,教育要密切联系儿童生活、激发儿童生命活力。南京市鹤琴幼儿园自创办之日起,就以研究、实践、弘扬陈鹤琴先生的"活教育"思想为己任。开办之初,面对教师队伍年轻、办园经验不足的困境,如何让教育理念变成看得见的实践,让年轻教师在获得专业成长的同时坚定专业信念,让"活教育"思想在新时代重新焕发活力,成为幼儿园面临的现实问题。基于此,幼儿园提出"爱生活、会创造"的培养目标,认为这既是儿童成长的目标,也是教师成长的目标。只有成为"活教师",才能培养"活儿童"。基于此,幼儿园把教师的专业发展放在人生成长的大框架中,提出做"活教师"这一新时代教师成长的目标,从个性品质、专业实践、专业素养3个维度确立"活教师"的核心内涵,并在实践中不断探索活的课程、活的教研、活的管理,确立了活教育思想引领下的教师成长目标与主张,探索了"活教师"的成长路径,构建了"活教师"的成长生态,创造性地解决了如何有效支持幼儿园青年教师专业成长的问题。

从形成过程观察,该幼儿园是2016年由高校和地方教育部门联合创办的幼儿园,以践行与创新陈鹤琴"活教育"思想为己任,依次解决了"什么是'活教师'""'活教师'的成长路径"以及"'活教师'的生态"等问题。建园初期,关于"什么是'活教师'"的问题,在总结陈鹤琴先生有关论述的基础上,幼儿园从个性品质、专业素养、专业实践3个维度把握

"活教师"的内涵，提出其核心是和爱的性情、研究的态度、创造的实践。此后，幼儿园探索了关于"活教师"的成长路径的问题，明确儿童身上有着教师成长的"密钥"，认为热爱儿童是幼儿园教师成长的起点，在此基础上，教师才有可能抱着热情去研究儿童、认识儿童，主动积极地支持儿童的发展，从而发展教育技能，树立专业信念，因此"活教师"的成长需要从关注儿童，研究儿童开始。在此基础上，幼儿园又从"活课程""活教研""活管理"3个方面进一步明确了"活教师"的生态问题："活课程"即弹性留白的课程实施，激励教师看见儿童，自主创造；"活教研"即问题导向的园本教研，支持教师共研共学，相互成就；"活管理"即开放合作的管理文化，引领教师共生共长，敬业乐业。

从成果产出效益观察，该园建立了立体式园本教研体系，全方位支持教师的课程开展和专业发展。从纵向看，分为园部（如全园、教研组）、年级组、班组3个教研层级；从横向看，涉及儿童发展评估、各领域集体教学和区域活动开展、主题活动开展、日常保教等多方面内容。该园将儿童发展观察评估列入教研的内容，引导教师在理解儿童发展进程的基础上，科学解读儿童行为，并运用到教育实践中。为此，该园在南京师范大学专家团带领下，共同研制了《儿童发展观察评估指引》，发表文章《"活"的儿童观察评估：南京鹤琴幼儿园的研究与实践》。同时，以领域关键经验为内核，以真实生活经验为网络，开发"活教育"系列课程。通过预设与生成相结合并和多种活动形式的有机整合，推进"活"课程的实施。出版"活教育"课程故事丛书《看得见儿童 找得到课程》，发表文章《让幼儿园课程"活"起来》。基于此，南京市鹤琴幼儿园成为南京市省级优质幼儿园和全国闻名的陈鹤琴"活教育"思想实践园，培养出一批批爱生活、爱儿童、爱研究的"活教师"。

从应用推广观察，2023年8月21日，建邺区教育局挂牌成立幼儿园

"活教师"培养研究室，旨在深化成果研究和推广孵化，引领建邺教育高质量发展。该园奉行开门办园的思想，创设了各种类型的交流平台，让教师对外分享自己的实践经验与思考，如日常的接待参访、线下的"活教育"专题研讨会和联合教研、线上的经验分享会、微信公号推送，等等。教师"输出"经验的同时也"输入"反馈，并引发更深入的思考。该园还首创幼儿园访问教师制度，邀请认同该园"活教育"理念的幼教同行加入该园进行为期一年的浸润式驻园访问。访问教师来自五湖四海，他们的加入让该园教师的视野更开阔。

进一步观察的资源包：

[1] 张俊，蔡冬青. 南京鹤琴：一所没有特色的幼儿园 [M]. 南京：南京师范大学出版社，2022.

[2] 马颖雨，孔曼，叶屏屏. 活教育课程故事丛书：看得见儿童 找得到课程 [M]. 南京：江苏凤凰教育出版社，2021.

[3] 张俊. 新时代"活教师"培养的思考与实践 [J]. 幼儿教育，2023 (31)：4-7.

案例97　指向个性化教育支持的幼儿发展评价研究

成果完成单位：上海市静安区安庆幼儿园。

成果持有单位：上海市静安区安庆幼儿园。

成果概述：本成果直指研究的瓶颈——如何通过评价来支持幼儿个性发展。十多年来，从实施评价的目的起始，幼儿园尝试回答谁来评价、为什么评价、怎么评价、评价了又如何的问题。基于一系列问题的行动研究，让幼儿园不断在评价理念、机制和策略上寻求实践和突破，尝试多元主体参与的评价过程，促使评价共同体机制的建立；研究怎么评的方法，推动幼儿园研制了园本化实施评价的工具，并为第一线教育者提供了基于一日课程日常评价的各类指导性建议等；对评价最终目的的回应，是用发现、理解、支持的教育行动支持每一个幼儿的个性化发展。从质疑到不断尝试，幼儿园逐渐形成接纳、尊重、支持和回应的评价方式以及依据评价结果的教育支持策略，最终确立了用评价支持幼儿个性化发展的教育行为模式。本成果的重要突破有4方面：①确立"尊重差异，支持发展"的评价观。②形成幼儿发展评价系列"操作工具"。③建构动态支持幼儿个性发展的"课程—评价循证机制"。④实现多方协作互动的"评价共同体"。

从形成过程观察，该成果始于2005年，历经12年，经历了"价值角度、对象角度和共同体参与角度"3条路径的转变，始终坚持以"发现问题—设计思考—行动成效—发现新问题"的研究思路解决问题。这一历程可以划分为3个阶段。①从关注判断到关注发展（2005—2008年）：建立了900多本幼儿成长档案，形成了观察记录2万多篇，部分记录成为《上海市幼儿园保教质量评价指南》的表现举例；初步形成了"每个幼儿都是独特个体"的儿童观。②从关注发展到关注课程（2008—2014年）：制定了以幼儿发展评价分析为依据的幼儿园课程实施方案。将课程优化的思考融入一日活动各个环节；初步构建了定期互动的教师、家长评价共同体；初步形成依据评价结果优化幼儿园课程的循证路径。③从关注课程到个性化支持（2014—2018年）：研发了幼儿的个性化发展支持系统，研发了各类操作工具；出版《发现童心的秘密——幼儿发展评价的实践》《发现 理解 支持——指向个性化教育支持的幼儿发展评价实践》；研发了电子成长档案，将幼儿个体发展的支持延伸到每个家庭。

从成果产出效益观察，该园结合整体设计、点上深化、多端切入、综合聚焦等实施策略，通过顶层设计在前，实践创新与反思调整互动互进，阶段中及时梳理总结，形成了众多研究成果，出版了《发现童心的秘密——幼儿发展评价的实践》《发现 理解 支持——指向个性化教育支持的幼儿发展评价实践》等"评价"系列专业书籍。2018年，荣获国家级教学成果一等奖。该园研发了《评价内容纵横比对解读与观察记录手册》，提出以下内容。①评价内容隐藏着幼儿发展的"递进"规律：横向解读评价内容，发现幼儿发展过程不同阶段的各类表现。②评价内容表述了幼儿发展的各种行为：纵向解读评价内容，发现评价内容的维度呈现了幼儿在一个领域发展的不同表现。该园研发了《幼儿发展评价观察指引手册》，为教师提供了在一日活动中观察、记录和分析的方法，包括以下3种。①提出3条途径：根据评价内容选择观察场景，多渠道采集幼儿个性化成长证据；根据评价内容选择信息采集方法，收集幼儿发展的多样证据；分析、思考幼儿发展需要，形成课程调整的依据以支持幼儿个性化发展。②强调记录要点，从"关键词及解读、观察主体、观察时间、记录方式"等角度出发，引导教师在自然情景中记录幼儿成长。③提供分析路径：从年龄特点、思维方式、探索过程、解决问题方式等角度分析在幼儿成长过程中体现当下发展状态的关键事件。通过记录和分析，使幼儿的学习与发展过程清晰可见，成为理解与支持幼儿个性化发展的"证据"。该园设计了《幼儿评价操作手册》,为教师提供操作性评价实施指引,主要有以下3个方面。①划分评价前、中、后三维度,给予提示,并提供经典案例。②从教师实践、教研组研讨、多元主体合作等方面设计保障机制。③提供教师开展评价、引导家长观察幼儿、幼儿自我评价的方法、案例。该园建立了"课程—评价循证机制",引导教师从幼儿个性化需求出发推动课程的生成性实施,动态化满足幼儿发展需求,提高了评价的实效性。

<u>从应用推广观察</u>,该园评价的经验在上海市及其他多个省市的幼儿园进行了复制与实践。在中国学前教育研究会幼儿园课程与教学研讨会、全国园长大会、上海市暑期校(园)长培训、上海教育丛书成果推广发布会、上海市课程领导力项目大会等层面分享了评价经验,已经开展全国现场观摩、经验交流、专题培训上百次,有效传递了幼儿发展评价的实践经验和成果。随着幼儿发展评价研究的深入实践,发现了幼儿作为主体在评价研究中的无限潜能。

进一步观察的资源包:

[1] 温剑青. 发现 理解 支持——指向个性化教育支持的幼儿发展评价实践[M]. 上海:上海教育出版社,2019.

[2] 温剑青,曹云. 支持个性化教育的幼儿发展评价实践与思考[J]. 上海教育科研,2019(11):32-37.

[3] 基础教育国家级优秀教学成果资源服务平台. 指向个性化教育支持的幼儿发展评价研究[EB/OL]. (2020-01-19)[2024-02-24]. http://s.enaea.edu.cn/h/gjjzyfwpt/jxcgzy/2020-06-12/11730.html.

九 特殊教育

特殊教育是教育事业的重要组成部分,是建设高质量教育体系的重要内容,是衡量社会主义进步的重要标志。本章通过对学前听障儿童双模块融合教育、培智学校劳动育人体系以及以评促学课程育人体系的构建等案例,呈现了促进特殊教育长远发展的可行方案。

案例98　学前听障儿童双模块融合教育的十年实践与探索

成果完成单位：江苏省苏州市盲聋学校，江苏省苏州幼儿师范高等专科学校附属花朵幼儿园。

成果持有人：季兰芬，孟瑾，包葵，傅英，朱敏明，张卫萍。

成果概述：苏州幼儿师范高等专科学校附属花朵幼儿园与苏州市盲聋学校合作开展学前听障儿童融合教育已有10多年，始终坚持以儿童发展为重点，健全管理机制，有效开发与利用园本教育资源，建构了由融合教育课程与个别化康复课程组成的"双模块"课程体系，实施过程性与结果性全程评价，使学前听障儿童及普通儿童全面受益。学校将普通幼儿园课程与听障儿童言语康复训练标准教程从内容与形式上进行整合，构建了融合教育的双模块课程体系。模块一：普通幼儿园教育——利用普通幼儿园的资源，创设全自然的康复、生活、游戏环境，促进听障儿童社会性发展。模块二：听力语言康复训练——以幼儿园课程为蓝本，结合"听障儿童言语康复训练标准教程"建构听力语言康复训练课程。双模块是融合教育课程的基本模式，具体操作过程中要根据听障儿童的年龄、听力受损情况和语言发展情况等个别差异，调整双模块课程使用比例，确定安置方法，制定个别教育计划，选择最适合的课程方案，形成以听力语言康复训练为主、普通幼儿园教育与听力语言康复训练相结合、以普通幼儿园教育课程为主3种变式。

从形成过程观察，10多年的创新实践与探索，经历了酝酿、磨合、发展、收获4个时期。①酝酿期：2000年始两校均开展融合教育，但效果不理想。2002年，两校产生了合作开展融合教育的想法，拟由盲聋学校两位老师带听障儿童进入花朵幼儿园学习，实施融合教育。②磨合期：2003年，两校启动融合教育项目，但随着项目的开展，各种问题接踵而至。一是听障儿童家长不满意。由于听障儿童需参加幼儿园的各项活动，语训时间相对减少，家长担心语训效果不理想。二是健全儿童家长不接纳。家长担心听障儿童的特殊行为影响班级正常活动的开展，进而影响自己孩子的发展。三是融合教育教师不理解。教师担心听障儿童的特殊性影响班级活动开展的效果，同时对如何与听障儿童相处，如何对其进行引导和教育缺乏信心。项目组多次组织开展家长开放日、亲子课堂等活动，改变聋、健儿童家长的看法，同时通过专题学习、专家讲座、外出考察等途径提高教师的融合教育水平。③发展期：随着市级课题与省级课题的相继立项，大家的专业热情再度被激起，融合教育项目进入了快速发展期。北京大学言语听觉研究中心高成华教授专程来苏州参加了项目组的"融合教育展示活动"，并给予高度评价："这是我所看到的真正的融合教育。"④收获期：2012年，借结题契机，项目组认真总结实践经验，撰写结题报告，提炼融合教育的康复理念、课程模式及实施方案。先后完成了融合教育教师的《论文、教育随笔汇编》、融合教育的专著《迟桂花开》，另有数十篇文章在各级各类刊物上发表或获奖。

从成果产出效益观察，经过10多年的探索与实践，幼儿园目前已基本形成一套规范的融合教育管理机制，每年确定合理的听障儿童融合教育名额，目前已形成常态化的招生制度。根据听障儿童年龄，也已经形成一套科学的安置方法，且拥有专业的师资团队和丰富的资源配置。比较突出的是建构双模块课程，打造融合教育范式，即课程内容和课程形式的融合，以个别化教育（individualized education program，IEP）为抓手，立足儿童发展，实施适切的融合教育，同时还以差异性作为资源，促进普、特儿童共同发展。该项目先后完成了融合教育教师的《论文、教育随笔汇编》、融合教育的专著《迟桂花开》，另有数十篇文章发表或获奖。课题被评为苏州市教育科学研究"精品课题",该项目还获得了2013年江苏省基础教育优秀教学成果奖特等奖、2014年国家级基础教育教学成果奖二等奖。

从应用推广观察,10年来,在苏州市教育局的直接关怀下,苏州市盲聋学校、苏州幼儿师范高等专科学校附属花朵幼儿园合作开展融合教育研究,以苏州市教科院、苏州幼儿师范高等专科学校的专业指导为依托,以苏州幼儿师范高等专科学校附属花朵幼儿园生活化、游戏化课程为抓手,以聋、健儿童家长的理解和配合为补充,同时借助媒体舆论宣传扩大影响,逐步形成合力,助推融合教育科学发展,最终让广大学前听障儿童受益,实现美丽中国特教梦!

进一步观察的资源包:

[1] 吴建东,朱海荣,陈茜,等. 低龄儿童构音训练指南[M]. 苏州:古吴轩出版社,2021.

[2] 季兰芬. 学前听障儿童双模块融合教育的实践与探索[J]. 现代特殊教育,2015(7):7-9.

[3] 季兰芬. 一生只做一件事[J]. 现代特殊教育,2015(9):53-56.

案例99 "生涯自立"理念下培智学校劳动育人体系建构与实践创新

成果完成单位：杭州市杨绫子学校。

成果持有人：俞林亚，刘晓美，姚郑芳，张芳，李果，裴春莹。

成果概述：面对当前智力障碍（简称"智障"）学生缺乏就业机会、劳动技能弱、生活质量低等现实问题，杭州市杨绫子学校以"让每位智障学生享有高品质的生活"为目标，以智障学生为对象，以劳动教育为抓手，创新提出了从只满足"生活自理"到"生涯自立"转型升级的新时代特殊教育理念，大力倡导智障学生走向社会应具备"自主能动、适性参与、释放潜能"等素养。由此形成了"从生活自理到职业自立"的劳动生涯发展目标，构建了学前至职高15年一贯制一体化劳动教育课程体系，制定了《培智学校劳动教育课程纲要》（简称《课程纲要》），搭建了培智学校劳动教育平台，构建了培智学校劳动教育评估体系与支持性学习实践模型，开发了智能的劳动教育质量检测系统——"杨绫大脑"。最终形成培智学校劳动育人体系，助力智障学生实现个性化全面和谐发展，大大提升了智障学生的生活品质。

从形成过程观察，学校采用行动研究，在育人实践中不断地计划、实施、观察、反思，历经"早期探索""系统构建""深化发展"3个阶段。① "早期探索"阶段，聚焦理念更新，建立了"一贯制教育体系"。早期对家长、教师、企业单位等进行了劳动教育需求的调研，发现大众对于智力障碍学生的劳动教育认知和期望停留在"以生活自理为目标"的水平。针对此问题，学校基于生涯发展理论，提出了指向"生涯自立"的劳动育人新范式构想，打造了家校社联结的生态圈，并率先在2000年完成向学前与职高两头延伸的学制改革，建构了横向协作、纵向贯通的"培智学校十五年一贯制"教育体系。②"系统建构"阶段，学校在教育体系完善的基础上，聚焦课程重构与教学转型。着重解决以下 2 个问题：一是培智学校学前到职高一体化课程建设问题，学校首先依托两项省教育科学规划课题，着力研发校本的职高"职业样本"课程和学前劳动育人"1＋X"课程；二是探索如何开展基于真实情境的劳动实践，着手打造真实劳动育人实践基地，为学生提供基于真实劳动岗位和任务的感知、体验和实践，并建立指向终身学习、融入社会的育人机制。③"深化发展"阶段，学校聚焦劳动育人质量监控，完善劳动育人评价机制。2018 年，学校基于"城市大脑"的理念，建立促进培智学校教育教学变革的数字化学校治理系统——"杨绫大脑"，研发劳动育人质量监测评价系统，从全学科覆盖、多场景运用等层面优化质量监测评价系统，推动了从"经验"转向"循证"的评价模式创新。

<u>从成果产出效益观察，</u>学校坚持国家课标引领，将原有生活适应和劳动技能课程中的劳动教育内容进行校本化整合，并以此为基础，构建了从学前到职高 15 年一贯制的校本《课程纲要》。学校劳动育人成效显著，让每位智障学生在劳动教育中得到适性发展，成长为心里有理想、手里有技能、眼里有自信、生活有质量的新时代劳动者。学生就业率从 10% 提升至 60%，孤独症学生就业实现零突破，现已有 12 位孤独症学生稳定就业。学校注重五育并举，融合育人，学生体艺等潜能也得到开发，在国际各类特奥赛事中获团体、个人金牌 300 枚，参与国家级大型文艺汇演等活动获得好评，学生绘画作品被送往韩国等地参展。该成果也成就了一支高质量的专业化队伍，在育人实践中教师的课程实施、团队合作、教育科研等能力得到大幅提升，人际和谐度、自我效能感均得到增强。近年来，学校 94.6% 的教师积极投入到各级各类教学研究中，出版教材 20 多本、专著 4 本，制作 300 多个微课资源，开发的教辅具入选国家专利 6 项，成果颇丰。

从应用推广观察，《课程纲要》已被全国100多所学校试用，并由南京师范大学出版社出版。学校入选浙江省首批优秀劳动教育案例，成为劳动育人的省级样本。其劳动育人成果也得到我国《人民日报》《参考消息》、日本《每日新闻》等国内外重要媒体的宣传报道。2020年，学校发起的"培智学校劳动教育联盟"吸引了全国100多所培智学校参与，劳动教育成果被全国20多个地区成功复制。

进一步观察的资源包：

[1] 俞林亚. 培智学校劳动教育课程纲要［M］. 南京：南京师范大学出版社，2022.

[2] 俞林亚. 培智学校劳动教育新探索 让智障学生过上有品质的生活［M］. 杭州：浙江工商大学出版社，2022.

[3] 俞林亚."生涯自立"理念下培智学校劳动育人体系的建构与实践创新［J］. 现代特殊教育，2023（17）：15 – 21.

案例100　以评促学，点亮生命：培智义务教育课程校本化建设十五年实践

成果完成单位：长沙市特殊教育学校。

成果持有人：胡建郭，王辉，王磊，董艳莎，冯灵，向艳。

成果概述：《培智学校义务教育课程设置实验方案》和《培智学校义务教育课程标准（2016年版）》（简称《课程标准》）是培智学校实施教育教学的重要依据，但培智学校教师如何根据学生的障碍类型、障碍程度以及差异化需求，有针对性地根据全国统一的课程标准制定个别化的教学目标是一大挑战。湖南省长沙市特殊教育学校（简称"长沙特校"）在15年培智义务教育国家课程校本化建设实践探索中，紧紧抓住"评"这一核心，秉持教、学、评、研一致的原则，构建了"生命多彩"课程体系、"六步五维"课程实施机制（"六步"，即以评估为抓手，遵循"教育评估—IEP制订与调整—学科教学计划制订—课程发展或调整—教学活动设计—教学实施与调整"的循环流程；"五维"，指为保障"六步"程序高效运行构建的以制度、组织、师资、资源、环境为核心的课程实施支持体系）、"评—调"循环课堂教学模式和"以评促研"校本研修范式，形成了"以评促学、点亮生命"的高质量培智义务教育课程育人体系。

从形成过程观察，长沙特校以研促教，围绕国家课程落地实施不断开展国家课程校本化实践，该成果围绕"教什么""怎么教""教得怎么样"等问题进行实践探索，逐步形成"生命多彩"课程体系，形成智力与发展性障碍类义务教育阶段"'评''调'循环课堂教学模式"等阶段性研究成果。①对《课程标准》进行解构与重构，形成"生命多彩"课程体系，研制《培智义务教育课程纲要》（简称《课程纲要》），初步解决"教什么"

的问题，使教师上课有了载体和依据，同时，建构"六步五维"课程实施机制，进一步规范课程实施流程，建立课程实施保障机制，确保课程有效实施。②研发课程评估工具，出版《培智义务教育课程评估手册》（简称《评估手册》），通过评估确定学生的学习起点、学习目标，动态检测教学效果，调整教学内容和方式。通过教学活动的设计与调整实现差异化教学，保证所有学生共同、充分、有效参与，形成"评估—教学—评估—调整—教学—评估……"循环上升的"评—调"循环课堂教学模式，解决培智学校课堂教学中"怎么教"的问题。③研制《培智课堂教学评价表》（简称《评价表》），开发课堂观察量表，构建基于学生、立足课堂的"以评促研"校本研修范式，促进教师教学方式和学生学习方式变革，立足评价来解决"教得怎么样"的问题。

从成果产出效益观察，学校管理变得更加有序和高效，学校的内涵得到提升，办学质量得到提高，社会影响力得以扩大。学校因此被评为全国文明校园、全国教育系统先进单位、全国特殊教育先进单位等，获得了众多荣誉与省市级的表彰、宣传，例如，在湖南省第五届基础教育教学成果奖评选中被评为特等奖，并获评国家基础教育教学成果奖二等奖。学生先后在全国、省市的特奥等项目比赛获得了180多个奖项。同时，学生的缺陷补偿程度有了极大提高，潜能得到充分开发。学校80%以上学生的行为问题发生频率明显降低，87%以上有情绪障碍的学生能情绪稳定地参加各项学习活动，30多名中重度脑瘫学生从入学时的无行走能力到现在能在支持下行走并实现生活自理，40多名学生从无语言到实现无障碍沟通。此外，学生适应社会、平等参与社会的能力大幅提高，残疾学生人生价值得以实现。学校有30多名学生实现了在物流、家政服务、餐饮、零售等行业稳定就业，且受到用人单位、社区和家长的好评。毕业学生在公益项目支持下创业，开办了"憨儿乐茶物语"小吃店、"春之晖"蛋糕店及"糖果花坊"，打破了以往智障人士无法就业更无法创业的现象。同时，学校教师中1人被评为全国模范教师，2人被评为长沙市中小学正高级教师，50人被评为长沙市中小学高级教师，15项国家、省市级课题立项，300多篇论文在核心及省级期刊发表或在各级评比中获奖，获国家、省市级教学竞赛奖项120多项。

从应用推广观察，该课程是全省101所特殊教育学校首创，目前已在全国20多个省市350多所特殊教育学校或融合学校推广使用。学校系列课程成果在国培、省培等30多个项目推广，惠及2000多名教师。学校课程建设的成果受到了各级领导和同行的肯定与赞誉，在全国受到了广泛关注。学校受邀在全国20多个省市进行60多场次培训指导，350多所特殊学校和融合学校全面使用，本成果惠及6000多名特殊学校、送教上门与随班就读的学生。学校先后接待了北京、上海、广州、鄂尔多斯、新疆、西藏、海口等多所学校的参观和跟岗学习，主办或参与各省市培训人数近500人。

进一步观察的资源包：

[1] 王辉，胡建郭，王磊，等. 培智义务教育课程纲要［M］. 长沙：湖南大学出版社，2019.

[2] 王辉，胡建郭，王磊，等. 培智义务教育课程评估手册［M］. 长沙：湖南大学出版社，2019.

[3] 王辉，胡建郭，王磊，等. 以评促学，点亮生命：培智义务教育课程校本化建设实践探索［J］. 现代特殊教育，2023（17）：60-62.

本书教学成果案例索引

序号	成果名称	成果持有人/单位	成果完成单位	所获奖项	年份	类别	案例编号
			2014年				
1	情境教育实践探索与理论研究	李吉林	江苏省南通师范学校第二附属小学	特等奖	2014	教育综合改革	67
2	普通高中育人模式创新及学校转型的实践研究	北京市十一学校	北京市十一学校	特等奖	2014	教育综合改革	80
3	尝试教学法的实验研究与推广应用	邱学华，苏春景，李永云，王俊，王春梅，顾志平	江苏省常州市教育科学研究院，鲁东大学，云南省宜兴市实验中学，黑龙江省鸡西市园丁小学，江苏省常州市湖塘实验中学	一等奖	2014	教学	23
4	后"茶馆式"教学——走向"轻负担、高质量"的实践研究	上海市静安区教育学院附属学校	上海市静安区教育学院附属学校	一等奖	2014	教学	24
5	马芯兰小学数学教学法	马芯兰，孙其军，吴正宪，陈立华，高萍，石雷	北京市朝阳区星河实验小学，北京市朝阳区教育委员会，北京教育科学研究院，北京市朝阳区实验小学，北京市朝阳区教研中心	一等奖	2014	教学	40

续表

序号	成果名称	成果持有人单位	成果完成单位	所获奖项	年份	类别	案例编号
6	初中数学"自学·议论·引导"教学法35年探索实践	李庾南	江苏省南通市启秀中学	一等奖	2014	教学	42
7	"多元交互式"教学评价体系的建构与实践——基于地理教学观察的行动研究	朱雪梅、陈桂珍、陈茜、吴春燕、潘竹娟、陈彩霞	江苏省扬州市教育科学研究院，江苏省扬州中学，江苏省扬州大学附属中学，江苏省扬州市第一中学，江苏省邗江中学，江苏省扬州市竹西中学	一等奖	2014	评价	56
8	提高农村教师执教能力的团队研修实践——吴正宪小学数学教师工作站的五年探索	吴正宪、张铁道、李兰瑛、武维民、张秋爽	北京教育科学研究院，北京开放大学，北京市海淀区中关村第二小学，北京小学长阴分校，北京市顺义区教育研究考试中心	一等奖	2014	教师专业发展	63
9	"新基础教育"学校教学改革研究	叶澜、李政涛、吴亚萍、卜玉华、王浩、丁传明	华东师范大学，上海市闵行区教育局，江苏省常州市教育局	一等奖	2014	教育综合改革	65
10	成功教育探索——薄弱初中成功路径	刘京海、陈婷、沈敏惠、谢元、周秀茹、王广胜	上海市闸北第八中学	一等奖	2014	教育综合改革	70

续表

序号	成果名称	成果持有人/单位	成果完成单位	所获奖项	年份	类别	案例编号
11	普通高中学生个性化学程学习的设计与实践	上海市育才中学	上海市育才中学	一等奖	2014	教育综合改革	75
12	从这里走向世界——小学国际理解教育的"福山梦"	上海市浦东新区福山外国语小学	上海市浦东新区福山外国语小学	一等奖	2014	教育综合改革	76
13	融入民族文化的幼儿园综合教育课程创新与实践	侯莉敏，吴慧源，冯季林，雷湘竹，林丽	广西师范大学，广西民族大学，广西区直机关第三幼儿园	一等奖	2014	学前教育	90
14	以幼儿自主学习为核心的幼儿园低结构活动探索	上海市闸北区正江中路幼儿园	上海市闸北区正江中路幼儿园	一等奖	2014	学前教育	93
15	学前听障儿童双模块融合教育的十年实践与探索	季兰芬，孟瑾，包菱，傅黄，朱敏明，张卫萍	江苏省苏州市育聋学校，江苏省苏州幼儿师范高等专科学校附属花朵幼儿园	二等奖	2014	特殊教育	98

2018 年

| 16 | 走向世界的中国数学教育——义务教育阶段数学课程改革的上海经验 | 上海市教育委员会教学研究室 | 上海市教育委员会教学研究室 | 特等奖 | 2018 | 课程 | 7 |

续表

序号	成果名称	成果持有人/单位	成果完成单位	所获奖项	年份	类别	案例编号
17	基于学科育人功能的课程综合化实施与评估	重庆市巴蜀小学校	重庆市巴蜀小学校	特等奖	2018	教育综合改革	81
18	乡土化、项目化、常态化：一所山村小学的综合实践活动课程	王林华，孙锦明，万文涛，邓亮，周哲，肖乐华	江西省吉安县敖城镇三锡坊田前希望小学	一等奖	2018	课程	14
19	西部农村儿童线描画特色校本课程开发与实施	重庆市北碚区复兴小学	重庆市北碚区复兴小学	一等奖	2018	课程	19
20	一个模子不适合所有学生：小学差异教学的实践研究	楼朝辉，庞科军，方莉，何慧，曹晓红	浙江省杭州市天长小学	一等奖	2018	教学	22
21	信息技术支持初中语文单元整体教学的研究与实践	戴晓娥，贾秋萍，高红，朱苏兰，岳亚军，孟亦萍	江苏省常州市教师发展中心	一等奖	2018	教学	36
22	"儿童数学教育"的实践探索	吴正宪，张丹，刘延革，范存丽，贾福录	北京教育科学研究院	一等奖	2018	教学	37

续表

序号	成果名称	成果持有人单位	成果完成单位	所获奖项	年份	类别	案例编号
23	中小学数学"情境一问题"教学30年实践探索与理论建构	吕传汉、夏小刚、严虹、尹慧梅、任保平、王卫标	贵州师范大学	一等奖	2018	教学	39
24	提升中小学作业设计质量的实践研究	上海市教育委员会教学研究室	上海市教育委员会教学研究室	一等奖	2018	教研	57
25	事实和证据视野中的课堂教学诊断	上海市洋泾中学	上海市洋泾中学	一等奖	2018	教研	60
26	"新教育实验"的教学改革实践	苏州大学、苏州市教育局、海门市教育局	苏州大学	一等奖	2018	教育综合改革	66
27	成志教育：小学立德树人的校本实践	清华大学附属小学	清华大学附属小学	一等奖	2018	教育综合改革	79
28	跨界学习，奠基大成——小学育人路径探索20年	朱爱华、钱祖宏、章小英、石春红、顾本华、周小艳	江苏省如皋师范学校附属小学	一等奖	2018	教育综合改革	82

续表

序号	成果名称	成果持有人/单位	成果完成单位	所获奖项	年份	类别	案例编号
29	以综合的教育造就完整的儿童——"幼儿园综合课程"35年的探索与建构	南京市实验幼儿园	南京市实验幼儿园	一等奖	2018	学前教育	91
30	指向个性化教育支持的幼儿发展评价研究	上海市静安区安庆幼儿园	上海市静安区安庆幼儿园	一等奖	2018	学前教育	97
2022年							
31	大情怀育人：扎根乡村40年的行知教育实验	杨瑞清，刘明祥，王祖明，葛德霞，严开宏，刘霞	南京市浦口区行知小学	特等奖	2022	教育综合改革	68
32	数智技术与情感教育双驱动的小学育人模式实践探索	吴蓉瑾，计琳，吴旻瑜，徐继红，袁秉，陆倍倍	上海市黄浦区卢湾一中心小学	特等奖	2022	教育综合改革	74
33	市域一体化家庭教育指导公共服务体系的创新与实践	杜全平，郭治平，王清林，赵云福，毛永佳，张佳琦	潍坊市教育局	一等奖	2022	德育	1

续表

序号	成果名称	成果持有人/单位	成果完成单位	所获奖项	年份	类别	案例编号
34	行为规范60条：小学生社会主义核心价值观校本化培育的实践探索	陈立华，赵黎明，胡爱国，夏莹莹，蒋园，倪芳	北京市朝阳区实验小学	一等奖	2022	德育	2
35	融城市精神·育时代新人：小学生品格教育的25年实践	姚凤，姜丽霞，沈新红，叶喜，邓茜，冯晓颖	闵行区七宝镇明强小学	一等奖	2022	德育	3
36	"班级育人"60年	李庾南，冯卫东，陈育彬，祁金莉，李凤	南通市启秀中学	一等奖	2022	德育	6
37	拓展生命"长宽高"——中小学生命教育课程建设20年实践探索	袁卫星，冯建军，卢锋，郑晓芬，何润秋，朱永新	深圳市新安中学（集团）	一等奖	2022	课程	10
38	整体建构，多元融合：项目式课程教学的实践探索	何宝群，刘胜峰，程少波，杨立旺，洪艺棠，蔡晓云	福建省厦门实验小学	一等奖	2022	课程	13

续表

序号	成果名称	成果持有人单位	成果完成单位	所获奖项	年份	类别	案例编号
39	培养未来科学家的小学课程创新二十年研究与实践	李晓艳，朱映晖，杨道吉，刘东平，冯胜，胡青	华中科技大学附属小学	一等奖	2022	课程	15
40	地方音乐课程资源开发与应用的策略体系	陈双，李萍，陈军，颜克，马玥，黄梅	四川省双流艺体中学	一等奖	2022	课程	17
41	小学特色美术校本课程创新与实践探索	宿强，胡琳，廖佳秋，张怡，李健，高鑫	成都市成华小学校	一等奖	2022	课程	18
42	"生命·实践"教育学视域下学科教学育人价值的深度开发与实践转化	李政涛，叶澜，吴亚萍，卜玉华，李家成，伍红林	华东师范大学	一等奖	2022	教学	21
43	问题化学习20年：学与教的变革	上海市教育学会宝山实验学校，上海市宝山区教育学院	上海市教育学会宝山实验学校，上海市宝山区教育学院	一等奖	2022	教学	25

续表

序号	成果名称	成果持有人 / 单位	成果完成单位	所获奖项	年份	类别	案例编号
44	落实学科核心素养：单元学历案设计与教学的探索	卢明，蒋雅云，崔允漷，戴敏燕，王静慧，奚素文	嘉兴市第一中学	一等奖	2022	教学	26
45	素养如何落地：项目化学习育人的上海创新与实践	夏雪梅，崔春华，吴宇玉，王晓华，杨金芳，滕平	上海市教育科学研究院	一等奖	2022	教学	27
46	小学语文"大读写单元"教学廿年探索与实践	倪静川，王英豪，陈波，倪黎霞，王瑜巧，俞向军	浙江省永康市实验学校	一等奖	2022	教学	32
47	小学语文素养表现型教学的实践探索	武凤霞，汤雪平，杨澄宇，陈稼，朱玲芹，张莉茗	无锡市东林小学	一等奖	2022	教学	33
48	做数学：义务教育学科育人的创新实践	董林伟，郭庆松，赵维坤，喻平，谭顶良，孙朝仁	江苏省教育科学研究院	一等奖	2022	教学	38

续表

序号	成果名称	成果持有人/单位	成果完成单位	所获奖项	年份	类别	案例编号
49	指向拔尖创新人才培养的高中数学建模与数学探究课程体系构建与实施	张文涛，唐丽艳，张上伟，林健，黄文辉，张建强	深圳中学	一等奖	2022	教学	44
50	聚焦生命品性：初中生物学科育人探索25年	杨守菊，张可柱，梁海燕，郭玲，岳庆玲，郑玲玲	东营市教育科学研究院	一等奖	2022	教学	46
51	实践育人·多元协同：地理教学改革理论创新与实践探索	段玉山，张琦，苏小兵，郭锋涛，史立志，张佳琦	华东师范大学	一等奖	2022	教学	48
52	"五有四化"主题式地理教学改革实践	刘玉岳，刘昌荣，黄梅，屈琼英	长沙市教育科学研究院	一等奖	2022	教学	49
53	大观念·真情感·新方式·全历程——中小学美术"整体育美"的实践研究	黄宏武，尹也，王荟姝，胡云，黄志炫，房尚昆	深圳市教育科学研究院	一等奖	2022	教学	50
54	优化教育生态：教育质量综合评价改革的省域实践	浙江省教育厅教研室	浙江省教育厅教研室	一等奖	2022	评价	52

续表

序号	成果名称	成果持有人、单位	成果完成单位	所获奖项	年份	类别	案例编号
55	综合素质评价促进育人方式改革的上海探索与实践	上海市电化教育馆	上海市电化教育馆	一等奖	2022	评价	53
56	区域构建普通中学教育质量增值评价体系的实践探索	王建华、缪雅琴、周小青、章勇、邹良、汪建业	湖南省教育厅	一等奖	2022	评价	54
57	现场改课：促进教师全员专业成长的小学数学教研范式	斯苗儿、杨海荣、柳敏敏、袁晓萍、俞正强、路玲芳	浙江省教育厅教研室	一等奖	2022	教研	61
58	重组·互融·共生：集群教师发展共同体创新实践	管杰、赵学良、刘晓鸥、郭秀平、魏韧、杨进基	北京市第十八中学	一等奖	2022	教师专业发展	62
59	从薄弱到优质：24年落实国家课程的创造性实践与研究	朱乃楣、郑煜、梁晓武、张爱萍、曹雯婷、郑荻	上海市普陀区洵阳路小学	一等奖	2022	教育综合改革	71
60	优质均衡发展中城乡学校教育帮扶共同体实践模式探索	强新志、裴红霞、李红霞、葛东连、任克茵、王苗	石家庄外国语教育集团	一等奖	2022	教育综合改革	72

续表

序号	成果名称	成果持有人/单位	成果完成单位	所获奖项	年份	类别	案例编号
61	"互联网+"支撑省域基础教育优质均衡发展的实践探索	宁夏教育信息化管理中心，国家数字化学习工程技术研究中心	宁夏教育信息化管理中心，国家数字化学习工程技术研究中心	一等奖	2022	教育综合改革	73
62	构建基础学科拔尖人才早期培养体系——高中基础学科拔尖学生培养30年实践	李志聪，戴立益，施洪亮，娄维义，周敬山	华东师范大学第二附属中学	一等奖	2022	教育综合改革	78
63	以美融通五育：一体化育人体系的实践探索	付晓秋，吕云萍，朱黎兵，伦涛，姜泽，张泽	厦门英才学校	一等奖	2022	教育综合改革	84
64	给孩子一个完整的劳动经历："五一协同"劳动教育实践范式的市域探索	完利梅，杨文娟，庄惠芬，韩志祥，徐燕娟，孙美荣	常州市教育局	一等奖	2022	教育综合改革	87
65	整体提升幼儿园保教质量的上海实践	上海市教育委员会教学研究室	上海市教育委员会教学研究室	一等奖	2022	学前教育	89

续表

序号	成果名称	成果持有人/单位	成果完成单位	所获奖项	年份	类别	案例编号
66	自然天放·尽性成德：幼儿园绿色课程25年创生实践	邵瑜，蒲倩倩，孙虹钰，杨利民，宫姗姗，任晓红	青岛西海岸新区第一幼儿园	一等奖	2022	学前教育	92
67	育心养正：幼儿园"全领域育心"的研究与实践	宋克，贾建国，李莉，王红静，姚艳辉，袁祖英	深圳幼儿园	一等奖	2022	学前教育	95
68	成就"活教师"：陈鹤琴活教育思想引领下幼儿园青年教师成长的创新实践	张俊，叶屏屏，余静雯，张倩，杨柳，徐悦	南京市鹤琴幼儿园	一等奖	2022	学前教育	96
69	"生涯自立"理念下培智学校劳动育人体系建构与实践创新实践	俞林亚，刘晓美，姚郑芳，张芳，李果，裴春莹	杭州市杨绫子学校	一等奖	2022	特殊教育	99
70	绽放最美服务：中学生"志愿服务+"行动的十年探索与实践	张晓宁，秦洪明，何冲，王颖，陈欢，唐晖	清华大学附属中学望京学校	二等奖	2022	德育	4

续表

序号	成果名称	成果持有人/单位	成果完成单位	所获奖项	年份	类别	案例编号
71	乐学·思辨·践行：儿童道德成长新路径——小学思政教学改革二十年	郑晓云，郑敬斌，李玉华，李瑭，宋娜娜，叶蓓蓓	济南市历下实验小学	二等奖	2022	德育	5
72	初中综合科学课程建设34年：Z省经验	浙江省教育厅教研室	浙江省教育厅教研室	二等奖	2022	课程	8
73	让每个孩子活得精彩：区域推进拓展性课程的高品质建设	沈旭东，何丽红，徐瑰瑰，黄慎娥	杭州市拱墅区教育研究院	二等奖	2022	课程	9
74	浸润习养·多维融合·协同联动：小学"润德"课程育人的校本实践	胡爱红，庄颖，田延起，张孜，张颖，窦成华	济南市舜耕小学	二等奖	2022	课程	11
75	从学科到广域：实践育人课程体系建构的中学样本	高志文，龙姿君，李征，黄超，韩科，杨成根	成都市双流区立格实验学校	二等奖	2022	课程	12
76	基于创新人才培养的中学数学建模课程体系建构与实施	苏圣奎，陈清华，陈元章，缪琳，邱锦泉，韩耀辉	福建省厦门第六中学	二等奖	2022	课程	16

续表

序号	成果名称	成果持有人/单位	成果完成单位	所获奖项	年份	类别	案例编号
77	馆校合作视角下的故宫课程群的开发与实践	北京市第六十五中学	北京市第六十五中学	二等奖	2022	课程	20
78	育人价值导向的项目式学习实践探索	贾嵘、朱晓民、郝新媛、方静辉、赵禄、高洁滢	山西省实验小学	二等奖	2022	教学	28
79	意义生长下初中生课堂学习行为改进的实践探索	韩建芳、任晔、孙学东、路波、何晓敏、韩诗贵	江苏省锡山高级中学实验学校	二等奖	2022	教学	29
80	切实变革育人方式：小学"经历伴随学习"的实践探索	娄屹兰、蔡静、胡艳英、吕映、谢婷婷、张一合	杭州市青蓝小学	二等奖	2022	教学	30
81	引发真实学习的本真课堂教学探索30年	唐玉辉、朱慧、孙欣、唐永玲、张丽	淮阴师范学院第一附属小学	二等奖	2022	教学	31
82	小学"全景式"阅读教学系统构建与实施的二十年探索	丁莉莉、薄存旭、温勇、宫茜、艳妮、王宇	威海火炬高技术产业开发区沈阳路小学	二等奖	2022	教学	34

续表

序号	成果名称	成果持有人/单位	成果完成单位	所获奖项	年份	类别	案例编号
83	童漫作文：小学写作教学创新实践27年	宋运来，徐林祥，贡如云，罗良建，奚一琴，毛家英	南京师范大学附属中学邺城路小学	二等奖	2022	教学	35
84	小学数学"形变质通"教学改革30年实践与探索	张菁，张新颜，夏天，赵诗辉，杨玉东，尹俊明	天津市河西区马场道小学	二等奖	2022	教学	41
85	整体统摄·快慢相谐：初中数学整体化教学20年实践探索	邢成云，陈元云，费祯红，李秀珍，墨艳丽，王尚志	山东省北镇中学实验初中部	二等奖	2022	教学	43
86	小学英语绘本教学体系建构与实践创新	王英华，陈家梁，肖毅，周小金，李文娟，黄莫	南方科技大学教育集团（南山）实验一小	二等奖	2022	教学	45
87	构建基于知识图谱的生物智适应学习系统，探索人机协同的教学新模式	闫白洋，张洽，贾林芝，秦红斌，陈华，刘瞻	上海市行知中学	二等奖	2022	教学	47

续表

序号	成果名称	成果持有人、单位	成果完成单位	所获奖项	年份	类别	案例编号
88	小学校园体育综合运动干预的实践探索	邵子浩，肖德明，黄镇敏，李育生，宋昔峰，刘桂香	深圳市龙华区龙华中心小学	二等奖	2022	教学	51
89	小学分项学业评价的十年探索	王建良，冯霞，孙炳海，姚媛，杨海群，孙长康	嘉兴南湖国际实验学校	二等奖	2022	评价	55
90	落实课标、学为中心：高质量实施国家课程的区域课堂变革实践	王毓舜，鄢亮，曾宏，张周，张光伟，李霜玉	成都市温江区教育科学研究培训中心	二等奖	2022	教研	58
91	学导型教学：推进课堂转型的区域实践	朱德江，魏林明，陈尔胜，费岭峰，朱文平，沈李琴	浙江省嘉兴市南湖区教育研究培训中心	二等奖	2022	教研	59
92	数字化全域共享：小学科学网络研修共同体建设十七年探索	黎作民，喻伯军，陈建秋，朱钻飚，朱斌，陈梅娟	湖州市爱山小学教育集团	二等奖	2022	教师专业发展	64

本书教学成果案例索引 | 339

续表

序号	成果名称	成果持有人单位	成果完成单位	所获奖项	年份	类别	案例编号
93	乡村儿童"田野学习"20年实践探索	蒋宁、管长龙、阮伟中、朱俐俐、施鸿梅、曹文秀	南京市栖霞区八卦洲中心小学	二等奖	2022	教育综合改革	69
94	从创造启蒙到创新素养培育——四十年小学创造教育实践	张军瑾、倪哲宁、居宁、路赟、徐婕、杨麟	上海市静安区和田路小学	二等奖	2022	教育综合改革	77
95	让每位学生都"有戏"——初中戏剧教育"五育"内涵的挖掘与延伸	全迅、龚燕霞、楼达宁、梁菁菁、陆燕雯、朱晓岩	上海市虹口区教育学院实验中学	二等奖	2022	教育综合改革	83
96	梨园顾芳·向美而行：小学京剧育人的校本实践	董庆峰、张青、戴和连、唐汉卫	济南市营市东街小学	二等奖	2022	教育综合改革	85
97	基于创新阮乐的传承优秀传统文化艺术的探索与实践	程娅、曾伟红、李春雨、付雪春、张洁、周宁	北京师范大学南山附属学校	二等奖	2022	教育综合改革	86
98	从小热爱劳动：小学生新劳动教育的实践探索	章振乐、戴君、夏建筠、洪玉芬、许佳奇、章红英	杭州市富阳区富春第七小学	二等奖	2022	教育综合改革	88

续表

序号	成果名称	成果持有人/单位	成果完成单位	所获奖项	年份	类别	案例编号
99	循道返本：幼儿园学习中心活动的组织与支持	王翔，陈菲菲，叶玉云，张如楠，胡振军，卢晓霞	深圳市教育幼儿园	二等奖	2022	学前教育	94
100	以评促学，点亮生命：培智义务教育课程校本化建设十五年实践	胡建郭，王辉，王磊，董艳莎，冯灵，向艳	长沙市特殊教育学校	二等奖	2022	特殊教育	100